梁国德◎主编

世界图书出版公司
广州·上海·西安·北京

图书在版编目（CIP）数据

国德教育 / 梁国德主编. —广州：世界图书出版广东有限公司，2017. 10
ISBN 978-7-5192-3842-1

Ⅰ. ①国… Ⅱ. ①梁… Ⅲ. ①国学—教学研究—文集 Ⅳ. ①Z126-53

中国版本图书馆CIP数据核字（2017）第250786号

书　　名	**国德教育** GUO DE JIAOYU
主　　编	梁国德
责任编辑	华　进
装帧设计	SAN
出版发行	世界图书出版广东有限公司
地　　址	广州市海珠区新港西路大江冲25号
邮　　编	510300
电　　话	（020）34203432
网　　址	http://www.gdst.com.cn
邮　　箱	wpc_gdst@163.com
经　　销	新华书店
印　　刷	虎彩印艺股份有限公司
开　　本	787mm × 1092mm　1/16
印　　张	21.5
字　　数	410千字
版　　次	2017年10月第1版　2017年10月第1次印刷
书　　号	ISBN 978-7-5192-3842-1
定　　价	58.00元

本书编委会

（排名不分先后）

序

培德习艺倡国学　振兴中华育英才

柯　可

国学，古指国办学校。自圣人宏论，验于惠国济民功业，证其精辟不朽，集经成典，渐与历朝立德立言，存史咨政，明志抒情之作并蓄后，国学终成以“经史子集”分列传世的中华文化宝藏。

近代以降，国学与“西学”激辩生辉，圆融互补，更显其优，至今雄健独步，瞻远法道，福泽万代，因保留了我中华文化传承体系中的生命基因密码，成为我国改革开放后，党中央大力倡导，立国德，雄国魂，实国本，扬国威，存国教，传国俗，庆国节，严国法，学国艺，习国技，练国术，寿国脉，举纲张目，扬善治乱，富民保疆，文化强国，实施国民教育的大道理大学问，故深为各界有识之士所重视。

众人皆悟，世界文明开化至今，国学作为素质教育，通识教育，思想教育，培贤育才，振兴中华的宝贵文化资源，当以立道为本，培德为基，弘文为用，以培育具有中华美德，喜爱中华国艺，誓建和谐世界的英才志士为教育宗旨，而与学校的现代课程相融通。

具体而论，国学教育，首要通过核心层的经典诵读精讲，阐扬儒释道经义，将其内涵的仁义礼智信勇、孝悌忠俭廉和，慈善报恩，尊道贵德的中华核心价值观，及其在千百年教化中所积累的丰厚文化资源，加以扬弃领会，以升华学生诚敬高尚的道德境界。继而从国学主干层的文学、史学、艺学、经邦济世学、中医学、兵学等方面的名篇佳作里，加深对民族脊梁、圣贤精英、国魂国才代表人物的感知与深刻认识。进而以国学基础层的中华传统文化为血肉，以国学创新层的中国化马克思主义为引导，将人文国学、社会国学以及自然国学等融为一炉，以造就出树国德，知国情，医国手，堪当国家栋梁的新国人。

为此目的，我们要以道祖老子上善若水，道法自然的真道学为圭臬，以援易入佛的中国化佛学为胸襟，以大教育家儒圣孔子提倡的国艺为抓手，借鉴其以道为志向，以德为根据，以仁为依托，以艺为兴趣，师传生习，乐学不疲，培养出颜回、曾参等七十二贤人的国艺教学法，将其“礼乐射御书数”之故技，化为“琴棋书画诗武花茶”之新艺，借以悦耳益智，正气养眼，舞文弄剑，格物品味，渐入那清心静气，怡情强志，聪慧明理，淳德合道的绝妙境界。

此真可谓自《礼记·学记》强调“不兴其艺，不能乐学。故君子之于学也，藏焉，修焉，息焉，游焉”后，最充分体现了孔子兴艺乐学，传经修德的国学教育智慧。从历史上的众多范例看，如诗书画琴皆精，学艺双携的饶宗颐教授那样，习国艺，养国德，不仅符合德美智体兼优，循序渐进，提高素质，德艺双馨的国学育才规律，而且能实现《大学》“格物，致知，诚意，正心，修身，齐家，治国，平天下”的国学教育目的。

热心公益，关心国学与国艺发展，在武艺、棋艺、诗艺等领域都颇有造诣，现为广东武术协会会长、广东棋文化促进会副会长的梁国德先生，所主编的这部《国德教育》的出版，是势在必然的。本书里收集的都是参加广东首届国学教育论坛的社科界、教育界、企业界的国学教育论文，旨在为中华国学教育事业申辩哲思，呐喊助威，以中华道德植花培英，育才兴邦。值此中共中央办公厅、国务院办公厅印发了《关于实施中华优秀传统文化传承发展工程的意见》，为我们以弘扬中华美德《仁》、《义》、《礼》、《智》、《信》、《勇》、《孝》、《悌》、《忠》、《俭》、《廉》、《和》为主题的12册《国学》教材大开绿灯之际，我们有理由相信，国学教育的春天已经到来了！

广东省国学教育促进会会长 柯可教授

2017年春于广州天河

目录
CONTENTS

中国教育改革与国艺传承

国学进校园的实践与探讨

国德教育与儒释道精神

中国教育
改革与国艺传承

论国学教育的重要性及棋艺教育

梁国德

近些年来，“国学热”风靡全国。“国学热”的兴起，引起了不少围观，也引起了不少反思和思考。“国学热”的出现是对30多年来改革开放及全球化所带来的社会、政治、经济、文化等各方面的发展，以及与这种发展同步出现的一种全球的、社会的、心理的、精神的乃至文化的全面反映。

国学，我认为是我们每一个炎黄子孙都离不开的，因为国学从某种意义上讲实质是无所不在的。因此它的影响无所不在，我们每个人都会或多或少地受到国学的熏陶，受到国学的教育。现在我就从国学教育的几个方面来谈谈自己的看法：

一、国学教育在当代社会的重要性

文化是一个民族的标志，是一个民族的根。中国传统文化博大精深，世界各地的汉学家都在积极研究并加以利用，我们更没有丝毫道理不去继承，不去推动，不去发展。在当今时代，我们国家正处在社会转型的一个关键时期，现代化经济发展起来了，但社会道德和个人安身立命的问题日益突出起来，社会进入了矛盾凸显期。社会转型需要一种与革命时代不同的意识形态，广大人民在建设精神家园方面对本土的传统资源有着热切的渴望，而儒学在当代中国意识形态方面的建设扮演着重要的角色。社会道德秩序的建立离不开传统道德文化，安身立命则归结到心灵精神的安顿，故心灵的需求比以往更加突出。

市场经济的发展，还带来了人与人关系新的变化，使得我们这一代人在寻找人际关系处理方法等方面把眼光转向古老文明的儒学智慧。孔子与儒学已经成了现代人待人、处世、律己的主要资源，与其他外来的文化、宗教相比，在稳定社会人心方面，儒家文化提供的生活规范、德行价值及文化归属感，起着其他文化要素所不能替代的作用，为当代市场经济社会中的国人提供了主要的精神资源，在心灵稳定、精神向上、社会和谐等方面发挥了重要的积极作用。

因此，在现今社会下重振国学是十分有必要的：

（一）重振国学对于传承中华文明，实现文化认同与民族认同意义巨大。

一个民族要想自立于世界民族之林，就必须要有自己的特色、自己的文化。重振国学可以扭转一个时期以来国人对本民族文化的陌生和疏离，通过培养对本民族文化的自豪感来实现国人的文化认同和文化归属。国学是中华民族共同的血脉和灵魂，不论大陆，还是香港、澳门、台湾都拥有同一部历史，同一种文化，同一种语言，同一种文字。我们的传统文化是连接华人世界的文化之桥，心灵之桥，血脉之桥，在实现祖国统一大业中有着无可替代的作用。

（二）对于提升国人道德水准，维持良好的社会秩序意义重大。

改革开放三十多年来，随着社会主义市场经济的深入发展，人们思想活动的独立性、选择性、多变性、差异性日益增强，人们的价值观念发生了巨大的变化，从某种意义上可以说，中国正处于一种新文化新道德养成的关键时期。在构建社会主流价值观，建设社会主义先进文化的过程中，传统文化中的一些道德准则和伦理规范，如“仁义礼智信温良恭俭让”等是具有普世价值的，完全可以在与时俱进的基础上加以利用。

（三）对增强我国文化竞争力，增强国际影响的意义重大。

当今时代，虽然文化多元化的要求已成为全球性的呼声，然而，现代社会的话语霸权、文化霸权同样存在。在与强势文化的争夺中，放弃自身固有的传统文化就意味着全盘西化，就意味着放弃自己的优势。从这个意义上来讲，弘扬中国民族传统文化、振兴国学，不仅是我国政治、经济、文化协调发展的需要，而且也是应对日趋激烈的国际竞争，增强综合国力，实现中华民族伟大复兴的需要。

由此可见，国学是我们赖以取资的文化资源、思想理念资源，更是我们不可或缺的精神资源。国学教育不仅是我国政治、经济、文化协调发展的需要，也是实现中华民族伟大复兴的需要。

二、棋艺中的国学

琴、棋、书、画是中国四大古老的文化艺术，它们伴随着儒、释、道思想和其他文化艺术，融贯于绵绵几千年的中华文明史。围棋作为中国传统文化中“四艺”之一，深深浸淫在国学之中，是几千年来中华民族哲理智慧与思辨意识的结晶，是我们优秀的传统文化遗产，它包含了我中华厚实且独具韵味的历史与文化积淀。

古代关于围棋的著作、诗词，甚至传说、神话，无不受到中国传统文化的影响。“弈”中的淡雅风情、豁达有度、理智并存融合了中国军事、哲学、诗词等多种艺术形式的精髓，黑白之间，纵横之上，下棋之人将自己从棋艺中得到的悟解和内涵融入到行棋思路之中，棋盘内外天人合一，成为中国棋艺文化的最大特点之一。

揭示围棋的奥秘可以让更多的人通过围棋了解中国五千年文化之源，以寓教于乐的形式传播国学文化的种子，使围棋成为世界级文化平台。

南朝《述异记》有载，“晋樵夫王质，入石室山，观二童子下棋，不觉斧烂柯矣。质归故里，已及百岁，无复当时之人”。这个烂柯的故事，是为人所津津乐道的棋事，古人有很多关于烂柯的诗句，传颂着其中的围棋精神。之所以如此，是因为其中包涵着中国文化内涵与围棋文化内涵相通的地方。

围棋在东晋被称作“坐隐”、“手谈”，道出了围棋所蕴含的文化内涵；至北宋，又有徽宗所言“忘忧清乐在枰棋”，围棋又称“忘忧”；烂柯传说流传，围棋又有“烂柯”之名。坐隐、手谈、忘忧、烂柯，这四个词，正是围棋文化和中国文化精神暗合的地方。

三国两晋南北朝时期，玄学大行其道，道教开始创立，佛教逐渐兴盛。与此同时，这个时期的围棋已经在理论上、地位上、棋艺上均有质的提高，并在那些名士中广为流传，这不能说是巧合！而是在那样哲学背景的影响下，围棋、围棋的别名、围棋的传说正是这些思想文化表现的必然产物，并且与道家的关系极其密切。并且以此为发端，在三者的影响下，向后一直传延并发扬着其文化精神。

佛家讲顿悟，围棋讲感觉，棋理佛理相通，围棋也是佛门弟子的爱好。手谈二字，就是高僧支道林命名的。佛经翻译家鸠摩罗什也是此道高手，下棋讲究美感，是个求道派，如同日本唯美的大竹英雄，与人下棋，“拾敌死子，空处如龙凤形”。唐朝的高僧一行本不会下棋，有一次看当时第一高手王积薪与人对弈，看罢一局后，竟然能和王积薪匹敌，并说，“此但争先耳，若念贫道四句乘除语，则人人为国手”。这说明棋理禅理相通，境界达到高妙之时，二者是互通的。黑白世界犬牙交错，变化莫测，生中有死，死中有生，正是佛门弟子勘破生死的好借助。明朝的中峰和尚有谒，“俗谛事黑子，真谛是白子，十八界内，夺用争先。平地起是非，终难逃生死，纵教看得眼睛穿，翻转棋盘都不是。”

宋书《棋经十三篇》中有：“夫万物之数从一而起。局之路三百六十有一。一者生数之主，据其极而运四方也。三百六十，以象周天之数；分为四，以象四时；外周七十二路，以象其侯；枯棋三百六十，白黑相半，以法阴阳。局之线道谓秤，线道之间谓之卦。局方而静，棋圆而动。自古及今弈者无同局。”此段主要是关于棋盘的描写，可以看到围棋有着丰富的文化内涵，在几千年的发展过程中深受道家、儒家等中国传统哲学思想的影响。

《周易》曰:“立天之道曰阴与阳，立地之道曰柔与刚，立人之道曰仁与义。”揭示了天人之际和谐的原则，孔子和孟子又相继将其思想发展为“中庸之道”，“致中和，天地位焉，万物育焉”。现代围棋大师吴清源先生曾经说过:“与其说围棋是竞争和胜负，不如说围棋是和谐。”下棋是要保证新下的棋子与已下的棋子保持平衡，保持和谐，并要和棋盘上的所有方面相和谐，追求的是恰到好处的位置；简而言之，下围棋就是保证全局的和谐。

《论语》中记载着这样一句话:“饱食终日，无所用心，难矣哉！不有博弈者乎？为之犹贤乎已。”此处的“博弈”就是指下围棋,《论语》是春秋时期的书籍，由此我们可以推断围棋在春秋时期就有一定的发展，起源于春秋时期之前。由此可见围棋历史悠久，随着古老的中国文明发展而来，围棋本身必然凝结着中华民族的高度智慧，必然融入了中华民族的传统文化，必然成为中华民族的艺术瑰宝。

棋艺中最讲究大局观，每一步棋和每一次决策都要以大局为重，眼前或局部的利益固然重要，但往往为了整体或长远的利益必须要牺牲眼前的利益。大局观的目的只有一个，为了最终的胜利，这是唯一追求的目标。而管理也是要从整体入手，综观全局，战略布局、长远打算，时刻关注企业的发展动态，国内外时局的动态，本行业的动态。围棋大师聂卫平曾说过:“我从没做过企业，对围棋更得心应手，我知道二者有很大的不同，但从谋略上来说，我认为二者又有很多相通之处，其中最主要的就是“全局”与“局部”的关系，棋盘方寸，但子子相连，一环套一环，一着不慎会满盘皆输，只有在头脑中形成自己一套完整的、有逻辑的套路，同时针对对手的落子形势，相时而动，补充完善，才可能毕其功于一役，赢得最后的胜利，而每一个企业要想在市场竞争中站稳脚跟，也都必须在开始阶段制定长远的发展规划，确定短期内每个阶段的奋斗目标和未来一段或某个时期的目标，这样，企业才能有明确的前进方向。”

由此可见围棋与国学的紧密联系。而从国学的角度讲，以围棋和象棋为代表的中华棋艺学，可算国学的一个分支。

三、棋艺教育对国学教育的促进作用

国学无疑是一门很高深的学问。在棋艺教育中，不宜骤然进行艰深的国学知识教育，更为有效的方法是通过通俗易懂的方式，走进人们的心灵，在潜移默化的学习氛围里，达到熏陶的目的。只有当国学经典所蕴含的思想和智慧贯穿在人们的日常行为当中时，国学才会“活”起来。这不仅是一种回归，还关涉到文化的复兴。故国学教育应采用娱乐和通俗的方式来进行，而不要老是一本正经的，而且国学教育应该与时俱进，宜以新形式出现，如精彩纷呈的棋艺教育，就很有效果。它不仅可以帮助世人感悟国学、学习国学，也可以让人们在下棋中不知不觉中学习并运用国学。

棋虽小道，却通于大道，其重要性不可忽视。它浓缩着厚重的儒、道、释思想和多种文化艺术，融贯在绵绵数千年的中华文明史中，几千年来长盛不衰。棋艺经过几千年的发展，每个朝代每个时代都为其注入生命，其文化生命力和活力不言而喻。

棋艺是脑力的体操，它复杂、益智、有趣，容易激发国人浓厚的学习兴趣，相对于诵读国学经典而言，棋艺教育更贴合世人学习方式的要求，不仅没那么枯燥乏味，而且方式灵活。它体现了中华民族对智慧的追求，它将科学、艺术和竞技三者融为一体，发展了人们的智力，挑战着人们的意志，更处处彰显着中国哲学的魅力！这样让世人在传承国学精粹的同时，养成良好的习惯，培养积极应对、克服挫折、永不放弃的精神，这也是国学教育的意义所在。

棋艺是一项高雅的运动项目，具有高度的艺术性、战斗性、科学性和趣味性，引人入胜。棋艺教育可以让我们更加接地气的学习国学，在享受对弈的过程中，对弈双方可以互相交流，有交流就会有思想的绽放，这样国学思想才会被发挥得淋漓尽致，从而更好地去感悟国学。

可以说，棋艺教育为当代国学教育注入了强有力的生命力和活力。国学教育不能单纯、片面地去追求半部《论语》的学习，也不能只是每天摇着头去诵读《三字经》等国学经典，我们要去理解、感悟，我们应去实践。知易行难，道理虽浅，但要真正、完美地去诠释它的意义，我们不能只是停留在纸张上，而是要理解并运用，实践出真知。

如今，棋艺以其集科学性、艺术性、竞技性于一身的迷人魅力，已经冲出亚洲，走向世界，正在为越来越多的国家和民族所接受。围棋对于全世界各国人民的文化交流与传播也起到了不可忽视的重要作用，中国棋艺文化的传播与影响的涉及面十分宽广。棋艺修身、养德、益智、交友，融合社会的功能，是其他项目不可代替的，已显现出极强的生命力和发展趋势，可以说是人类文明的“活化石”，是引导人类走向更高文明的使者，我们不该忽视它！

中国古代的《易经》是一部神奇的著作，被尊为群经之首，万经之源，在世界范围享有盛誉。围棋和《易经》一样隐含着中国文化的遗传基因，所以能长盛不衰。除了专门的研究者，能读懂《易经》和《道德经》的人寥寥无几，而围棋却是老幼皆宜，风靡东亚，仅中日韩三国的爱好者已经达到数千万，其影响力随着互联网的热度在世界迅速升温。

“读万卷书，不如行万里路。”——这句话也全面地阐释了棋艺教育普世的精髓所在。棋艺是一项富有探索意义的寓教于乐的活动，棋艺既符合世人接受教育的新方式，也可以发挥棋艺国学的潜移默化的作用，让国学通过各种形式润物细无声。

“人生如棋，有进有退；棋如人生，胜负寻常。闲敲棋子中，一局千载。”它已经被众多喜爱它的人，依照各自的人生观、世界观赋予了各种意义，渗透到中国文化世界的方方面面，到处都有棋艺的影子，到处都有参悟的玄机。把棋艺教育和国学教育结合起来，可以给世人一个更深层次更深境界的理解。因此，棋艺应该成为国学教育的一块重要的文化阵地。

当然，棋艺教育的目的不是哗众取宠，重要的是让世人继承中华传统美德，提升对传统优秀文化的兴趣，并涵养文学的审美情趣，从而向世人更好地去推动国学教育。我们怎样利用棋艺教育作为国学教育的重要文化阵地呢？应该要做好以下几方面：

（一）加强棋史、棋文化的研究工作，将棋艺和棋文化有机的结合起来。

近些年围棋被划归到竞技的范畴，文化上的很多东西大家有所忽视，棋史研究方面，全世界都极为贫乏，很少有人去探讨其博大精深的文化内涵，中国围棋文化需要“补课”的地方很多。开展棋艺文化，这是一件具有深远意义的事情。

（二）加强宣传，在社会上营造“轻竞技、重文化”的良好氛围。

新闻媒体对棋艺的关注与实际要求有一定的差距。现代棋类活动以竞技水平高低作为唯一衡量标准，以争夺胜负作为唯一目标，实际上已经背离了发展棋艺事业的本质，降低了棋类艺术在启迪智慧，陶冶情操，训练思维，养性修身等方面的综合功能。在棋艺宣传方面，必须深入挖掘其丰富深刻的文化内涵，才会使棋艺事业更加充满生命的活力。

（三）加强棋艺教育的推广工作。

大家都知道，“琴、棋、书、画”是中华民族优秀古典文化的四大绝艺，其中的音乐和书画早已列入了中、小学的教学大纲，而围棋作为中国“四大艺术”之一的优质教育资源，有着十分巨大的文化价值和社会价值，没有任何理由被摒弃在教学育人的课程之外。如果说学校现在普遍设置音乐课和美术课的目的并不在于培养音乐家和美术家，那么围棋所具有的教育意义也并不仅仅是学习一门棋艺，更不是为了培养职业棋手。最根本、最重要的是使学生在学习围棋的过程中，开发智力、拓展思维，触类旁通地掌握和了解更多的国学知识，在各方面都受到教育，以提高其综合素质。中国文化教育中排斥了棋艺教育，这是中国教育事业的一种巨大损失。我们应该支持和建设校园、社区棋艺文化，使棋艺文化走进校园和校区，使其遍地开花。在知识经济时代，也要大力推广社会棋艺教育，结合多种教育资源，通过面授、函授、网络教学，开发教育光盘、游戏软件等，将具有巨大的社会效益。

（四）发挥公益性社会组织的作用，打造强有力的国学交流平台。

在当今社会上，社会组织的迅速发展和壮大，使棋艺文化和国学文化的传播深入人心，在社会上具有一定的影响力和号召力。故我们要支持类似于成功举办了“国学杯”、“围棋文化高峰论坛”等活动的社会公益性的社会组织，打造强有力的国艺交流平台，让各路英豪齐聚一堂，让广大对围棋技艺和围棋文化感兴趣、热心的人，都可以在这里寻找到一个适合的途径来交流自己对棋艺文化和国学文化的感悟。这些人士可能在围棋文化方面能发挥更多的作用，更好的作用，或说更深入研究的作用。

作者为广东省社科院国学中心理事长、广东棋文化促进会副会长

中国通识教育应以国学为坚实的基础

柯　可

一、中华国学的分类与主要特色

中华国学是中华民族育人养德的文化瑰宝。无论是从国学的内涵与作用还是从通识教育的角度，以往的“经史子集说”以及当今的“道、学、艺、技说”或“大国学”说，都难以圆满而清晰地阐明国学的功用和分类。故我们仍可以继续沿用国学的“三分加一”分类法，先将其分为传统国学和新国学两类，再将传统国学类分为三个层次，以分析其对强化大学通识教育的作用：

1. 国学核心层次。以“道”大一统者，属于哲学层次、宗教层次、信仰层次、理想层次，包括易学、儒学、道学、佛学等，可浸入所有中华学科与中华文化领域。

2. 国学的主体层次、学科层次。属于专业学理层次，以“学”分科者，包括文学、史学、诗学、音韵学、武术学、艺术学、中医学、风水学、命相学、养生学……

3. 国学的文化层次、应用层次。属于技术层次，“以文化成”者，包括历史悠久、文化味浓，深入社会生活“衣食住行用”各领域的中华传统文化，如茶文化、酒文化、花文化、民俗文化、建筑文化、红木文化、器具文化等等。

4. 新国学的创新层次、主流层次。属于思想革命、文化创新、经济改革、社会改良的实践层次。从历史演变看包括孙中山学说，以及毛泽东思想、邓小平理论、三个代表说、科学发展观，所有批判继承中华国学精华，以“马克思主义中国化”为目的的学界重要理论贡献，以及更广义范围内在所谓新儒学、新道学、新佛学、新易学等基础上建构的国学新说等。创说者力图站在时代高度，引领或启示国人前进。其新国学理论的能否成立，能否发展丰富，关系到党的理论建设和生命力，关系到中国的前途、命运与未来，与全球化进程和世界和谐也紧密相关。

目前，大陆的“新国学”的建设均已进入“马克思主义中国化”的轨道，它的构建主要由两大部分人来做。一种是研究马克思主义理论、社会主义精神文明的学者，其对中华国学的态度又有绝对排斥与比较宽容，主张合理借鉴的两类。另一种是站在时代高度研究国学的学者，其中对马克思主义理论的态度又有绝对排斥、视而不见、存而不论以及积极吸收其合理成分并将其“中国化”的三类。但无论属于以上两种人中的哪一类，也无论研究者以何种态度去看待和研究国学，国学自身的性质和价值并没有因此而改变，依然有如下明显的主要特色。

1. **讲求和谐，阴阳互补**。西方讲斗争、讲对立，强调矛盾的绝对性与不可调和性；中国讲阴阳，讲和谐，讲滋阴壮阳，负阴抱阳，你中有我，互相依赖。国学的易、儒、道、释各家都讲和谐。易家讲阴阳和谐，以和泰通气致天地交合；佛家以“慈悲为怀”致人间和谐；儒家以“仁义礼智”致政通人和；道家则以“道法自然”致天人和谐。未来的文明时代，必将从中华国学中，提取丰富的和谐理念。

2. **统揽百科，鉴古烁今**。国学研究的特点是文史哲结合，中外结合，知行合一，马克思主义中国化研究也包括在内。而马克思主义要吸收全人类思想文化优秀成果，自然不能缺少传统中国典籍中的精华。尤其是孙中山学说、毛泽东思想、邓小平理论、科学发展观等，已被视为当代“新国学”。弘扬国学传统文化精华，有助于解决现代化、全球化难题，适应现代化发展。孙中山高度重视中华文化对民族复兴的重大意义。他明确提出复我国粹，学欧美之长，其民生主义在某种意义上就是社会主义，大同主义。

3. **尊道贵德，经邦济世**。一贯是国学治学传统。作为国学重要经典的《易经》，更是揭示了天地人间的六十四个卦象，其中每一个卦象代表了一种现实处境，也蕴含了一种行为提示，劝人行善、积德，以逢凶化吉。所以，《易经》实际上是一部教人为善、导人向上的道德经典。它既是老子道学思想的重要来源，也是孔子儒学思想的重要来源，其思想理念价值远高于它的占卦价值，是中华文化线象思维方式的百科全书。

综上所述，国学精华，包括了易学美德和老子之“道”，它不仅是中国哲学的灵魂，而且是世界哲学的精华。中国文艺复兴崇尚圣贤、崇尚经典，强调道德，伦理，包含了中华民族的传统人文精神，是具有当代道德建设的永恒价值和普遍意义的文化资源。正是我们的老祖宗教会我们如何做人，正是国学给了我们民族身份证，让我们成为挺起脊梁的中国人，让我们这个民族在世界当中跟其他的民族得以平等和谐地共处。如果我们没有国际地位，还可以逐步自强自立，如果我们没有国学，我们必定被别人瞧不起，更没法让别人愿意平等地跟你交流和融合。

历史已经证明并还将证明，国学是中华文化和通识教育的瑰宝，是曾经成为世界最强国家的中华精神支柱，在清朝康熙乾隆时期，中国的国民总产值甚至占到全世界的40%，这是勤劳的中国人民的伟绩，其中当然也有中国传统优秀文化特别是国学之功劳。

因此，我们当前要大力弘扬国学，要在大学解决如何做人的通识教育中突出国学。这就首先要能辨明和纠正歪曲国学的种种错误倾向。如有人把《易经》仅仅当作一本占卦的书，这是非常肤浅和错误的，大大贬低了《易经》的价值和意义。另外，由于中国一度落后挨打，一些不理解、甚至反对和排斥国学的也大有人在，其中不乏知名人士。就连文化伟人如鲁迅，当年也曾排斥国学，甚至说："翻阅两千年的中国文明史，只看到两个大字：吃人。"现在还有些学者在反对"中医"，也是对国学的否定，对保证中华民族数千年繁衍生息保健养生系统学科的否定。这都是特殊时代的局限性或者个人的局限性所造成的结果，我们对此要保持清醒的态度。

二、通识教育的性质与中华国学

如上所论，无可怀疑，中国通识教育作为人生活各个领域的知识和技能的教育，可以从国学中获得"非专业性的、非职业性的、非功利性的、不直接为职业作准备的知识和能力的教育。"如国学主张的"十年树木，百年树人"的"立人说"，国艺主张的"琴棋书画"育人说，以及国学一贯主张国人的立德立功立言的"三立说"等等，都是符合通识教育宗旨——"造就具备远大眼光、通融识见、博雅精神和优美情感的人才"的目标的。

当然，要让国人尤其是学生在通识教育中接受国学，并不是那么容易的。特别是上个世纪中期以来，内地人们最初的接触国学，都是在文革时期绝对肯定法家，把孔子儒学当作反面教材，对国学持反对和批判的立场开始的，这在现在看来自有重新认识的必要。而继续以批判的眼光深入挖掘和研究国学，也依然是我们宏扬国学不可或缺的重要方式。特别是当目前许多人所学的专业并不是国学时，学好国学确是一项有相当难度的系统工程，需要有信心，有恒心，有方向、有选择、有眼光、有重点地认真读好国学经典，打好基础，才可能真有收获。

国学经典高深莫测，国学书籍浩瀚如海，需要认真去读、去学习和研究，才能打好国学基础，完成通识教育。此外，马克思主义、毛泽东思想和当代的邓小平理论、三个代表思想及科学发展观等当代中国的主流意识形态，也是当代的新国学。必须善于将它与中国传统优秀文化和当代建设中国特色社会主义实践有机地结合起来，才能在这个过程中将马克思主义进一步中国化。这方面中华易学将起到基础性作用。马克思主义是西方劳资严重对立，矛盾不可调和时产生的，旨在医治资本主义的顽症。近代中国惨遭世界列强入侵、陷入贫穷落局面，中国共产党正是靠马克思主义的指导才使中国由弱变强，重新屹立于世界各国之林的。我们将国学与马克思主义有机结合起来，以中国线象思维、中国本位立场、中国语言词汇、中国逻辑方式去研究马克思主义，才能使马克思主义更加丰富和发展，真正“化”成中国新国学。这也是中华国学与未来世界的希望。

三、中华国学的通识意义与未来世界

国学的现状与前景如何呢？这是所有主张通识教育与国学教育的人们所不能不弄明白的。

首先是从国内看，中华国学在社会和谐、人的发展包括通识教育中的重要作用日益体现。

政界方面，党中央强调建设小康社会、和谐社会的理念，来自国学。中央政治局委员、省委书记汪洋同志于2009年7月30日嘱省委办公厅写信时说：“在日益全球化的世界里，重新挖掘中华传统经典著作中的时代内涵和普世价值，对于增强中国文化的软实力和世界影响力都有重要意义。”肯定了众多研究中华经典的国学学者的贡献。

教育界方面，中山大学博雅学院、暨南大学通识教育机构、广州外语大学、广东省社科院国学中心、佛学中心相继成立。在寻找当今大学“精英进来，庸才出去”的原因时，从事国学通识教育的甘阳院长认为：不是因为课太少而是课太多。如美国开课4门，中国开课17门。解决问题的关键是，要抓住通识教育的核心课程，“为探索高等教育大众化时代的精英教育模式而专门设置”学院，使“学生的人生榜样不是亿万富翁，而是学富五车的大思想家、大学问家”。其选修课也相应分为中国文明、全球视野，科技、经济、社会、人文基础与经典阅读四大类，把院系最核心基础课作为通识课程。包括历史系的“中国古代史（先秦两汉）”和“中国艺术史”、亚太研究院的“世界宗教与民族冲突”、生命科学学院的“现代生命科学导论”、“现代生物技术导论”、中文系的“中国诗词”和教育学院的“心理学导论”等，融入了中华国学的特色内容。

企业界方面，国学对企业文化的影响日益深入。如在近期召开的“中国企业文化国际论坛”上，就有很多企业家关心中华道德与企业文化建设的关系。

特别是当下企业出现乱象，如富士康跳楼风、罢工增薪风潮等，都更需要国学来化解。再如深圳奔达康企业的“心感力量”新说，立白集团的“毛孩子一年后成熟了”的感叹，镇泰集团的“心理福利机制”和文化夜校，都隐隐传出个中信息。

社会各界方面，国学热大行其道。老年大学开设促进家庭邻里身心和谐，深得中老年学员喜爱的“老子学习班”，高僧在居民社区开设的禅学大讲堂里，所作有关人的物质需求（温饱）、精神需求（知识）、灵性需求（信仰）如何统一和满足，以及有关从事策划（价值）、传播（奖励）、守业（薪金）、批判（解难）、追随（服从）等“五种人”的如何合作等，都颇有成效。

二是从国外看，随着国力的增强，外国人对中国和中华国学的兴趣日益浓厚：孔子学院已遍布全球，对外汉语传播正热；在世界十大思想家的权威媒体评选中，老子获得了第一。这一切都说明：强大的国家必须有盛开自己民族智慧之花的强大文化。它还必须是具有普世价值，能在核心价值观上引领世界潮流的先进文化。国外对中华国学和人文精神缺少了解的一些政要和学者认为，中国还没有这种核心价值观的文化，并以中国今天奉行的马克思主义也是西方的而自以为是，以自己是自由、民主、平等、博爱、人权、人道的西方民主文化的拥有者而自傲，并肆意以此来贬低和打压中国主流文化。问题是，我们的祖先难道没有比他们更早更伟大的思想和理念吗？

是的，西方唯一的超级大国美国，正在主张那些或能削弱东方国家的“具有国际传染性的学术”——1. 主张世界上基督教文化、儒教文化、伊斯兰教文化存在难以调和矛盾的“文化冲突论”；2. 主张以霸权主义解决这些矛盾的“新帝国论”。那就是，一、美国要保持先发制人的权利；二、美国的价值观是普适全球的；三、美国要保持不可挑战的军事力量。用美国的前任联合国大使博尔顿的话说那就是：“美国就如一把铁锤，世界各国好比墙上的钉子，美国想要惩处那个国家，就如拿起铁锤打击墙上的钉子一般。”3. 主张比较稳健平和，要软硬两手结合的“软实力论”和“巧实力论”等等。但这些学术理论换汤不换药，都是力图在东西冲突、南北对立的世界格局中维护美国的强势地位、话语主导、霸权地位、优越生活而不顾他国他人利益的，违背了孔子所说，世人认同的“己所不欲，勿施于人”的道德戒律。

这显然不是全球化时代人类共同的选择。

出路何在？

我认为，出路在于推广与传播具有主张“上善若水，道法自然，普度众生，世界大同”核心价值观的中华国学。理由是，国学不仅是中国通识教育的基础，也是中国提升文化软实力，增强学术创新力、文化吸引力和影响力，增强民族综合实力和自信力的宝贵文化资源。

那么，我们怎样学好国学，加强中国通识教育呢？那就是：一要刻苦学习国学经典。包括1）易学:《周易》和相关的精解书籍；2）道学:《道德经》(马王堆帛书版)、《庄子》；3）儒学:《论语》、《孟子》、《荀子》等；4)诸子:《孙子》、《墨子》、《韩非子》等；5)史学:《史记》、《资治通鉴》、二十四史等；6)文学:《诗经》、《楚辞》、《唐诗》、《宋词》、《元曲》、明清和现代名著等。

二是把重点放在国学核心层，以立德立功立言的“三立说”指导实践，让国学更好地融入生活，升华境界，造福社会。其内容可包括：1)习儒家学说：义利之辨，文明之礼，让夫妻和谐，家庭和睦，儿女孝顺；2)修道家学说：尊道贵德，通中医道医，养生健身，谦柔克刚；3)研佛家学说：禅修，素食，低碳生活，普济众生。此外还可以通过参加或组织重要的国学学术会议，撰写和发表国学论著和论文等，不断提高国学修养。

三是要学习好中华国艺“琴棋书画诗文歌赋”等。中华国学包含了丰富多彩的国艺内容，衍生出中华国艺传统教育向有的“琴棋书画，才子佳人”的通识教育说法。“琴棋书画”这四项国艺涵盖音乐、智运、书法、美术各科，可谓韵味十足，魅力无穷，它们与中华武艺、诗艺、舞艺、歌艺、曲艺、茶艺等其他众多才艺一起，皆是中华国艺之宝。人们通过了解、潜修其中的各项才艺，可以达到悦耳、益智、正气、养眼、舒心、通识、归道之目的，若能真下功夫学会其中一两项而能得心应手者，更是能成为日后的立身兴业、修心之道和人际交往的心灵渠道，可自乐而乐人。

作者为广东省社科院国学中心荣誉主任、研究员，广东华文国学院院长

国学教育者的沉思和漫步

刘介民

国学是中华五千年文明的宝贵遗产。作为中国人，不能忘记传统，不能不知国学。国学有利于重塑现代人的价值观。了解和认识国学，使国学得到更好的继承和发扬，是当今每位炎黄子孙应尽的光荣义务。

《国学教纲》一书的内容非常广泛，伦理道德、礼仪民俗、经史子集、琴棋书画无所不包，它是一部提升人文修养、丰富知识储备的理想读本，是人人都能看懂的国学入门之作。与此前的国学入门著作比较，柯著的《国学教纲》言简意赅性和对科学学理性的探求，特别值得称道。“什么是国学?”“国学究竟有什么用?”这些在大众之中存在的国学疑问，在柯的《国学教纲》中可以得到清晰的答案。

柯著鲜明地表现出国学研究的理性自觉，标志着国学研究的新阶段。从这一视角出发，我认为柯著的《国学教纲》的特点表现在：研究视角，学术命题，学术境界等方面。作者以国学教育者的沉思和漫步为我们打开了进入国学殿堂的门径。国学热的背后，隐藏了人们怎样的心理需求，人们正遍览诸子百家，研习琴棋书画。近两年，“国学热”迅速升温。解读《论语》、《道德经》的各种书籍一经上市，立刻成为读者们追逐的对象。本书还从宏阔的精神文化背景透视近年来的“国学热”，认为国学研究虽机构和活动不计其数，旧作不废江河，却“乏教材”，可以想见此著作之急需。

柯可的学养，是经历了渐次精修、西学新学相孚会、相激荡而达到的一种学术境界。对过去的国学者感同身受，激起共鸣。他为人渊雅冲淡、言谈和易，操履严明，治学态度严谨，于诸儒语录、佛老家言，靡不精研覃思，极究其是非，孜孜一生，精研易理，传述心学。所著《国学教纲》，其梳证剖析，详尽笃实，持论皆有可采，其生平著述之珍重亦可知矣。其教人大要以涵咏经文，援引史传，疏通证明，真解为要。作者浸润经传，投献学术教育，除笃志著述、振笔撰书外，尤善于鼓励后学、谕告弟子，还当博于搜采、申辩通微。其论诲恳切，诱导谆谆。

一、新颖的研究视角

国学研究对象的交叉与重叠之处越来越多。如何选择独特的研究视角、形成一套比较系统的概念、命题、假设及理论框架对其国学研究具有重要作用。柯可在他的第一章中说：中华道德，包罗各家，有易家易德，道家玄德，儒家仁德，释家佛德等，但以道立德，以道续统，却是一致的原则。”[1](p.3)所谓“国学”的范围，历来学术界有广义和狭义的不同界定，广义的国学可包括中医、古代建筑以及琴棋书画等等。如胡适即认为“国学”为“国故学”的简称。中国文化，博文达理，以书法活动为载体，可实现德育教育的生动化、形象化、具体化、立体化和可体验化；可立字育人，将书法教育与德育教育、素质教育深度衔接。古代文人雅士，无不通晓琴棋书画。柯可徜徉其间，亦深得其妙趣。中国书法之妙，在诸以形载象，象载意。通过学习《易经》、《道德经》等中国经典，可慎终怀远，鉴古知新。作者从容不迫地评说，提出了许多闪烁着智慧火花、令人关注的新见解。作者希望通过国学历史的反思来推动中国人的精神自觉，凸现出国学和国学研究的本质特征，从而获得一个极富创意的理论制高点，产成一种整合力和凝聚力。

柯著把他的国学研究定位为：“国学教纲的实施，当超越旧儒之‘三纲八目’而以‘金塔玉阶，四纲八目，德艺育才’为宗旨。‘玉阶’即以中华国艺修玉阶；‘四纲’即以‘易为学纲，儒为理纲，佛为心纲，道为总纲’；‘八目’即为‘琴为乐目，棋为智目，书为文目，画为视目，诗为志目，武为神目，花为慧目，茶为品目。’”[1](p.7)对国学教育做了全新的解释。

著者从广阔的精神文化背景透视一个世纪的国学研究，敏锐地发现：研治国学，是对学术忠诚的一种表现，要针对中国学问的特性来予以开发。著者这种对当下国学研究的评价，可以说切入的视角是独特的。作者从思考和理解入手，弄清国学脉络，从而可以用较短时间把握国学的精髓，获得对国学的总体认识，无疑是一次重要突破。

该书走出西学模式，还原中国哲学本色，提供了一本理解与思考国学的入门读物，对具有中等以上程度的人群，很有裨益。柯可认为国学的教育目的是《大学》向往的“格物致知，诚意正心，修身齐家，治国平天下。”[1](p.7)学习国学关键是“通晓国学，重点在通”，“掌握中国学问之大纲大本”。他认为国学是以中国传统文化为视角，研究精神文化的学问。古代的文人情感特别丰富，想的问题也特别多，想的问题一多，就容易伤感、激动、抑郁。那拿什么进行调剂呢？“雅事”。琴棋书画是文人比较受推崇的“雅事”，它们在文人的生活中起着非常重要的作用，是调节心理的重要载体。《礼记》上记载“无故不撤琴瑟”，现在我们只把弹琴当成比赛，已经失去了其本身的功能。所以应该把弹琴当成培养从事音乐、美术、舞蹈、戏曲等文化艺术专业，具有大、中专学历的艺术人才的摇篮。

在学术研究的观念和方法上，作者在国学阐释上鲜明地提出两个理念：一是通晓国学重点在通，要通达博雅，在知识和心态上贯通地去掌握事理。二是致力于国学研究的学理化。古典文学尤其是诗词，是构成书法内容美的主要表现形式。书法与诗词同是艺术范畴，书法是利用文字符号造型给人以线条美、结构美、章法美、神韵美；而诗词的特点是集中反映社会生活，凝聚着作者强烈的思想情感，富于想象，语言精练而形象，有鲜明的节奏和韵律。因而，书法与诗词是我国传统艺术宝库中的瑰宝之一，源远流长，具有强大、深邃的审美感染力，受到了广大人民群众的喜爱，特别是在改革开放的今天，书法艺术得到了空前的繁荣，同时，诗词在书法作品中的作用越来越突出，越来越被更多的人所关注。但如何理解书法作品当中的诗文，是“抄”录他人还是写自家诗文，很值得我们去认真思考。

柯可对国学的认知逻辑是求实、求真，坚持实事求是的科学态度。柯著受国学治学风格和清代朴学家的影响，特别注重考据、史料的挖掘和审慎的考证。对国学研究中的一些悬疑问题，也能从考证和史实出发，作出新的解释。

国学的历史总是一环扣一环地向前发展并相互衔接、共生互补。过去出版的相关书籍往往偏重论著、学人、学派或学术观点，侧重外在特征的描述。柯著则另辟蹊径，对各个时段重点论著的内在认知逻辑、思维方式和学术范例进行实质性的梳理。以这种梳理性的眼光观察中国古代诸子典籍，标志着研究向度实现了从外视角向内视角的转移。对于已往国学研究中忽视元性质或元基础的习惯性思维定势，具有新的学理阐释的意义，从而发现一片阐释的新天地。

二、贴切的学术命题

阐述国学艺术命题和各门类的内涵，分文学、美术、音乐、棋艺等，以及相关的国学名著与典籍做有针对性的细致的介绍和梳理，对相关国学的基本著作做点评。这对初学国学的读者来说，可谓曲径通幽。

在学理建构上，柯可的总体思路是界定国学和国学研究的概念、内涵，阐明国学研究的价值和意义。他宏观上描述国学的精神文化现象，微观上研究国学的重要命题，然后站在学术哲学的高度对国学研究中若干带有规律性的问题进行理性反思。著者认为“中国书法因艺术精湛、意境高远，故又称中华书艺。它的篆书如舞，柔如蛇；隶书如坐，稳如钟；楷书如立，挺如松；行书如走，势如虎；草书如飞，飘如龙，均以气势取胜，以气韵生动为上，以运气行笔为要，以笔法章法为谋篇基础。”[1]（p.8）在治学理念上，作者关注历史背景后的精神活动。“宏观描述”，对国学中的经、史、子、集进行多方面的梳理、辨析，其理论聚焦点是国学研究学理化的进程。全书以此作为国学精神的基础，重振、升华。而“微观透视”则选择几个重要的专题进行梳理，都有独到精粹的结论，提出若干学术命题：

百年树人国学根，易德精进创天下，认为易德光被人寰，独照千古。深入阐研中华易德，对中国和谐社会的形成乃至和谐世界的倡导，均具有现实意义。[1]（p.118）

诗为志目，志立行远。中国是千秋诗国，有诗言志的创作宗旨。[1]（p.46）

溯古追源，历代格物致知，借“岁寒三友”“四君子”等托物喻志者，无不以诗盛赞梅的高洁傲岸，兰的幽雅空灵，竹的虚心有节，菊的冷艳清贞。[1]（p.46）

棋为智目，开慧生谋。博弈游戏发展起来的智力运动更是成为智慧的艺术、文化的纽带、文明的尖峰。它启迪智智慧、陶冶情操，导向人与社会、人与人、人与心灵的自由和谐。[1]（p.72）

茶为国饮，堪称“品目”茶艺是以茶文化为主题的国艺之一，广泛涉及茶联、茶诗、茶乐、茶画、茶器、茶礼、茶艺表演等。[1]（p.126）

与其他艺术不同，舞蹈是表现人体美的一门艺术。舞蹈教学中的美感是利用肢体语言来表现的，是通过舞蹈语汇和舞蹈形象去唤起人们美好的情感，使人们通过美感产生心灵上的共鸣，继而给人们以精神上的愉悦和美的享受。所以美是舞蹈的本质，失去美的特征舞蹈也就会失去它基本的品格和艺术功能。因此，在舞蹈教学中，培育学生的舞蹈美感是非常有必要的。戏曲艺术与国学精神有着千丝万缕的联系，中小学戏曲教育的教学定位就是在继续保有原来的“美育”和素质教育的规定内涵的同时，新增国学内涵，陶冶学生道德情操，提高学生健康的艺术审美情趣和戏曲艺术鉴赏能力。

从文武兼备的国学教育传统看，人称“武艺、国术”的“武术”看似身体训练，立足于“术”，其实要义为“育”，具有身心合一的德育教化功能。[1]（p.148）武术又具有东方文明所特有的哲理性、科学性和艺术性，较集中地体现了中华民族在体育领域中的智慧结晶。国学教育体系通过吸收武术文化更多的营养，国学教学内容得到丰富和完善，将国学教育的发展推向高潮。武术教育在国学空间里会吮吸到更多的营养，走进一个完全属于自己文化的、身体的、艺术的多元空间。

柯著中充分地注意到当代文化转型过程中世界文化与国学的关系。作者运用和借鉴比较文学的命题来论述自己的观点。他说：我们应该从古人以“琴棋书画养心，梅兰竹菊寄情”，将“梅兰竹菊”作为一种音乐治疗技术的命名中获得启发，将国乐作为效仿“四君子”的高贵品质进行心灵修行的伴侣。《列子·汤问》有“高山流水”的故事，比喻世间知音难觅。[1](p.63)作者在认真梳理、审视和思考中外文化学术，探讨人类文化发展的共同规律，无疑对国学研究界具有紧迫性的重要意义。

柯著以中西文化的历史经验来阐释国学，不为尊者贤者讳，只为实事求是。作者以儒、道、佛的命题，以不同学科、学派、学人之国学作为阐释之对象，他说：禅味妙艺，审美境界，道德教化。佛教珍爱艺术，国内的每一座庄严宏伟、具有中国建筑特色和历史文化积淀的佛庙，都与著名道观、孔庙、清真寺和教堂一样，是艺术珍品美不胜收、令人肃然起敬的文化宝库。[1](p.138)对国学进行整体关照，判断精确，析理严密，详略有度，富于启发性。

三、融合的学术境界

国学是中华民族几千年生存和发展的智慧结晶，国学经典是中国文化的代表。阅读、了解，对于掌握人生真谛、升华个人气质，均会有很大的帮助。但很通俗地解释国学的文化含义，并不是一件容易的事。试想，如果我们的心灵中没有诗意，我们的记忆中没有历史，我们的思考中没有哲理，我们的生活将成为什么样子？柯可先生的《国学教纲》是专门研究国学和中华艺术文化的一部专著。环绕于人生之诸问题，以探讨国学艺术之原理、原则，并寻求解决之方术。作者简略地勾勒了国学研究的全貌，让我们看到了中国精神文化的学术境界。在作者与客观研究对象——国学艺术的学术对话中，以客观、真诚的态度面对国学发展史上诸多先贤，热情地肯定和赞誉，也有分析和评论。对于那些在学术界有较大影响的不同见解和严重偏颇坦诚地发表了自己的看法。

中华民族是一个文化渊源流长和文化底蕴深厚的民族，中华民族创造了璀璨的文学艺术、音乐艺术和绘画艺术。高校文化艺术课是一个具有很强专业特质的教育范畴，目前高校客观存在过度专业化和功利化倾向，培养的人才知识面狭窄，责任感和社会意识欠缺，难以融入社会为大众所接纳的问题突出，所以，强化文化艺术教育的通识课程，具有突出重要的意义。国学教育和传播依托于藏书楼和图书馆。古代藏书推动了国学经典传播，促进了学术与教育发展。

独具特色的语言文字、浩如烟海的文化典籍、精彩纷呈的文化艺术、充满智慧的宗教真理及完璧而深刻的伦理道德，是中国传统文化的基本内容。传承好传统文化，那么它的意义是无比深刻的，作用也无法估量。语文教师需要国学的熏陶，更有责任让国学走入课堂，让经典文化滋润孩子们纯洁善良的心灵。语言艺术的运用可以激发学生学习兴趣，改善师生关系，减轻学生压力并能寓教于趣，激发学生思维。教师要积累幽默资料，提高幽默意识，掌握幽默技艺，研究幽默适宜土壤才能运用好幽默语言艺术。

古典诗词演唱更需国学积淀与人文素养。古代创作出来的优秀古典诗词歌曲成为中华民族的骄傲。高校开设这门课程，对传承我国古典诗词歌曲具有着重要意义和不可替代的作用。

瑕不掩瑜，即使一部高品位的学术著作，也会有值得商榷的问题。特别是有些闪光点，更有可以斟酌的地方。本书有些章节，缺乏必要的理论阐释，如“经、史、子、集”，尽管从一个新的视角，进行学术梳理，但它的概念内涵、思维方式和学术范型的特点，它的来龙去脉的意义等，显得有些语焉不详，缺乏深入的阐释。若能就此进行进一步地学术思考，或许这部“入门”之书更具有启发意义。也许是限于篇幅，作者无法展开。

另外，全书多处论及到东西方文化的接触和比较、参证，无疑是新锐独到的见解。但是，未能将西方学术与中国学术结合起来，显得有些支离破碎。过失、疑问、蹊跷的问题值得探索，但就本书的宗旨来说，既然是“教纲”之作，就不该做更多的学术辨析，特别是那些悬而未决的问题，更不该过多占去篇幅。似乎有苛评之嫌，不知著者和读者如何理解。

---

[1]柯可．国学教纲[M]．广州：世界图书出版公司．2015

作者为广州大学 教授、广东省国学教育促进会副会长

通五经　贯六艺

张明亮

《后汉书·张衡传》:“衡少善属文，游于三辅，因入京师，观太学，遂通五经，贯六艺。”五经与六艺，通而贯之，其时义大也哉!

孔子“治《诗》《书》《礼》《乐》《易》《春秋》六经”,《乐》经不传，故曰“五经”。六艺则包括“礼、乐、射、御、书、数”等六种技艺——孔子“弟子盖三千焉，身通六艺者七十有二人”。孔子曰:“六艺〔案指“六经”〕于治一也”;又曰:“通六经，入其国，其教可知也。”“经”乃世界观、方法论，读经通经，必欲实施于人生事业的各个领域，比如“礼、乐、射、御、书、数”等等，后者精湛，说明前者贯通，是所谓“其教可知也”。

孔子治经，一开始就重视和强调学用结合，理论联系实践，可知“通五经，贯六艺”，是中国文化的精神和脉络。

时贤论“国学”鲜有关注“通五经，贯六艺”者。显著论点之一，是把“国学”限制在“国学经典”的研读和人文道德的修养两个方面。有知名学者规定说:“国学从概念上来讲，是六艺〔案指“六经”，下同〕之学，从学术修养上来讲，主要是经学和小学”;“它成为我们每个中国人最基本的原点训练之一，六艺是做人的根本，也是立国的根本”;更强调说，“国学更需要扎扎实实地念书”，尤其要念好《论语》、《孟子》。至于由“六经”贯通到六种技艺的“六艺”，根本不予考虑，或根本未能理解。这显然不符合孔子治经的初衷。

基于上述，再翻开柯可先生新著《国学教纲》，不禁让人眼前一亮——它不仅通俗地介绍“国学”，而且系统地把“国学”贯通到琴、棋、书、画，贯通到诗歌、茶道、园艺、舞蹈和武术等“技艺”;每种技艺都用专章予以阐述。这个思路，不正是“通五经，贯六艺”的孔子治经的初衷吗?

柯可《国学教纲》的这个思路，开阔了“国学”研究的视野，尤其对“国学”向广大读者的普及具有重要的启示意义。“国学”不是少数人的专利，也不是神秘兮兮的庙堂玄学。龙应台有一篇文章，其题目就说得很实在，很到位:《日子怎么过就是文化》;李清照性喜“博弈”，有《打马图经序》一文，就把“掷豆起蝇，巾角拂棋”之精妙，跟“圣人之道”之“圣处”相提并论。柯可的《国学教纲》把人们的各种技艺纳入“国学”，不能不说是国学研究的心裁独运而着眼于实践的创获。

柯可治学，跟我辈困顿“书城”的学人大有不同——他长期关注“产业文化”的方方面面，付出了巨大的辛劳，贡献良多，这也使得他的论著更看重实践实施，即所谓“接地气”是也。期待他有更多的新颖的学术成果问世。

华南师范大学中文系教授 张明亮

2015年9月17日

注释：

（《国学教纲》柯可著 中国出版集团、世界图书出版广东有限公司2015年7月出版）

“志于道”与“游于艺”

阮纪正

《论语·述而篇》有云：“子曰：志于道、据于德、依于仁、游于艺。”这就是说，孔夫子的学术思想是以道为志向，以德为根据，以仁为凭借，活动于六艺之中（这跟老子所云“道生之，德畜之，物形之，势成之”，亦即“一切都是‘道’的产物，万物在‘道’中获得自己的基本属性和形状，并在环境演化中呈规律性地成熟起来”，恰成明显对照。在这里，老子说的是“拟对象化”那物的生成，孔子说的则是“类主体性”这事的操作；但二者谈的其实又是不同方面那同一个过程）。中国文化中所谓“立己立人”的行为原则，都是以这四句作为纲领的。在这里，“道”是操作的方向、目标和基本途径，“德”与“仁”则是操作主体由“道”发生出来的内、外规范和状态，而“艺”则是其活动的范围、场所和载体、手段。或者说，前两句的“道”与“德”是属于精神层面的超越性追求，后两句的“仁”与“艺”则是人际交往和社会生活的实际操作层面。这四句话中，最重要的是开头的“志于道”和结尾的“游于艺”。“志于道”是超越性的着眼点；“德者得也”，“德”是从“道”而得来的社会规定。“游于艺”则是现实性的着手点；“仁从二人”，所有的“艺”都要在一定的社会关系和现实操作中具体展开，“艺”跟社会关系互为载体。作为一种实用性的身体技艺，中华武术的身体训练和具体应用均着眼于人的“自我运作”和“自身发展”，或曰由“自我保护”进入“自我实现”，完全可以借用孔子的这个学术命题作为参照框架。

（一）价值取向：“志于道”

传统武术是一种“由技入道”和“以技载道”的生命应对之综合实用技术，其基本点在于生命的自我运作、自我维护、自我发展和自我实现。所谓“各得其所”和“各取所需”的实际含义，也完全可以归结为自我运作和自我实现。在这里，其着眼点是“志于道”。我们知道，任何人类行为都需要有一个主体性的价值取向和心理驱动，而并不只是限于行为主义那简单化的“刺激——反应”，或者只限于心理主义的“欲求——表现”。人并不能像动物那样“为活着而活着”，而是要在自己的操作过程中服从客观规律并体现一定的价值和意义。武术技术由此也必须要反映武术技击规律并为这一定的价值和意义服务（但它本身，却并不就是这个客观规律以及这一定价值和意义，而只是实现这些东西的中介）。

传统武术明确地把“志”的取向确定为“道”。“道”的原意是道路，用以描述达到目标的过程和途径。正如“自由落体”因“万有引力”而起，而并非是真正绝对自由一样；任何人的目标和选择都是在特定条件下的实践中形成的，并非纯为主观自生，具有相应的客观原因和客观过程，反过来对人有着巨大的强制作用(所谓“人在江湖，身不由己”是也)，并且还通过人的选择而进入人的深层意识。由此“道”又被引申为操作上作为“动机之动机”的那个客观规律和终极价值，具有某种“绝对命令”的意义；由此“道”在中国文化中便有价值方向和客观规律的双重含义，表现了某种“主客同一”的意蕴，由此区别于西方人所理解那单纯作为手段的技、艺、术。一种合理的价值取向和相应的操作原则，是基于客观条件有规律地在实践中形成的“合目的性和合规律性的统一”；由此既不能把路径的探究当作是离经叛道，更不能把面对稀缺的诉求说成是既成的满足。作为人生目标取向和信念支撑的志向抱负，它不但奠基于社会“客观规律”和人的“终极价值”、“理想自我”，受制于种种环境条件，而且还直接根植于人的“生命意志”和“行动力量”，并跟所谓“天命”联系在一起，由此形成时下所谓“把握规律性”的强大心理动力。

至于“志”的基本意义，据闻一多先生的考证有三个层面：“一、记忆，二、记录，三、怀抱”。这三层含义的最后落脚点，都集中为心理意向。考古代用法，所谓“志”除了一般意义上的“心之所之”、“心之所期”、“心之所恃”以外，还有“天之所授”、“性所自含”、“道的体现”、“人心之主”等多方面含义；内涵偏于认识论和伦理学。孔颖达《毛诗正义》云：“诗者，人志意之所适也。虽有所适，犹未发口，蕴藏在心，谓之为志”，强调心“感物而动”后，却尚未发表而暂“蕴藏在心”的意念情怀。《荀子·解蔽篇》也云：“人生有知，知而有志，志也者，臧也。”臧，即藏。这里说的都是记忆。后面所说的记录和怀抱，均由此引申而来。“发见于言，乃名为诗”；把“记忆”下来的心理意向“记录”为言，发表出来于是也就成了“诗”。而在这“记录”的背后，也就是古代人称之为“藏于心而动并欲有所适者”的“怀抱”，或现代人称之为“价值取向”和“努力目标”的“志向”、“抱负”。孔子云：“盍各言尔志。”就是问弟子们的怀抱志向如何。他自述其志向是“老者安之，朋友信之，少者怀之。”表述了儒家的人伦理想怀抱。由此可见，志乃“感物体道”而生，为人心显现性体本然的指向性，是一定社会实践的精神产物。

中国文化认为，“志”作为“道”的体现有两种情形：或者外向发散见诸伦理实践（行），或者内向收敛获得精神寄托（知）。前者讲究居仁由义、求其放心，持志而主乎视听言动，视听言动无不合宜；正所谓心正而无论世之清浊，所行所事均能无不中规中矩。这是从人的社会性生存方面把“志”理解为人道“性情”的负载者。它既是个体与群体亲合的心灵纽带，又是保持个体相对独立而不同流合污的精神柱石。后者追求的则是体悟“知之所不能知者”，这也就是体悟言语所无以表述的“道”。这里强调“用志不分”乃是悟道的门径或与道契合的过程；它超越耳目之官（止于感性现象），超越心智之虑（止于知性的局部相符），因而能“听气得道”（进入最高层次的智慧）。由此具有明显的认识论意味。

据蒙培元先生等时贤的分析，先秦时期的思孟学派特别注重于伦理实践中所体现的“道”，庄子学派则着重于精神生活中所映现的“道”；一主“有为”，一主“无为”；且前者多指“人伦之道”，后者则指“天地之道”。不过这种歧异至宋明理学已接近消解；理学家们强调至诚感通以“知道”，信以发志以“行道”。由于“志”是“道”的体现，所以它是人生存的价值所在。真正意义上的人以“致命遂志”。生活在群体中，“富贵不能淫、贫贱不能移、威武不能屈”；即使只着眼于个体，也“非其志不之，非其心不为”。由此古代哲人认定，“志为人心之主”。

这里需要补充说明一下，中国文化中的“心”是个涵义相当复杂的范畴，狭义的心专指道义之心、仁义之心，在这种意义上，可谓志为“心之趋向”，是“心之用”；广义的心包括意、气、情、欲、神、志等智力因素与非智力因素、理性因素与非理性因素，是“道心”与“人心”的统一体，在这个意义上，志乃是“心之本体”。“人心惟危、道心惟微”，所谓志为“人心之主”，实际上是指既不动（不为声色、利禄等）、又自动（自发指向道、体现道）的道义之心对广义之心的其他各因素应居统帅、主导地位。总起来说，“志”作为“道心之动”，不管是外向的伦理实践还是内向的精神性生存，都理所当然地居于人的心性的中枢位置。

而就主体性的“志”跟客体性的“命”之关系来说，“志”可以顺“命”而实现（如“乐天知命”、“修身以俟命”），也可以跟“命”相抗争（如“君子以致命遂志”、“制天命而用之”）。王夫之《庄子解》云：“命之情者，天命我而为人，则固体天以为命。唯生死为数之常然，不可奈何者，知而不足劳吾神；至于本合于天，而有事于天，则所以立命以相天者，有其在我而为独志，非无可奈何者也。”所谓“天人交相胜”者，既可以理解为气与志相为有功，又可联系于命与志的矛盾关系。在我们的古人看来，志是以道为骨子，乃性所自含的，它能否成为人心之主，是区分君子和庸人的关键。尚志即是居仁由义。个体在后天实践活动中能否有为，从根本上说不在理、不在仁、而在志。志作为“干健之性”，决定着真正的人（君子）自强不息。所以它是人道中之根本者。人的独立性、能动性、创造性均直接来源于它。由此人便可循道、恃志、义断、勇决，寻求个体的自我实现。

老子有云：“孔德之容，惟道是从。”“道”其实首先还是人们行为的发生根据缘由；所谓武术之“道”，于是也就是中国人“由道”的生命智慧，它以“体道”为中心，包含了中国人对“生命之道”和“存活之术”两个方面的历史性理解和反思。应该指出，中国文化是“道术圆融”、“体用不二”的统一体；一方面“道以术显”，另一方面“术以道存”，根本没有什么脱离目的之纯粹手段和工具，由此明显地区别于西方文化所说的“心物两体”之对立。于是人们便往往把练武作为“入道之门”和“悟道之途”。不过这里同时还要注意，手段与目的统一于整个操作过程的相互作用，是一种呈现于两端的历时性的存在，由此也不能简单地把手段等同于目的，更不能用手段去消解目的。任何技术都要以“道”作为自己“存在合法性”的灵魂；《庄子·养生主》论及“庖丁解牛”时强调，“臣之所好者道也，进乎技矣”，指出只有以“道”为思想底蕴而用“技”，才会出现技艺浑然一体的出神入化表现，道是高于技的。由此庖丁解牛时心中所琢磨的并不是“牛需要切割几块”的具体操作任务，而是“目无全牛”那“彼节者有间而刀刃者无厚，以无厚入有间，恢恢乎其于游刃必有余地矣”，表现出“以神遇而不以目视，官知止而神欲行”的“依乎天理、因其固然”。

所以，人类所有行为都应该“志于道”，亦即要在把握规律的前提下明确自身的价值取向和行为目标；仅仅满足于当下“刺激——反应”的行为定势，不是人的活动特征。借用当年毛泽东的话来说，这就是任何操作都要有“坚定正确的政治方向”；没有方向等于没有灵魂，往往会“误以他乡作故乡”而“异化”沦为他人的驯服工具。模糊总体操作目标方向和不管对象运行机理轨迹的胡闯乱冒，尽管可以一厢情愿地乱贴广告标签，但却未必真的可以提高当下操作效率并达到宣示目标；由此孔子倡言“慎言慎行”。武术作为一种生活中肢体应对外敌的传统技击技术，其目标取向并不能局限于肢体碰撞中的自我保护，更不能沦为人类生命异己目的之手段和工具；而当着眼于启迪人心、开发智慧、传承文明、维护生命和促进每个人自由和全面的发展。由此，“道”的追求应是其根本和核心，武功修炼的落脚点当是“复性归真、同合大道”，一切“背‘道’而行”的想法和做法都是有问题的。

（二）实现方式："游于艺"

跟"志于道"同时展开的着手处或曰实现方式，那便是"游于艺"。"游艺"是依于"志向"的"行为"及"情趣"之载体和表现，具有所谓"任志而游"的行为状态和某种"靠技术"吃饭的运作特征。不过，孔子的儒学本是一门德性、修身之学。由此其原意当是学艺、通艺而进德；所谓"游于艺"，当是指为学者遍历、熟习和发挥六艺，于是仁德日新，身心自适、顺畅而入优游之境、达明道之功。

《说文解字》释"游"曰："游，旌旗之流也。"其本义是饰于旗帜上下垂的飘带。由于旌旗下垂缨带的飘动感，"游"在生活中被引申为"游行"、"游泳"、"游玩"、"游观"、"游戏"等等。所谓"子在川上曰，逝者如斯夫，不舍昼夜。"任何生活都处在某种不息的流变之中，由此现实的活动自要融汇进入这个生活之流去"游泳"，率性适情体现自身人格。现实生活的"游"又使人联想到心灵世界的"游"，于是人们便借用它来表示心灵想象和审美观照。就内容来说，我们这里所说的"游"综合融汇了儒家"成仁成德"的教化指向、道家"逍遥至乐"的忘情体验、佛禅"游戏三昧"的圆融无碍等一系列深层意蕴。就其形式而言，它更多的表现为庄子"乘物游心"所谓"消遥游"的"游"，主要用以表示审美欣赏与创造过程中主体精神那"天马行空"般无拘无束和悠闲自得、从容自如的活动，表示这个活动主体那自由的想象和自律的构思，比"思"或"想"都更为灵动和富于美感。它主要是指基于"人类本性"那胸次洒然的"悠然自得"、无所系缚的"忘我消遥"和得其所哉的"率性而为"、"尽性立命"，表现为超越功利无思无虑、从容不迫的"游戏三昧"和身与物化、放浪形骸的"潇洒自如"。朱熹《四书集注》释"游"字云："游者，玩物适情之谓。"亦有此意。就其当代理解而言，它就不仅要有"读万卷书"的精神探索，而且还要有"行万里路"的实践体验。

就社会交往角度来说，《周礼·地官·师氏》有云："游，无官司者。"它表示一种脱离统治权力纽带的"去官奉职守"之人。不少学者指出，秦汉以来社会变动激烈，武士地位随之下降，一大批习武之人从原先那个政权系统的金字塔中分崩离析出来，既脱离了原来曾经拥有的固定生活资料（"不治产业"），又脱离了原来十分稳定的职守以及法定的社会关系（"不安其业"），朝夕间有如无根之浮云，飘忽之转蓬，成了这个社会"自由得像鸟一样"的游离分子（有点类似当今被身份转换"打破铁饭碗"的下岗工人、失地农民和待业青年），只能在"行走江湖"中"赖力而生"和"挟技而行"（即时下所云的"走向社会、自谋职业和靠技术吃"）。正如"自由落体"并不绝对"自由"一样，

“人在江湖”则是“身不由己”。这种生活方式又使武人的“游”带上某种“交游”和“交流”的开放和凝聚双重涵义（借用革命家的话来说，就是“无产阶级在斗争中除了组织以外别无其他武器”）。由此武人“尚勇好游”、“重信喜交”，并在“游”中体现自身价值和技能。十分明显，这种生活压力下的“游”与精神上自由探索那纯审美式的“逍遥游”并非完全一致，然而在实践操作上却又往往能够找到可以相通和相类的地方。所谓“诉求以稀缺为前提”，反抗压迫其实也就是追求自由；由此二者也并不绝对对立。这情况可能与“精神是群体生活的产物”、“任何思想都是社会性的思想”有关。这里值得一提的相关现象还有：作为“挟技恃力、以武犯禁、替天行道、匡扶正义”的秩序反叛者，古代那些被压倒在社会边缘的所谓“游侠”之生活状况，往往倾向于闯荡江湖而不是安居乐业；其行为方式往往倾向于率性任情而不是拘泥执着；其追求目标往往倾向于快意天涯而不是建功立业。这种生存状态跟近代那些被流放的职业革命家颇有点相似；然而其“无组织、无纪律”那“不群不党”之孤立个体行为，又跟近代以来依托组织的革命者大异其趣。

就一种技术实践而言，“游”的含义更多的则是高度熟练后操作上的得心应手、左右逢源和悠然自得、挥洒自如；其要则是“庖丁解牛”般“依乎天理”、“因其固然”，“以无厚入有间”，从而达到“恢恢乎其于游刃而有余”。至于具体到武术本身来说，“游”字还带上拳来脚去、纵横往来、攻守进退、粘走相生、劲路变换的“运动战”特征，表现出毛泽东当年所说的“机动灵活的战略战术”意蕴。作为一种处理肢体冲突的具体实用技术，武术的“游”还可以进到身体训练和实际应用两个方面；前者更多涉及发展生命的能量涵养和技能培育，后者则大都着眼维护生命的防身护体和紧急避险。从形态上看，它具有随机就势、舍己从人、引进落空、借力打力、“以其人之道，还治其人之身”的生命智慧；从内容上看，它体现了一种“依自不依他”那反抗压迫、解除束缚、获得自由的实践性“自我解放”精神。所谓“鹰击长空，鱼翔浅底，万类霜天竞自由”那大化流行，其实并不是上帝安排或先富带动，而是整个有生类生命力的自我“生存竞争”，武术操作非常集中并典型地体现了这种生命力的律动和竞争。

还有哲学上所说的“游”，则指向于超越一切世俗（包括“朝廷法度”和“江湖规矩”）而归于“道”的根本活动，亦即精神当要按其本性进行活动；它在很大程度上可以理解为“道”的存在状态，表现出某种所谓“得心应手”、“心想事成”的精神效应。由此形成所谓“通天下一气”的“大化流行”；在这里，“道”无所不在，“游”也无处不到。有道是“顺天循道”、“率性任情”，这些理念也深深地渗入练武人士的精神信仰当中。我们知道，就其现实性而言，人是“一定社会关系的总和”，在很大程度上表现出“人在江湖，身不由己”；然而人又“善假于物”并且可以“物物而不物于物”，借助“间接性”的中介作用而获得相对自由。武术操作借助于“挟技恃力”的中介作用，由此也完全可以随缘率性地浪迹江湖并快意天涯。

至于这里所说的“艺”，原指“礼、乐、射、御、书、数”六艺的实际操作，引申开来则既指艺术（如诗词歌赋、琴棋书画等），也指技术（如兵农医艺、日用百工等），还指学术（如释、道、儒、玄及其他诸子百家）。据南怀瑾先生在《论语别裁》的解释和发挥：“其中的‘礼’，以现代而言，包括了哲学的、政治的、教育的、社会的所有文化。至于现代艺术的舞蹈、影剧、音乐、美术等等则属于乐。‘射’，军事、武功方面。过去是说拉弓射箭，等于现代的射击、击技、体育等等。‘御’，驾车，以现代来说，当然也包括驾飞机、宇宙飞船。‘书’，文学方面及历史方面。‘数’则指科学方面的。”人的活动领域，本来就是随着人类实践活动的扩大而扩大的。我们完全可以把“六艺”泛化到整个实际社会生活，把它理解为学术、技术和艺术三大领域具体操作方面的总和，由此可以成为“道”的运行载体和实现途径。武术活动，本身只是身体训练、肢体应对以至身体活动的一个方面；然而其基础及影响，却会涉及当代人类所有的活动领域，涉及学术、技术和艺术的方方面面。从事武术活动的人士，当要有超越武术本身的大眼光，关注到人类发展的方方面面。

而把“游”跟“艺”综合起来的“游艺”，则恐怕更多的还指其基于具体操作中某种超越性的精神感知，指一种通过群体交往和操作实现而带来的精神享受和遨游；它当为“参赞化育、夺取造化”的真切体验，更多地表现为一种把握规律后潇洒大度、从容不迫的悠然状态，而不是某种自以为是、无所作为、捉襟见肘的穷于应付。用太极拳家的话来说，这就是“物来顺应”、“舍己从人”而又“从心所欲不逾矩”。

练拳过去亦称之为“玩拳”，突出其超越眼前功利“循道而行”和“就势而起”并得心应手“消遥游”的精神自由状态。这里最重要的东西，在于用“以物观物”的“忘我”态度，尊重客观对象、正视矛盾运动、超越自我中心去对这技艺内在理则进行长期不断的潜心体会和体味，参悟天地之造化并且由技入道、指与物化、得心应手，不但“以人合天”而且还“以天合道”地巧夺天工，由此遵理进达“形上之境”和循道而行“无为之为”；并呈现为某种“不思而知、不虑而能”的自组织和自动化状态。所谓“志道游艺”并不是模糊意象的标签化，而是坚定目标的操作化；不是无知本能的蛮干冲动，而是知行合一的率性自然。在这里，一方面“把道贯于术中”，另一方面“术极而又可以道化”，并由此形成主体和客体的统一、人为与自然的统一、形下与形上的统一、特殊与普遍的统一的所谓“化境”，并由此体现出主体在扬弃个体人为局限性后那独特个性的自然“真情趣”。由此，“游于艺”同时也就是“游于心”，客观规律“内在化”和人的本质“对象化”，于是同时成了一个问题的两个方面。这些东西，都是那些孤立封闭和单向线性的“自我中心”论者所无法理解的。

在整个中国文化中，这种“游艺”式精神活动既体现在中国人的自我审美创造中，也体现在中国人社会性的技艺操作和日常生活之中，具有超越和实用的双重特性。它首先强调的是对某一门技艺或操作的长久的极其熟练的掌握运用(“熟能生巧”)，目的在于“格物穷理”，亦即现代人所谓“通过实践去获得对客观规律性的深刻把握”，并由此找到自身的价值和位置。这里所谓熟练的掌握运用，还并不仅仅是指认识、知道某一门技艺的操作规则，而且还指“因于天性”、“顺其自然”的人类主体生命活动。是合规律性、合目的性和合审美性三个方面的辩证统一。在这里，没有工具性的规则和规程当然不行，但若只认识和运用规则，又会受制于那个死的规则，不可能“游刃有余”地进行创造，因而落于“匠气”缺乏生命力。我们的追求，是“循规矩而脱规矩、脱规矩而合规矩”；这就像前面引述庄子所说的“庖丁解牛”那样，“依乎天理”、“因其固然”，以“无厚入有间”从而“游刃有余”；又有孟子所云“不失其赤子之心”的“率性而为”、“尽性立命”，由尽心、知性而知天，达到孔子所云：“从心所欲而不逾矩。”所以，任何操作同样具有一个精神境界的问题。

我们主张当今武术活动应该而且可以纳入社会主义精神文明(即“社会主义核心价值”)建设大轨道，其着眼点是现实人在一定环境下应对变迁的具体发展，而不能只局限于急功近利所谓“经济创收”的狭隘眼光之中。中国文化中所谓“由技进道”、“以艺达道”和“以身载道”的追求，在很大程度上体现了人类的实践本性，其背后不外是自然的无目的性和人类的有目的性二者之对立统一，在事实上也就是在规律制约下人的自由发展探求。

时论常云：“文化搭台、经济唱戏”。然而经济为什么不能搭台，由文化来唱戏呢？就经济跟文化的关系而言，经济是基础，而文化则是建立在这个基础上面的上层建筑，所有文化活动都只能在社会生产所提供的物质条件上进行；但社会生产却不一定要在某种文化活动的喧闹下进行。就另一角度来说，作为社会生活基础的经济只是人类活动的一个必要组成部分，而作为人类整体生存方式的文化却可以是更为本根的东西；文化是经济活动的内在灵魂而不是外部包装。所谓“经济”和“文化”，分别都包含有很多不同的层面。“经济是基础”，只是泛指社会物质生产是所有社会活动的基础，而并不是特指某些具体商贸活动特别是其中的赚钱行为是所有社会活动的根源。“文化是人类的生存方式”，同样是泛指人类生存总会采取某种“样式”而表现为一定的“文化形态”，而并不特指某种具体的文化形态或文化活动就是整个人类文明的“唯一”发展方式。就本文所论主旨而言，武术文化完全可以作为人们文化交往的一个载体，然而却不应该和不可以无条件地变成只是一种赚钱的工具。以偏概全地斤斤于眼前某种利润冲动，让人变成金钱的奴隶和赚钱机器，可能正是当下人类劳动异化的表现形式。必须明白，我们发展文化的着眼点应当是人。而人只有在超越了眼前功利并进入自由状态以后，才有可能真正形成并发挥自身的文化创造力量。

作者为广东省社科院研究员，广东华文国学院副院长

中华国学与汉字

丘立才

什么是中华国学？这是第一个要弄明白的问题。中华国学与汉字有什么关系？这是第二个要搞清楚的问题。

一、什么是中华国学？

要弄明白第一个的问题，首先必须明白读懂“中华国学”这四个字。

第一个是“中”字。“中”字的形，每个中国人都必须明白，因为中国姓“中”。“中”字的甲骨文、石鼓文、金文、籀文、中山寿王文、篆文，其字形似一杆旗帜，中间一竖画为旗杆，旗上波横为旗游，旗下波横为游影，中间一圈的“旗”像一族、一部落。一国之众、一族之众，皆集于一旗之下，旗居中。古时，甲骨文卜辞记载：立中即立旗，立中看风向，立中允无风。今天，首都的国旗就是立在北京的中轴线上中央的中心点上，各地方各部门竖的国旗，也是立在本地、本单位的中心位置上。在未有“中”、“旗”字之前的八卦爻号表示“中”的意思是“艮”卦，山为天地之中。天动为风巽、为日离、为兑泽，地动为雷震、为水坎、为山艮。山动处于天动地动之中。

“中”字的读音为zhōng，与之读音相同的有忠、衷、盅、锺、鐘、终、柊、螽、忪、伀等。忠、衷、盅三字都有“中”字在，忠在心间，衷、盅则在衣食间。锺、鐘都简为“钟”，这两字是绝对不能混为一字的：前者是金、重，与盅同，这“皿”不是瓦皿，而是金皿，金饭碗啊！千里再重再远都钟爱它；后者是金、童，金童的声音变化，知道他的生长时间过程。前者为空间；后者为时间。前者为物；后者为人。前者为物质；后者为精神。为何“终”与“中”同，有终就有始，岁终也是岁始，然在一始终的过程里，终就是中。柊、螽则是根据“冬”而出的植物“木”和动物的双“虫”罢了。忪、伀，就是人心要“公”，要“中”。正如同始终一样的惺忪，惺者清醒，忪者不清，清与不清间为中。所谓一半清醒一半醉为中。“中”字的另一读音为zhòng，与之读音相同的有仲、众、重、种。仲是人在时空的中位，孟仲季，既可指时秩，亦可谓人序。众者中也：上面所说，一国之众、一族之众，皆集于一旗之下，旗居中。

重和种，其实种原为種、穜，是禾的千里之重，它比金的千里之重，更为重要。所以在甲骨文里有“禾”字而无“金”字。无有金，可以活，不种禾，我无以为活，因为“我”字的古文是“禾、戈”，而今变成“手、戈”了。

“中”的义是什么?除了与形的“旗、山、艮”义有相通之处，还与读音同的忠、衷、盅、鍾、鐘、终、柊、螽、忪、伀，仲、众、重、种等义有相近之处外，还有很多层的意思。《说文解字》释“中”的义为：“内也。从囗丨。下上通也。”四方之中，四方之内。东西内中，南北内中。中者，为五为土为黄为甘为意。内者，肉也。皮肉骨，肉不就中么，中肯。从囗，这是指四面八方的范围，如田、因、固等；从口，这是指口内，如舌、日、曰等。从丨，这不是数字符号的1，而是下上通的意思：引而上行谓之进，引而下行谓之退，进退间不亦中乎！中者：而也，正也，证也，心也，和也，平也，半也，断也，满也，成也，穿也，贯也，藏也，应也，合也，要也，腰也，孚也，通也，用也，庸也，立也，所也，著也，媒也，申也，入也，人也，宜也，允也，央也，坎也，不偏不倚，无过不及，不得不失，……所有处于反义词间的意思，均可谓中。如上下、进退、虚实、大小、高低、多少、正反、长短、是非、曲直、聚散、左右……有多少反义词组，就有多少“中”的意思。如好心、恶意，破碎、完整，酥软、坚硬，炎热、寒冷，诚实、撒谎，仔细、马虎，聪明、愚笨，狭窄、宽阔，晦暗、明亮，勇敢、懦弱，宽容、严格，表扬、批评，一向、偶尔，善良、凶恶，寂静、热闹，贫穷、富裕，精致、粗糙，健康、虚弱，……从某种意义上来说，读懂了“中”字的意义，等于读懂了中学的书本知识的一半以上，真正读懂了“中”字的意义，等于读懂了中国国学知识的一半以上。

第二个是“华”字。“华”(華)字的形，像一株盛开的花形，所以古字“华”与“花”相通。華古字形，上部像叶垂敷之形，下部像蒂萼之状。“华”(華)字头为草花头，直竖者为茎枝，中间的横竖笔划为花叶状。不但“华”与“花”相通，还与“葩”、“荂”字相通。“华”(華)字的形，像是一株树木盛开的花形，还是像是一株叶草盛开的花形？两者兼有，而侧重于树木。木谓之华，草谓之荣。荣而实者，谓之秀；荣而不实者，谓之英。春华秋实，就有秀实的意思。

“华”字的读音有两种。一种为阳平声huá，与之读音相同的有哗、铧、骅、划、搳；一种为仄去声huà，与之读音相同的有话、画、化、桦。“华”的平声，多为名词、形容词。哗、铧、骅相同都有“华”字旁，偏旁再加口、金、马而已。划还有读音为入声去音，如策划、规划等作动词用，此处动词偏作名词用，如轻划、飞划等，与阴平声“花”字的读音相近huā，义也相近。搳则是搳拳的搳，搳拳的时候，手在空中的动作也有如画花相似。“华”的仄声多为动词，话、画、化，话是口头语言，画是书面语言，其转换变化靠的是中国的象形汉字。“华”读huà专指华山，华山原叫惇物山，其形远望若花状，像莲花，其意为万物生花，其质为花岗岩山。华山为中原关内、关外的分界线，是大自然画下的一条明显分界线，是古羌族人东迁成为华族的重要自然标志，也是中原华夏民族形成的重要自然标志，更是华夏族与东夷、西戎、南蛮、北狄融合而成汉族的重要自然标志。今天中国人在世界各地均以“华人”谓之，即从此来。桦则是白桦树的桦，其树皮好像开出了白色的花一样。

“华”字的义是什么？一是中国人的称谓，为华人。二是与“花”同义，“桃之夭夭，灼灼其华”，春华秋实。三是草木荣华，草木枝繁叶茂，充分展现生命实力和外部风姿。四是光华、光彩，华的内质有火，火代表光和热，能火热光大，永放光华、光彩。五是华环，发生在云层上紧贴日、月周围内紫外红的光环。六是精华，米青为精，向上长亦为精，向下伸为神，张扬精神为精华，即吸其精华。七是华章、文采，华美的诗词、文章和图画，美丽的文采，华藻的句章，美观的画面。八是文饰曰华，如言悃愊无华，奢靡则曰奢华，荣显则曰荣华。九是铅华、铅粉，擦脸的粉，曹植《洛神赋》：“芳泽无加，铅华不御。”还有铅华洗尽，即姿色尽失。十是华发，又称华颠，头发白花，年老之谓。十一，地名、山名。十二，姓。从某种意义上来说，读懂了“华”字的意义，等于读懂了华人自己的基础知识。

第三个是“国”字。让我们来了解简体的“国”字和繁体的“國”字。《说文解字》释“国”为：“邦也，从口从或。”“口”即是国家四周围的疆界；“或”是对国与国之间的疆界产生了疑惑，哪一国的兵力强大，其国土地盘也就大。《说文》释“或”为：“邦也，从口从戈以守一，一地也。”“国”字原本就是个“或”字，边界的国土或是你国的或是我国的，关键是谁有兵戈在那里守卫，因而边界上就常有“兵戈之争”。“或”和“域”相通，“域”又和“有”、“囿”相通，清朝学者段玉裁注释《说文》的“或”字时指出：“毛诗九有，韩诗作九域，纬书作九囿。”“有”为手里拿着肉，“囿”指饲养禽兽动物之地。“国”不但是用来饲养禽兽动物之地，而且也是用来耕种植物之地，所以“国”的古字又由三个“秦”字组成，而“秦”字籀文又写成“秝”，一个“国”字包涵着六个“禾”字，可见“国土”又是适宜栽种禾黍，能给人们带来利益之地。土地，乃国家赖于存在的基址，社稷之谓。“国”的古字还写成“囯”和“圀”，意思是把四面八方的土地领域圈划了起来，也就成了“国”。简体的“国”字是由“口”内有“玉”字构成，太平天国天王洪秀全则将“國”字简化为“口”内有“王”字构成，这两个字都不能体现“国”的真正含义：“国”并不等于代表权力的玉玺所管辖及的地方，也不等于王权所能管辖到的地方。“国”应该是有兵戈为我们每口人守卫着边境、且能安全地生活的地方。丘逢甲发明了一个“圀”字，即是人民民主的国家。

第四个是“学”字。繁体的“學”字才能真正体现其意义。《说文》释“学”为：“觉悟也，从教从冖。冖，尚矇也，臼声。”“学”篆文为“斆”。“學”字至少包含有五个层次以上的意思：一是学习的时间。“子”是时间的开始，子月乃一年的开始，子时乃一天的开始。“子”字也说明，孩子一来到人世间就得学吃奶乳才能生长，学认字才能发展，“字者，乳也。”“字”的本意是孳乳，后来才引伸为“文字”。二是学习的场所。“冖”字原意为覆盖，引伸为“幂”，幂和帐相通，孔子“设帐而教”，这“冖”也就是学校。“冖，尚矇也”：天地之始，朦胧之初；人孩之时，矇眬之际，不以学习，无以明白。三是学习的费用。羽毛古代曾作货币，要学习到真正的知识，是要付出学费代价的。小孩犹同小鸟，通过学习，长成羽毛，才能展翅高飞，“羽毛未丰，不可高飞”。四是学习的内容。“爻”就是中华民族用它来把握天地人变化规律的初始符号，这是中华民族文化的根，更是中国国学的根。学“爻”，首先要懂得什么是爻，爻是指阳爻和阴爻；其次还要懂得阳爻和阴爻是互相交错不断变化的；最后更要懂得这“爻”交错变化的规律。“学”的异体字“孝”，就是将“爻”号在“臼”里演化为“文”字。但不管学什么内容，“孝”则是孩子学习和父母教育的人生第一课。五是学习的方法。篆文的“学”为“斆”字和“教”字同样都有“攴”，“攴”：“小击也。从又卜声。”学校里无论是“学”还是“教”，其方法都相同，就是仿效、效法、校对、校正。极为有趣的是，中国文字里把学的时间与教的时间、学的内容与教的内容、学的方法与教的方法辩证统一在笔划上，不能不令人叹服。

学教所指向的对象内容就是“爻”号，以爻号来把握天地人变化规律的学问，就是中国的国学。中华国学，就是用从爻号演变而来的汉字符号把握天地人变化的规律的学问。

《易》是最有资格可称之为国书的，它是中国最古老的一部书，也是世界上最为不朽的一部书。《易》是中华民族传统文化的基础，也是中国一切学术的根源，更是中国国学的根源。《易》是中国古先民总结古人类生活经验的一部书。《易》是中华民族的祖先们仰观天文，俯察地理，中通万物之情的一部书。也可以说，《易》是研究宇宙、自然、社会、人类等发展变化的一部书。这部书所构成的一门易学学问，涵盖了中国的所有其他学问。

中华国学的发展史，也是中国易学发展史。自人文始祖伏羲画的八卦符号开始，最早便有《连山易》，又称《列山易》、《烈山易》，是人类社会“火”的时代学术思想结晶。《连山易》的卦序图：“艮小过遯谦蹇旅咸渐颐震无妄复屯噬嗑随益大畜大壮乾泰需大有夬小畜剥豫否坤比晋萃观蒙解讼师坎未济困涣贲丰同人明夷既济离革家人损归妹履临节睽兑中孚蛊恒姤升井鼎大过巽"，用六十四个符号来表现天地人变化规律，而后面的卦名是没有的，因为当时未有文字。接着华夏民族推演出《归藏易》,《归藏易》的卦序图："坤否豫观晋比剥萃泰乾大壮小畜大有需大畜夬复无妄震益噬嗑屯颐随升姤恒巽鼎井蛊大过明夷同人丰家人离既济贲革师讼解涣未济坎蒙困谦遯小过渐旅蹇艮咸临履归妹中孚睽节损兑"，同样用六十四个符号来表现天地人变化规律，而后面的卦名有没有,《归藏易》出现在黄帝时期的仓颉造文字之前还是之后，也无法考证。这是人类社会"土"的时代学术思想结晶。

周文王演绎了《周易》，并用文字注释卦辞和爻辞。易学的重点是用从爻号演变而来的文字符号把握天地人变化的规律的学问，这是中华国学的根基、源泉。周文王演绎成《周易》的卦序图："乾夬大有大壮小畜需大畜泰履兑睽归妹中孚节损临同人革离丰家人既济贲明夷无妄随噬嗑震益屯颐复姤大过鼎恒巽井蛊升讼困未济解涣坎蒙师遯咸旅小过渐蹇艮谦否萃晋豫观比剥坤。"周文王所处的时代，人类社会已进入"金"的时代,《周易》是人类社会已进入"金"的时代学术思想结晶。

接着下来的是黄老之学，其重点是用从爻号演变而来的汉字符号把握天与人变化的规律的学问，黄帝、老子和易学结合，创造出"太极"和"道"相结合的研究学问。后来由老子的道家发展成道教，道教是中国的宗教，其宗主推崇老子、庄子，其宗旨是崇尚自然，其经典为《道德经》，其据点为道观，知识分子、读书人较其他阶层的人喜爱此教。道家是"道可道非常道，名可名非常名"，重点研究解决的是天和人的关系。

春秋时期，中华国学发展到百家争鸣的局面，道家、儒家、法家、墨家、阴阳家，较为显眼的是儒家，儒家虽不是宗教，但也构建起宗教那一套架势：其宗主推崇孔子、孟子，其宗旨是崇尚伦理，其经典为《论语》、《孟子》，其据点为学宫，统治者较其他阶层的人喜爱此家学说，自汉朝后把儒家学说作为统治国家的指导思想成为汉学，群众、老百姓、知识分子、读书人等等要爬上统治地位，非得熟稔这个儒家学说不可。儒家是："修身齐家治国平天下。"重点研究解决的是人和人的关系。孔子把《周易》演绎为另一种卦序："乾坤屯蒙需讼师比小畜履泰否同人大有谦豫随蛊临观噬嗑贲剥复无妄大畜颐大过坎离咸恒遯大壮晋明夷家人睽蹇解损益夬姤萃升困井革鼎震艮渐归妹丰旅巽兑涣节中孚小过既济未济。"孔子的这一卦序，一直沿用至今。

也是在汉朝，佛教从印度传入，再传入韩朝、日本等国的亚洲宗教，其宗主是释迦牟尼，其宗旨是崇尚禅机，其经典是《金刚经》，其据点为寺庙，群众、老百姓较其他阶层的人喜爱此教。值得一提的是佛教的中国化，也就是佛教在中国普遍化，出力至伟的是一位不识字的“六祖”慧能大师，其名下所著《六祖坛经》亦是经典。佛家是：“菩提本无树，明镜亦非台，本来无一物，何处惹尘埃。”重点研究解决的是人和己的关系。到了汉朝，中华国学就构建起道儒释的完整体系，就天与人、人与人、人与己的领域里的研究学问大厦已建成，所以中华国学又称为汉学。在汉朝之前，国的概念是省的概念，而国的概念是指天下，到了汉朝，国家的政治、经济、军事、文化、思想制度构成，所以中华国学才真正成为中国国学。

中华民族是不断发展的，中华国学也是不断发展的。经过三国两晋南北朝的动荡发展，中华国学又向玄学的高度去发展。何谓玄学？“玄”这一概念，最早见于老子《道德经》：“玄之又玄，众妙之门。”《说文解字》释“玄”为：“幽远也。黑而有赤色者，为玄。象幽而入，覆之也。”可以说，玄学即是研究幽深玄远问题的学说。汉代扬雄曰：“玄者，幽离万类而不见形者也。”又认为，知人方知天，知天方知人。汉代的玄学，将老子对宇宙本质的思辩成果和《易》的卦爻数理思想进行了提炼和统一归纳，实际上是一门中国智者对宇宙日月星辰和农业季节及其人的性命这三者运动关系中的统一和同一的周期性变化规律进行分析总结的一门学问，即天道、地道和人道三道合一的智慧体系。

“玄学”之称的由来，是魏晋时期清谈家称《周易》、《老子》、《庄子》三本书为“三玄”，其清谈的内容，主要涉及有与无、生与死、动与静、名教与自然、圣人有情或无情、声有无哀乐、言能否尽意等形而上的问题。所以，玄学又称天人合一的学问。

“玄学”重要的学术特征是：以天地人为研究，以天文地理、数学、物理、农业水利、动植物生长规律、音乐、律历、养生等知识为研究手段，去最终探索天地人“玄学”的学术成果往往不能够直接运用于世，却又是中国古代社会各种知识的基础和升华，是一种智慧。是和平发展运作及其内在生态系统规律的一门系统性学问知识。中国历史上的“玄学”具有“基础性”学问的特点，它的学术研究资源来自于自然界和人类社会的所有领域，但是，它一般又不涉及具体的政治、经济、伦理和科学技术等问题，而是着力去研究这些知识背后和本质性的同一运作规律，所以，“玄学”的学术成果往往不能够直接运用于世，却又是中国古代社会各种知识的基础和升华，是一种智慧。

何谓玄学？国外的看法，亚里士多德认为，玄学（Metaphysics）是根本哲学（First philosophy），或者是神学（Theology），它包括天帝、宇宙、人生种种观念在内。玄学是研究超乎感官经验以外的、形而上的本体，与科学研究感官经验以内的、形而下的事物不同。如果要对应我们给科学的定义，也给玄学下一个定义，那么我们可以归纳为：玄学是一种“给定结论的绝对真理”。

我谓玄学：玄学就是“亠学”，就是“幺学”。“亠学”，是玄天之学、人性之学，是站立的人学，高玄的人学。“幺学”，是一始之学，元始之学，更是爻学、道学。玄学，既有探讨神秘深奥、无穷无尽的大宇宙，也有研究精神世界、心灵顿悟的小宇宙的学问。

我谓玄学：玄学就是研究神秘深奥的大宇宙的学问。玄学侧重于形而上的学问：道学、神学。玄学就是人类研究旡极、太极、阴阳、气场、五行、形符的虚玄学问。玄学又是研究天体与人体相通的仙道、中医、命运、占卜、相格、堪舆的天人合一的学问。玄学是人类研究宇宙本源、本体的学问，还是无中生有、化有为无的学问。玄学就是人侧重把握天道、地道、人道的智慧体系。人类掌握玄学的方法侧重于灵感了悟，侧重于归纳，在于天赋灵悟。因此，它是人类建设太空文明的重要工具。

中华玄学大大推进了中国人的思维发展，因而也大大推进了中国社会的发展。随后就有大唐盛世的出现，由玄学而来的道学，对唐朝的繁荣起了指导的作用。因为唐代皇帝认老子李聃为祖宗，在尊儒之外又复兴道学，人们可在唐代贞观之治和开元之治中，发现道学治国的光辉。中国历史上强盛的唐王朝，受到道学思想的滋养，用道学原理：道是阴阳，道是过程，道是本原，道是规律，道是法则等，来治理国家，大放异彩。

唐朝的道学发展到宋朝，成就了程朱的理学。宋朝理学，是由朱熹所摄入的北宋“五子”（周敦颐、邵雍、张载、程颢、程颐）的学说，并延伸到朱熹的弟子、后学及整个程朱的信奉者的思想。由于朱熹是这一派的最大代表，故又简称为朱子学。程朱理学在南宋后期开始为统治阶级所接受和推崇，经元到明清正式成为国家的统治思想。故对宋明理学的概念不做特别规定的话，在通常的意义上便是指程朱一派的理学。二程曾同学于北宋理学开山大师周敦颐，他们把“理”或“天理”视作哲学的最高范畴，认为理无所不在，不生不灭，不仅是世界的本源，也是社会生活的最高准则；在穷理方法上，程颢“主静”，强调“正心诚意”；程颐“主敬”，强调“格物致知”；在人性论上，二程主张“存天理，灭人欲”，并深入阐释这一观点使之更加系统化。

二程学说的出现，标志着宋代理学思想体系的正式形成。朱熹继承和发展了二程思想，建立了一个完整而精致的理学思想体系。他认为，太极是宇宙的根本和本体，太极本身包含了理与气，理在先，气在后。太极之理是一切理的综合，它至善至美，超越时空，是“万善”的道德标准。在人性论上，朱熹认为人有“天命之性”和“气质之性”，前者源于太极之理，是绝对的善；后者则有清浊之分，善恶之别。人们应该通过“居敬”、“穷理”来变化气质。朱熹还把理推及人类社会历史，认为“三纲五常”都是理的“流行”，人们应当“去人欲，存天理”，自觉遵守三纲五常的封建道德规范。朱熹学说的出现，标志着理学发展到了成熟的阶段。

宋朝的理学发展到明朝，成就了思维史上的心学。宋陆九渊主张“吾心即是宇宙”，又倡“心即理”说。断言天理、人理、物理只在吾心之中。人同此心，心同此理。往古来今，概莫能外。明朝陈白沙以自然为宗旨、以自得为归宿、主静的理论奠定了心学理论，湛若水和王阳明将其发扬光大，特别是王阳明构建起心学的理论体系：“心外无物”、“心外无理”的心本论；“知行合一”的认识论；“致良知”的伦理学说和修养论；“四句教”的教育观：“无善无恶是心之体，有善有恶是意之动，知善知恶是良知，为善去恶是格物。”

清朝的朴学是在宋明理学、心学的基础上发展起来的。清代的传统学术研究从以求实切理为帜志，并崇尚朴实无华的治学风格而成朴学。明末清初，在顾炎武、黄宗羲等学者的影响下，朴学在与宋明理学的对立和斗争中发展起来，注重于资料的收集和证据的罗列，主张“无信不征”，以汉儒经说为宗，从语言文字训诂入手，主要从事审订文献、辨别真伪、校勘谬误、注疏和诠释文字、典章制度以及考证地理沿革等等，少有理论的阐述及发挥，也不注重文采，因而被称作“朴学”、“小学”或“考据学”，成为清代学术思想的主流学派。

由于清代朴学为考据而考据，埋头故纸堆中，脱离了现实，清朝日益衰弱，受到西方列强侵略，西方所以强大，主要是科学和技术，于是向西方学习，提倡民主与科学成为时尚。中国的科学取代了清朝的朴学，何谓科学？国内外定义多多。国内有说，科学是一种逼近真理的尽可能不包含自相矛盾的知识体系，且是一项社会事业；有说，科学是关于自然界、社会和思维的知识体系，它是适应人们生产斗争和阶级斗争的需要而产生和发展的，它是人们实践经验的结晶；有说，科学是运用范畴、定理、定律等思维形式反映现实世界各种现象本质的规律的知识体系，是社会意识形态之一；有说，科学是如实反映客观事物固有规律的系统知识；有说，科学是科＋学，科是分类：门、纲、目、科，学是学问、知识。国外有说，科学是关于自然现象的有条理的知识，是对于表达自然现象的各种概念之间的关系的理性研究；有说，科学通过分类，以寻求事物之中的条理，它通过揭示支配事物的规律以求说明事物；有说，科学是人类活动的一个范畴，它的职能是总结关于客观世界的知识并使之系统化；有说，科学是一种进步的理论知识体系，是社会发展的进化过程，科学成果是社会发展的具体表现。

无论国内还是国外，一句话：科学就是知识体系。我谓科学：科学就是时空的学问，科学就是人与禾的学问，科学是侧重于形而下的学问：斗学、器学。科学就是人类研究时间、空间、物质、生命、能量、信息的学问。科学就是人侧重把握地球上关于自然、社会和思维的知识体系。人类掌握科学的方法侧重于记问见闻，侧重于分析，在于勤奋思维。因此，它是人类建设地球文明的重要武器。今天提倡的科学发展观，正是中华国学发展成了今天的中国国学。

中华国学发展的步伐是不会停止的，人类社会进入到信息时代，人类文明由陆地文明走向海洋文明，人类社会所经历的时代是：水的时代、木的时代、火的时代、土的时代、金的时代，而未来是气的时代。人类在气的时代，也许消亡，也许进化，也许离开地球到另外一个星球，届时中华国学也同样伴随着人类的共同命运而进化。

二、中华国学与汉字

（一）汉字由国学的根源易学的爻号而来。

没有爻号，就没有易学，没有易学，就没有国学。没有爻号，就没有汉字，没有汉字，就没有国学。伏羲画的八卦里，乾卦，坤卦，震卦，巽卦，坎卦，离卦，艮卦，兑卦，无论是阳爻还是阴爻，这爻号都是横排划写的。根据易理原则，横排线代表东西方位的纬线，有东西势必有南北，有纬线势必有经线，也就是说有横必有纵，纵横交错，方为纹理。试将以上八卦符号中间加上一道或两道竖划，其构成的方块汉字里，又饱含着深邃的易理。

1. 乾卦的中间立1竖划为“王”字。三横是自然状态中的天、人、地，即最上一横代表天，中间一横代表人，最下一横代表地，一竖代表上通天文，下知地理，中通人事。“王”字除却上边一横为“土”，王者不可无土，无立锥之地何来为王？这是基础。除却下边一横为“干”，没有自己的地位就得去干，努力去干，这是基本的，干了，就能干出自己的一片天地。除却中间一横为“工”，打工者怎样去干呢？最根本的是要了解天时地利，按照自然界的客观规律去做，所以《说文》释“工”为“巧饰也，象人规矩也，与巫同意。”所以做工就必须遵守规矩法度。有土、能干、巧工者，可为王也。再者，“王”字四周颠倒重合为“田”字，说明王者必有疆界限度。“田”音通甜，王者应给其强界内的子民百姓甜蜜幸福的生活，也说明称王者的时兴是从原始农业时代耕田起始。“王”字又和“玉”字通。玉为田土之精华。《说文解字》释“玉”的取象为“像三玉之连”，玉具有纯洁、美好、高尚、坚定、贵重的五德。玉音通御，御，旧时称与帝王有关的用品为御用。帝王最宝贵的用品莫过于御玺，即帝王用宝玉雕刻的印章。雕刻玉石，最重要的是玉石的纹理，把握纹理就能刻好御玺，把握好文现就能治理好天下，这是王者不可不慎思的。

2. 坤卦的中间立两竖划为“非”字。《广韵·之韵》：“非，不是也。”“是”字为“直也，从日正。”太阳照：射到地球上，最正的时候是晚上0时和中午12时，即“子午线”是也。地球是转动的。“非”字的象形，极像太阳的光线照射到地球上竖直物之上，一边是一时、三时，五时，另一边是七时、九时、十一时，当然包括一天时间的光线，这就构成了一个“非”字。从时间系数来看，“是”的时候少，“非”的时候多。“是”为肯定，“非”为否定，时间不停地变化，易学符号也反映着这种变化，要不断地否定，社会才能进步，正如哲人恩格斯说“否定的否定这个规律，在自然界和历史中起着作用”。“非”字在字形上，与飞相反，而在字音上却与飞相同，这也是耐人寻味的。“飞”字是两羽顺风，飞翔起来。而“非”字则是两羽相背，飞不起来。飞(非)不起来的原由是什么？把它网罗起来，找到它的罪过，而隐匿罪过也叫做匪；相反对别人进行不正当的流言攻击叫做诽谤。所以,《说文》释“非”为“违也”，指违背、否定。

3. 震卦的中间立两竖划为“韭”字。“韭”字是指韭菜。震卦为春天的季节，春天又是万物生长的季节，尤其是韭菜生长的季节。《诗经·豳风·七月》云：四之日其蚤，献羔祭韭。”这是说古代在四月初就要及早准备小羊羔和韭菜祭司察之神。震是乾卦的阳爻在坤卦的阴爻中移动，象征着天地相交雷声震：动，万物振动首先是小草韭菜在春天里生长，它是原始生民填饱肚子赖以生存的蔬菜，有了韭菜人类就可以长久生存下去，所以“韭”字音通为“久”、“九”，“长长久久之意。”此外，“韭”字还和“酒”字通音。《说文解字》释“酒”为“就也，所以就人性之善恶，从水从酉，酉亦声，一曰造也，吉凶所造也。”春天的“韭”，秋天的“酒”，都是人性的善恶，休寝降寸：天象中吉凶的显现。相传文字和酒的发明也同样在上古非常久远的时候。说是很久以前，一群猴子采了果子堆在山凹里，忘了吃，忘了看，在泉水的浸泡下发了酵，成了酒。可见，猴子进化为人和酒也有关。易学爻号这八卦符号是伏羲所画，而酒的发明者据记载则是古者仪狄，伏羲和仪狄的名字符号中都显现出“羊”和“犬”的符号，这真是神奇的巧合。实际无论是文字还是酒，都能帮助人类的思维活动，怪不得在中国文学的历史长河中，诗酒总是相伴随着的。

4．巽卦的中间立1竖划为“示”字。《说文解字》释“示”为：“天垂象，见吉凶，所以示人也。从二,三垂，日月星也。观乎天文以察时变，示神事也。”二是古上字，指人上之天，三垂指日月星三光。示即天示，示是上天发出的信息。大自然整体的变化，必然给人类社会的生活和生产带来影响。人类从观天象中，得知地面将要发生的变化，这是人类生存必须要具备的条件。天象所显示的信息很多，简单地归纳为两种，一种是吉兆,一种是凶兆。人类生存都是采取趋吉避凶，逢凶化吉，易学爻号的宗旨也在于此。示就是一种象，知道天象，明白某种天象背后的道理，这就叫识天文。而中国文字是一种象形文字，一定要明白文字后面的道理，这就叫识理。“示”字音通“是”,“是”字从日从正，早期人类除了从太阳那里得到正确的方位和吉兆的示象外，别无他法。以正对日为是，表示人类坚持向着光明、向着未来、向着温暖的追求方向是正确的。“示”字音也通“事”，而这个是“神事”；中国的“神”很实在的，它立足于田里的申缩，申上为由，申下为甲，懂得此缘由，神赐田里能生长万物，它的收获将是甲等的。但是神也不会轻易地恩赐的，它需要人们的祭祀。以礼祭祀，重要的是不断拿肉去祭祀。拿什么肉去祭祀，以羊祭祀是吉祥的，而以牛祭祀则是最高级别的祭祀，叫做牺牲。牛牺牲了，羲和(太阳)重生了，这就是真正意义的永垂不朽。

5．坎卦的中间立1竖划为“米”字。《说文解字》释“米”为：“粟实也，象禾实之形。”禾黍粟粱这些生长在田地里结出的米实，对于人类来说实在是太重要了。人类头脑(页)首先想到的是米和犬，仓颉造字，“依类象形”,“人以群分，物以类聚”，皆以象形文字表达。人类祭祀神祇，也是祈求田地里长出米粒，有了粮食，王者的统治就能长久，否则就会废掉他。正如今天常说的，以粮为纲，手里有粮，心里不慌，脚踏实地，喜气洋洋。也怪不得历朝历代的统治者都把粮食问题作为治国的头等大事。再者,“米”音通“弥”,“弥”就是弥补，补满、弥盖。人靠什么来弥补呢?靠气来弥补。气有两种，一种是自然界的空气，由鼻子呼吸而进；一种是由米粮化成的氣，由口吃进的饭粒化成的。所以，先前“气”与“氣”是有区别的，不能同为一个“气”字。另外，米字的笔划通常被称为米字路口，代表着道路的东、西、南、北、东北，东南、西南、西北八个方位，只要你懂得内中的爻号，你就不会迷路。

6．离卦的中间立1竖划为“平”字。《说文解字》释“平”为：“语平舒也，从亏从八。八，分也。”离卦和坎卦为互卦，加1竖后变成“平”、“米”二字，暗含着从八个方面来公平分配粮食。实际上，称王者要祈求神明保佑，无非要做到公平分配韭菜莱蔬和米粮，这样称王才长久，否则就会被“非”掉，被否定掉。

再者，“秤”从来读“称”，以此知道古文字的“平”字象平形。天道损有馀以弥补不足，这是自然规律，损补的过程就是“平”。人法地，地法天，天法道，道法自然，这是易学道理。《尚书·大禹谟》“地平天成”中的“平”就是治理。如何才能治理得平顺呢？不平则鸣的规律是应该把握的，春以鸟鸣，夏以雷鸣，秋以虫鸣，冬以风鸣，不平则鸣，治世者当从鸣声中发现其原因。鸣声为口头语言，文字为书面语言，所以，把握好书面语言，治世者不可不平审之。

7. 艮卦的中间立1竖划为“求”字。《说文解字》释“求”为：“裘，皮衣也……求，古文省衣。”人类赖以生存的条件，除了要有菜蔬和米粮食吃外，还需要有捕捉到的野兽剥下的皮制作衣服，那时尚未有种植棉花纺织布，所以“求”与“裘”相通。自从穿上裘衣，人类也从野蛮逐步走向文明。“求”字的结构又是“水”上加“+”再加“、”。水是生命的源泉，人类赖以生存的物质，人十分需要它，须臾离不开它，没有水时，就得上下左右、东西南北去找求，找到一点就能救活性命。这又是“求”字给人们显示的另一种信息。

8. 兑卦的中间立1竖划为“半”字。《说文》释“半”为：“物中分也。从八牛。牛为物大，可以分也。”八头牛之物；当然可以分。何况兑卦所代表季节又是秋季，万物收获，当然可以分。“半”音通“办”，意思就是要办理分配的事情。办（半）得好，办得公平，大家就可以做伙伴，一起就高兴愉悦。兑卦变为“半”和离卦变为“平”，一者从八牛，一者从八亏，意思却非常明白，称王者在处理分配问题时，要照顾到四面八方的利益，要兑分得好，要公平分配。王者如何做好兑分呢，关键之处在于调节好税率，各方都得恩泽，都满意喜悦，就能促进韭菜、米粮、皮裘的生产，天下就能永久太平。否则的话，就会有许多不平不满的话要说；甚至想方设法逃脱税制。这是古时兑卦提供给我们今天市场经济中税制的重要信息。

（二）汉字是象形文字。

汉字符号最显著的特征就是象形，所谓造字的“六书”：象形、指事、会意、形声、转注、假借，原是指：象形、象事、象意、象声、转注、假借（《汉书·艺文志》），或者又称：象形、形事、形意、形声、转注、假借。汉朝许慎将这造字规律归之为“六事”，今人称之为造字“六法”。近人考证“转注、假借”不是造字方法，而是用字方法。古人在前四种造字方法基础上利用字形、字音、字义等互为转注、假借方法来说明事物的互相联系，也不愧是“二手”造字法。既有造字法，当有识字法，即掌握识别事物符号的“六法”：一、谁画的符号，二、在什么时候画的符号，三、为什么画符号，四、画什么符号，五、怎样画符号，六、画出的符号有什么意义。

汉字符号，史载由双瞳四目的仓颉所画，仓颉是黄帝的史官，应是渔猎时代向农业时代过渡的半原始社会时期，为总结华夏民族老祖先生存的经验，帮助记忆，为当时能生活得更好，为子孙后代的幸福，画了象形的汉字符号，用的是“六书”的造字法，从而使中华民族由野蛮社会进入到文明社会。由文字到文句到文章到文学到文化到文明，这是文明时代发展的过程。在文字之前，由最古老的爻号，再演绎为八卦，再重叠为六十四卦，即是中国的亚文明时代。亚文明时代的历时，肯定远比文明时代至今的时间要长久得多。因此，识别汉字符号很重要的是把握象形符号的特征。汉朝许慎在《说文》中叙述仓颉造字有两段话：“黄帝之史仓颉，见鸟兽蹄之迹，知分理之可相别异也，初造书契。”“仓颉之初作书，盖依类象形，故谓之文，其后形声相益，即谓之字。文者物象之本；字者言孳乳而寖多也。”然后概括仓颉造字的“六书”：指事、象形、形声、会意、转注、假借。下面对“六书”作简要的了解，以便对汉字的本源有大致的认识。

1. 象形：“画成其物，随体诘诎”。象形，是汉字最基本的特征，也是造汉字最基本的方法。杨桓曰：“凡有形而可以象之者，摹其形之大体，使人见之而自识，故谓之象形。”象形文字就是用图画把事物的形状简单地勾划出来，人们最容易识别。如“本”、“末”二字，有不少文字学家把这两个字归为“指事”、“会意”，其实是记识象形字。从这两个字的图形来看，树木的底部和树木的高梢部共同点是“木”，一在根底的“本”部，一在高标的“末”部，“本”要正、要深，“末”才能长、才能高。汉字的“本”在于“六书”，在于象形，而不在于拼音。

2. 指事，原意为“象事”，又称“形事”：“视而可识，察而见意”。譬如“串”字，内有“口”、有“彐”(古为“手”的意思)、还有“十”构成。意思是动口又动手，且东西南北、上下左右勾起来，就有“事”了。再如“正”字，形由“一”、“二”、“工”、“上”、“下”、“止”这几个字重叠而成，其“正”的意思可识可察：上下停止于此才能正，但天地人是不断变动的，上面的“一”代表“天”，下面的“一”代表“地”，中间的一竖代表人去打“工”，当然要注意天时地利，中间往左的一横代表横的方面，下边靠右的一竖代表纵的层面，所以，只有考虑到天地人，注意到纵横各方面，这才是真正的“正”。

3. 形声，又称“象声”，“象音”。“以事为名，取譬相成”。形声是造汉字的主要方法。因为文字是一种信息符号系统，既是表形意的符号，又是表声音的符号。“形声”中的“形”，不只指象形，也指形事(指事)和形意(会意)，它为主，声为宾。杨桓曰：“主为形，宾为声也。盖有此形，必有以为之称呼，而转注不足以明称呼之义，故必于形之旁，取一文一字，直附以声，使人呼之，而自知其何意也，故谓之形声。”如“清”字，它是由“水”形旁和音“青”旁构成。实际上音旁的“青”，也是会意字。“青”是蓝色和绿色的概念中扩展出来的，古人分不清这两种颜色，而用“丰”和“月”合成，意思是可与比较的月色来“取譬相成”。当“青”字中的“月”小篆体写成“井”，这是取其音。“清”，像水一样绿净。要保持汉字的清纯，首先要明白汉字是以表意为主的象形文字信息符号。

4. 会意，又称“象意”，“形意”。“比类合谊，以见指㧑”。如前已无形可肖，无事可作，无声可托，不得已用两个或两个以上的字会合而成。“意”字，可以说由“立”、“日”、“心”三字会成，也可说由“音”、“心”二字构成。“意”是即将要从思维心田里升立起来的日(太阳)，“日”要出了口就成为“音”，而现在的“日”从“心”田“立”起未有出口成音，所以人们可领会到这是“意”。又如“源”字，它不是“形声”字，而是“会意”字，因为“原”字里的“厂”、“白”、“小”三字，或是“泉”字的读音都无“原”字音。所以从“原”字字形来领会它的意思就显得十分重要了。“厂”是悬崖的形状，人类早期生活在悬崖下，因为它可以御风蔽雨，提供栖身之所。下面“白”、“小”是“泉”字的古代写法，表示泉水慢慢流入那块栖身之所。追本溯源，是人类的一项重要精神活动。不但要追溯文字之源、语言之源，还要追溯人之源、水之源，这是科学的任务。

5. 转注。“建类一首，同意相受”。即用一字辗转注释另一个字。

6. 假借。“本无其字，依声托事”。本来就没有那字，有因义假借、因声假借、借复借、俗字借、联字借，借出另一个字。其实，严格地说，“转注”和“假借”不是造字，而是用字。如前所述，“二手造字法”。

(三)汉字发展简史。

仓颉作书，“天雨粟，鬼夜哭”。中国文字创造神为仓颉，所以中国文圣人是仓颉，而不是孔子。仓颉造字的“六书”：象形、形事、形意、形声、假借、转注。有了文字，人类从亚文明时代跨进文明的门槛。由文字到文句到文章到文学到文化到文明，这是文明的发展规律，而文字伴随文明发展又有其自身的发展规律。汉字的发展是由甲骨文到金文到篆书到汉隶的过程。

1. 甲骨文。目前根据考古学的发现，甲骨文是中国已发现的古代文字中时代最早、体系较为完整的文字。有说它是指殷墟甲骨文，又称为“殷墟文字”、“殷契”，是殷商时代刻在龟甲兽骨上的文字。19世纪末年在殷代都城遗址(今河南安阳小屯)发现，继承了陶文的造字方法，是商代后期(前14～前11世纪)王室用于占卜记事而刻(或写)在龟甲和兽骨上的文字。到目前为止这些甲骨上刻有的单字约4500个，迄今已释读出的字约有2000个左右。但据我个人看法，甲骨文当是黄帝时仓颉造字至契商前这时期的文字，是土的时代，即旧石器时代和新石器时代的文字主要使用文字，而且是占卜所使用的文字，因为在甲骨文字中至今未有发现有“金”字，便是明证。

2. 金文，又称钟鼎文。它是指铸刻在殷周青铜器上的铭文，也叫钟鼎文。商周是青铜器的时代，青铜器的礼器以鼎为代表，乐器以钟为代表，“钟鼎”是青铜器的代名词。所谓青铜，就是铜和锡的合金。中国在夏代就已进入青铜时代，铜的冶炼和铜器的制造技术十分发达。因为周以前把铜也叫金，所以铜器上的铭文就叫作“金文”或“吉金文字”；又因为这类铜器以钟鼎上的字数最多，所以又叫“钟鼎文”。金文应用的年代，上自商代的早期，下至秦灭六国，约1200多年。金文可略分为四种，即殷金文（前1300年左右～前1046年左右）、西周金文（前1046年左右至前771年）、东周金文（前770年～前222年）和秦汉金文（前221年～219年）。金文的字数，据容庚《金文编》记载，共计3722个，其中可以识别的字有2420个。金文是朝庭中使用的法律文字。

3. 篆书、秦篆。秦始皇一统天下后，诏令书同文，并于四方立碑，所用之文字皆为小篆，且不再刻铭文于钟鼎之上，由是金文渐衰。篆书为李斯所制，其基本特征：字形修长，而且紧画 向下引伸，构成上密下疏的视觉错感。这与自上而下的章法布局也有关系。线条匀称无论点画长短。笔画均呈粗细划一的状态。这种在力度、速度都很匀平的运笔，给人以纯净简约的美感。加之字体结构的趋简约固定的倾向，小篆书体的章法布局更能形成纵横成行的序性。秦篆有圆笔、方笔之别，圆笔以秦刻石为代表；方笔以秦诏版权量为代表，为秦篆之俗体。

4. 汉隶。李斯同时期的还有一位文字巨匠，姓程名邈，面壁十年，将篆书的圆转改为方折，弱化象形意味，会成隶书三千字奏上。始皇善之，用为御史。这种字体，为当时狱卒皂隶频繁使用，隶书之名由此而得。至此，汉字进入脱离古文字走向今文字阶段，文字史上称为“隶变”。程邈被后世尊为隶书之祖，我们应该记住他的功绩。隶书的发展经历了古隶、汉隶和八分三个阶段（或三种形态），汉隶大致在汉武帝中晚期形成，至汉宣帝时期成熟，可以五凤元年简和定县汉简为标志；八分书法在汉成帝时期形成，至西汉末年已相当成熟，可以尹湾名谒木牍为标志。

何以称为汉字？且又称中国字、国字、中文字呢？先来看“汉”字，即“漢”字。它的字形由“氵”、“廿”、“中”、“夫”四字构成。水字旁，汉水是一条河流，这是一条不同寻常的河流。“夫”者，男子汉也，而且是顶破天的男子汉大丈夫。“中”者，不是地上的中，也不是海上的中，而是天上的中。“廿”者，又作廾，为二十，“廿”是将两个时空的十字架连在一起，即东半球的时空的十字架和西半球的时空的十字架连在一起。要把这些都做到，那是很难(難)的，连佳鸟都难于飞越，更何况是人，所以人们往往叹(嘆)息了。汉(漢)的读音为仄去声hàn，与之读音相同的有汗、旱、悍、捍、焊、睅、憾、撼、翰、瀚等。汗即汗水从上流下，往十字架上流，为辛苦艰难状。旱即日头太阳在上照晒厉害，将东西南北皆晒干。悍、捍、焊、睅皆有旱字，偏旁为心、手、火、目不同罢了。凡是出大力流大汗辛苦艰难之事，都能震撼人心、感动别人的，如果能做而不去做就会感到遗憾。翰、瀚，就要像佳鸟一样有羽翅，才能在浩瀚的蓝天大海上空自由地飞翔。汉(漢)的意思，一是指浩瀚的宇空，称之为银汉。二是指会发出哀鸣之声的流水。三是指男子汉大丈夫。四是指秦末起义项羽封刘邦为汉王，而后汉王击败楚王项羽，奠定了中国以“汉”为主体的国家架构。刘邦封地汉中，是汉水的中部，又是中国的中部。这是个被李白形容“蜀道难”之地，西为岷山，北是秦岭，南有大巴山，唯一与外界联系的通道只是汉水。正是这个封闭的地方，诞生了2000多年的代表中国的国家文化。称之为“国”的概念一直到今天，那是自汉始。汉前“天下”的概念指的是今天的“国”，而汉前“国”的概念实乃今天的“省”。于是就有“汉族”、“汉字”、“汉语”、“汉服”、“汉剧”等以“汉”为名的民族名、文字名、语言名、服装名、戏剧名。

中国国家的名字，也是在秦汉之际的一个名叫“戏”的地方孕育的。在“戏”的地上演了中国历史上最为剧烈的两出戏，这两出戏完全改变了中国的历史，也改变了中国的命运，也成就了中国的国学——汉学。第一出戏：中国历史上第一次农民起义里，即陈涉起义的部属将领周文(或称周章)带领着“车千乘、卒数十万”，打败了秦朝的守军，攻破了函谷关，眼看就要拿下秦都咸阳之际，当其来到“戏”这个地方驻扎，结果被那些“免骊山徒、人奴产子，悉发以击楚大军，尽败之。”为什么陈涉的“张楚”大军能打败统一六国的秦军，反而被未曾训练过的、只是刚罢免在骊山为秦始皇筑陵的囚徒，以及在阿房宫做奴隶的儿子们所击败，就是在“戏”地被击败的，这不是极具戏剧性么？第二出戏：是众人皆知的项羽在“戏”这个地方所摆设的“鸿门宴”，宴会上演了一出真作的假戏，差点儿就杀了刘邦。于是有了“项庄舞剑，意在沛公”这个借戏弄真的警句。如果项羽在“戏”这个地方的鸿门宴上，把刘邦杀掉了，就不会有什么“汉族”、“汉字”、“汉语”、“汉服”、“汉剧”等，而变成是西楚霸王的“楚族”、“楚字”、“楚语”、“楚服”、“楚剧”了。

再来看“字”字。“字”字由“宀”和“子”构成。“宀”字,《说文解字》释为:“交覆深屋也，象形。凡宀之属皆从‘宀’。”房屋是人类文明发展的物化标识。是穴居氏，还是有巢氏；是秦砖，还是汉瓦；20世纪五十年代房子是泥砖房，六十年代是红砖房，七十年代是石灰批荡房，八十年代为洗米石房，九十年代为马赛克房……婴儿孩子在交覆深屋内，可以防风暴防霜雪，可以防湿寒防暑热，可以防野兽伤害，可以防暴力侵袭。男女婚嫁都要成立家室。女人宜家谓之安，男人宜室谓之定。“宀”音通面，门面家风。百姓实家寨，君子客寓宅，官宦富宽室，帝王宴宏宫。婴儿孩子在交覆深屋内，有母亲照顾抚养，培育成长。篆书的“宀”字就好像是母亲的乳房，孩子吮吸母亲的乳汁遂能长大。白居易为官格言:“立朝则尽言得失，守邦则抚字万民。”在朝廷做官要尽贤臣肝胆，把朝廷的每一决策，讲清其得失；在地方做官要有父母心肠，把地方的每一子民，记挂其温饱。所以，为政者“抚字万民”，既要有像母亲的乳汁那样宝贵的物质财富，抚养万民百姓；又要有像母亲的乳汁那样宝贵的精神文字，教化万民百姓。“抚字”之义大矣哉!

“字”字由“宀”和“子”构成。“子”字，实在是天人合一的一个字。“子”字,《说文解字》释为:“十一月阳气动，万物滋人，以为称象形。凡子之属皆从子。”“子”为十二地支之首。生肖属鼠。电脑的“鼠标”命名，既有开首之意，也有会产生许多“籽”或“仔”的意思，实在妙极了。今方块汉字的“子”，似一带十，又似倒十一。古时十一月为子月，阳气开始从地底上升。十一月冬至为新年，乃一年之开始，至今仍有“冬至大过年”一说。篆书的“子”字，头大身小，形像幼子。这刚出生的幼子，就要吮吸母乳，身体才能长大；就要母亲教识字，头脑才会聪明。首先要识这个“字”字，上面的“宀”为家土，下边的“子”为子女，有土谓之在，有子谓之存，存为时间，仕为空间，因此，“字”字就表现你小“子”存在的时间空间，不可不认识。身子不能一天突然长大，文字也不能一夜识尽所有。性爱为生之始，受孕方为胎，脱孕乃见子。“子”音通滋，渐渐润滋，慢慢滋长。滋字为兹水，滋长靠奶水。任何生命起源于两个幺小的细胞基因，幺小的细胞基因，经过点点滴滴的滋养，逐渐升显祥兆。真是：幺幺初出，可见幽幽，可见滋滋，可见物成，可见物去。去后留字，遗物遗字，流传下去，生命存延，种族续接，薪火相传，文明不绝。

汉朝许慎《说文解字》中释“字”字为:“字者，乳也。从子在宀下，子亦声。”而清朝段玉裁在下边注解为:“人及鸟生子曰乳，兽曰牲。引申之为抚字，亦引申之为文字。”非常清楚,“字”字的原本意思是孳乳，引申为抚字，也引申为文字。然则如今，大多只知“字”为文字，而不知抚字，更不知孳乳。《说文解字》叙云："仓颉之初作书，盖依类象形，故谓之文，其后形声相益，即谓之字。字者，言孳乳而浸多也。"这里，叙说了仓颉造字的两大方法；象形和形声，也叙说了"文"和"字"的联系与区别。文者，记述了先圣仰观天象，俯察地理，仿草木之形，拟鸟兽之迹，远取诸物，近取诸身，比类取象，观象纳音，爻号相交，错画成纹。字者，象形为文，象声为子，一半象形，一半读音，形声相益，即谓之字。文者，问也。文者，闻也。问其天象，闻声天籁。问明原因，明文其音。由是，字者，言孳乳而浸多也。在甲骨文时代，形声字占合体字的一半，占总字数的20%。在许慎《说文解字》所载近1万个小篆中，形声字占80%左右，而象形字没有多大发展。如今观代汉语中，形声字占汉字总数的90%以上。真正是"孳乳而浸多也"。汉字，中华汉民族根据爻号而创造的形声相益的方块文字。

（四）汉字的特点。

中华民族的文字——汉字是以方块字形为其明显标志。汉字在形体上逐渐由图形变为由笔画构成的方块形符号，所以汉字一般也叫"方块字"。它由象形文字（表形文字）演变成兼表音义的意音文字，但总的体系仍属表意文字。所以，汉字具有集形象、声音和辞义三者于一体的特性。

汉字的明显特点：1. 汉字是世界上历史最悠久的文字之一。世界上有六种原始文字包括：埃及圣书字、苏美尔文、玛雅文、纳西象形文、老彝文、汉字。尼罗河畔的古埃及文、两河流域苏美尔人的楔形文、美洲的玛雅文，早已成过眼烟云，纳西象形文和老彝文在东亚文明圈中也奄奄一息，唯有黄河长江流域的汉字还充满着强大的生命力。从爻号到文字这漫长的亚文明时代不去计算，从甲骨文算起，于今已有3500多年的历史。汉字是中国五大发明之首。汉字、造纸、印刷术、火药、指南针，这五大发明是中华民族对人类文明的重要贡献：没有汉字，中国所有科技文明都失去载体，更何况造纸、印刷术就因汉字需要而发明使用。

2. 汉字是世界上使用人数最多的一种文字。几千年汉字负载着中华民族的灿烂文化，并且对周边国家的文字、文化产生着重大影响，形成了包括朝鲜、韩国、日本、越南、新加坡等国的"汉字文化圈"。中国大陆13亿人和港澳台胞、新加坡民众共同使用的汉字和英文并存。日本使用的是汉字与片假名相杂的和字，长期以来日人是以汉字作为自己传播思想、表达情感的载体，称汉字为"真名"，到五世纪初，日本出现被称为"假名"的借用汉字的标音文字。至于朝鲜、韩国、越南等国的传统文化受汉字影响巨大，至今仍不时彰显出来。汉字是今天中华民族文明的重要载体，也是"汉字文化圈"里人们思想感情交流的重要工具。

3. 汉字是读法最动听的文字之一。汉字一字一音，每个音又分为四个音调，因此读起来响亮清晰，婉转动听，有节奏感，有音乐美，是世界上最美的语言。用这种语言写成的诗文，有铿锵悦耳、抑扬顿挫的美感，特别是诗，讲究平仄、对仗，所以，诗句可以特别整齐、节奏特别鲜明，琅琅上口。北朝民歌《敕勒歌》:“敕勒川，阴山下，天似穹庐，笼盖四野。天苍苍，野茫茫，风吹草低见牛羊。”其中的“见”字，原读音是“xiàn”，今读音为“jiàn”，更显动感。

4. 汉字也是最优美的文字之一。印度前总理尼赫鲁曾对他女儿说:“世界上有一个伟大的国家，它的每一个字，都是一幅美丽的画，一首优美的诗，你要好好地学习，我说的这个国家就叫中国。”汉字优美到什么程度呢？它已成为一种艺术——书法艺术。汉字的书法艺术是任何其他文字所无法相比的。林语堂说过:“中国字尽管在理论上是方方正正的，实际上却是由最为奇特的笔画构成的，这就使得书法家不得不去设法解决那些千变万化的结构问题。于是通过书法，中国的学者训练了自己对各种美质的欣赏力，如线条上的刚劲、流畅、蕴蓄、精微、迅捷、优雅、雄壮、粗犷、谨严或洒脱，形式上的和谐、匀称、对比、平衡、长短、紧密，有时甚至是懒懒散散或参差不齐的美。”他甚至认为，在解决这些问题的过程中，“书法艺术给美学欣赏提供了一整套术语”，“可以把这些术语所代表的观念看作中华民族美学观念的基础”，这些观念(以及形式和结构的原则)，还影响到了“中国绘画的线条和构思”、“中国建筑的形式和结构”，“正是(书法所探索出来的)这些韵律、形态、范围等基本概念给予了中国艺术的各种门类，比如诗歌、绘画、建筑瓷器和房屋修饰，以基本的精神体系”。

5. 汉字很形象，直观达意。汉字是象形文字，其显著的特点是字形和字义的联系非常密切，具有明显的直观性和表意性。信息世界有赖于文字信息符号去努力把握。东方文明的汉字信息符号主要以标形去把握，西方文明的英文信息符号主要以标音去把握。标形是视觉符号，标音是听觉符号。人们获取信息量70%以上是靠视觉，其余的靠听觉、嗅觉、触觉等感觉器官。

(五)汉字的作用。

1. 象形汉字有利于人类思维发展。就说这“思”字，下面是“心”、上面是“田”。古时人们把“心”作为思维工具，而“田”则包含了思维对象和思维方法；“口”就是思维对象、思维范围，“十”就是“东西南北、上下左右”至少十种以上的思维方法，另外“田”是人们赖于生存的土地，人们时刻思维的对象，也是父系社会男人出力的地方，能出较小的力，获取较大的利益，不可不提高人们的思维能力。其实更古之时“思”字写成“息”字，篆书和甲骨文都如此，“囟”是像人的脑盖，所以“息”是用“脑”和用“心”来思维才是最佳的思维。《说文解字》把“思”字，既不归于“心”部，也不归于“囟”部，而单独把“思虑”二字独立为“思”部，一个人要能独立地用“脑”、用“心”去思维，就能成为睿智聪明的人。这就是象形汉字符号“思”给予人们无限的思维想象空间。

2. 象形汉字有利于信息载体物承载更多的信息符号。在联合国使用的几种语言文字中，记载同一件事的文字材料，最薄纸张的是中文，输进电脑磁碟最少的也是中文。这对于物质资源越来越贫乏的地球是何等重要。地球上的物质材料生生灭灭，如何发挥物质材料更好地为人类服务，有赖于文字符号的重要作用，尤其是象形汉字的作用。让我们来看一看这个“物”字吧！任何“物”存在的前提和条件都是时间和空间，而“牛”代表时间，“勿”则代表空间。《说文解字》释“物”字；“牛为大物，天地之数起于牵牛。”农业时代牛是重要的生产力。真正时间的开始，事物的开始不是在“子鼠”时，而是在“丑牛”时；天文上的“牛宿”也是“数”的开始，“牛宿”是牵牛星，玄天之上，斗牛之间，紫气相连。斗转而牵牛，牛动而开物。“勿”字，《说文解字》释为“州里所建旗，象其柄，有三游，杂帛，幅牛异，所以聚民。”这是在飘忽中旗的象形，是太阳底下的东西。万物运动受天牵引，有始有终，万物的存在又勿庸置疑，物在空间上是无穷无尽的，既不能创造，又不能消灭，物质不灭。“物”用“勿”(象“月”字变形)，以表万象均属有。而且“物”读音通“无”，说明无一定形态。无始无终。所以要“悟”出“物”之“有”、“无”非常重要。在“物”上把握好信息符号，在信息符号上把握好“物”，这是信息时代的重要任务。

3. 象形汉字有利于人们吸收更多的信息。以标形为主的汉字符号，是注重视觉的书写符号，每个汉字书写符号都传递着相关的信息。人们通过视觉接受信息符号所占获取信息量的70%，所以汉字以其象形的特征，可以帮助人们吸收更多的信息。今天中国国学发展到息学阶段，一定要知道这个“息”字就充满了许多信息：“息”由“自”和“心”构成。“自”字的甲骨文图形是“鼻”。“自”字是“目”字上的一小撇，把这一小撇移作“目”下，不就是眼睛接下来就是鼻子吗？根据中国文化，指着自己的鼻子就等于说“我”，我心肺的呼吸生存全靠鼻子呼气吸气，歇息、休息都是暂时停一下呼吸，不是永远“止息”。只要鼻中还有呼吸，迟早就会有“消息”。而这个“人”、“言”就是“信息”。在呼吸停止以后，一个人身后留在这世界上的遗迹，就是他的“子息”，为儿子配偶的“女”人，可为他生育子“息”，就叫“儿媳、媳妇”。人们也看到钱在被利用或借出后可带来更多的钱，那就是“利息”，有如原有钱的后代。“息”字示意人们要吸收更多的信息，要靠自己的眼睛、鼻子、心思。

4. 象形汉字有利于吸纳其他文字符号的信息。信息时代中这三种文字符号将会发生巨大的作用；一种是0、1、2、3、4、5、6、7、8、9这些阿拉伯数字，所谓数码世界；一种是a、b、c、d、e、f等这些以标音为主的英语文字符号；一种就是一、二、三、四、五、六等这些以标形为主的汉字符号。象形汉字很早就和阿拉伯数字结合着使用，甚至不能离开。象形汉字在音、形、义方面与英文所反映信息也便于吸纳、理解、把握。2000年9月8日我和另七位教授一行八人团到美国落杉矶“好莱坞”电影制片厂（HOLLYWOOD）参观，同行要我用象形汉字解释英文“好莱坞”的意思，我说：“好莱坞”的英文意思是“神圣的圣诞树”，圣诞节传为基督耶稣诞生日，耶稣义造出亚当和夏娃，这对男女在有草有树的伊甸园偷吃禁果，于是产出带有原罪的人类。圣诞树则是新生儿童希望生命之树常青，希望来到人间便有无数礼物挂满于树。而亚洲夏朝发明的夏历，冬至为一年的开始，每年的冬至后三天必定是圣诞，中国的“道”生一，一生二，三生万物，万物人为贵。东西方造人的时间如此吻合，不亦神乎！“好莱坞”的中文意思是：好者，女子和男子也，女的带头，女明星要比男明星出名，好；莱者，从美国各地来到此地，从世界各地来到此地，此地有草；坞者，有土山，此地为山坡，且乌者为黑夜也，电影是黑夜的“乌”产业。中有诘问，有译为“好莱坞”，也有译为“荷（河）里活”，又作何解？我提醒注意“何”字，是指女人（口）和男人（丁），他（她）们演活了在爱河里用舌头接吻的镜头，这不是“荷（河）里活”应有之义吗！有哂之者曰：牵强附会。吾曰：牵强总比牵弱好，附会总比疏离相隔好。诸位听后哗然，细嚼后也不是毫无半点道理。可见象形汉字是如何与标音为主的英文相联系相通之义。象形汉字不但如此神奇地把握着世界，而且与其他文字符号如此相通地认识世界，这是中华民族对于人类文明的重要贡献。怪不得安子介先生反复说：“廿一世纪是汉字发挥威力的时代！”

（六）汉字的繁简之争。

1．汉字的发展并不是由繁而简的规律。主张汉字简化的人认为，汉字的发展规律是由繁而简的。其实历史上的汉字演变，除了简化的趋势外，也有繁化的趋势。最常见的情况就是在原字上增加意符和声符，比如然变为燃，莫变为暮，取变为娶，要变为腰等。还有避讳等造成的，如丘变为邱。而汉字发展的总体规律是由简而繁的，由最简单的阳爻符号━和阴爻符号╍，发展为八卦符号，八卦符号有的本身就是简单的汉字符号，如乾卦就是三字，坎卦就是水字。八卦符号变为汉字，六书法造字，都说明了汉字发展的规律是由简而繁的。中国国学发展到今天成为息学的时候，汉字一点一划，一撇一捺，都全是信息，不可不谨慎地处理好，绝不能马虎大意。

可是在阶级斗争年代，简化字留下许多痕迹：如理論的論字简化为“论”，其言无口，其论无册，只有匕首；恩澤的澤字简化为“泽”，四面的幸福不见，唯有出手；学習的習字简化为“习”，羽白皆无，仅成“一刀”或“一刁”了。同样在计划经济年代，简化字也留下许多痕迹：最明显的信息莫过于这三个字：买、卖、实。“买”的繁体字为“買”，即要四面八方搜罗货贝去买，而“卖”的繁体字为“賣”，要卖得好价钱就要有“士”那样从时空的坐标上选择最佳的卖点的思维，其实“买卖”就是“化贝为货、货化为贝”，而“贝”运行必须遵循市场规律，如今“買”（买）“賣”（卖）中的“贝”都变成了“头”字，是买是卖，都得由“头头”决定。更有那个“實”字，竟然将“贯”字简化为“头”，而成了“实”字，难道说“头头”才有实业，才有实力，才是腰缠万贯的大款么？

2．汉字是中华民族反映客观规律的文字符号，不能随便简化。人类的类字本是“類”，页即人的头（頭），头脑要思考的是，人离不开的以米为代表的植物、以犬为代表的动物，才称为人类，可惜在缺乏米粮时代，将“類”简化为米大的“类”。本来人的眼泪有两种不同性质的泪，一种是高兴激动的泪，当奥运会运动员取得冠军领奖时看到升起国旗、听到国歌奏响，眼睛自然流出了水，那是喜悦激动的泪。一种是悲哀恸心的淚，这是犬见到主人去世了，不能在门内厅堂流淚，只好在窗户下去流淚，犬尚且如此，人何以堪？现在将泪、淚二字合并简化为泪字，也不知是高兴还是悲哀？里裏裡合简为“里”，鬆松为“松”，穀谷为“谷”，鬥斗为“斗”，幾几为“几”，徵征为“征”，發髮为“发”、曆歷歴为“历”，鐘鍾皆为“钟”，没有规律的胡乱简化，不胜枚举。汉字简化成了简单化，造成思维极度混乱，甚至有顺口溜说：“厂产空生，开关无门，亲亲不见，相爱无心。”

3．汉字简化割断了不少中华民族的优秀文化。中华民族几千年的优秀文化，其重要载体就是汉字符号。譬若两千多年前孔子的《论语》，今天只要具有初中文化水平的人都可以阅读了解。而三百多年前莎士比亚写的英文戏剧，今天英国大学生都读不懂了。历史上人为地进行文字改革，较大的只有两次——秦始皇时期和共产党执政时期。秦始皇为了统一战国时期各国不同的字形，以适应当时统一的需要。共产党将文字简化主要则是出于一厢情愿的想法，即将汉字笔划简省后便于学习和使用，而忽略了汉字文化的传统，这其中也包括汉字造字和字形构成的基本规律。50年代以后出生的中国人已经习惯了简体字，而看不惯繁体字，会写的就更少。中国的传统文化也就是这样被人为地隔开了。我们常常责备青年人不注重学习传统文化，他们看到繁体排印的古书就自然产生了生疏隔膜的感觉，又怎么可能去学习呢？一些优秀的古典著作也有简化字排印本，他们仍然不会用心去读，究其原因也与我们的语文文字教育有关。中国传统文化中的“义”，其内容是能处理好“羊”和“我”的关系，“我”和“羊”的关系，那就是“義”，这个“義”字简化为“义”，有似于“叉”字了。

4．汉字改革不能走拼音拉丁化的道路。1951年毛泽东就指出：“文字必须改革，要走世界各国共同的拼音方向。”“汉字的拼音化需要做许多准备工作，在实现拼音化以前，必须简化汉字，以利目前的应用。”这些话成为以后文字改革的主要指导思想。1955年文字改革委员会提出《汉字简化方案草案》，面向全国征求意见。《草案》根据意见修订后，正稿于1956年1月26日由国务院正式公布推行。此方案包括汉字简化一、二两表，共列515个简体字，还有汉字偏旁简化表，列有54个简化偏旁，简化字便取得了合法地位。汉字先简化后拼音，最终是要走拼音拉丁化的道路。这条路早在五四新文化时期就有人提出，他们把中国落后的原因归咎为汉字造成。鲁迅曾说：“如果不想大家来给旧文字作牺牲，就得牺牲掉旧文字。”“倘要中国的文化一同向上，就必须提倡大众语、大众文，而且书法更必须拉丁化。”钱玄同说：“欲使中国人知识长进，头脑清楚，非将汉字根本打消不可。”五四时期一些人的愿望终于在上个世纪50年代实现了，但这条以拼音拉丁化取代汉字的路再也很难走下去了。

5．汉字是统一祖国的重要文化符号。古罗马帝国的语言是拉丁语，用拉丁字母拼写，当罗马皇帝的子民们用拉丁字母拼写自己的方言时，就出现了西班牙语、法语、意大利等语言。中华民族的汉语有八大方言：北方方言、吴语、粤语、闽南话、闽北话、客家话、湘语和赣语，但是靠汉字维护了我国语言的统一，进而维护了中华民族的统一。大陆和台湾、香港、澳门本来是同文同种，但现在却搞成不同文，其过错在于我们自己进行了简化汉字。当今大陆和台湾的政治统一难度较大，经济统一也迈开了可喜的步子，中华传统文化的统一前景相当光明，特别是文字的统一，两岸的学者可以拿出共同的方案来，特别是两岸能接受、符合文字发展规律的正体字统一方案出来。

当今人类处于从金的时代向气的时代过渡，从海洋文明向太空文明过渡的时期，正处于信息社会，中华国学发展到了息学阶段，以标形为主的汉字符号和以标音为主的英文符号、阿拉伯数码这三种信息符号，共同来把握宇宙间万事万物的变化规律，因此特别要注意汉字的一点一横一竖一钩一提一弯一撇一捺，不但要注意其字形、字音、字意，而且还要注意它们之间的关联及演变过程，从而用最准确的文字信息符号来把握宇宙间事物的变化规律。

作者为广东省委党校教授、广东华文国学院副院长

诗的人生　人生的诗

李敏生

首先，我代表赵朴初哲学文化思想学术论坛、华夏诗词论坛、中国曲阜孔子书院热烈祝贺《赵朴初韵文集》赏析座谈会的隆重召开。衷心感谢陈昊苏同志百忙中莅会；衷心感谢贺敬之同志、周克玉上将对会议的祝贺！衷心感谢各位专家学者的精彩发言；衷心感谢中国社会科学出版社领导对这次会议给予的各方面的大力支持。

曾任中宣部副部长、文化部代部长等职、著名的诗人、剧作家贺敬之同志说赵朴老是他素所敬重的诗词大家，自然更是我们大家十分敬重的诗词大家。当然，贺敬之也是我这一代人敬重的诗词大家。他创作著名歌剧《白毛女》时年仅21岁。他的诗作《回延安》、《雷锋之歌》等是我学生时代酷爱的诗歌，对我的教育、启发至今难以忘怀。

贺敬之在写给大会的贺信中高度评价赵朴初先生“在我国现当代诗词发展史上占有重要地位。”指出：研究和学习他的创作精神和艺术成就，对中华诗词今后进一步发展和提高，必将大有助益。因此，我们今天的会议作为全国第一次学习研讨赵朴老诗词的会议是很有意义的。

一、赵朴初先生诗词造诣及其家族熏陶教育的关系

赵朴初高祖四代入翰林。六代高祖赵文楷是嘉庆元年一甲一名进士，即状元。被封为正使出使琉球，在出使期间“廉洁之声著于海外”，琉球“举国敬礼，特为立祠”。赵文楷一生诗作甚丰，著有《石柏山房诗存》。赵文楷后人均秉承家风，工诗文。赵朴初的母亲也酷爱诗词，赵朴初幼年即跟随母亲学诗、吟诗。赵朴初在回忆自己诗词创作过程中，首先提到的是幼年家庭环境给予他的影响。

《赵朴初韵文集》诗词曲有1870多首，其中1949年（43岁）前仅21首；1949年解放到文化大革命爆发前16年间作351首；文革10年作189首；文革后1976年到逝世的23年所作1300多首，其中1986年到1995年10年间所作860余首，占全书总量的将近一半。但是，赵朴初散失的诗词很多。

二、新中国诗词发展的探索者

赵朴初是我国新诗歌创建的探路人、摸索者。而且是一个执着的探路人，他是一个数十年坚持不懈，并取得辉煌成就的摸索者。

赵朴初在中华诗词发展探索道路上的贡献是多方面的。最突出的是他在曲的方面的探索。他指出："一九五九年开始写曲。据我个人粗浅的体会，曲，这一体裁，和四、五、七言的诗以及长短句的词相比，灵活性较大，易于吸取群众性语言，也能容纳更广泛的内容，对于摹写新的事物，可以提供较多的方便。同时，曲的音乐性强，在形式和格律上，我觉得它对于民歌和新体诗的发展，可能有所帮助。"

众所周知，"曲"和"词"一样来自民歌，后来与音乐和舞蹈相结合，成为我国古典戏剧的主流，占据我国舞台最少达七八百年之久；从十九世纪起，它才逐渐脱离舞台，脱离音乐舞蹈，和"词"一样成为仅供案头欣赏及吟诵的一种文学品种了。

赵朴初认为："在传统各种诗体中，'曲'是最能容纳那种嬉笑怒骂、痛快淋漓、泼辣尖锐的风格的。"赵朴初正是以曲的形式创作了《某公三哭》、《故宫惊梦》等尖锐嘲讽赫鲁晓夫、江青等脍炙人口的曲。赵朴老说，继续摸索下去，既然不再是为"配乐"而写曲，既然撇开了种种为"合乐"而制定的传统曲律，那么又何必一定非沿用传统"曲牌"不可呢？于是我尝试着自定调式、自定调名，姑且名之曰"自度曲"。《赵朴初韻文集》收录了赵朴老的多首自度曲。自度曲的调名，字数、句数均自由。

赵朴初在诗词创作中大量的运用了日本比较流行的俳句，他称之为汉排，创作了多首汉俳。日本学者承认俳句的源流主要来自中国，多从中国古诗中获取构思的原料。俳句在日本是比较古老的一种诗词形式。俳句要求必须要有表现季节的字词，大抵上说，一般都把俳句看成是将讽咏对象压缩成五、七、五共十七个字。这种说法虽不够全面，但通常一般为十七个字。日本有些俳句并不注重押韵，但日本一些著名的俳句作者也倡导"贯彻韻文精神"，严格要求俳句的韻文风格。赵朴初也不排斥新诗，也创作过多首新诗。

关于音韻方面赵朴初也做了多方探索。首先他反对把西方所谓"无韵诗"输入我国，认为这样很难为群众所接受。他根据我国方言太多韵部各异，不易找到一致承认的标准。提出倾向于大体依据京剧的所谓"十三辙"。减少韵部数目，放宽选韵范围，并且借京剧的广泛流行的影响，无形中为这一分韵法开通较宽的道路，便于使多数人容易接受而已。

赵朴初高度重视、支持中国诗词走向世界。他在为路易·艾黎先生英译《李白诗选》作序中说：译者在《序言》中已明确提出，只有原诗的精神和含意可以用英文表达出来，至于文字的魅力则常常是无法翻译的。这个意思我觉得颇有道理，诗歌语言之美总是和一个民族的语言特征分不开的，是不可能翻为另一种语言文字的。像李白这样伟大诗人的作品，在国际的交流中，一再重译，我认为不仅是可取的，并且是必要的。艾黎先生这个译本，以其种种特色，对于国际文化界，肯定是一个重要贡献。我也希望我们自己的翻译工作者们，从外国朋友的成就中，得到激励，在国际文化交流方面，把我们应当担当的一份担当起来。

赵朴初在他的诗集《片石集》的前言说明了他的探索精神。他说，屈原有句云："路漫漫其修远兮，吾将上下而求索。""对于一个求索者的我来说，倘能在这漫漫修远的道路上做一片铺路的小石头，即使将被车轮碾碎，终究能起一点垫脚的作用，也还是可以欣幸的。"

三、关于中国诗歌发展的道路

赵朴初作为我国新诗歌创建中的探索者，他取得的成就不是涉及中国诗词发展的细枝末节，或仅仅涉及那个方面，而最重要的是高屋建瓴，从历史发展的高度，从全局上探索中国诗歌发展的道路。

首先，他认真总结了五四运动以来新诗发展中存在的偏向，否定了以胡适为代表的推翻全部词调曲谱，不拘格律、不拘平仄，彻底否定中华民族几千年诗词传统的所谓"诗体大解放"。赵朴初严肃指出，"我们不能把这种彻底否定传统的主张作为新传统来继承"。他一针见血地批评说："如果硬要说这是传统，那也只能是从西洋来的所谓自由体，自由诗的流派，这些是舶来品，不是我们民族自己的东西，舶来品能够有销路就好，我看也没有销路。舶来品是滞销货，与民族诗歌传统无关的。"

赵朴初引用并赞同闻一多先生的意见，批评了郭沫若的《女神》存在的偏向就是"句子是欧化，用的典故也多半是西方的典故，十分欧化了。"

赵朴初还提到：1956年，郭沫若写了一篇文章谈诗歌问题，他指出自己以前犯过错误，低估了我们民族的优良传统。赵朴初认为，中国的诗歌不论将来采取什么样的形式，只要汉语语音不变，它的语言特点——平仄总还是要用的。作为一个诗人，需要有一个基本功，就是要懂得平仄。中国的诗歌是具有音乐性的，吟诗可以感受到它强烈的音乐感。诗歌的平仄规律如果打乱，读起来就很别扭，诗歌的平仄规律是长期逐渐形成的，对于这种艺术规律我们应充分加以认识，而不可轻视和否定它。

关于韵脚的问题，他指出，对于诗歌来讲，它的一个基本要求就是押韵，如果不押韵就不成为诗。韵律在诗歌中是必不可少的，所以要把西方的无韵诗输入到中国来，就不那么容易为我们的读者所接受。他赞同闻一多先生所说：对于不会作诗的人，格律是一个束缚，格律是一个表现的障碍物，对于一个作家来说，格律就成为一个表现的力气。

赵朴老诗文字洗炼，用典、用韵自如灵活，妙趣横生，寓意深刻，给人以自然的、美的享受。赵朴老对中国古典诗词的成功探索表明，具有中华民族文化风格和气派的中国古典诗词的形式适合于汉语汉字的特点及民族审美心理，可以充分表现新的时代精神，可以为钟情中华优秀传统文化的各个不同层次的人们所接受，具有强大的生命力和尽善尽美的广阔发展天地。赵朴老诗为中华诗坛增添了绚丽光彩，是中国诗文化的辉煌成果，在我国文学史上树立了一座丰碑，具有重要的现实意义和深远的历史影响。

四、为维护传承中华文化殚精竭虑

百年以来摧残、否定中华优秀传统文化的“左”的思潮不是孤立的，而是全面的。诗歌领域的全盘否定中国古典诗词的“左”的思潮与否定汉字的思潮是紧密相联，相呼应的！不仅如此，否定中华传统诗词的代表人物与主张用拉丁化取代汉字的代表人物竟然相重合。比如胡适既是取消汉字的急先锋又是全面抛弃中国古典诗词的发始人。

赵朴初指出，搞汉字拉丁化的结果必然抛弃中国诗词。废除汉字也就必然废除中国古典诗词。汉字的特点、优点集中表现在中国诗词上，中国古典诗词充分的展现了汉字的音韵美、意境美。汉字构词的灵活性，汉字表意的深刻、灵动及丰富多彩，汉字的对仗、排比的形式美都生动地、全面地体现在中国古典诗词中。中国古典诗词更与中国的书法、宗教文化、绘画艺术、音乐艺术、戏曲艺术、茶文化等紧密结合、融合成为中国优秀传统文化的奇葩。

赵朴初为弘扬中华传统文化提出了一系列的重要主张，他支持我的《昭雪汉字百年冤案》一书的出版，为我题写书名；他提出搞汉字拉丁化是危险的，他提出要保留文言文，要保留繁体字，并要求中国佛学院的师生学习正体字和文言文。

赵朴初为维护弘扬中华优秀传统文化殚思极虑。他把这一问题提到是否成为历史罪人、民族罪人的高度。他在全国政协八届三次会议（1995年3月）与冰心、夏衍、曹禺、吴冷西、陈荒煤、启功、叶至善、张志公在全国政协提出《建立幼年古典学校的紧急呼吁》的提案，1996年4月25日及9月12日又两次致函教委。

他在1998年1月5日再致函李岚清副总理，在信中深情地说：我已是年过九旬的老人，惟有一事长系于心，即近年来深感我国五千年来代代累积、代代承传的文化遗产是我民族智慧、民族心灵的庞大载体，是我民族生存、发展的根基，也是维护我民族始终不解体的纽带，而如何使这笔文化遗产不致中断、消失是关系到民族兴衰的大事。如果我们这一代人不及时采取措施，任其在下一代逐渐消失，我们将成为历史罪人、民族罪人。这绝不是危言耸听，而是历史、是实践，是不以任何人的主观意志为转移的客观事实！

我们学习、研究赵朴初的诗词不仅着眼于中国诗词的发展，更要把这一问题提高到这是关系到我民族文化兴衰、民族兴衰的大事。今年六月中国曲阜孔子书院、中国社科院秋韵诗社一些同志与山东省诗词学会在山东乳山召开了华夏诗词论坛第一次会议。我们这次会议学习讨论了山东省委宣传部、山东省教育厅、文化厅、文明办、山东省诗词学会等八单位联合签署即将发出关于开展学习吟诵中国古典诗词的活动进学校、进工厂、进企业、进农村的文件。山东省的确不愧为我中华文化的重要源头，在弘扬中华传统文化方面走在前头。

我们这次会议学习研讨赵朴初的诗词创作成就首要的是学习赵朴初弘扬中华民族优秀传统文化的精神。我们这次会议也是学习贯彻落实习近平总书记关于中国特色社会主义植根于中华文化沃土的重要思想的会议。我认为我们这次会议的重要意义就在于此！

非常值得庆幸的是习近平同志高度重视中华文化，习近平同志上任第一次接见中外记者的讲话，开宗明义的第一句话是中华文明五千年。他始终强调中华文明五千年的历史传承，并从理论与实践相结合上第一次提出并深刻地阐明了中国特色社会主义植根于中华文化沃土。这也就是说形成中国特色社会主义的毛泽东思想、邓小平理论、三个代表重要思想、科学发展观不仅是对马克思主义的继承和发展，同时也是对中华民族优秀传统文化的继承发展。我将这一观点概括为以中华文化为本。

那么何谓中华文化的沃土呢？中华文化沃土就是中华五千年文明，而在中华五千年文明中，汉字、中华诗词占据着十分重要的地位，特别是汉字的地位更为显要，甚至可以说没有汉字就没有中华文化，取消汉字、毁灭汉字就是毁灭中华文化，也就是毁灭中国特色社会主义文化。

十八届三中全会强调指出：必须坚持社会主义先进文化前进方向，坚持中国特色社会主义文化发展道路。社会主义先进文化的前进方向是什么？中国特色社会主义文化发展道路是什么？首要的，不容置疑的是植根于中华五千年文明，植根于中华文化沃土，植根于中华汉字文化，以中华文化为本。

在文化问题上，全党必须警醒！文化领域腐败的严重性、危害性丝毫不亚于经济领域，并且具有更大的危险和危害！文化腐败的问题不同于经济领域的贪污腐化，而更重要的是背离中华先进文化发展的正确方向、正确道路，偏离党的政治路线、思想路线和“双百方针”的不正之风。

五、赵朴初诗的精神

赵朴初指出：“五四时期，新诗运动所有的主张、争论都没有离开诗的形式问题，没有离开诗体问题。所谓诗歌的改革，或称之为‘诗歌革命’，它仅仅都是讲形式，讲形式的改革问题，没有涉及到诗歌的内容问题，据我看内容比形式更重要。”他这一反潮流的提法发人深省。赵朴初作为一个诗人，他首先看重的是诗的内容！在他看来如果诗的内容陈腐，再新的形式也是黯然失色的！他高度评价毛泽东《在延安文艺座谈会上的讲话》。他说：“毛主席在这篇光辉著作中首先指出，一切文艺都应以人民大众（具体说就是工农兵）为服务对象，人民的社会生活是一切文艺的源泉。”

赵朴老的诗歌创作正是沿着毛泽东指引的这条正确道路前进的！

中国的诗文化历史悠久、博大精深。我国的诗文化历来与书、礼、乐、绘画、宗教文化等息息相通，融合发展。

赵朴老以诗悟惮，以诗抒情，以墨书诗。赵朴初的诗形象生动地说明了禅学、哲学、伦理的许多道理，涉及了中外文化交流的许多方面，内容十分丰富深刻。

赵朴老诗的内容丰富多彩，源于他的社会实践和日常生活，并融入到他参与的国事、佛事、社会活动中。诗如其人，诗传其神。赵朴老的诗贴近生活和百姓，洋溢着对祖国、对人民、对自然、对家乡、对朋友的爱心和深情，体现出他高尚的气质和人品。

赵朴老为人谦和，平易近人，他的诗文对人民大众热情洋溢，他的诗文有歌颂电车售票员、汽车司机、飞机乘务员、医生、护士、教师的许多诗篇；

然而他对邪恶势力从不调和，疾恶如仇，充分体现在他的诗文中。“韵文集”中有“文革”中痛斥“四人帮”罪恶的多篇诗的战斗檄文。我们学习研究赵朴老的诗词，在今天好人主义盛行的社会风气下，更应该发扬赵朴初这种坚持真理、坚持正义的无私无畏的伟大精神！

赵朴老的诗卷不仅是传统的，也是现代的，更是未来的。诗称天籁发心声，将在中华大地上生生不息。

作者为中国社会科学院哲学研究所研究员

中华国艺与养生文化教育

苏小文

《周易》对中国艺术的影响很深，从思想原则到创作技巧等都渗透了其精神。《周易》的精义在一反一正，相反相成，中国艺术的玄机在之中求得和谐，使两极归一，相得益彰，相映成趣。西方人从社会生活角度去寻找艺术的起源，中国人却从哲学角度来解释这个问题 ，不以写实称著而以写意见长，不以具象为主，而以抽象展示。

中国艺术家以“内养”的功夫去悟“道”，以求得心理的平衡及精神的充实。人的价值就看他在天地间能否“合一”以使有限的生命与形体无限地扩充。庄子讲“物化”他梦而为蝶，醒仍为周，不知是蝶化周，还是周化蝶，这便打破了主观与客观，主体与客体的界限，融为一体。在艺术家的形成问题上，中国绘画艺术以靠“画外功”称誉百代，西方侧重艺术家以严格的技术训练，培养坚实的造型能力，是以局部焦点透视为标准的。

中国画是用散点全局为标准，强调“悟”，学问愈深，人品愈高，悟境愈巧，有整体的势而后下笔，自然“气韵生动”。中国艺术所以“玄”，在于它超越人生现实生活，它是对“道”负责，“道”造成万物，不是人工外饰而是自然天工，自然即是艺术源，在体现为形式时又是形式的最高境界。周易审美的体系：阴柔之美——静态、内含、婉媚、幽晦；阳刚之美——动态、雄强、外扬、豪犷……

一、母体艺术——舞蹈养生

舞蹈产生于远古时代。当时人类还没有发明文字，就已经有了最初的舞蹈形式。原始舞有着明显的健身及表达情感（自娱性）的作用。这种自娱性的舞蹈能使人肉体、情感、精神得到美的感受。在追求美的感觉中产生了舞蹈艺术。舞蹈的过程又是有形的歌，流动的画，因而舞蹈理论家认为舞蹈是多种艺术形成的母体艺术。

《世界舞蹈史》中对原始舞这样描写：“在舞蹈的沉迷中，人们跨过现实世界与另一世界的鸿沟，走向魔鬼、精灵的上帝的世界。”舞蹈的确使人陶醉欢愉，有时甚至具有达到忘我境地的特殊功能，使人在神秘中想象出神佛或上帝的形象。所以原始舞本身具有宗教意义，是古人在宗教祭祀巫术活动中要用舞蹈“通神”、“娱神”的重要原因。古时武、舞不分，巫、医不分。巫师可谓技艺高超的舞蹈家，舞前在激情中其舞蹈的突发性（内气的发动）、失控性（如自发功的被动性），惊险性（如硬气功的特技），变幻莫测及强烈的表现力，使人惊异好奇，引起人们的神秘感，似乎巫师真的在与神鬼打交道。以舞蹈娱神、媚神，实际上起到了自娱和媚人的客观效果。致使巫舞能流传到今天。

中国舞蹈史有这样的记载“汉成帝的皇后赵飞燕酷爱舞蹈，又善行气术”，如传统气功中的轻功，有高超的舞蹈技巧。晋朝女巫章丹、陈珠可称得上是出色的宗教杂技表演者。唐代舞蹈家杨玉环曾出家当过女道士，她舞蹈和弹奏琵琶的技艺之高超也是有记载可考的。埃及流传的东方舞，实际上也是一种气功；经过特殊的训练，舞蹈家的腹肌具有一种不寻常的力，有的舞蹈家腹部极度收缩，可以倒进一碗清水而不外流。这种“肌肉欢唱”的舞蹈，没有正规的程式，也不具情节，是一种即兴舞，演员除了肚皮功之外，还有甩头功、坐地柔术等绝顶杂技。从生物学的观点看，舞蹈是以人体美为表现形式，以表达内心情感为内容的艺术，这种表现的艺术自然不会超越生命活动规律。

太极图中，阴阳黑白两分，如二鱼首尾相逐，划分黑白的界线恰好是一条回旋宛转的S线，阴阳二鱼依附着S线对立呼应，冲和转化，很明显，敦煌壁画中飞天和华夏古代伎乐舞蹈之“线”的韵律模式正是从这里派生出来的。用太极图表现较为明确的哲学观念是《周易》的精义所在。中国传统舞中戏曲身段正是符合了这种精神，体现出丹田是运动的意念中心，引领躯干之根，髋部在纵、横、深三个维度上循8形线顺序回旋运动，根一动，梢紧随，手、眼、身、法、步全身协调，都始终有若干个8形运动在中间联络，8形也是两个相反的S组合而成。即“欲前先后”、“欲左先右”地对立呼应，含蓄稳定，规整统一，神形兼备，神气相随，能作能唱。大凡从事戏曲艺术而功底深厚的艺术家舞台寿命较长，无疑是顺应生命规律，在从艺的同时起到了健身的作用。中国艺术家强调“内养”的最高层次便是“悟道”，“道”是用“心”视事，“道”的视点不是局限于视感官的，而是无所不在。舞蹈者应是用心去舞，使自身进入一种美的忘我境界之中，带领着观赏者也能进入这种信息场中，这才是舞蹈艺术的魅力。那种强加于观众的表演方法不会产生好的效果。

舞蹈从最初的自娱性、健身性开始，还将回到原来的形式，不过是更高层次的返复。近年来美国著名的先锋派舞蹈表演家崔舍·布朗发展了自己的放松技术和即兴舞方法，她的作品具有达成身心的相互作用和高度合一的功能及效果。放松技术与中国气功有相同之处，即兴舞应是气与情、气与力、气与息同时发生作用的过程。目前国内已有舞蹈理论家提出了跨学科的研究，如已出版了《生态环境与舞蹈》、《八卦舞谱》、《禹步新探》等著作。人们将运用阴阳五行创作和研究，随着研究的深入，必将解开包括舞蹈艺术在内的许多艺术之谜。

二、音乐艺术与养生

音乐是自然之声与人类之声最完美的结合与表现形式。它以高度完美和谐的组合声音信号为特征，表达人类丰富而又深刻，复杂而又广博的心身至爱，音乐本身就是人类以音响艺术形式表现生命信息变化规律，表达自身情感和思维的作品，人类生命活动的信息密码就融于音乐之中。

分析音乐的结构特点：首先音乐的两大系统曲式，与乐思与人的形神相应。曲式的基本成分音调的本质是不同振动的频率的声信号形成的，音调依不同频度发生时就产生了节奏，而声调高低起伏、强度变化、节奏变化被有机结合在一起，表现出组织性、协调性、有序性时，产生了旋律。音乐旋律中重复，级进，跳进，环绕，波浪等短周期变化规律，以及缓升缓降、速升缓降和速升速降等长周期变化规律与生命活动过程中各级水平与层次上的生理、心理，信息现象相应相似。直到今天无论是脑科学还是神经生物学的研究都没有对人耳的音高识别机理给予充分的解释。我们可以抓住音乐与人体全息对应的主线，从以下三个环节了解音乐对人体的作用：

1. 生理作用——人体组织结构，质量的信息活动频率不同对不同频率和音乐的声波是有选择性，吸收的特点是与相近频率的声波刺激发生响应，产生匹配吸收或共振效应。中国传统早就有五音对五脏的记载和论述。此外，中国传统养生术及某些宗教音乐或咒语中，都有利用不同声音振动五脏六腑，疗病祛病的实践活动。

音乐除主听道外，还存在由皮肤表面传导触、传导振动觉的神经末梢和经络穴位与人体的生理网络系统组成的“第二听道”，人类生命之初，第二听道可能对包括声信号在内的各种物理性刺激都有高度的应激性。出生后，主听道的优势发育，逐渐导致了这个“听道”功能的钝化，因此人们常忽略了对这个"通道"功能的研究与开发。说明这个"通道"功能的具有说服力的例子是：美国教育家海伦、音乐大师贝多芬在听力丧失后，仍能欣赏和指挥音乐演奏。

2. 心理作用——音乐通过第一听道，直接对潜意识中枢的活动发生作用，引发明显的情感反应，可以表现为不同程度的心身反应，甚至形体动作。音乐对潜意识生理系统的信息整流作用，可以产生形神合一的促发作用，正是从这种意义来说，音乐是一副心身调节的良剂。

随着医学模式的转变，面对心身病日趋高发的局面，我们相信音乐人体学、音乐治疗学，是极有前途的领域，只要抓住音乐与人体全息对应这条主线，我们就能够把音乐与物理技术、音乐与心理学技术、音乐与中医理论结合起来，创造和发展音乐身心学、音乐物理治疗学、音乐养生学、音乐益智学等等让音乐为人类创造出美妙的人工生态，使生命活动在音乐的伴奏下表现出非凡的、奇异的力量。

3. 声音与气息——声音的发出主要是气的活动，古代关于声音与气的专著《论声》曰"人之有声，如钟鼓之声，气大则声宏，气小则声短，神清则气和，气和则声重而圆畅也。神浊则气浊促，气促则声焦急而轻嘶，故贵人之发声多出于丹田之中，与心气相通混然外达，丹田者，声之根也，舌端者，声之表也"，由此说明丹田气是发声的关键，值得注意的是，既然声能反应人体五脏之气的活动，那么研究发声的方法对养生有重要的意义。

佛家方法+莲花念诵，出声诵咒，两耳专注听其声，声音的大小仅能自闻，诵时不急不缓，字句分明。金刚念诵，诵时唇含而不动，舌尖动，不出声。唇吻念诵，两唇微动，半出声。

光明咒念诵，诵咒时，心中所想从口中放出光明。随息念诵，与呼吸出入，相配合而诵咒。声生念诵，于自心间观想有月轮，月轮中观想莲花，莲花上观想商法(白海螺)，想此发出咒声，有如摇铃，两耳专注的听其声。真实念诵，诵咒时，心中思维"咒"的意义。心意念诵，默诵，不出声。

4. 音乐疗法——音乐疗法是指一种用音乐和音乐活动，以帮助病人达到心理和躯体复康的古老疗法。在东西方传统的文化中，音乐与医学的关系都十分密切。

中国古代，音乐被视作修身养性、延年益寿的娱乐疗法之一。中医典籍《黄帝内经》中，将宫、商、角、徵、羽五音，归属于脾、肺、肝、心、肾五脏，指出五音对人体气机的升降、脏腑的条达、神志的摄养有调节作用，历代养生学家如庄子、嵇康等都有抚琴辨律的心得。宋代文学家欧阳修曾记述音乐疗疾的体会说："吾尝有幽忧之疾，而闲居不能治也，既而学琴于孙友道滋，受宫音数引，久而乐之，不知疾之在体也。"幽忧者，即过度忧劳也。悠扬的琴韵竟然有如此效验的心身康复作用。清代青城子的《志异续编》载：一士人日夜沉睡不醒，偶醒亦两目倦开。名医叶天士诊后，未开一味药，却令家人买来一面小鼓，在病人的床头频频击打。士人闻鼓声后，渐渐清醒而不复倦卧。弟子问其医理，叶天士说，脾困故人疲倦，而鼓声最能醒脾，留下了古代音乐疗法的生动案例。

清代医家吴尚先说："看花解闷，听曲消愁，有胜于服药者。"从美育和教化的角度来看，音乐有升华情感，净化灵魂的作用，对于校正人的异常行为等，有着药物难以起到的作用。因此，在心理医生的指导下，根据自己的心身状态欣赏不同旋律的乐曲，不失为一剂养生保健的"文化处方"。

三、视觉艺术与养生

在我们的世界中美是无所不在的，学会用心观察，通过我们的视觉感受美的存在。

生命之美是审美的第一要素，正因为个性的不同艺术才有着永恒的魅力，艺术和养生的目的不同，但过程两者都是一样的，中医养生学认为，一个健康人首先要阴阳平衡，视觉的平衡，会导致心理感觉的平衡，从而间接的影响到生理的平衡，一幅好的艺术作品既符合养生的标准，同时又符合艺术的标准，便是佳作。

应学会欣赏书画、色彩、造型、空间布置等。例如，我们在观看一幅书法时，先不是看字体的流派风格，主要看字的排列，也就是章法，无论字体的大小怎么不同，纵形排列时字是直立的，行与行、字与字之间的空间布局均匀，就说明书写的过程中人是处在一种意气力合成的入静状态，美在书写的过程，反之，书写时不专心，意气与力配合不好，都会出现接口、败笔，这就不是一幅好的作品。书法中笔墨的浓淡、疏密、虚实无一不体现阴阳和谐，总之要通过看字画等感觉到作者创作时的美感过程。

观察艺术品、作品时，上下、左右、前后空间要有一种自然的平衡状态，不可以偏离一方，视觉的平衡导致心里的平衡，间接地影响到生理，特别是色彩。人们在不同时间、不同的心情对色彩的偏爱有所不同。反过来色彩能影响人的情绪，例如下面图表的显示：

颜色	感觉	象征
红色系	火、热情、刺激	喜庆、博爱、危险
黄色系	阳光、华贵、诱惑	光明、权威、发展
橙色系	温暖、兴奋、华美	快乐、自由、威严
绿色系	大自然、愉快、安静	草木、希望、公平
紫色系	神秘、忧郁、情欲	高贵、不安、渴望
褐色系	幽静、寂寞、沉默	成熟、退休、稳定
白色系	光、活泼、朴素	纯洁、天真、博爱
黑色系	黑暗、惊恐、阴郁	重坚、死亡、罪恶
灰色系	安静、冷淡、谦让	朴素、平凡、稳健

色彩的感觉，由于眼睛的错觉，不同的明度和纯度，色彩带给人不同的感觉：

1. 色彩能给人感觉前进、后退——如高明度和纯度称为前进色，反之为后退色。

2. 色彩能给人感觉冷、暖——如春夏秋冬四季色彩变化。

3. 色彩能给人感觉重和轻——如同明度、同纯度的色相，暖色比冷色要轻；同纯度强的重，弱的轻。

4. 色彩能给人感觉有面积大小——如明亮有面积大的感觉，反之。

5. 色彩能给人质地感——如深暖有实感，浅淡色有柔滑感。

6. 色彩能给人有声音感——如鲜明的色彩表示尖锐的音调，阴暗色表示低沉音调。

7. 色彩能给人有安全感——如一张画中，上半部是阴暗的色彩而下半部是明亮的色彩便构成上重下轻，有不安全感。此外，日常生活中，红橙等刺激性色彩表示警告和危险（如交通符号）；绿色则有温和感，代表安全。

四季不同，冬季应是对比色，反差大的冷色调；春季偏暖色调；夏季应清淡凉爽，冷色调；秋季是热烈的暖色调。

个性不同：每个人的身体状况不同，有天生遗传的，也有后天的，脏腑失调可以用颜色调整达到养生的作用。

五行与脏腑和自然的分属关系

五季	五方	五气	五化	五色	五味	五行	脏	腑	五官	五体	五志	五音
春	东	风	生	青	酸	木	肝	胆	目	筋	怒	角
夏	南	暑	长	赤	苦	火	心	小肠	舌	脉	喜	徵
长夏	中	湿	化	黄	甘	土	脾	胃	口	肉	思	宫
秋	西	燥	收	白	辛	金	肺	大肠	鼻	皮毛	悲	商
冬	北	寒	藏	黑	咸	水	肾	膀胱	耳	骨	恐	羽

四、书画艺术与养生

书画艺术是一种非常高雅、洒脱的行为，由于是心感与手感的结合又与生命科学紧密相联，中国画讲究整体画面的和谐，色彩、笔触的统一。书法讲究用笔的轻重、顿挫、快慢，而形成书法文化中的不同流派。如行书、草书、隶书等，中国书画中的空间、留白 、线条，就像生命中的各组织系统一定要平衡，轻重顿挫及快慢，如同生命中的动律，心跳和呼吸，有深有浅、有强有弱、有节奏。生命中的基因形态与太极曲线是异曲同工的生命线，其中，阴阳五行，精、气、神的变化规律正符合了养生的原则。

通常有功底的画家作画前会专注于美的意境，这种入境的状态是养心的过程，经过自我暗示，可以使大脑受到良性刺激，分泌人体生长调节素，有利于人体的免疫修复系统，全面的自我调节，当心静到极至时，就产生了气动，是养身的过程 ，画家挥笔作画或写字一气呵成。下笔就无法改变，不能填笔，形成中国书画的特点。这种行动是心与手高度协调统一的状态，促使全身经络气血通畅，这种过程有如："气动功" 或是高水平的太极拳，形成了一幅运动的书画。这种内外兼修、动静相间、身心统一的过程展现出中国传统美学艺术的精华。

我国古代亦多有以书画健身强体的名家名言。苏东坡云："笔砚纸墨皆精良，亦自是人生一乐。"陆游有诗曰："一笑玩笔砚，病体方知轻。"齐白石，这个世界级的书画大家，活了96岁，书法界号称 "南仙北佛" 的苏局仙活了108岁，孙墨佛活了100岁。以书画活动伴随终生的文人雅士，享年入九十岁的寿星是司空见惯的。经常习书作画，就能有真乐，就能益寿延年。

从敦煌壁画中的手姿图可见，手是人的体形结构和感觉器官。各种不同人物的内在性格和情感的流露都要靠手的配合来达到理想的效果。敦煌佛教艺术中有许多对于手的造象与艺术处理，这些优美和丰富的手姿在敦煌壁画中可以说是美不胜收，应有尽有了。尤其是佛教中的释迦牟尼、菩萨、天王、飞天等是形象神，也是人，因为没有现实中的人也不可能想象出理想中的神，所不同的是在升华为神像的艺术作品中，注入了古代艺术家对佛陀，理想和艺术的追求罢了。

我们可以发现佛像的手姿中有许多种手印戒律，最常见的有：说法印，无畏印，降魔印，禅定印与愿印等等。佛像中只要作这种手姿，即可神情相依，融为一贯。正如《陀罗尼集经二》所说："诵咒有身印等种种印法，若作手印诵诸咒法，易得成验。”诵咒——是念某种宗教的洁术。手印——是指特定的手姿。这段话的意思是说，作特定的手姿诵咒，就能产生特定的效果。如此说来。手可谓是表达情感的“大师”了。

中国气功是我国民族悠久文化艺术的精华之一。手姿是调身中的一个重要组成部分，从整体来说，全身任何一种姿势都要有手来配合，同样手姿对人体的各种姿势起到引导与定型的作用。特定的手姿有助于意念集中，呼吸匀调。

祖国医学中经络理论表示：手三阴和手三阳的经气运行，都流注于手指尖的“井穴”。练功时要握手掐指，就是控制真气在经脉中的运行。在医疗方面如：急性热病可以针刺十指的“十宣穴”，放血去邪气。现代医学做甲皱循环，可观察人体生理病理变化，作为临床治疗的依据。运用生理记录仪对气功师指端血管容积进行实验。在发功时能使指端血管容积比发功前明显增大，收功时反之，若气功师手指对着病人的大椎穴发功后，也同样能使病人血管容积扩大，与气功师的反应同步。以上说明，手的生理变化可反映人体的生理变化，反之，手的某种运动配合精神意识作用也会影响人体的生理变化。因此，正确地掌握手姿，是修炼者必须注意到的问题。那么修炼时有什么样的手姿，又如何掌握和解释这些手姿？可以说是修炼者应加以研究的课题了。

运动中的手姿可谓千姿百态，本文收集了敦煌部分手姿22幅，均为静功手姿。这些图有历史年代及出处，属文献资料。图中没有手的解剖结构，也不是实际手的写生，而以人物动态为顺势，艺术家把前肢、手腕、手背和手指四部分顺气而贯，有一种曲线韵律的美，画面上出现的是写意而不是写实的图象这正好能使我们从神与气的角度上去加以研究，而不受局部与表面结构的干扰。手姿中有许多微妙之处，很难解释清楚，而笔者认为这些手姿都与气功的修炼有关，所以仅供有兴趣者自己去体会。

静坐功的手势可分为入定和出定。“入定”时手印一般要自然接触或意念接触(可按自选功法，手势来定)是指进入练功状态的时间。“出定”是指按时收功。练静功时虽然也有多种手姿，但比动功要少得多，这里只简单介绍练功时常用手姿的作法。

结手印：要求左掌放在右掌上，或右掌放在左掌上，掌心向上，手背向下，两掌重叠好之后，须顺着自然的姿势安放在肚脐之下，微摆在腿上(两腿盘膝而坐)或自然倚托至小腿外边。这种握手的要点，必须把两个拇指尖微微接触，接触之后将大指拇略向掌心内收，以两指伸直自觉有一股内劲自然发出，互相抵触为标准。

贴印：用一手拇指、食指轻轻抵住另一手掌的内侧和背侧，如环相扣一般，安放脐下。

握固：以两手拇指掐食指手纹，或以四指都握住拇指，两手柱腰腹间。

出定手印（按时出定法）正常人的手上都有十二个关窍。无名指根部为子时关窍（11时—1时），中指根部为丑时关窍（1时—3时）食指根部为寅时关窍（3时—5时），食指第二关节为卯时关窍（5时—7时），食指第一个关节为辰时关窍（7时—9时），食指尖端为巳时关窍（9时—11时），中指端为午时关窍（11时—13时），无名指尖端为未时关窍（13时—15时），小指尖端为申时关窍（15时—17时），小指第三关节为酉时关窍（17时—19时），小指第二关节为戌时关窍（19时—21时），小指根部关节为亥时关窍（21时—23时），若练功时计划在哪个时辰“出定”，就把双手握用大拇指指尖扣住那个时辰的关窍平放在腿之上，就能准确地在哪个时辰收功了。

五、手工艺与养生

一双神奇的手是人的重要体形结构和感觉器官，俗话说“十指连心”，具有科学道理，祖国医学中经络理论表示：手三阴和手三阳的经气运行都流注于手指尖“井穴”；人体全息学说表明：不同人的生理、心理、病理信息都能通过手反映出来，传统医学中有观手诊病的方法。外界信息也可以通过手传到体内，手的五指通过触摸，在手心的“劳宫穴”处形成综合性的感觉后，传入大脑进行分析、判断。“劳宫”是人体对外开放的主要穴位之一，所以佛像中有手心“一只眼”的比喻。手的某种动作配合精神意识也会影响到人体的生理变化。

在手工艺操作中手的功能得到了全面的发挥，正是这双神奇的手创造出许多风格各异的作品。栩栩如生的面人彩塑，玲珑剔透的雕刻，精美的刺绣，妙趣横生的纺织品等，无一不是民间艺人把美的追求和情感通过手赋予了作品艺术生命。手工艺人在创造过程中实际上用意念把作品与自身融为一体了，作品就是艺人内心世界的展现。中国艺术家强调“内养”的功夫，“内养”的最高层次便是悟“道”，道是用“心”视事，道的视点不是局限肉眼而是无所不在。俗语中所说“心灵手巧”的“心”应是心意、心境、灵感，这是养生功中调心的内容。精湛的微雕艺人是凭借心意，用气控制手的细微感觉的力度，在极小的物体上进行创作，真可谓巧夺天工。

在科学发达的今天，虽然大规模的食品加工的机械化、自动化已形成产业，但是它们仍然代替不了传统食品小作坊的风味。发酵食品——酿酒、酱制品、霉制食品，同样的作法因人而异，同一人所做每次也有差异，原因何在？国内有专家做了一项实验，曾引起国际上的震惊——让训练有素的气功师用不同的意念信息发外气于某些微生物，结果令人惊奇地发现，外气可以杀灭或抑制微生物，也可以有助于微生物的繁殖生长，工艺操作者长期使用某种意念和信息，起到了杀菌，助长发酵菌的作用，当然外界条件也很重要，如气侯、水质和原料等也影响制作结果。综上所述手工艺的制作过程需要静心、专注、意、气、力的有机结合，这个过程正是养生的过程。

六、中华国艺与中医养生文化

我们应该敢于承认中医并不是现代自然科学意义上的学科，因为它不能用数字准确地描述，不能在实验室检验，不是一种结构的、几何的公理论的科学，但我们也应当看到中医却是一种宽泛意义的科学，它包括了天文学、地理学、哲学、人文科学，中医学是中国传统文化的重要组成部分，中医文化既包含物质文化，又包含精神文化。按照“文化”的结构理论，结合中医学的特征，可将中医文化中精神层面的文化分为以下几类：

中医精神文化：又称中医理念文化，即中医哲学。是中医文化的核心部分，包括中医本体论、中医方法论、中医伦理学、中医价值论等。任何一种文化的核心都是哲学。哲学是关于世界观、方法论、价值论的学问。

中医生命文化：医学的对象是人的生命，换句话说，生命是医学的本元。中医在认识生命的本质、规律问题上，有着不同于西方的鲜明的个性色彩。如中医将“气”看成是生命的本源和动力，将阴阳五行看成是生命的过程序列，并以此建构了藏象、经络、证候等理论系统。中医将自然人与社会人作动态比附，建构了一个心与身同构、同序的小生命体系统和人与宇宙同构、同序的大生命体系统。中医更能反映本民族的文化特征，从某种意义上说，与其将中医看成是一门生命科学，倒不如将中医看成是一种生命文化。

中医比较文化。主要指是中医文化与西医文化及其他民族医学文化的比较研究。

中医的行为文化（如中医诊疗活动所蕴含的文化意义）等也是中医文化与传统文化的关系研究的组成部分。

中医流派的形成是因为行医者的个体与患者的个体差异不同，在医学实践中病人与医者互动的过程中，不同的医者与不同的地域、不同的遗传个体的病人，有不同的治疗方法。凡是名医都自成流派，都会有过失败的案例，与艺术家相同，没有全部完美的作品，成为艺术家的过程就是个体对艺术的学习，理解和展现，即使师承也要最终有自己的特色。

中医的行为文化是集中了传统文化的精髓来进行医疗实践的，医者要掌握传统文化中琴、棋、书、画、歌、舞、武术的基本技法：

琴：中医医术中针灸、切脉、推拿，要有手指的灵敏度和感觉（尤其是节奏感），弹琴的基本技法的训练是手的精细感觉训练（灵敏度），只有长时间的训练后行针时才能做到收放自如。意念（也就是感觉的应用）对于补泄的作用，是至关重要的。

棋：中医诊断时要有全局观点，要分清什么是局部实证、虚证，什么是整体的实证、虚证，如同下棋时的战略战术，否则，诊断治疗会出现治标不治本的错误。

书画：中医的望、闻、问、切中的“望”是对形和色的观察，要在病人身体的形色上观察不同的变化，不具备对书画的正确鉴赏的人，“望”的功夫不明确。

歌：同样是“闻”没有对音的感觉，如何闻其声？

舞、武：功底可运用在中医推拿按摩的技法上，如果不会用力，不会借力，没有意、气、力的三结合，对疗效会大打折扣。所以为什么院校派学出来的学生远比不上师承派的水平高。在师承的过程中，老师把医疗实践中医者的人生观、心态，以及技法的基本要领一并教给了学生，当然前提是学者的悟性高，人品好，教者愿意传授，否则也得不到真传，就像中国文化遗产保留一样，优秀的中医行为文化越来越少。长期以来，对中医文化的研究一直没有引起足够的重视。尤其是传统文化的技法在中医文化中的应用。医学界一般只关注中医的临床和实验研究，中医文化研究的课题难以立项，“中医文化”学科实际上并没有真正建立起来。我们建议尽快设立“中医文化”学科，开展该学科的科研工作，并在中医院校开设“中医文化”课程。

作者为广东天合国学健身院的副院长

传承弘扬纯正的中华医艺

沈文朋

一、为了孩子的成才

现代社会，取得学历的途径很多。通过成人高考读成人高校或普通高校的成人班或电视大学或夜大或业余大学或函授大学、自学考试、学历文凭考、远程教育等。这些学历，只要是纳入国民教育系列的，国家都承认学历。自学考试不要求有任何学历。凡是具有本省正式户籍的公民，不受年龄、职业、学历的限制，均可在户籍所在地报名并参加考试。澳大利亚、英国的高等学府基本上都承认中国的自学考试。美国、加拿大等国家的部分高等学府承认中国的自学考试。目前有50多个国家与我国签订互认协议，包括成人大学或电视大学或夜大或业余大学或函授大学、自学考试、学历文凭考、远程教育等途径取得的大学学历。有如下国外大学承认自学考试的学历，接收自考生留学。美国：内华达大学、休斯敦大学、实用中心大学、得克萨斯州基督教大学、纽约州伦斯勒理工大学、纽约州克拉克桑大学、中央俄克拉荷马大学、马林学院、克莱蒙特研究生院、南卡罗来纳大学、加州洛杉矶大学、纽约州立大学。英国：利物浦赫普大学学院、曼彻斯特大学、格林威治大学、伦敦大学学院、伦敦大学政治经济学院、邓迪大学、北伦敦大学。澳大利亚：新南威尔士大学、国立大学、悉尼大学。加拿大：蒙特利尔大学、高贵林学院。法国：索菲亚昂蒂波立大学。新西兰：梅西大学。

现在方兴未艾的是开放型的网络大学。它是20世纪后半期教育界的最大突破。在西方以英国的开放大学（The Open University）、美国的哈佛大学为代表。英国的开放大学已为英国培养了全国9%的大学毕业生。学生可以自由选择学习时间和地点，上这样的大学也不受学历限制。就读美国哈佛大学的开放大学甚至不受国籍的限制。我国也组建了“国家开放大学”，它是在中央广播电视大学和地方广播电视大学的基础上组建，以现代信息技术为支撑，办学网络立体覆盖全国城乡，学历与非学历教育并重，面向全体社会成员，没有围墙的新型大学。目前，注册在学生359万人，其中本科学生105万人，专科学生254万人，包括近20万农民学生，10万士官学生，6000多残疾学生。

随着各个名牌大学办起开放大学后，读名牌大学并取得名牌大学学历和学位，不再受学籍和学历限制，不受时间限制。对于学籍管理，中国虽然也要规范管理，但是不可能逆世界潮流，只能是越来越宽松，对报考学历大学也只能是条件越来越宽松。在社会要成功，要幸福，起决定作用的不是学历，甚至不是知识，是个人的德行和能力。本文是在认真研究我国相关的法律法规、行政规章和教育部门的规范性文件的基础上，走访教育行政部门和体制学校，认真思考和整理写成的。

二、幸遇传统文化和中医药的春天

国家高层对中医药十分重视。文化是一个民族的灵魂和血脉。纵观绵亘五千年的历史长河，中华民族曾经创造过饮誉世界的优秀传统文化，这些优秀传统文化既是凝聚中华民族的精神纽带，也是世界文明的重要组成部分，其中包括至今仍屹立于世界医学之林的中医药学。近些年来，世界潮流是党派的意识形态褪色，民族意识觉醒，任何一个民族国家执政党的指导思想无视本民族的文化源流都是不智的，甚至会由此而发生严重的执政集团的“合法性危机”。党和国家的高层已经意识到这个问题的严重性。

2011年中共十七届六中全会公报，比较醒目地出现了一句话语：“中国共产党从成立之日起，就既是中华优秀传统文化的忠实传承者和弘扬者，又是中国先进文化的积极倡导者和发展者。”一些人认为中共在过去漫长的建党与建国中不断摧毁民族文化，根本不是中华优秀传统文化的忠实传承者和弘扬者。其实党的公报不是写历史，是中国共产党的宣言和承诺，是中国共产党的践行。胡锦涛同志在党的十八大报告中明确指出，扎实推进社会主义文化强国建设。从中华民族优秀传统文化中找到一些破解当下人生难题和生存困境的钥匙。

在西方文化的冲击面前，我们有必要重新审视中华优秀传统文化的现代意义和价值。中华民族的民族精神，是中华民族走向伟大复兴最可宝贵的精神支柱与力量源泉，是我国文化软实力的首要资源和重要基础。通过优秀传统文化的教育和传播，重新树立国民的民族自尊心和自信心，形成认同中华文明的时代意识和振兴中华文明的使命意识。要打造具有中国特色、中国风格、中国气派的哲学社会科学理论学术话语体系，讲好“中国故事”、解读“中国道路”、传播“中国价值”，全面提升中国文化软实力。

文化是民族的血脉，是人民的精神家园。全面建成小康社会，实现中华民族伟大复兴，必须推动社会主义文化大发展大繁荣。国家主席习近平在

2013年8月20日全国宣传思想工作会议上说："宣传阐释中国特色，要讲清楚每个国家和民族的历史传统、文化积淀、基本国情不同，其发展道路必然有着自己的特色；讲清楚中华文化积淀着中华民族最深沉的精神追求，是中华民族生生不息、发展壮大的丰厚滋养；讲清楚中华优秀传统文化是中华民族的突出优势，是我们最深厚的文化软实力；讲清楚中国特色社会主义植根于中华文化沃土、反映中国人民意愿、适应中国和时代发展进步要求，有着深厚历史渊源和广泛现实基础。"

中华民族创造了源远流长的中华文化，中华民族也一定能够创造出中华文化新的辉煌。独特的文化传统，独特的历史命运，独特的基本国情，注定了我们必然要走适合自己特点的发展道路。对我国传统文化，对国外的东西，要坚持古为今用、洋为中用，去粗取精、去伪存真，经过科学的扬弃后使之为我所用。这表明在中国共产党的领导下，传承和弘扬中华传统文化的序幕已经拉开。2013年8月20日国家主席习近平会见世界卫生组织总干事陈冯富珍时说，中医药是中华文化伟大复兴先行者，中国将促进中医药在海外发展，推动更多中国生产的医药产品进入国际市场。

可以预见不远的未来，我国会从国家战略层面推进中医药发展。届时如果将中医药文化作为传统文化教育的一部分，进学校、进课堂，将可在全社会形成尊重中医药和传统文化的氛围。另外，建立国家级的中医药博览园和中医博物馆，通过现代化的展览手段，把文物展示、中药种植、炮制加工、养生保健知识宣讲等有机结合，成为向社会、向全世界宣传中医药的重要窗口。中医药必定会振兴，中医院和中医诊所甚至个体中医会门庭若市。

农工民主党中央、国家中医药管理局联合在南京召开"《基层中医药适宜技术手册》专家审稿会"，包括经方在内的3本技术手册定稿后，将作为中医适宜技术在全国推广。国家的这些行为表明国家对张仲景的经方的十足信心和极力推广中医药。

中医药是中华文化伟大复兴先行者！要圆我们中华民族的中国梦，就得复兴中华传统文化，复兴传统文化就得先复兴中医药。因为中医药是中华传统文化皇冠上的明珠，是最为深入人心的传统文化，是最实用的传统文化。

三、为什么让孩子学中医

"上医治国，中医治人，下医治病。"代表人类最高智慧的经典之一的《黄帝内经》如是说。古人也说："父不学医为不慈，子不学医为不孝。"

1. **上医治国，中医治人**。中华文明是世界四大文明中能够延续下来的唯一的文明，中华文明之所以能够成为唯一能够延续下来的文明，是因为她虽然古老却又是十分超前的先进文明，是因为她代表了人类的最高智慧。中华文明不但过去、现在而且将来也永远照亮中华民族前进的道路，也将照亮人类进步的道路。

古老不代表落后。一千多年前古罗马的法律即民商法现在成为各国最基本的法律，欧洲的文艺复兴也是复兴古希腊的文化。怎么在中国，本国古代的文化就成了糟粕？！是鸦片战争后，中国的新文化运动的领袖们错误地把落后的原因归结为我们的传统文化，其实造成中国当时积弱的原因不是传统文化，而是落后的封建制度。鸦片战争以前，西方的先哲们几乎一边倒惊叹真正的文明在中国。为什么后来西方殖民者却一边倒地否定中国文化呢？因为想很好地掠夺中国、经济上殖民中国，只有把中国文化打倒，中国人才可能束手就擒。

西方国家、西方的共济会和美国的洛克菲勒基金会在鸦片战争后一直到今天，就不遗余力地输出西方的价值观、诋毁和消灭中国传统文化，在中国寻找、培植、资助反中国、反传统文化、反中医的人士甚至势力。中国贡献给人类的三大奇经《易经》、《黄帝内经》和《道德经》代表了人类的最高智慧，是最高层次的哲学，中华民族之外可能只有佛教的《大藏经》或《金刚经》可以媲美。西方根本找不出这么高层次的经典著作，作为西方文化源头的《圣经》层次确实太低，构不上哲学。事实上，在玄奘西天取经回国五十年后，佛教在印度衰落了，而在玄奘取经回国后，佛教才在中国发扬光大。

中医是中国文化的瑰宝和脊梁。中医是最实用的中国传统文化，最深入人心的传统文化，也是最高层次的哲学。中医符合规律，是“道”，因此真正的上等的中医因为学习中医掌握了最高层次的规律即“道”，就具备了治国的能力。中等层次的中医，虽然没有悟出最高层次的“道”，因为掌握了中等层次的“道”，因此能够拯救一个人的灵魂。学习中医可以获得智慧。

2. **让孩子掌握可赖以安身立命的技术**。国学确实是好东西，作为文化和道德基础来学习是很好的事。但是如果只是读一般的四书五经，以后的出路呢？如何谋生？几千万人读经，不可能都能成为大师。这几千万人是要食人间烟火的凡人，以后是要成家立业的，单靠熟读这些经典是不可以当饭吃的。当国学教师是一条出路，不过，社会能需要这几千万读经人的百分之一就不错了，还有百分之九十九的这几千万人的出路如何解决？

学好中医就掌握了一门相当有用的技术，可以成为一辈子的安身立命之本。学好了中医，可进可退。一可以搞政治，即“上医治国”；二可以做一般的领导或管理企业，即“中医治人”。三可以一辈子悬壶济世治病救人，即“下医治病”。真正有水平的中医，在社会上比老师甚至比当官的还要受到社会的普遍尊重。一般的专业，要从社会底层上升到社会中层，相当不易，如果真正掌握了中医，几年就可以上升到社会中层。

正如一位网友所说：“中医是一把打通传统文化的金钥匙，比读任何国学经典要快速有效。两者参学，加以努力，能更快成为大师。即使从事其他职业，也是这一行的佼佼者。”中医不但是哲学，是文化，还是实用技术，生活方式。学习中医可以使人的品德获得提升，思维也可以得到很好的训练，还可以使人获得更高的智慧。无论社会如何变化，无论历史如何发展，社会都需要医药特别是中医药。只要人们还重视健康，只要人们还重视生命，中医药就有它永恒的价值。随着经济的发展，社会的进步，中医药必将迎来它辉煌的明天！

3. **中医以不变应万变**。其他技术很容易过时，如计算机或互联网技术，据业内人士说，一周不看书学习就落伍，一辈子十分落后。中医技术永不落后，只要我们还没有进化到不是人，中医就不会过时，就有效。因此，中医不存在技术过时的问题，完全可以以不变应万变。

4. **父不学医为不慈，子不学医为不孝**。二十几年前，我父亲得了风湿病，每次风湿病肿痛，我哥哥就带他去打针，虽然能暂时止痛，但是不能治本，加上西医十分伤身体，结果是风湿病不断加重，熬了十几年最后不治。我虽然跟爷爷学习过中医，不过没有系统学习，很多病不能治。那时我们兄弟姐妹都已经长大工作了，本来正是老人家享清福的时候，却是“子欲养而亲不在”，痛心疾首啊。没有健康，你给父母再多的金钱和其他享受，有多大意义？！从那时开始，我就刻苦钻研中医、学习中医经典，几年后治愈了母亲的严重的冠心病。孝为百善之先。父母含辛茹苦把我们拉扯大，我们却不能给父母健康，能算孝吗？

大多数人不懂中医和养生，孩子有病就去打针吃西医，甚至半夜发烧抱到医院，对孩子的身体伤害十分大，造成很多小孩体弱多病。现代人大多已经不懂中医养生知识了，比我们父母辈一般人都懂不少中医药知识和养生知识差远了。他们仅知道“科学”的西医养生知识。不过，现在很多年轻父母也意识到并开始反思西医药的巨大危害，但是现在出版的中医书籍和网上的中医药普及知识鱼龙混杂，国人也无所适从。不能给孩子健康，正如古人说的，能算慈父慈母吗？

多少人的父母子女包括其本人，到医院去小病治成大病、大病搞到送命！这样严重的问题难道还不足以引起我们的自省吗？如果能懂点中医药常识和中医养生常识，我们的父母是不是可以减少许多的痛苦、身体更加健康、寿命更长而享更多的清福？如果能懂点中医药常识和中医养生常识，我们的孩子是不是可以减少很多的疾病、身体会更加强壮、因身体好了学习效率会更高、我们做父母的是不是也会更加省心？

5. **治病救人，功德无量**。在现代社会，工作压力大、生活不符合养生之道、吃西医、环境和食物污染严重，造成现代人疾病多，甚至癌症也成了常见病。如果没有生命健康，赚再多的钱或做再大的官又有多大意义呢？我想了将近两年，决定让孩子学习中医。

我原来也担心，如果学医不是孩子的爱好，以后他不想行医呢？如果通过学习中医，能够把自己的身体搞好，帮助救治亲戚朋友，就足够了，他可以选择喜欢的职业，因为身体是一切的基础。当然他能行医治病救人，则是最好的选择。正如医圣张仲景在《伤寒杂病论》中说的："习医，上可疗君亲之疾，下以救贫贱之厄，中以保身长全。"悬壶济世治病救人是人生最高价值的体现之一。俗语云："救人一命，胜造七级浮屠。"如果女孩，学习中医就更加有必要了。因为女孩结婚后怀孕养育下一代及照顾家里人，学习中医就更加有必要了。

美国的史蒂夫·乔布斯，苹果公司联合创办人、董事长。他让苹果产品引领全球科技潮流，2012年8月21日，苹果以市值6235亿美元成为世界市值第一的上市公司。在《福布斯》2011年全球富豪排行榜中，乔布斯以大约83亿美元的身家位列第110位。乔布斯却在2011年10月5日因胰腺癌逝世。没有生命健康，再多的财富又有什么意义呢？不懂中医药常识和中医养生知识，我们赚的钱就会有相当大部分是替医院打工的，而且还可能被伤身体甚至送命。生命、健康是一切的基础，没有生命健康，任何的成功，其意义都会大打折扣。健康是最大的财富。

四、打造传承纯正中医的私塾

（一）为什么自办学堂

目前有的中小学经过十二年的语文学习，连封家书也写不好。学一辈子英语，是哑巴英语、聋子英语。身体也搞垮了。只是考试的机器，没有理想，没有独立思考能力，没有独立人格。大学毕业不就多了张文凭吗？体制学校师资强不就这结果吗？

教育是十分巨大的系统工程，特别是学堂有住宿的，更加是涉及到方方面面的问题，可能是最复杂的事情。如果不懂得教育规律，不懂幼儿教育，或者即使懂教育规律但是执行中出现偏差，都可能害了孩子，甚至毁了孩子。办好中医学堂应该具备什么条件？应该认同国学读经教育、懂得幼儿教育教学、懂中医和中医养生及中医食疗、认同并懂中医的传统教育，如果要实施全面教育，还必须有较好的武术师资和英语师资。

（二）中医学堂的目标

1. 大医精诚

大医精诚是中医的高境界，它要求：精，要求医者要有精湛的医术，医道是“至精至微之事”，习医之人必须“博极医源，精勤不倦”。诚，要求医者要有高尚的品德修养，以“见彼苦恼，若己有之”感同身受的心，策发“大慈恻隐之心”，进而发愿立誓“普救含灵之苦”，且不得“自逞俊快，邀射名誉”、“恃己所长，经略财物”。在精和诚的两个价值取向中，我们把诚放在第一位。只有诚，才能博极医源，才能达到精湛的医术，才能“普救含灵之苦”。没“大慈恻隐之心”之“诚”，即使博极医源，达到精湛医术，也不会“普救含灵之苦”。

中医学堂的教育，把品德的培养放在第一位。只有把品德培养好了，人生之舟才不会偏离正确方向。否则，精湛的医术甚至可能用于做坏事，这样，越精湛的医术对社会危害越大。无论以后是否行医，品德都是第一位的。有良好的品德，才能更好立足于社会。

背诵了传统文化经典，不等于就有德行了。道德的培养是一种践行，只有把这些道德规范运用于实际中才可能培养人的德行。通过学习一般的传统文化、中医经典和老师的引导，可以培养学生好的品德。培养具有高尚道德的人是中医学堂的价值取向。道德如同汽车的方向盘，高尚的道德可以使人生获得正确的方向指引，更好地实现人生价值和幸福。没有道德或道德败坏就如同汽车的劣质方向盘或没有方向盘，即使有再好的车身或发动机，也是废品或危险品。

2. 培养学生的自觉学习的动力和自学能力

中医学习的目标之一是用几年时间培养学生较强烈的学习的内在动力。比如通过对学生进步的肯定、鼓励或奖励，寓教于乐等，可以让学生体会到学习是快乐的事。有了内在的动力，学生自觉学习就会习惯而成自然。兴趣是最好的老师。培养了学生的兴趣，学生学习效率就会大大提高，自觉学习也有内在动力。培养学生的自学能力。学习是一辈子的事，在哪也不可能学够一生用的知识，因此中医学堂把培养学生的自学能力作为一个目标。俗话说："授之与鱼，不如授之以渔。"

3. 培养学生独立思考能力和独立人格

在不借助外界帮助的情况下，通过自己的探索和思考来解决问题的能力。独立思考能力是现代公民的应有品质。一个不善于独立思考的人，必然不能取得成功。

具有独立人格的人会自己独立思考和价值判断，不会为自己的利益去做驾驭他人的事，不以自己的意志去束缚任何人，虽然以自我为中心，但却能尊重他人的思想和意志。

4. 培养学生良好的行为习惯

行为决定习惯，习惯决定命运。良好的行为习惯是人一生的根基和资本。好的行为习惯可以伴随学生有个美丽、完美的人生。良好的行为习惯，需要学生在日常生活中不断地学习、不断地改善。说话、走路、吃饭、吐痰等生活细节，看起来是小事，但是如果不注意，一旦养成不良的行为习惯就会影响事业和人生。

习惯不是一天就能养成的，它是后天积累、慢慢形成的。良好的行为习惯的养成，需要持之以恒的精神。以拥有良好行为习惯的人为镜子，时时照自己，矫正自己的不良言行。好的习惯的养成是循序渐进的，是在不断积累中趋于完善的，正如有人所言：三天改变观念，三个月改变习惯，三年改变命运。

5. 培养学生的自理能力和做家务的能力

自理能力包括在生活上能自己处理日常生活琐事；在人际关系上能处理好人事关系，独立处理一些事务；在心态上能独自承受各种压力等。

培养学生热爱劳动的理念，从做家务起。几年时间要培养学生能做好家庭的卫生、能做出基本的家常饭菜，包括一些基本的几个面食。让学生做家务是帮助学生成长的一个很好的方式，它不仅可以增长学生的做事能力，更可培养其责任心，它还是以后的家庭婚姻幸福十分重要的条件。比如西方从幼儿园开始就让学生学习烹饪技术，俄国的小学生要学会烹饪、女孩还要学毛线的针织。

6. 培养学生的责任心和恒心

责任心是一个人应该具备的基本素养，是健全人格的基础，是家庭和睦，社会安定的保障。

黄兴在《复刘承烈书》说："人生以精神贯注而立，大事以一线到底而成。"

牛顿说："一个如果做事没有恒心，他是任何事也做不到成功的。"

7. 培养学生的中医信心和纯正的中医思维

首先要培养学生对中华传统文化和中医药的绝对信心，这是学习中医的最大动力，也是成为真正中医、成为大医的首要条件。通过讲中医故事、认中草药、讲食疗养生和讲老师自己诊治的病例，中医学堂的夏令营在短短的时间，就让学生对中医有了极强的信心和强烈兴趣。不少学生已经立志要成为大中医，并且利用课余时间诵读《黄帝内经》。

国医大师邓铁涛教授在谈到中医教育时说："引导学人获得信心，是中医教育的一个最根本的任务，也是中医入门的一个标志。用这个标准来衡量我们今天的中医教育，就会发现我所提出问题的严峻性。我们花了5年时间，或者8年时间，如果再读博士，那就是11年的时间，可是相当多的人还没入这个门，对中医还没有一个基本的信心，如果从教育的角度来评判，这应该算是一个非常奇特的案例。"对中医没有信心，认为中医是落后的伪科学，像中医药大学的绝大部分学生，怎么可能学好中医！其次是培养纯正的中医思维，不能用"先进"的西医来讲解改造中医。

（四）中医药十分先进

中医虽然古老，却是十分超前的科学，现在还是十分先进的科学。中医药从医圣张仲景的《伤寒杂病论》到现在大约1700多年，相对于人类的进化史只是白马过隙，时间极短。只要人类的生理没有根本变化，经过几千年考验证明十分有效的中医就一定有效。我的的博文《请看今日之域中，必是中医之天下！》有十分详细的论证。

（五）中医并不难学

中医不是人们想象中的那么难学，现在的中医药大学的学生学不到真正的中医，是因为中医药大学用学西医的方法和思维来学习中医。方法对，学中医不难。

在古代，学中医并不是一件很难的事。人们常说，"秀才学医，笼中抓鸡。"古代的读书人一般都懂点中医，甚至有很深的中医造诣。大医多有从儒转来。

现代人普遍认为学中医难，主要是因为中医院校教育走了样。例如，院校教育使用的是教材不是医古文，而是经过翻译的白话文。这一翻译，不仅文字变了味，而且经过现代逻辑的梳理，甚至连意思也南辕北辙。语言是思维的外壳，不同的语言，体现不同的思维方式。嚼别人嚼过的馍不香，不去读中医原著，就无法准确地领悟原意。国家中医药管理局医政司副司长金二澄说，经方简单易学，一学就懂，一教就会，疗效也好。

（六）中医学堂如何学中医

1. 要练童子功，背诵中医经典《黄帝内经》、《伤寒杂病论》等

很多人把学习搞成了无米之炊的空洞思维，完全否定记忆的基础性作用。背诵中医经典是学习中医的基本功。山东科技出版社2005年7月第1版《名老中医之路》中97位医家名老中医成才因素固多，但读书是其中不可或缺的重要环节。学习中医不仅要读书，还要背书，这是古今医家成才的共同经验。中医学家刘渡舟先生说："不背一点书，是没有功夫可言的。"

岳美中说："对《金匮要略》、《伤寒论》，如果能做到不加思索，张口就来，到临床应用时，就成了有源头的活水。不但能触机即发，左右逢源，还会熟能生巧，别有会心。"

姜春华说："现在看来，趁年轻记忆好，读熟了后来大有用处，这也可说是学习中医最基本的基本功。"

沈仲圭说："根据我的经验，年青时要读熟几本书做底子。因年轻记忆力强，一经背诵，便不易忘记，可以终身受益，同时为以后进一步学习打下基础。"

陈鼎三认为："经典著作中的条文，乃是从无数病例中总结出来的具有规律性的东西，也就是俗话所说'万变不离其宗'之'宗'。记住它，背诵它，就能在临床上触发思绪，吃透精神，从熟生巧，别出心裁。"

谢海洲说："经典著作是中医理论的源泉，有了熟读乃至重点篇章能够背诵的硬功，博览各家各派，才能抓住重点。老一辈所以能引经据典，脱口而出，如数家珍，就是因年轻时下过一番苦功。经典读熟了，以后才有豁然贯通之妙。尤其在青少年时，奠基更为重要。我四岁时，随祖父课徒的学生念些歌赋，虽不理解，念得多了，也就记住了。背，不单纯是记忆的问题，还有加深理解的作用。学习方歌、药物更是如此，不背不成。熟背才能得心应手，口到笔到，熟能生巧……这种背诵的'童子功'，对学中医的人是必备的。"

科学研究证明，人在13岁前，记忆力是最好的，因此我们有必要让学生在记忆力最好的时候大量记忆。很多人以为现在进入网络时代，不用记忆了。其实这是错误的观点。比如很多知识你在网上一搜，十页甚至二十页都是广告，甚至最后也搜不到。就算搜索到了，在如此多的鱼龙混杂的信息中，没有基本功，是无法洞悉真假良莠的。比如大部分的著名网站的中医养生知识都不符合中医理念。

为什么不用中医学教材而用中医经典？因为现在的许多中医学教材是用西医的语言翻译的，无法表达出真正的中医思想。就是现在的简体字也无法

准确表达中医的思想，因此中医学堂要学习繁体字，条件具备后，以繁体字的中医经典为主学习。

中医的经典著作蕴含着中医理论的基石和精髓，因为现在没有办法用现代汉语将经典中的理论进行完整、准确地表达，所以现在学中医没有捷径可走，必须读经典，必须读原著。我们绕不过这道坎，对个体而言，你要学中医，你要想成为合格的中医，要想成为像蒲辅周、岳美中那样的大师，你就必须像他们那样去读书、读经典；对于国家和民族而言，要想振兴中医，就必须要求、鼓励中医读书、读经典，并为他们读书、读经典创造条件。舍此无他途。

振兴中医的关键是提高中医的临床疗效，提高中医临床疗效的关键是培养出合格的中医，培养出合格中医的关键就是读书，特别是读中医的经典著作和历代医学名著。

现在很多人认为，中医不能振兴的原因是临床出了问题，即临床不够，所以提倡要早临床、多临床。其实中医临床疗效的好坏，除了与临床的时间长短、经验是否丰富有关以外，更重要的是有没有正确的理论指导。中医的临床医生并不少，少的是疗效好的医生，少的是像蒲老、岳老这样的大医。临床疗效差的原因是不读书，没有掌握中医理论的精髓，不能用中医的理论正确指导临床。

2. 全面掌握中医

中医把人看作是一个整体，整体观是中医的一个基本观点。现在的中医按西医思维管理，分基础医学和一个临床医学。基础医学分中基、中医生理、中医病理、中医诊断、中药、方剂等等。临床则分内、外、妇、儿、五官诸科把人割裂开来，如盲人摸象，还能算得上中医吗！现在中医的这种学习和分科方法，极大地制约了中医的诊治水平和进步。

古代的中医是全科的。如华佗医术全面，尤其擅长外科，精于手术。

理论是用来指导实践的，中医学堂是让学生学习了足够的中医经典理论后，用于治病的实践中。中医学堂是以全科医生来培养学生，包括中医、中药、中医针灸、中医内科、中医外科、中医正骨、中医儿科、中医妇科、中医五官科。也学习拔火罐、推拿、药浴等技术。

3. 以传统的师徒传承的方法学中医

师徒传承是继承和发展中医的最佳途径。“师徒传承制”是中医学千百年来得以代代相传，并日益发展的主要传播方式，中医学几千年来之所以能够延绵不绝，对中华民族繁衍昌盛做出巨大贡献，其中师徒传承起到了重要作用。由于通过师承学习方式可以及早接触中医经典和切脉处方、针灸等实际技能，这对需要相当悟性思维的中医知识体系相当重要。古今中医大家都是师徒传承制培养出来的，古者如张仲景、叶天士。今者如蒲辅周、刘渡舟、邓铁涛等。上海市中医文献馆黄素英对上海地区中医师承教育调查研究的结论是:“经统计：名老中医中绝大多数均有跟名师临床实践的经历。由此可见，培养中医人才特别是培养学验俱丰的名中医，须跟从学验俱丰的名中医临床实践数年，再加自己以后实践中不断创新才会成为真正的名中医。这一历史事实已成为中医教育培养高级人才的一条十分重要的经验。”

带学生到外面认中草药是一个重要的教学内容，适当时候带学生拜纯正的中医名医为师，根据不同季节、学生不同的体质，指导学生日常养生，合理安排学堂的休息起居，尽量做到适度的体育锻炼，膳食指导总原则是《黄帝内经》的“五谷为养，五果为助，五畜为益，五菜为充。”谷物(主食)是人们赖以生存的根本，而水果、蔬菜和肉类等等都是作为主食的辅助、补益和补充。根据不同季节、学生不同的体质以及不同年龄的学生，合理安排学堂的饮食和食疗。

(七)中医学堂的教育教学

1. 全面教育，与体制教育接轨，不用担心高考

人要全面发展才是一个健全的人，也才能更好适应社会。中医学堂培养的人能入世，更要能出世。中医学堂的课程除了国学、武术、中医之外，还有小学的数学、初中高中的数理化等。中医学堂考虑到与体制学校接轨，学生哪个阶段回到体制学校都可以跟得上。

中医学堂的教学，大概六年的教学只要一年就可以学完，最多不超过一年半。可以腾出很多时间来学习中医学堂特有的课程。比如初中和高中化学最难的就是计算题，其实这只是小学的比例知识而已。两年的化学大概用两个月就可以学完。再如英语，借鉴母语学习方法学习五六年，听说能力可超出大学毕业的英语水平。目前的语文教学，讲段意、中心思想、语法、时代背景、写作意义等，可能对研究语言有用，对写作能力的提高反而可能有负面作用。中医学堂学习传统文化经典包括唐诗、宋词、古代散文，对于提高写作水平有决定性作用。

在中医学堂学习几年后，会有很强的自学能力和高效的学习，无论是在初中还是高中阶段回到体制学校，学习数理化就势如破竹。另外，英语、语文已经过关，可以腾出很多时间。身体素质好，有拼搏的资本。

中医学堂学习华佗创立的五禽戏、太极拳，有一定基础后学习武术散打。体制学校的运动如足球、篮球等，是运而不动，即四肢运动，但是五脏六腑就不怎么动，很容易伤身体。广播体操这样的比划，不合理，运动量不够。真正的中华传统养生锻炼方法，只会强身健体，绝无伤身之弊。其屈伸、回环、平衡、跳跃、翻腾、跌扑等，人体各部位几乎都要参与运动。实践证明，对外能利关节，强筋骨，壮体魄；对内能理脏腑，通经脉，调精神。武术运动讲究调息行气和意念活动，对调节内环境的平衡，调养气血，改善人体机能，健体强身十分有益。武术还有防身自卫的作用。武术不但可以培养人的坚毅品格，还可以大大增强一个人的自信心。

2. 足够的锻炼、充分玩耍、高效学习，时时处处都可以教育

中医学堂每天有大约四小时左右的锻炼和玩耍时间，在玩耍时尽量让放开地玩，这样才可以学习时定下心来学习，才能高效学习。只要老师有心、理解真正的教育，生活中事事处处都可以作为教材来教学，时时可以教育。

五、中医前景美好

（一）国内发展前景

西医治病的巨大伤害性，西医治疗癌症的放疗化疗的无效性，引起了国人的反省。许多年轻父母感觉到西医药的伤害，尽最大努力不让孩子用西药，越来越多的西医医生明确意识到西药的危害，不让自己的孩子用西药甚至本人学中医或者辞职学中医。现在可以明显感觉到，中医院或人民医院的中医科的病人越来越多。

随着社会进步，人们越来越注重健康，对中医养生和中医食疗的需求越来越大。瑞士表做成极致的精工表，征服世界。美国的可口可乐只是个饮料，却有1450亿美元的市值。云南白药就一个中药方，也有400亿市值。中医和烹饪是我国原创的具有核心竞争力的知识和技术，如果我们不是拿我们所短跟人家所长相比，而是拿我们之所长中医药和烹饪去跟别人竞争，会有多大的竞争力啊，能解决多少的就业、创造多大的产值啊。饮食是人生存和发展的前提条件，医药关乎人的生命健康，这两项技术的社会作用和市场价值应该是瑞士表和可口可乐的千倍万倍。我们能总是抱着金饭碗要饭吗？！我们掌握了如此基础和极端重要的技术，如果能全国上下齐心协力打造中医药和烹饪，将无往不胜。

（二）国外发展前景

据不完全统计，全球160个国家和地区设立中医机构、中医诊所8万多家，海外中医从业人员30多万。世界各国政府现在日渐意识到中医药学的重要性，积极推动中医药学在本国的发展。2006年召开的世界传统医学政府论坛上，WHO和东盟力促传统医学纳入国家医疗体系，1996年美国批准针灸作为治疗方法。截止到2007年，中医药在中国、澳大利亚、阿联酋、泰国、越南、新加坡、加拿大、南非等8个国家和地区获得了合法地位。世界上有54个国家制定了传统医学相关法案，92个国家颁布了草药相关法案。中医药在朝鲜、越南等国家已被纳入国家医疗保健体系，美国有42 个州对针灸进行了立法，意大利、奥地利、巴西、哥伦比亚等国也对针灸进行了立法，承认针灸的合法地位。

随着中医药为更多的人接受，各国保险业也陆续将中医、中药、针灸纳入保险覆盖范围。韩国国家卫生保险制度中包括传统医学，政府在1980年将在韩国的中医称为“韩医”，允许其存在并纳入医疗保险范畴。日本于1976年经厚生省通过，汉方正式列入健康保险，210个方剂、140种生药在全国范围内被列为医疗用药(处方药)，自1991年1月起，部分针灸费用可从医疗保险中支付。2003年 9月英国补充替代医学委员会通过了中医跨行业注册，西草药、中医、印度传统医学、针灸等行业平等地参与立法注册，从而保证了中医的整体性和应有的法律地位。新的法令法规于2011年4月正式施行，成为第一个进行中医药立法的欧盟国家。

普及中医是大势所趋，人心所向。中国的国际地位正在日益提升，正在把中华民族优秀的一些东西尽力推荐给全球，而作为中华文化瑰宝的中医，对世界的影响力肯定会越来越大。这就像当年的大英帝国，由于其时国际影响力很大，而向世界力推其母语，结果直到今天，英语还是世界上最为重要的语言之一。亦如当今之美国，由于其坐拥世界头号强国的交椅——国际地位高，所以其经济文化等影响力较大。

诚然，中医走向世界还面临一些困难。但是，澳大利亚“以立法方式承认中医合法地位”，必然会对世界其他国家产生一定的影响。何况，诚如中国卫生部新闻发言人于2012年5月31日所讲，“世界上许多国家和地区也正在认识、接受中医科学，目前已有70多个国家和地区与中国政府部门签订中医药合作协议”。事实上，前来中国学习中医的外国人也越来越多。

当然，我们不可否认，百年来，在诸多西化思想的负面影响下，中医自身的发展也遭遇到了一些瓶颈问题，而当下好的中医大夫确实不是很多，且某些中医理念也需要改进。但是，在中国政府和无数仁人志士的支持下，以及亿万中国老百姓的配合下，尤其是在众多中医从业者的努力下，中医即将步入发展的快车道。而甘肃省卫生厅厅长刘维忠所倡导的“走中医特色的医改之路”的理念，也日益成为国人的共识，且得到了中国卫生部等有关部门的高度肯定。其实，中医注重系统论、整体性、活体性，而具有危害性小等优势，此为西医难以企及。而这些优势，是世界上任何一个理性的人都无法抗拒的。另就整体而言，中医之诊治比西医便宜。

至于西医见效快，而中医见效慢的说法，其实不是很准确。譬如，中医之针灸，见效往往比西医的更快。中医终会获得全世界的高度认可。而我们都应该明确中西医之差异：中医是建立在中华阴阳学、易学之上的注重整体性、系统性、有效性、活体性的医学体系，西医是建立在解剖学基础之上的侧重局部性、实证性、机械性的医学体系。在中医学堂学习，国学和英语会有相当水平，到各国孔子学院当老师应该是不差的。（说明：目前中医学堂有中医和国学两个方向。）

作者为深圳梧桐山中医学堂创办人

业精于勤神于嬉　行成于思妙于随

——中国教育改革：应该从韩愈回归孔子和老子

陈一阳

2009年12月中旬，与一些老同学第一次“走马观花”游潮汕。游“韩公祠”时，我即兴发了一通感慨，说：“中国教育改革的关键就是要改韩愈两个字！”潮州的韩公祠前的最醒目的大石书刻有韩愈《进学解》著名的格言——

业精于勤荒于嬉 行成于思毁于随

这句格言，可以说是韩愈以来迄今儒家主导中国教育的精髓，乃至主导今日中国之教育现实——绝大多数学校老师和家长，都以它做为教育学子的座右铭；许多学生也都以此作为“座右铭”。现今中国教育的刻板、严格、沉重、痛苦，除了教育思想和制度的原因之外，我想大概都与韩愈这句格言有关。韩愈对潮州做出巨大贡献，牌坊步行街里一个个中举或朝廷封赏的牌坊非常形象地标示了韩愈对潮州影响很大而且久远。我指着这句格言对同学们说：“我想改它两个字：“荒”改为“神”，“毁”改为“妙”。”

业精于勤神于嬉 行成于思妙于随

我说，中国教育改革，关键就是改这两个字——改了这两个字，中国教育就从韩愈回归孔子和老子，这样很快就会出现“百花齐放、百家争鸣”的景观，不仅是与西方现代教育“接轨”，而且是中国真正的、优秀的“传统”教育“复兴”。韩愈提倡“勤”，勤奋学习，这非常对，但他讲“荒于嬉”，不提倡“嬉”——嬉戏快乐，不懂得勤奋学习与嬉戏的辩证关系，实在过于严肃死板，使中国教育变得毫无乐趣、毫无生气。——正视现实吧！认真看看中、小学生沉重的书包、疲惫的眼神：这样的学习有何乐趣？！

本来孔子讲“学而时习之不亦说乎，有朋自远方来不亦乐乎”，孔子的教育是一种“愉悦”、“快乐”的过程，他教授六艺——诗书礼乐骑射，是因材施教，寓教于乐，是生动活泼的教育，而不是生硬死板的“标准化”、“工厂化”的教育。现实的“标准化”的中小学教育，使得大多数学生是“陪太子读书”，只能是极少数人成才，而大多数成了“废品”，成了教育的牺牲品。正如俗话说“一样米养百样人”，一本书或几本教科书同样也可以教百样人——孔子一部《论语》，不是教了三千各不相同的弟子吗？古人读书学习，以前是讲“求”学，孔子讲“有志于学”、“问学”，都是讲学习不宜勉强、不要过分追求什么成绩分数，而应该着重提倡培养学习的“自觉”、“兴趣”、“志趣”，既要讲“业精于勤”，也要讲“神于嬉”——这样，学习才有真正的动力，才能乐在其中。中国教育应该把“标准化”教育与兴趣教育、技能教育或职业教育结合起来。

韩愈《师说》讲“传道、授业、解惑”，主要还是偏重于“教”、“灌输”，这些方面都很重要。但是，正如“知识”不等于“智慧”，老师的“教”绝对不能代替学生自己的“学”。即使“知识”可以教，但主要也应该靠学生自学；而“智慧”是个难以言说的“神妙”的东西，更只能靠自觉、靠自己“感悟”。自由、自觉 、兴趣、好奇心或社会需要，就是最好的老师、最大的学习动力。许多创新发明、灵感都“神悟”在嬉戏中发现。许多人才、各种各样的奇才，大都是在嬉戏中产生。韩愈提倡“思”，三思而后行，这也非常对；但他讲“毁于随”——他以为“随”就是“随随便便”、“马马虎虎”或“本能反应”、“感情用事”，下棋也确实常常“毁于随(随手棋)”；但是，韩愈似乎没有享受过海阔天空漫无边际逍遥游“随想”的乐趣，对“随”就缺乏他自己所说的“三思”而轻率说“毁”——甚至连他所尊崇的孔子为什么追求“随心所欲”的“随”也不屑一顾。

孔子“吾十五有志于学，三十而立，四十而不惑，五十而知天命，六十而耳顺，七十而随心所欲，不逾矩”——孔子现身说法，讲的便是现代所谓“终身教育”，追求的便是“随”——孔子所说的“随心所欲而不逾矩”，老子所说的“无为无不为”——在我看来，就是现代人们所追求的“自由”而且“自觉”的真谛。除孔子所说“随心所欲不逾矩”外,《易经》有“随”卦，讲“天下随时，随之义大矣哉”；老子说“孔德之容，惟道是从”——从，即“随”也。庄子讲“达大命者随”；佛家更是讲“随缘”等等——“随”可以说是中国传统文化儒道释三家“圣人”都提倡的一个重要内容。

俗话说“随遇而安”、“随机应变”——教育不仅是韩愈《师说》所说“传道、授业、解惑”，而且，还要培养学生的“随遇而安”适应社会的生存能力和“随机应变”解决现实问题的能力——一个人的“智慧”，往往就体现在这些方面。既要讲“行成于思”也要讲“妙于随”——这才是让每一个人都可以获得成功的教育。韩愈自己被贬到潮州之后，可以说便是“妙于随”——他一生最大的成就和荣耀，可以说就是在潮州“随遇而安”、“随机应变”的结果。中国教育，在我看来，确实应该从韩愈回归孔子、老子了。

我说中国教育应该回归孔子、老子，绝不是说不要向西方现代教育学习。我们向西方学习已经一百多年了，今后还要好好学习西方许多先进的东西。但是，我们应该尊重中国教育的优秀传统。——我认为，教育，其实质就是“社会文化遗传工程”，中国传统文化的优秀基因，在与整个世界的融合过程中，也一定会通过“教育”不仅在中国复兴，而且在全世界获得广泛的传播。

孔子、老子都很强调“修身”，特别是老子讲“修之于身，其德乃真”——这个传统难道不应该发扬光大吗？如果说孔子“诲人不倦”的教育主要是提倡“君子之学”，那么，老子“行不言之教”，则是提倡自觉的“圣人之学”。我认为，一般而言，中国的中、小学，都应提倡孔子教育思想，而大学、研究生、博士生教育，则应提倡老子的教育思想——“为学日益、为道日损，损之又损，以至于无为，无为无不为”，在我看来，这是学习、哲学思考或科学研究的“第一定律”。

许多人感叹，现代中国本土出不了杰出人才、出不了“大师”，更出不了“圣人”；许多人抱怨中国这也不行、那也不行——其中包括中国教育，而我深信，即将兴起的“中国文艺复兴”运动——其中包括中国教育改革，将很快改变这一切。

作者为广东省社科院图书馆馆员

少儿国学教育课程的建设与创新

许凤英

广州市天河区五山小学自2001年12月起，启动中华经典诵读实验，经过十二年的潜心探索，形成了较为完善的国学课程体系，彰显了我校国学教育特色，推动了学校整体办学水平和办学品位的提升，先后被授予全国“红领巾国学传承教育系列活动示范基地暨东方少年国学院”、“全国语文教改示范校”、“国学进校园广东省国学推广示范基地”、“广东省书香校园”等称号，吸引了来自香港、台湾及国内多个教育考察团的参观交流，鲜明的办学特色在多家媒体、杂志及网站上报道、刊登。

一、我们的认识——中华经典的独特性

随着时代的发展，中国人越来越意识到传统文化的价值，进入九十年代，从1995年的《中华人民共和国教育法》到2006年的《国家“十一五”时期文化发展规划纲要》等一系列的国家政策法规都明确规定要重视传统文化的传承。早在1998年，中国青少年发展基金会就积极推动“中华古诗文经典诵读工程”，倡导组织孩子每天用15—20分钟的时间来诵读中华古诗文经典，让中华文化在新一代中国人中传承。2004年4月《中共中央国务院关于进一步加强和改进未成年人思想道德建设的若干意见》强调“要把弘扬和培育民族精神作为思想道德建设极为重要的任务，纳入中小学教育的全过程。”《国家“十一五”时期文化发展规划纲要》中强调要“重视中华优秀传统文化教育和传统经典、技艺的传承”。

南怀瑾先生说过：“从儿童时期诵读历史经典名著，是我们一贯的基本教育方法，例如大家所熟悉的孙中山、毛泽东、周恩来、邓小平等诸位先生，又如吴大猷、苏步青等诸位先生，都是在幼年时期受过这种启蒙教育，有了中国文化的底子，然后又接受新时代的科学思潮，才影响了这段历史。”北京师范大学的郭齐家教授认为，中华文化经典对爱国情感的培育、人格的熏陶、习惯的养成、环境的造就、传统的形成太重要了。今天让少年儿童诵读中华经典，就是让他们从中汲取营养，从小学会做人，继承发扬中华民族的优良

传统道德和民族精神，抵制形形色色的精神污染。母语，对于我们每一位青少年儿童的成长是非常重要的。通过诵读中华文化经典，引导他们感悟母语之美，感受正确的而自如地运用母语表达自己的快乐，建立与母语的血肉联系，将母语所蕴含的民族文化和民族精神扎根在心灵深处，并在此基础上构建自己的精神家园。既然西方人从小诵读《圣经》、伊斯兰人从小诵念《古兰经》，我们中华民族拥有那么多的文化经典，为什么不培养青少年儿童诵读呢？既然西方的教育理念之一是“与柏拉图同在，与亚里士多德同在，与真理同在”，那么我们是否也可以建立类似的教育理念：“与孔子同在，与老子同在，与真理同在”呢？

2010年，为了积极引导少先队员传承中华优秀传统文化，中国少先队事业发展中心拟在全国少先队员中广泛开展以学习国学经典，传承民族文化，争当“四好少年”为主要内容的“红领巾国学教育系列活动”。努力培养树立少先队员的民族自豪感和自信心，使社会主义核心价值体系在少先队员中扎根发芽，构建少年儿童美好精神家园。教育界更加深刻地认识到优秀传统文化对青少年成长的重要意义，提出学校要开展“传承传统文化，提高道德素养，培养民族精神”为主题的活动。因此，近几年，全国兴起了“国学热”、“读经热”。

我校的认识归结为三点：

1. 中国博大精深的优秀传统文化是素质教育的宝贵资源，它对少年儿童品德修养、文学修养的提高具有不可替代的作用。

2. 少年儿童是祖国的未来，中华民族几千年来的灿烂文化需要他们去继承和发扬光大。

3. 十三岁以前儿童正处于记忆力的黄金时期，背诵经典的效果最好，且能发展其多元智能。也许小学生背了却不能完全理解，但一个人的思想认识是需要环境、经历与时间的，我们要将眼光放长远些，虽说现在不求甚解，但随着年龄的增长，学生会慢慢地领悟、消化、理解，会达到细雨润物的效果，并从中受益，这种受益可以说是终生的。许多名人志士的成长历程也应验了这一点。

二、我们的实践——构建国学教育校本课程体系

(一)广泛动员，获得支持。我校的国学教育从开始的摸索阶段到凸显成效的十年期间，一直是面向所有学生的，无论是每天的10分钟诵读、每周的

国学活动课，还是各种大小型交流、汇报活动，全体学生都是全程参与的。所以要组织这样大规模的实验活动就必须先召开三方面的动员大会，让学生明白、教师理解、家长接受。

（二）培训学习，保证师资。开展中华经典诵读实验对教师来说，是项富有挑战性的实验。由于历史的原因，教师们都没好好读过《四书》、《五经》，没有多少古诗、古文底子，所以我校实验教师带头学习、研究古诗文，通读了《大学》、《老子》、《论语》、唐诗宋词等，长期聘请热心推广国学的离休教师郑千一作实验顾问，定期邀请北师大郭齐家教授、华师大陈汉才教授等对教师进行专题理论培训，邀请特级教师、教研员进行古诗文吟诵等教学实践指导。教师们在实验中边教边学，边教边思，个人的专业知识和学习能力得到提高。

（三）科学安排，形成体系。2001年，诵读实验初始阶段，我校将每天10分钟的经典诵读作为学校的一项特色活动，两年后，我们开始思考将经典诵读作为特色课程，因为一方面，这样才能使诵读实验更加严谨、规范；另一方面，国家、地方、学校三级课程管理模式的确立使学校在课程方面有了部分的决策自主权，我们可以将经典诵读作为课程列入课表，保证课时（2001年全国推行基础教育课程改革，基础教育课程改革纲要明确提出："实行国家、地方、学校三级课程管理。"国家、地方、学校三级课程管理模式的确立使学校在课程方面有了部分的决策自主权，校本课程开发应运而生，它是为尊重具体学校的环境以及师生的独特性和差异性而存在的，使学校能够更好地体现办学特色）。所以，从2003年开始，我校的经典诵读除了每天有10分钟的短课，每周还有一节40分钟的常规课。现在，它已正式纳入我校的校本课程（小学，国家课程占88.3%，地方课程（含学校课程）占11.7%）。

自从将经典诵读实验定位为特色课程后，我校便不断强化课程意识，规范管理，做到精心策划、要素齐全，既有课程方案、系统的教材、课程教学要求（教学指导用书），又有师资队伍、课时安排和评价办法。另外，我们还将国学教育与其他学科、其他活动有机结合起来构成关联课程，与德育工作结合构建校本德育，国学课程的实施从"零敲碎打"变为"逐渐规范"直到现在的"形成体系"，它同时亦为学校办学目标的实现提供了有效手段与特殊载体。

1. **课程要素齐全**

（1）研发校本教材。我校在国学教育实验的开始阶段，还没有树立课程观，学习时间虽有保证，可使用的教材是零散的，不系统的，也没有学习评价。教师、学生、家长无不希望有一套适用的、系统的国学用书。多年的实践使我校实验教师对于少年儿童适合学哪些国学内容；先学什么，后学什么；怎么学习，学到什么程度；要不要配拼音、解释等问题，已经形成比较成熟的看法，并根据学生的年龄特征与认知特点开始系统地安排教材，规定一至六年级要背诵100首诗词、120句名言格言，古文部分则定为：低年级诵读《三字经》、《弟子规》、《千字文》等有关行为规范、史地常识的蒙学名篇；中年级诵读《大学》、《论语》等论述世情事理的古文；高年段诵读《道德经》、经典美文等内涵深刻、富有哲理的古文。2007年，在专家的指导下，我们编写了校本教材《少儿国学读本》丛书，由暨南大学出版社公开出版。该丛书作为我校《实施中华经典诵读工程的有效性研究》的代表性成果，荣获广州市第七届教学成果一等奖。2011年，《少儿国学读本》丛书被全国少工委、中国少先队事业发展中心确定为“红领巾国学传承教育系列活动指定用书”，经过修改再版，面向全国发行。这套教材以古文古诗名篇为主，涵盖了儒、道、墨、法等诸子百家之学以及书法、绘画、音乐等中国优秀传统文化的基本内容，体现了中华传统文化的传承与创新。

（2）**制定教学计划**。我校制定了详细的国学课程实施方案和教学计划，以《少儿国学读本》中的内容为例，编写了《〈少儿国学读本〉教学指导用书》和教学进度建议。

（3）**形成课程评价**。为了提高实验的规范性、严谨性，我校制定了教师评价制度和学生的学业评价体系——“国学雏鹰奖章”评价体系。“国学雏鹰奖章”评价表分六个级别为学生制订了相应的学习要求及奖励方式，由学生自己、伙伴、家长、老师共同参与评价，该体系富有弹性和趣味性，能考虑学生的个体差异，全体学生都要完成基本内容，鼓励学有余力的学生多读多背，它促使学生对经典诵读一直保持着盎然的学习兴趣。

（4）**健全课程管理**。课程管理中最重要的是对课程实施的管理。为保证国学课程的有效实施，学校不断总结、反思，努力健全课程管理机制。

①做好课程规划：结合学校五年发展规划，认真规划校本课程、特色课程，建立国学课程管理机制。②明确课程实施计划：学校教导处制定国学课程在全校课程计划中的时间安排，包括学段和周次安排，并组织实施。③建设教师队伍：教师是校本课程实施的保障，也是课程的受益者。我校为教师举办的各种培训一直与诵读实验同行，一是通过专家讲座提升思想认识；二是以实验中的合作探究强化团体观念、团队精神，增强教师队伍的向心力和凝聚力；三是建设学习型组织，系统学习经典文化，让每位教师“满腹经纶”；四是以赛课研讨推动教师教学创新，提高国学课教学水平；五是鼓励教师开

展课题研究，增强教师的科研能力；六是研发校本教材，提高教师文学修养、国学素养。

新课程改革明确指出，“教师是课程的开发者、设计者、实施者和完善者”。在特色课程的构建、实施过程中，五山小学充分发掘教师的智慧潜能，通过构建课程体系、研发校本教材、摸索特色课程课堂教学模式、编制特色课程方案等活动，唤醒教师的课程意识，使教师由单一的课程执行者和知识传授者转向课程的设计者、开发者、研究者、诠释者、管理者这种多元化角色，极大提升了教师的行动研究能力，加快了专业化发展的步伐。

目前，学校从事国学经典教育和科技教育工作的专任教师有35人，其中许凤英校长成为广州市“百千万人才培养工程”培养对象、广州市名校长，多次在国内外介绍国学经典教育经验；曾瑜、兰润花成为广东省特级教师游彩云工作室培养对象；曾瑜、何珊为广州市教育局教研室学科特约教研员；王瑞芬、何珊、何志清为市级骨干教师；李淑君、熊萍芬、付凌亚、贺立群、李穗湘老师先后在省内外执教国学示范课。教师撰写的关于国学教育、创建特色课程的21篇相关论文、经验总结相继在省、市级刊物上发表。

④组织教学研究：我校非常重视国学教育科研，相关课题先后在省市区立项。除了校内建设研究团队，我校还牵手同样开展国学教育的石牌小学、汇景实验学校，跨校联合发展，建立校际研究团队，三校联合创建的《新课程背景下强化经典文化教育团队》于2009年被立项为广州市首批创新学术团队，成为25个团队中唯一的小学团队。在校本教材研发成功后，我校又申报了省“十一五”规划课题《构建国学校本课程，促进学校整体效能提升的实践研究》，期望特色课程不仅仅停留于学校的局部或某个方面，而是扩展到学校发展的各个方面，促进学校整体效能的提升。学校以该课题为核心课题，组织年级组为单位分解研究目标，确定若干小课题进行行动研究，教师们共同学习，共同研究，共同提高，课题的整体性实施与个体性研究互相结合，理论提升与行动研究互相渗透，提高了效益。2013年7月，课题顺利结题。

⑤课程监控与评价：学校成立了导读小组，负责校本课程的设置、教学示范、教材研发、师生评价、课程监控等。

⑥课程资源管理：做好校本课程教学资源的收集、教学软件的开发、课程成果的申报和推广应用、课程实施动态宣传（如媒体报道、校报《子衿报》和校刊《腹有诗书气自华》的发行以及网络交流等）。

⑦经费保障：校本课程的实施需要的经费如教师培训、专家指导、课题研究津贴、购买图书资料、交流展示活动等都能得到充分保障。

2. **课程特征外显**

(1)**普及性**。无论是哪一种特色，都应该面向全体，为全体学生的发展而教。我校的国学教育特色从创建的初始阶段到凸显成效的十年期间，一直是面向所有学生和涉及所有活动，每天的10分钟诵读、每周的国学课、各种大小型交流、汇报活动，全体学生都是全程参与其中的。国学课程的实施一直有意识地与各个学科、各项活动相结合，既延伸了国学课堂，也丰富了其他学科资源。如，美术教师指导学生为古诗、名言配画，音乐教师指导学生用歌舞演绎古诗古文，品德课上用背过的经典名句领会道理获得事半功倍的效果，学校定期举办的读书节、艺术节、体育节、科技节等大型活动，都融入国学元素，从不同侧面展现了国学课程的成效，不仅使国学课程有了肥沃的土壤和检验成效的机会，也为学校各项活动赋予了更丰富的内涵。这种多学科、多渠道的有机结合就构成近似于关联课程的课程系统，使学生在同一时段对同一主题的内容能够从不同的角度加以认识，多次强化，增强了课程学习效果。

(2)**创新性**。

①**学习内容有弹性**：国学读本中的诵读内容富有弹性，由老师、学生自选，如六年级要求学生熟读《道德经》全文并背诵其中的十章，学生可自主选背。

②**学习时间分长短**：国学课程的课时安排包括每天10分钟的短课和每周一节40分钟的长课。实践证明，每天10分钟的诵读是小学生学习国学经典的有效策略，能够及时巩固，降低遗忘率，学生也不易疲劳。学生每天坚持读背，待到小学毕业时，他们就有2000多个10分钟的诵读，积累的古诗文量就很可观了。

③**课堂模式有创意**：创建课堂教学模式是提高课堂教学效率的有效手段，由于语言积累是国学课堂的核心目标，我们根据小学生的认知特点、遗忘规律，创建了国学经典“三环七步”课堂教学模式，该模式的基本思路是：学生在教师指导下用各种形式反复诵读，在流利诵读的基础上感悟其中的道理，并指导价值观的养成和良好行为习惯形成的方法，最后再背诵。其中的“三环”指“温故”、“知新”、“致用”。“七步”指“回顾”、“展示”、“熟读”、“悟意”、“博引”、

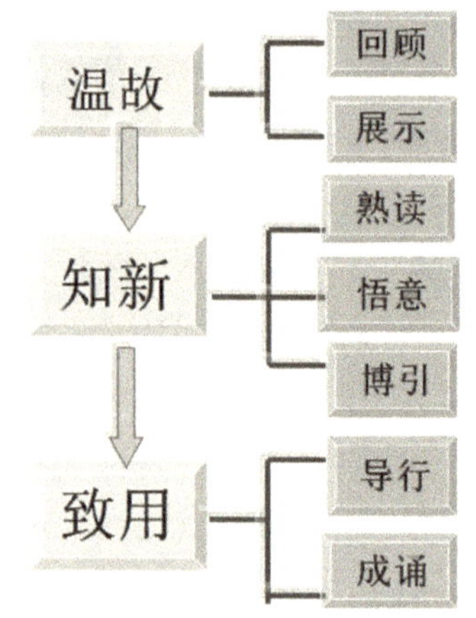

图　国学经典“三环七步”课堂教学模式

“导行”、“成诵”七个步骤。

该模式七个步骤中的读背环节占整节课的三分之二左右的时间。教师根据学生年龄差异和学习内容采用不同的读诵方法，如：拍手读背、打节奏读背、你应我和、据画背、据意背，配以快板、动作、舞蹈的表演背，还有唱游展示、吟诵展示等。由于充分利用了集体效应，学生诵读的时间更长，热情高涨，兴趣也更浓了。

④经验提炼有个性：我校还总结出了朴素的国学教育经验，即“存钱论”、“泡菜水论”、“文火煲汤论”，该“三论”应用于国学课堂实践的描述显得形象而准确。如，“存钱论”，我校将学生每天坚持10分钟诵读经典比作为将来存钱，存到一定量时，就可随心所欲地支配。即不断诵读积累，文化底蕴也会不断深厚，为将来的厚积薄发奠定基础。再如，“泡菜水论”，学校认为，良好的诵读氛围就如人们兑制的泡菜水，师生长期浸泡在其中，就是让优秀传统文化浸染师生心灵，让师生变得儒雅而睿智。“文火煲汤论”则强调不能急功近利，学经典犹如用文火（即小火）煲汤，需慢慢阅读，慢慢引导，日复一日地积累，才能把中华优秀传统文化送到每一个儿童的心坎里，并成为其一生的源头活水。

（3）**实效性**。

①培养了学习国学的兴趣与热情。少年儿童天生喜欢读读背背，即使不引导他们记诵经典，他们也会去背诵广告词、流行歌曲。我校学生已养成了每天诵读的好习惯。老师们发现，学生不仅爱背朗朗上口的古诗词、名言格言、《三字经》、《弟子规》、《千字文》、《笠翁对韵》，对深奥的《道德经》、《大学》等也能找到语感，背得饶有兴趣。学生的课外书也都是充满了智慧哲理的经典名著。

②提高了学生的思想道德水平。优秀传统文化在少年儿童的思想道德教育中起着不可替代的作用，我校将中华优秀传统文化作为德育工作的特殊载体，提出了经典教育工程中的校本德育模式，即“背诵——感悟——明理——内化——体验”，开展了《让国学走进孩子生活的实践研究》，引导学生把优秀传统文化中蕴涵的做人做事做学问的道德认识进行内化，并转化为良好的行为习惯。在经典的浸润中，学生们变得有涵养，知守常，懂敬让，言行举止都透着儒雅的风范。

《三字经》、《弟子规》、《百家姓》、《千字文》，是宝贵的儿童启蒙读物，内容涵盖了史地、道德、礼仪与规范等方面的知识，我校以这些经典书籍为载体，在小学生端正品行，陶冶情操，扬善抑恶，净化心灵等方面进行积极的探索，学生在礼仪修养方面有明显改变。如学习《弟子规》中的“冠必正，纽必结，袜与履，俱紧切”，知道了如何穿衣戴帽、如何坐立行走；学习了《弟子规》中的“房室清，墙壁净、几案洁，笔砚正。”知道了应如何讲究卫生，保持整洁。教师、家长普遍反映，背诵经典的学生变得谦虚有礼，温文尔雅，也更有责任心了。

2012学年第一学期《品德与社会》学科期末考试的最后一道题：“假如你是人大代表，请对你现今最关注的社会、民生、科技、文化、经济、学习等问题谈谈自己的看法。”六年级学生卓曜龙这样写：“房价高，宜减免开发人的税收，降低房价。国家可以建立多个科学研究所，分享科学技术，取长补短，加快科技发展。乱摆乱卖的小贩太多，是因多个无需交店租，可建立无租金贩卖所，可美化国容、国体。学生可适当减轻学习负担，作业可在校时间内完成，回家后可自行巩固知识。最终，承老子之思想，施无为之治，则国之安也，民之乐也。”这位学生的答案是课堂上的真实原创，反映出学生背诵了《老子》以后，能活学活用，用老子“无为”思想关注民生，关注社会，是我校国学经典学以致用的鲜活案例。

五山小学通过几年的国学诵读实践体会到，国学的确是新时期德育工作的有效载体，其本身内容的独特性，教育的深刻性，比一般教材更有利于对学生进行民族精神的教育、诚信教育、友爱教育、尊敬师长教育、自强教育。当然，传统文化中既有精华，又有糟粕，学校能坚持批判继承、古为今用的原则，处理好传统道德的传承与时代道德的构建关系，并在诵读实验中及时引导学生将诵读的内容转化为现实行为，避免知行脱节。

③厚实了学生的文化底蕴。几年的诵读厚实了学生的文化底蕴，一篇又一篇的精美古文、诗词熟读成诵后，会慢慢转变为学生自己的语言，需要表达时往往能够脱口而出，张口就来。学生在课内课外会自然而然地把生活中观察到、体验到的东西用古诗文进行表达，或者把生活中遇到的事情、感受用经典蕴含的道理加以概括，还能进行各种仿写、创作，驾驭民族语言的能力明显增强。

▲学生仿照古文进行文学创作。如：五(2)周怡馨描写清官的作品：官善若烛，烛善明而不晦，为民驱黑发光，故民颂之。五(2)潘继彦歌颂蜜蜂的作品：上善若蜂，蜂传播花粉而不争，献众人蜂蜜，故几于道。脑善思，眼善看，耳善听，手善巧，事善防，做善勤，夫唯用心，众志成城。五(2)文嘉密写大树如何成材的作品：根善钻，叶善绿，干善直，吸大地之精华，故能成材。五(1)唐晔描写春天：春风来兮燕儿飞，学子匆匆兮上学堂，只盼早日成

才兮走四方。六年级学生在读了《笠翁对韵》以后，对写对联产生了兴趣，他们纷纷用自己的名字作对联："梦寐以求天上物；琪花瑶木勤中来"（黄梦琪），"万紫千红春光一片，文韬武略指点江山"（刘紫韬）等。奚望同学用对联，概括我们的经典诵读实验："好一座学堂，书声琅琅，读国学经典；千百名学子，风度翩翩，做少年君子。"

3. 显现校本课程文化

课程文化不仅表现为课程意识、课程思想、课程价值等内隐的意识形态，而且表现为课程制度、课程政策等外显的制度化形态。我校国学课程的实施与管理逐步规范，形成了完善的课程体系，国学教材、国学课堂、国学教育方案、经验、成果、师生家长对国学课程的认识、各项活动等，都凸显着这门课程的独特文化。

我校的"国学教育五言诗"高度凝炼地概括了建设国学教育课程的做法、形式、特点："诗词文歌赋，吟诵唱和表。师生齐参与，集体效应牢。渗透各活动，科科受熏陶。渐进又恒久，积沙比塔高。巧学十分钟，汲用精华妙。国学开新花，全面素质好。"

有人说，"办学校，办的就是一种氛围。"特色课程文化氛围对学生产生潜移默化的影响。五山小学校园内时时听到琅琅的经典诵读声，处处看到浓郁的传统文化，国学馆、经典墙、书画廊每天都与学生进行无声的对话，中华传统文化的精华悄悄地深深地浸染着整个校园，浸染着师生心灵。学校已成为有国学文化气息的学校，师生逐渐成为有书卷气质的人。这些年，我校依托特色课程的建设，有效地盘活了学校、社区和家长的教育资源，促进了教育环境的优化，学生素质得到了综合地和谐地发展，教师的专业化水平不断提高，教育教学质量迅速提升。

作者为广州市天河区五山小学正高级校长

中华经典与诗文诵读模式探索

罗思红　梁笑萍

一、初中《论语》诵读模式研究

目前教育部已着手研究高考改革英语考试制度，降低分值，同时提高语文分值比重，语文出版社社长甚至认为语文提高分值部分的内容为国学。另外国学对传统道德的重拾作用、领略文化瑰宝的作用、提高学生人文素养的作用等日益得到大家的认同。近几年，私塾学校开展国学教育如火如荼，而公立学校更多的还处于隔海观望中，苦于应试教育任务的繁重，有开展国学教育的学校也多数流于形式，没办法落实。近两年，我主动开展公立初中《论语》诵读模式的研究，并取得一定的成绩，于今年10月份向番禺区语文骨干教师200多人做了汇报，影响较大，得到与会专家、老师的认同。

（一）师资的培训。

现在在校的中小学教师多数是没有怎样接触国学的，所以师资匮乏，唯一补救的办法就是落实培训机制，通过听讲座、远程教育和自学多种途径来培养师资。我们去过孔府孔庙，学了中华孔子学会副会长郭齐家教授的《学记》概要；台湾知名学者龚鹏程教授的《大学》概要；聆听了故宫博物院研究员张志和的讲座“传统文化与当代社会”；聆听了山东教育社总编辑陶继新先生的讲座“从《学记》、《大学》看当下的教育回归”；聆听了香港大学汉语中心副主任施仲谋的报告“香港中小学中华文化教学研究”；还聆听广州大学中文系教授曾大兴“经典是如何产生的”，广州市教育局局长屈哨兵的“大学校长谈《大学》”以及著名的教育家魏书生的“谈《大学》和《学记》的教育精神”等报告。我们还聆听了王财贵老师的读《论语》100的报告，还自学了南怀瑾、傅佩荣、于丹等专家的《论语》解读论著等。教师在对国学有一定的了解基础上，开展诵读就比较合适了。

（二）固化学生诵读模式。

公立学校开展国学诵读最大的困难是时间上难保障，所以要在时间的固化中培养学生诵读的习惯。初中阶段能够灵活运用的时间无外乎就是早读、午读、课前读、每周的阅读课，所以把这些时间固化来背诵，才能保障。初一和初二上学期，这三个学期对于中学生来说，学习的压力还是比较小的，所以这三学期(包括寒暑假)可以背诵三轮的《论语》。为了《论语》背诵能有效落实，我首先在时间上提供保障，每周的早读、午读、课前读、周五的阅读课都用来背诵《论语》，每天的语文作业也是背诵一页的《论语》。

第一轮背诵(初一上学期及寒假)

早读、午读	课前	周五阅读课	作业	计划
播放《论语》录音	同学互背，老师抽查背诵情况	重新背诵当周的内容	每天背诵一页《论语》内容，包括节假日，约6则左右，背诵《论语》是语文唯一的作业	约5个月背完《论语》，参加读书节展示活动

这一轮背诵，要落实检查制度，这对以后形成背诵习惯非常重要。可采取同学互背、老师随机抽查10人到讲台上进行小组背诵的方式进行较严格检查，避免学生侥幸过关的心理。另外，一开始容易患应试的毛病，一刀切。要求所有的学生必须背完，这不符合因材施教的原则，也大大增加师生的负担，所以对于有困难的学生可以要求他们少背甚至不背，改为熟读就可。这段时间争取学校领导、班主任、科任老师以及家长的支持也很重要。鼓励孩子能者多背，对最先背完《论语》的前几名学生实施奖励。

第二轮背诵(初一下学期及暑假)

早读、午读	课前	周五阅读课	作业	计划
播放《论语》讲解	《论语》故事大家讲	熟背当周内容，或开展背诵竞赛活动	每天熟背一页，并每周写心得一篇，字数不限	约5个月较熟背完整部《论语》，并编辑一本《悦读论语》的心得

这一轮的背诵，由于有了第一轮的基础，增加了对《论语》的解读，并且让学生写了背诵心得。由于背诵是相对枯燥的任务，为了调动学生的背诵热情，宜经常搞一些背诵的比赛，包括小组内比赛，组际比赛、班级比赛等，争取让学生聆听专家讲座，还应创造一切机会让学生多一些展示背诵。

第三轮背诵(初二上学期及寒假)

早读、午读	课前	周五阅读课	作业	计划
播放《论语》选讲	《论语》成语大家讲	播放《演说论语》视频102集，或邀请专家、家长讲座	每天熟背一页，并每周写心得一篇，字数不限	约5个月熟背完《论语》，并编辑一本心得参加读书节

如果前二轮的背诵重在积累，那么第三轮的背诵应该有意识地要学生学会运用，并让孩子的背诵走出班级，走向学校。通过展示来激发学生背诵的热情。其成效是：

(一)两年来伴随孩子的老师也慢慢地成长，先后阅读了多本有关《论语》

的书籍。从只了解课本上的《〈论语〉十则》到基本熟悉整部《论语》，从只从教参中解读《论语》，到从南怀瑾、傅佩荣等专家的论著中解读《论语》，从知之甚少慢慢演变为学生亲切的“《论语》老师”。

（二）出现不少亲子共读《论语》的感人故事：

1. 胡卓亭同学一开始背诵《论语》很困难，很抗拒，妈妈为了鼓励她，竟然每天跟孩子一起背诵，直到孩子自觉背诵为止。后来他妈妈还让我推荐些书目给她参考。

2. 黄磊同学暑假的时候，他爸爸为了让他更好的背诵《论语》，花费了几千块钱把他送到从化的一个读经班学习20多天，家长也经常抽空去旁听。

3. 周文昊同学的妈妈是一名英语老师，非常支持孩子背诵《论语》，设法创造条件让孩子背诵，上学、回家的路途中，总是询问孩子背诵的情况，孩子总是满脸自豪地在车上流畅地背诵。到第二轮背诵的时候，文昊总是用《论语》中的句子去点评她妈的言行。有一回，文昊妈妈在车上问文昊一些学习情况，可能孩子不想回答这问题，就引用《论语》说，“车中，不内顾，不疾言，不亲指”，弄得妈妈苦笑不得。

（三）学生的人文素养得到明显的提高，变得温文尔雅。

（四）孩子背诵、理解古诗文的能力得到迅速的提高。孩子还没学《与朱元思书》的情况下，就让孩子自由背诵《与朱元思书》，统计结果是，到11分钟背完的有3人，到13分钟背完的又多2人，16分钟又多了3人，19分钟多了7人，到了25分钟全班有30人背完了《与朱元思书》。

（五）提高了孩子的分析问题、解决问题的能力。德育处要求学生完成两篇戒毒、廉洁从政的征文，其中范溪谷的《其身正，不令而行》的廉洁从政征文获区二等奖，朱晓彤的《摇摆不是时尚》的戒毒征文同样获区二等奖，他们都是运用《论语》的知识去指导生活实践的。

（六）丰富了孩子的写作素材。这两年的背诵经历，酸甜苦辣交织在一起，是孩子学生阶段不可多得的经历，我手写我心，经历丰富了，写作也就顺畅了。这两年我们编写了《悦读论语》专辑，收集了孩子的心得。

（七）精炼了孩子语言的表达能力。两年的背诵，孩子积累了不少文言句式和文言词语，作文中他们会不经意的运用，语言表达精炼了许多。

二、打造“经典诵读”的文科品牌

近两年，市桥侨联中学语文科组的建设致力于深入化、品牌化。在上级领导的关怀和指导下，我们以课题研究和国学吟诵为切入点，打响了一个“吟诵经典”的品牌，并以此为中心辐射“阅读与写作”的品牌。

我们深知课题研究对深化了科组建设的重要意义，尤其在新课标的形势下，一个优良的科组，必须有一个更新的理念和更专业化的知识。因此我们积极从事课题研究，“十二五”立项课题中我们科组共申请立项了两个区级课题，一是由市区骨干教师、广州市中考命题预备人员周淑梅老师负责的《初中课外阅读课内化有效指导策略研究》，另一个由年轻有为，致力于拯救中华传统文化并有深厚吟诵功底的朱瑞群老师负责的《初中语文经典诗文诵读研学课型模式的行动研究》。为了让科组老师享受自身专业成长的快乐，我们努力搭建平台，并采取如下措施：

（一）走出去，与硕师名人交游

为了促进教师的专业化成长，我们努力争取学校和上级领导的支持，通过学校拨款、旁听甚至自费等多种形式，去亲近国家级名师，聆听大师的教诲，促进科组教师的专业更高更快的发展，有时还不惜牺牲节假日的休息时间或者晚上的时间去学习。两年来，我们接近了全国著名语文特级教师魏书生、余映潮、程翔、赵谦翔等大师，学习了他们教学理念；我们还接近了中华吟诵学会秘书长徐健顺教授、吟诵专家徐自强老师，中华吟诵广东吟诵中心泰勒吴老师以及中华吟诵名家陈琴老师及林美娟老师等等，走出去，开拓了视野，明确了方向，争取到学习机会，大大增长了我们的见闻，革新了我们陈旧的理念。学习的机会大家都非常珍惜，凡是外出学习的同事，我们都要求回来做心得交流与分享，努力做到同伴研修，大家进步。科组在学校的支持下，配置了多支录音笔，大大方便了资源共享。

（二）订专刊，提升学术水平和更新教学理念

自2011学年来，我们科组的同事每年人手一本学科专刊。教师的成长离不开扎实的专业知识，而订阅专刊正是基于语文老师必须蕴养文气，为了让科组老师享受读书的快乐，我们努力营造出“读”的氛围。我们创建读书群，在群里互相推介、广泛涉猎。另外我们结合教材，寻找主线，开展主题延伸阅读。在周老师的指导下，我们科组的每位同事都上了一节名著阅读指导课，譬如罗思红承担番禺区级公开课《批注式阅读方法指导》以及校内公开课“《论语》诵读中期交流”之《读经典国学，做儒雅少年》，周淑梅老师的“用联想和想象阅读《繁星春水》”等均得到听课教师的高度评价。

通过上面的措施，我们课题大大深化，科组的品牌日益凸显。在两个课题的引领之下，各个老师根据自己的兴趣和特长，又分设子课题去拓展，有的搞吟诵，例如朱瑞群老师、梁笑萍老师、郭秀珠老师就有声有色地开展经典吟诵的活动，有的搞国学背诵，如罗思红老师组织学生背诵《论语》，何少清老师、郭秀珠老师组织学生背诵《大学》、《中庸》等，周淑梅老师、彭雄雁老师、王珺老师、郭淑芬老师、简瑞萍老师就搞名著导读，陈惠容、黄烁、郭颖老师就搞“书法与经典”的结合，呈现百花齐放，精彩纷呈，彰显特色的局面：

（三）有声有色的经典诵读

两年多来，经过我们的共同努力，吟诵这种中国古代文人的读书方法已经走进了我们侨联中学的课堂，孩子们在古诗文课堂上声情并茂、投入地吟诵使他们更好地走进作品中诗人的世界，也使我校的语文教学开创了一片新的天地。

2013年我校的部分学生代表了广州市中学生参加了“中国教育学会中学语文教学专业委员会2013年工作会议暨广东省中语会第八届年会”的吟诵展示活动，孩子们精心准备了50多首课内外古诗给与会专家随意点，她们熟练、动听的吟诵，得到了在场领导嘉宾的高度评价。10月我们开展了别开生面的古诗文教学——吟诵教学，场面热烈。广州市特级教师、广州粤语吟诵专家徐自强老师，中华吟诵广东吟诵中心泰勒吴老师、区教研员陈承发老师及我区各校语文教师代表200多人参加了这次研讨会。

研讨会分为两部分，第一部分为吟诵教学研讨课。我校朱瑞群老师展示了以“吟诵关雎，品读国风”为主题的吟诵教学研讨课，得到了与会专家和老师的高度评价，让在场的语文教师感受吟诵的非凡魅力，体会到传承古诗吟诵之风的必要性和紧迫性，并拓宽了教师专业化成长与教研工作思路。第二部分是经验介绍与交流。我校的语文科组长罗思红老师就以“公办学校如何开展国学经典诵读活动”为题给大家做了分享，展示了这些年来我们学校致力开展国学诵读各种活动的心得与成效，赢得了大家的一致认可。研讨会上我校学生还现场展示了《论语》背诵，同学们熟练的背诵博得了一阵又一阵的掌声。

（四）活力四射的侨声文学社

2012学年，我校的侨声文学社被广州市评为“优秀社团”一等奖。2011年到2012年间文学社参与《中学生报》青苹果版编辑和嘻嘻乐园版编辑各3版；参与《番禺日报》编报大赛并获一等奖和三等奖；编辑社刊《侨声》；组织外出采风活动，包括（1）参与《中学生报》创刊30周年庆典活动，并采访《中学生报》创始人陈刚陈爷爷。（2）参与“万名小记者全国联动走上街头找‘雷锋’活动。”（3）参与“展少年风采 享成长快乐‘走近连南，情牵山区’采风”活动。

据不完成统计，2011年学生发表在《中学生报》上的文章15篇，2012年学生发表在《中学生报》上的文章13篇，发表在《番禺日报》的作品有15篇。

（五）长足进步，喜结硕果

我们科组具有较强的科研能力，继“十一五”我们科组的两个课题顺利结题外，“十二五”我们又成功申请了两个区级课题的立项。在这两年里，我们有6篇论文在广东省教育学会论文评比中获奖，其中罗思红老师的《中学开展经典教育之研究》、梁笑萍老师的《语文综合性学习的实施策略研究》、朱瑞群老师的《引导学生关注语文学习中的人文精神》荣获一等奖；另外还有11篇论文在中番禺区教育学会论文评比中获奖，其中周淑梅老师的《还语文教学以趣味、品味、孩子味》荣获二等奖；与此同时，我们的周淑梅、简瑞萍、陈惠容老师的论文发表在省级刊物上。

天道酬勤，经过科组成员的努力，科组在2011至2012学年取得了不错的成绩，但是还存在管理上的很多不足，我们坚信“一分耕耘，一分收获”，我们会在以后的时间里不断进取，继续深化科组品牌，争取成为区乃至市的优秀科组！ 我们的目标是让语文教学成为每一位科组成员的一个快乐职业！

三、中华古诗文的吟诵教学

注重课文的吟读，是我国的语文传统教法。古时候，无论是京师的太学，还是乡野的私塾，在语文教学上都特别强调一个“读”字。所谓“读书破万卷，下笔如有神”，“熟读唐诗三百首，不会吟诗也会吟”，“读书百遍，其义自见”这些流传千古的名言，总结了古人宝贵的治学经验，包含着我国古代语文教法的精髓。我国古代语文教育的成就很大程度上要归功于诵读的运用。

但是，在应试教育的作用下，教文言文重讲解轻朗读，仍醉心于对课文微言大义的分析、逐句翻译的方法。耽误了学生学习语言的大好时光，造成了古诗文教学效果的少慢差费。这种逐字逐句串讲翻译，满堂灌的方法显然已经不适用。表面上看，学生像完全懂了，但却是一种被动地接受，一种不动脑筋地获得，学生缺乏自主性、能动性，更谈不上享受获取知识的乐趣。久而久之，学生对古诗文也就产生了厌倦情绪。针对这种现状，我们继承和发扬朗读这一优良的传统的教学方法，重新审视吟诵在古诗文教学中的作用。实施过程是：

（一）启蒙阶段——例说中国传统文化的流失，欣赏《三字经》、《百家姓》、《静夜思》的吟诵，让学生知道中国独有的古老的读书方式——吟诵。

（二）导航阶段——欣赏古诗词吟诵，认识入声字，了解诗歌的调子、平仄相对、开闭口音、押韵、虚词的语气等知识。诗歌的调子（上中下调）：调有高低之分。不同的设计，体现着吟诵者对于诗句的不同体会。对于较长的古体诗来说，上中下调的安排，体现着吟诵者对于诗歌的层次把握。吟诵调的设计，必须符合诗歌的意境，平仄相对：古人创作讲究对仗，最基本的要求，除了词性相对，还要平仄相对。通过形式美，体会内容和感情之美。

（三）践行阶段——古诗词、文言文吟诵教学

1. 在吟诵中唤起美感 、引发兴趣
2. 在吟诵中锻造想象、激发创造
3. 在吟诵中增强语感，提高表达
4. 在吟诵中体会内容、把握感情

古诗文的语言很讲究语气、语调、语势、语感，抑扬顿挫、轻重缓急。如果不吟读，很难把握作品中应有的感情、特色。因此对文言作品必须通过吟读将无声的语言变成有感情的音响，使它充满活力，跳跃着生命，从而使学生从内容、感情、特色全面地体会作品。

这样进行吟诵法教古诗文，不费时、不费力，而且自然、亲切，不用照搬教参说明，无须进行要点的罗列或过渡。经过反复吟诵，让无声语言变成声情并茂的语言艺术。对课文的美产生审美体验，才能激发学生的想象，才能培养语感，提高表达能力，才能使学生体会课文内容、感情、特色。同时，随着大量地吟诵诗文，大大地锻炼了学生的记忆能力。

作者均为番禺市桥侨联中学教师
第一、二节作者罗思红，第三节作者梁笑萍

国学进校园的实践探讨

"国学进校园研讨会"概述

杨知源

"国学"是中华文化的思想、学术、传统和生活伦理的体系，其生命力是在与西学等的比较、交流、相互吸收借鉴和融合之中成长的。国学的研究、传播和教育不能相互替代和混淆，而文化的内在创造性、文化弘扬的自信心，应建立在研究与传播互动、教与学相长的良性循环的基础上。这是"国学进校园"活动需要解决的基本问题。为此，广东省社会科学院国学研究中心、广东省华文国学研究院与广东省文化传播学会于2011年12月5日在广州主办了"中华文化高峰论坛：'国学进校园'研讨会"，由柯可教授主持，邀集了张磊、廖曙辉、阮纪正、刘介民等学者、推广国学的中小学校长和近年来举办私塾、父母学堂、国学读书小组的国学教育工作者等，围绕学校开展国学教育的针对性、可操作性和主要难题，从问题研究、经验交流、对策建议等视角展开了深入讨论。以下是会议的主要观点。

一、应如何理解"国学进校园"？

在党中央文化强国的精神感召下，国学进校园的导向性和工作思路是合理的，问题在于将坚持中华文化精神的教育内容与学校教育相结合的可行性。一方面，要考虑未经官方正式的批准渠道，不纳入考试范围而介入的国学教育，能否与应试教育有效结合，家长能否接受？另一方面要注意，国学进校园不宜一刀切、形式化，应依据时间、地点、条件相机选择，关键是寓国学精神于教育播化之中。

这是学校教育工作者不断提出的一个问题。社会上的一些人士提问，既然现行的学校教育中已经包含着国学教育的内容，那么为什么还要提出国学进校园。对此，与会学者提出，我们生活在一个信仰危机的时代，文化信仰的危机来自家庭教育的阙失，一个没兄弟姐妹、衣食无忧、为互联网络包围的"三独"子女，客观上难以养成关爱别人、自立、宽容、坚韧、感恩的美德，现行教育的智育与德育的脱节愈益突出；另一方面，随着中国几十年的发展，传统文化对外部世界的影响日益深入，美国甚至考虑以提问李白诗句"床前明月光"的下一句，来作为是否准予中国人入境的一个必备程序。这是重塑文化自信的机遇。了解传统文化是一个面向世界和未来的公民的基本素质要求。教育者们有责任从传说故事、诗词文赋、行为礼仪中推动下一代重拾文化信仰。

“国学进校园”的确切含义应是“国学立校园”，以忧患和责任意识推动塑造灵魂的美德教育，将被历史摧残得支离破碎的文化记忆重新整合起来，铸造学校的时代国学之魂。如果忽视这一点，进了校园的国学，有可能再次被赶出校园。

为此，需要推进整体的系统的国学教育建构，需要引入中华文化意蕴的文化背景教育，提供适当的传播平台，还需要结合时代需要，构建国学教育人生化的社会平台。对此，广州东湖街介绍了将学校与分类得公司牵线合作，以环保文化宣传为平台，将学生进行垃圾分类投放与贯彻天人合一的生态教育思想相结合，从而将传统文化精神与当代生态伦理有效结合的实例，引起了与会学校教育者的浓厚兴趣，大家也纷纷介绍了各自推进国学教育的经验。有的学校明确以弘扬中华文化为价值目标立校，有的学校采取的是系统规划和循序渐进的教育方式，针对学生的心理和智力成长的年龄阶段特点，针对性地编印校本教学资料，利用十分钟的时间进行讲授，并且将国学教育融入思维训练、体育活动、国艺表演和比赛等多样化的交流活动中。有的私塾学校和父母学堂把幼儿教育和家庭父母教育结合起来，不拘泥于常规学校的教育模式，进行启发式教育。有的学校提倡中国式诵读的阅读方法，以提高学习者的思维的联想性和丰富性。有的采取“背诵、感悟、内化、实践”的教育路径。有的学校倡导以文育人，以文昌校，出现了当代大孝子的事迹。有的大学教师倡导“读、论、行”相互推动的学习方式，在大学校园中组织了读书小组，每天反复阅读、体会、交流《大学》、《中庸》、《论语》，主张使国学成为行为伦理。如与会者所言，国学的推动始于民间。现在的问题在于社会组织如何系统推动，政府部门如何配套促进。

二、以什么样的价值导向和传播方式引导国学进校园？

有学者指出，国学是一个广义的、开放的、与时俱进的中华文化体系。就体系构成而言，国学包括三个层次：最上层次为开辟中华文化之大道的元典思想和哲学层次，道家、儒家、佛家思想即属此层次，而《易经》、《道德经》则是文化元典之作；中间层次为诸如中医、风水、武术、兵学、算术、诗词歌赋、书法、棋艺之类的专门技艺化术学化的文化；基础层次为涉及人们日常生活中的衣食住行各项活动的相关文化和风俗习惯。国学绝不限于儒学，中华传统文化属于一种面对未知世界的应对性文化，由此培育出博大精深的生命智慧。而且，随着时代的演化，国学也在不断吸收人类文明的先进成果的过程中厚德载物，自我更新。社会主义的核心价值源于民族的优秀文化和社会主义的先进文化，并吸收人类文明成果，适应时代发展的要求。从孙中山的三民主义到当代的科学发展观，都体现了优秀的文化传统与人类文明发展趋势有机结合的“新国学”的时代属性。

文化建设应把握时代发展的趋势，在中华文明的优秀成果与先进的人类文明相融合的基础上实现创造性的发展。从近代到改革开放的数十年间，广东的经济和社会发展，乃至对全国造成的先导性影响，其基础都是由开思想解放和社会变革的风气之先的文化先行奠定的。中华文化的传播不宜局限于四书五经范围内的“国故”，应从中西文化交流和融合的世界背景中，探索对优秀传统文化的传承和发展道路。这一过程有不少有益的实践经验值得借鉴。例如，乒乓球是由英国人创立的一项运动，但由中国人在世界发扬光大而成为国球。又比如，杂技是中国的传统技艺，而通过杂技来成功演绎“肩上芭蕾”的舞蹈（表演天鹅湖、梁祝等经典剧目），则以中国文化的表现方式诠释了外来的优秀文化的意义，并且还实现了本土文化的再创造。任何文化都离不开民族的传统和形式，但也不断在吸收外来先进成果中创新着生命力，上个世纪的全盘西化论与本位文化论的结果证明，任何文化都非靠纯粹性来维持其价值，只有通过理性的比较借鉴交融的方式，才能建立真正的文化优势。文化传播方式则应体现生动、活泼、多样性的时代文化精神，不宜过于追求形式上的标新立异，如穿着古服，乃至为庆贺学生考中名校而搞招摇过市的庆典。

三、国学进校园需要解决好什么问题？

中华文化发展方向的先进性和优势性，是通过对文化的本源性、民族性、交往性和世界性之间的相互作用的实践与抉择而发展的，它是文化自信和文化自觉的基本的内源动力。“国学进校园”是一项包括在大学、中学、小学、幼儿园推广中华文化和教育的工作方案，包括组建一个国学传播平台，将学者讲座、教师培训、学生学习相结合，形成规范的国学师资、学生学习与成果交流这三个层次的国学传播推广体系。内容上，哪些宜进，哪些不宜进；应依据难易程度和学生智力成长的阶段性，把握好哪些先进，哪些后进，以确立一个具有普遍引导意义的教育体系。国学教育首先要区分传统文化中的精华与糟粕，目前的探索阶段不必强求体系的完整性和内容的完美。

有学者指出：目前的学校教育依然属应试型教育，学生多围绕应试这一中心进行填鸭式学习，教学大纲有关传统文化的教育方面尚不及过去，如何推动不具应试教育属性的国学教育，启发学生的智育德育美育的多方面的情趣，以促进学生的学习能力的提高和美德的养成。就教育、传播活动的组织而言，目前的国学教育以普通学校零散的教育为主，同时也出现了少量的私塾、父母学堂等公益组织。要有效整合这些组织资源，处理好作为文化研究视角的国学和作为教育与传播视角的国学的关系，将国学研究与国学传播区分开来。教育更多地属于传道授业解惑，是对已知信息的社会历史性的传递；而研究则是面向未知的探索，更多地对已知的质疑和批判。这两者的区别即“文化与研究”之别，好比一个特色云吞店，吃云吞属文化范畴，而云吞做得好则属研究范畴。这也就是求道与传道之别，而“道”则涉及主体的价值目标追求过程与客观规律性之间的统一。

围绕当前学校国学教育需要解决的难题，与会者指出，学校的国学教育是一项系统而配套的活动。当前缺乏的是家庭教育（延续性教育）和学校教师教育（社会规范式教育）这两个推手的跟进。家长的国学素养的欠缺、学校从事国学教育的教师的缺乏与教师自身国学素质的欠缺，使得两个推手后劲乏力。再就是对学生的教育需要把握好适度和适量。为此，需要专家和志愿工作者开展对父母和教师的国学教育或培训。还有与会者指出，国学教育一是要把握古今时代背景的区别、国人的当代性特点、孩童的心智成长规律，二是要有效处理几个牵手：大手与小手的牵手，内容与方法的牵手，示范与社会活动平台的牵手，教育研究与教育活动的牵手，教与学的牵手。

会议最后总结了本次讨论的要点，提出了以“尊道贵德、感恩报国”作为中华国学的教育宗旨，主张通过建设并配套国学培训平台、国艺活动平台、国学传播示范基地，大力推进“国学进校园”的活动。

作者为广东省社会科学院国学中心博士

2011.12.12

“广东禅文化与国学教育研讨会”述要

罗少华

2013年12月24—25日，由广东省社会科学院国学（佛学）研究中心、广东省文化传播学会和广东华文国学研究院联合举办的“广东禅文化与国学教育研讨会”在六祖故里——广东云浮市新兴县六祖镇悦和庄禅文化基地召开。刘小敏（广东省社会科学院副院长）、林伟健（广东省社会主义学院副院长）、杨源兴（原广东省民宗委副主任）、柯可（广东省社会科学院国学中心主任、研究员、此次会议主持人）、冯立鳌（广东省社会科学院研究员）、阮纪正（广东省社会科学院研究员）、李飚（广东省社会科学院研究员）、朱剑飞（华南理工大学新闻传播学院副院长、教授）、黎小峰（广东天合国学健身院副院长）、梁国德（广东省武术协会会长）、林小剑（广东华文国学院理事长）、袁穗（广东省佛学研究中心副主任）、张文（广东省佛教工艺用品行业协会会长）、琴石（广东省文化传播学会副秘书长）、刘海鸥（广东省文化传播学会副秘书长）、朱中丽（广东省文化传播学会副秘书长）、罗少华（广东省社会科学院助理研究员）、新月（广东省首善基金会顾问）等约30名专家学者出席了这次会议。

与会专家学者们先后作了精彩发言，现将他们的发言内容述要如下：

柯可：要纠正对待“禅”和国学的一些错误态度和认识不足问题

关于禅文化方面，要纠正一些“狂禅”和“痴禅”现象。现在的宗教已经发展成为文化了。今年11月至12月间，大愿法师筹资在浙江龙泉市举办了“2013·浙江国际华严文化节”，我有幸也参加了这一盛会。这一活动就是要打造浙江的“华严文化”，使“华严文化节”成为继“普陀山观音文化节”和“雪窦山弥勒文化节”后的浙江省第三张佛教文化名片。华严文化中有“华严禅”，与我们的禅文化有联系，“华严禅”对纠正“狂禅”和“痴禅”有作用。

关于国学教育方面，要纠正一些错误认识。国学教育的核心内容在于教人立德，而不是叫人如何挣钱。习近平同志最近到孔子故里——山东曲阜考察时指出：国无德不兴，人无德不立。可见，弘扬中华传统文化，最根本的是要弘扬中华传统文化中的道德精神。由于一些人对国学认识的种种不足，现在申办国学教育机构也很难。政府审批部门的有关人员还搞不清楚什么是“国学”，认为政策文件中没有关于“国学”的说明，所以对于我们年初申办的国学教育机构不予认定。其实，“国学”只是对中华民族优秀传统文化的另一种提法而已，国学教育就是弘扬中华民族优秀传统文化的教育，这与党中央弘扬中华民族优秀传统文化的提倡是完全一致的。当前广东国学教育得到一些企业的支持，这是非常可贵的。例如，广州蓝态环保科技有限公司就搞了个“广东省蓝态幸福文化基金会”，用于支持国学公益讲座。国学教育主要对人的道德教育，这无论对青少年、对成年人还是对自我，都是非常重要的教育。

罗少华：要认识当前大陆国学教育的时代背景、基本前提及必然要求

当前大陆国学与国学教育活动确实存在过热或过冷、形式主义、机会主义、任意炒作、盲目冲动和逻辑紊乱等现象。要让国学和国学教育走上时代的正轨，就要把脉它们在当代的命运和发展规律，这就首先要深入分析和把握好当代国学与国学教育的现实处境，即它们的时代背景和基本前提，进而认识其所产生的必然要求。这样才能在当前错综复杂的国学和国学教育现象面前保持清醒头脑，理清头绪和消除乱象，明确其发展的正确方向并达成共识，从而推动当代国学和国学教育事业的真正进步。

就其时代背景来说，既有国内经济、政治、文化背景，例如改革开放、市场经济、社会主义民主政治建设、文化软实力建设等等；也有国际环境背景，例如经济和文化全球化及反全球化等现象、西方话语权及抵制西方话语权等现象。就其基本前提来说，也有经济、政治和文化三个方面，它们主要有：现代科技工具和物质生产生活基本方式，现代民主政治，当代中国及世界的思想文化主题等。

当前大陆国学和国学教育一切要适应其时代背景和基本前提的必然要求，并为时代的需要服务。这样才能脚踏实地，稳步前进。

琴石：讲“礼”是落实国学精神的关键

我要讲的题目是《被忽略的国学》。现在的国学有泛化和窄化两种现象：一方面，只要是传统的文化，什么都是国学，造成了国学泛化现象。例如，儒释道是国学，阴阳五行学、风水学等也是国学。另一方面，又把国学局限于某一学派、甚至某一学科，造成了国学窄化的现象。例如，一谈起国学，有的就是专指儒学，有的就是专指佛学或道学，有的就专指阴阳、五行学，有的甚至就是专指《易经》、《论语》、《孟子》或《四书五经》等。儒释道能代表国学，阴阳学和风水学也能代表国学。这就使得国学表现得很散乱，使人不知道什么是真正的国学。

我认为，要走出这个误区，就必须找到国学中最基本的、共同的、能够落地的东西，这个东西就是“礼”。孔子带着他的弟子们周游列国，就是为了恢复“克己复礼”的社会风气。“礼”是关于人的行为规范的人文常识，衣食住行中都有“礼”的内容。人讲不讲“礼”，能反映他的基本心理素质和道德品质。大家能讲“礼”，也是解决社会矛盾的最基本、最日常的办法和途径。可见，“礼”这个人文常识是化成天下的重要因素。今天我们谈论国学，但如果不重视“礼”，就丧失了国学的基本功用，就是对国学根本的忽略。

实际上，今天我们的教育只重视知识的传授而不重视对人的“礼”的教育。现在人的专业知识很多，人文知识却很少，所以出现了许多不文明的行为。例如，一些人出去旅游，乱写、乱画、乱扔垃圾的现象就非常严重。现代人不重视“礼”、缺乏“做人的基本素养，是人文精神的衰退。我敢说，如果这种局面得不到纠正，三十年后看今天就有可能好像现在看“文革”。所以，当代国学教育最主要的任务应该是教人“讲礼”。叫人“讲礼”，就是叫人如何待人接物，如何做人，让人的行为能够体现出一种文明和意义。

黎小峰：国学教育要“诚”于内，“礼”于外

“礼”还只是表面的东西，它必须有内在的东西来支撑，这就是“诚”。“诚”是内心的信念和价值取向。诚于内，礼于外，这样的“礼”才有根基，才是出自内心的有真正意义的礼。所以，国学教育的根本任务是培养人的价值观。以爱国主义为核心的民族精神是当代我们社会主义核心价值体系的重要内容，当代国学和国学教育应该而且能够在这个方面发挥出积极的重要作用。

现在我们处于新的“战国”时期和新的“百家争鸣”时代，所以，当代国学和国学教育不可闭门造车，而要面向世界，走向世界的大舞台。

李飏：要发挥国学的人文关怀和生态保护功用

我觉得，当代国学应该主要是针对西方文化的不良影响而来。在西方资本主义文化的冲击和影响下，当代许多中国人受到只顾追求金钱和物质利益，只讲工具理性和绩效，淡化了对人的内心世界和精神层面的关怀。这加剧了人与人之间的资源竞争和掠夺；人与人之间的相互关怀则日益减少，人与人、人与社会、人与自然之间的和谐关系受到了严重的破坏。人在失去自己精神家园的同时，物质家园的自然生态环境也被恶化。在这种境况中，国学反而更加体现了自己的当代价值和意义。

国学以弘扬中国传统优秀文化为己任，关心人的内心世界和精神层面，关心人与人、人与社会、人与自然的和谐关系，能够让人重新找到自己的精神家园，同时也能让人爱护自己物质家园的自然生态环境。例如，粤北地区虽然经济发展比较落后，但那里的生态还没有受到破坏，这就保护了水源，能够让我们广州人喝上干净的水。同时，那里的人民非常纯朴，生活简单而清净，但也有自己的幸福感。从中国传统文化的价值观来看，我们应该保护那里的生态，尊重那里的人与人、人与社会、人与自然的和谐关系。但如果我们只讲金钱和物质利益，就会去开发和争夺那里的自然资源，从而难免会破坏那里的生态、污染我们的水源，结果对粤北人民和我们自己都会不利。所以，我们要有生态价值观，要有“清净平等”的思想，不能只有金钱价值观，不可恣意助长自己的物质欲望。

国学的主要价值和功用是它的人文关怀，但在物质利益的诱惑和驱动下，当今的国学也有被异化的现象。例如，有些人名义上搞国学，实际上是利用国学去挣钱、骗钱。这就是利用国学去做伤害国学的事情。当然，当今时代与过去不同了，国学要适应当代环境要求而进行改革。但国学的人文关怀宗旨是不能改变的。在这个方面，西方文化也有人文关怀。例如，西方宗教也是叫人“从善”。所以，当今国学应该与西方文化进行更好的沟通、交流。

杨源兴：国学应该是传统和当代的优秀思想文化

首先，什么是国学的问题。我认为，国学应当是传统文化中最优秀的东西，不能将所有的传统文化都当作国学来对待。党的十七大和十八大报告都讲要弘扬传统优秀文化。所以，当今我们要提炼和弘扬儒释道的优秀思想，而不是全盘照抄。

其次，关于新国学也是一个需要思想的新课题。当今时代，仅靠传统优秀文化是不能让我们立足于世界民族之林的，所以需要有新国学。当代一切优秀的思想文化都应该被列为新国学的内容。不仅当代中国马克思主义、毛泽东思想、邓小平理论、三个代表和科学发展观思想是新国学，当代世界的一切优秀和先进的思想文化也应吸收过去，并使之中国化而成为新国学的成分。

第三，要抵制外来文化的入侵，关键是要靠自身文化的强大。现在，弘扬传统优秀文化是非常迫切的任务，对于大家已经公认的传统优秀文化要大胆交给教育、宣传机构去大力传播。

第四，要有文化包容的态度。不仅在知识方面要有包容的态度，在信仰方面也要有包容的态度。一个没有信仰的民族是没有希望的民族；但只是用某一种宗教信仰来引导全民，也可能是不实现的。

冯立鳌：要重视国学的方法论意义，并按照“四个讲清楚”的要求推广国学

首先，关于禅文化方面，我认为“禅”可以作为一种思想信仰，也可以作为一种方法。包括思维的方法和表达的方法。禅的方法论中包含丰厚的智慧，也是普罗大众喜于接受的，很有应用价值。例如，十八届三中全会《决定》中以问题导入改革的方案，一共包含几十个问题。每个问题好像互不关联，但各个问题在深层次上是相互联系、相互协同着的，这就表明，整个《决定》有一个内在的灵魂，深入地研读会发现，三中全会决定的内在灵魂是处理权力、资本和劳动三者的关系，让劳动来掌控权力、享用资本。内含于几十个问题之中的灵魂是崇尚劳动。对这层复杂的关系我们无力做出更清晰的表达，但如果借用“禅”的方法，用“月印万川”来理解、来表达，就容易得多了。我们可以说，在《决定》几十个具体问题的“川流”中，都蕴含着崇尚劳动这一理念的“月亮”。月亮只有一个，但它完整地映照于每一川流中；同样，几十个改革的具体问题中，每一个问题的解决方案都蕴含着“让劳动掌控权力并享用资本”这一完整的月亮。总之，“禅”的某些理论论证，既可以作为我们思考问题的方法，也可以作为一种叙述、表达的方法。另外，中华古人的直觉思维，在禅理论中转变成了顿悟思维，顿悟也是一种包含智慧的方法，值得我们研究和借用。国学中的《易经》、《老子》、《论语》，包括禅理论，都内含着特定的思维方式，体现为中华传统的文化智慧，值得我们挖掘整理，发扬光大。

其次，关于国学的研究推广，习近平同志今年8月在全国宣传思想工作会议提出了“四个讲清楚”的要求。这“四个讲清楚”的具体内容是：第一，宣传阐释中国特色，要讲清楚每个国家和民族的历史传统、文化积淀、基本国情不同，其发展道路必然有着自己的特色；第二，讲清楚中华文化积淀着中华民族最深沉的精神追求，是中华民族生生不息、发展壮大的丰厚滋养；第三，要讲清楚中华优秀传统文化是中华民族的突出优势，是我们最深厚的文化软实力；第四，要讲清楚中国特色社会主义植根于中华文化沃土、反映中国人民意愿、适应中国和时代发展进步要求，有着深厚历史渊源和广泛现实基础。习近平总书记的“四个讲清楚”，涉及到中华传统文化研究的很多角度，关乎着中华民族自信心的确立和提升，是极其重要的现实课题。我觉得，习总书记关于“中国梦”的思想，可能会更多地包含着中华优秀传统文化的元素，这使我们今后的国学研究和国学教育有了更重大的意义，也具备了更广阔的前景。

阮纪正：要掌握发展国学文化中的各种复杂因果关系和规律性

发展文化，一定要认识其中的因果关系和规律性。首先，环境——人——文化三者之间存在互动关系，其中的因果关系和规律性决定着文化发展的基本层面和基本方向。其次，文化本身是多样性的，在这多样性中存在着复杂的因果关系，文化也是在这多样性中进化着的。

我们搞国学，也是文化建设的一个部分，一定要关注其中的种种因果关系和规律性。这对于我们发展国学文化是至关重要的。

朱剑飞：国学教育要贴近现实，为培养当代青少年服务

鲁迅有两句话：其一是“越是民族的，就越是世界的”；其二是“越是世界的，就越是民族的”。中华民族的历史传统文化，是我们立足于世界民族之林的支柱。但现在我们许多青年人包括一些大学生对传统文化不大感兴趣。例如，前段时间我们学院党委组织部分师生进行了一次参观梅州的红色之旅，到晚上唱红歌时，没有一个学生主动上来，原来是因为他们不会唱红歌。最后，他们唱了首“我的小妖精”这首歌，让人觉得哭笑不得。这说明他们对历史了解得不多，确实给人有断代的感觉。当然，我们对传统的了解，也不能与现实世界隔离得太远。“越是世界的，就越是民族的”这句话要求我们能够站在当今时代的制高点上。前段时间，我国出现了一股反宪政的潮流，在纪念习仲勋诞辰之后这股潮流才开始销声匿迹。其实，民主和法制并不是舶来品，而是当代的潮流，也是中国现实政治生活的需要。

当今中国社会最缺乏的是信仰，许多人包括一些党的领导干部和青少年学生都缺乏信仰。信仰的丧失是最大的危险，所以我们党现在非常强调要建立社会主义核心价值观体系。我们唱红歌，怀念毛主席，并不是重新肯定“文革”，而是怀念当时的社会风气比较清明，大家没有过多的物质欲望追求。所以，我们想要找回的是一种精神文明。邓小平同志也曾意识到要抓精神文明建设。但过去我们对精神文明过于政治化了，过多地强调进行政治思想教育。其实，精神文明更多的是要追求内心的纯洁和强大，让弱者有精神上的寄托，强者有内心的约束。

我认为，国学有狭义和广义之分。狭义上的国学是从文化传统的角度去理解的，广义的国学则主要是要解决我们当代价值观的问题。从广义上的国学角度来说，国学不应只是我们老夫子谈论的东西，更应当是当代青年人都愿意去研究、去理解的东西。现在讲国学讲得最好的是年轻的于丹老师，她就是要发挥国学思想来解决当代人的价值观的问题。她的课很受青年人的欢迎，课程几乎总是排满的，预约她讲课要提前四个月。可见，研究国学要贴近现实，才受人欢迎，才能取得巨大的成功。

就如何贴近现实来说，有一个很重要的问题要解决，这就是对于市场经济的理解和接受。许多人对市场经济有看法，认为市场经济造成了许多问题。其实，市场经济是比计划经济更先进的一种经济发展模式。今天我们社会缺乏诚信，出现了种种坑蒙拐骗现象，许多人唯利是图，只认金钱，以为金钱万能。这些现象并不是市场经济的必然产物，而是在市场经济、社会法制、社会管理和社会道德不健全状态下出现的负面现象。其实，市场经济虽然讲价值规律，但也讲法制和诚信。在市场经济中，金钱并不是万能的，相反，诚信却高于一切。但我们的一些宣传单位和主流媒体因为一些负面现象而对市场经济不能持正确的态度，带头忽视和抵触市场经济。可见，我们现在搞国学研究一定要在继承传统文化精髓的同时，将新生事物纳入进来，一定要是一个动态、创新和扬弃的发展过程，用新知识来不断地充实和发展我们的国学。不然，国学研究就会与现实脱离、与青年人格格不入，造成国学文化断代现象。当今中国的青少年特别需要接受传统优秀文化的教育，但即便是传统优秀文化也必须青少年现实生活贴近才能感动他们、为他们所接受。

新月：“禅”能提升人的道德品质和世界观

儒家讲“仁义礼智信”的道德标准，如何去实现这些标准要求，就有一个方法论的问题。儒家的方法就是“格物”，即观察，从观物到观心，从而得出“修身”和“正心”的具体方法。佛教的“禅”是一种观心法，在方法论上与儒家的“格物”有非常相似之处，都是一种直观方法，所以很容易被中国人吸收。“禅”的方法就是从物质与精神的接触点，观察内心的“贪嗔痴”，进而观察从内心“贪嗔痴”中所演变出来的一切。其实，人的各种各样的世界观都是从自己的“贪嗔痴”中演变出来的，人的各种各样的意识形态也都是从贪嗔痴而来。通过修禅，就能克服内心的许多贪嗔痴，从而提升道德品质。

思维方式与世界观有密切关系。空间是多维的，不仅有三维空间，也有四维、五维等空间。我们的肉眼等感官只能感觉到三维空间，但“坐禅”则能达到四维、五维空间。所以，从我们的肉体感官所看到的世界观必定是非常片面的和局限的，从中产生和形成的世界观也必定是片面的和局限的。而修禅则能让我们突破这种片面性和局限性，从而将我们的世界观提升到新的境界。现代一些科学知识也支持佛教的某些观点，例如，量子也是突破了三维空间的存在，从量子或微粒子空间来看，万物都是因缘和合，“万法皆空”和“无我”的境界是真的。

人的世界观是会变的，价值观和评判标准也会跟着变的。现在有许多人在修禅，既有许多中国人，也有许多外国人。他们中不少人将发生世界观的改变和提升，随之也发生价值观和评判标准改变。可以预测，现在许多人以经济指标（如GDP等）作为发展的评判标准，以后很可能就不是这个标准了。

林小剑：国学教育就是教人如何做人

禅学是国学的一部分。我在禅修方面算是有了点体会。刚开始，我觉得“禅”博大精深，很复杂。通过一段时间的学习和了解，现在觉得“禅”很简单，原来就是一个“开悟”的问题，就是透过现象看本质的功夫。

我认为，这个过程也适应于国学教育在其他方面的推广。现在国学的内容非常复杂，但国学的教育和推广要能够从复杂的内容中走向简单化，这就是要牢记和抓住它的根本宗旨，即教人如何做人，如何做一个有道德、有幸福感的人。

“传承国学·创新国学·发展国学研讨会”述要

罗少华

2014年3月18日下午，由广东省社会科学院哲学与宗教研究所国学中心、广东省文化传播学会、广东教育杂志社、广东高等教育出版社等单位联合主办的“传承国学·创新国学·发展国学研讨会”在广东省社会科学院召开。出席会议的领导、嘉宾和学者有江海燕（省政协常委）、张磊（广东省社会科学院原院长、省文化传播学会会长）、廖曙辉（广东省文联巡视员）、林伟健（广东省社会主义学院副院长、教授）、周钦声（广东省社科联党组副书记）、黎志华（广东省社会科学院党组成员、纪检组长）、柯可（广东省社会科学院国学中心主任、教授、省文化传播学会副会长）、佘翔鹏（第二炮兵原副政委）、李明华（广东省文化学会会长、研究员）、黎辉（中南地理标志研究院院长）、陈湘年（广东教育杂志社社长）、杨哲（广东高等教育出版社社长）、杨以凯（广东省出版局原副局长）、冯立鳌（广东省社会科学院研究员）、郑奋明（广东省社会科学院现代化战略研究所所长、研究员）等30余人。

首先，黎志华在致欢迎词中指出，主办“传承国学·创新国学·发展国学研讨会”非常有意义。国学教育要从经典入手，从幼儿开始，并让全民参与。现在，传统的国学文化遗失了很多，以致面临断代的危险。要重新拾回优秀的国学文化，我们面临的任务很重。要从生活入手，以多种多样的形式开展多种多样的国学文化活动，打造广阔的国学文化平台，提高民众参与国学文化活动的积极性。国学教育要以培养民族认同感、民族自信心和民族归属感为重要内容。

接着，会议主持人柯可请黎辉介绍了他的新书《新编弟子规》和《二十四孝新解》的写作过程及创新之处。黎辉说，10年前自己就有了写书的动机和创意。当时，他受到社会上流传很热的《新三字经》的启发，感到恢复传统文化教育已经成为时代的需要。他认为中国传统文化的核心内容是孝敬文化，它无论在过去还是在当代都极有意义。而《弟子规》集中体现了孝敬思想。于是，决定从创编新《弟子规》入手，来满足当代国学教育的需要。经过多年的写作过程，《新编弟子规》终于出书。该书的创新之处主要表现在：一方面，针对原书的带有明显局限性的小爱、小孝思想，确立了兼顾社会和国学的大爱、大孝的思想原则。另一方面，针对原书所体现的关于父母与子女之间绝对权威和绝对服从关系的孝敬思想倾向，新书强调父母与子女的互动关系，体现了子女在人格上与父母平等的时代精神。同期写出的《二十四孝新解》，则体现了“孝德”是一个历史的发展和变化的过程。不同的历史时期会有不同的孝德内容和要求。

以作者对两书的介绍为切入点，与会领导和学者们围绕当代国学的传承、创新和发展等问题展开了热烈的讨论，并提出了许多精彩的观点。柯可教授说，习主席非常重视道德建设，国学的主要任务就是培养人的道德。讲道德不仅是对普通民众的要求，更是对官员们的要求。现在广东中山市开展了“全民修身行动”，主要是从行动上进行道德修养。这个全民，就包括了官员们在内。林伟健副院长说，讲传统文化必须与时代的进步要求结合起来，分清哪些是优秀的，哪些是糟粕。要将传统文化融入社会主义核心价值观系统中。社会主义核心价值观讲了多年，但如果不入脑、入心，就是白讲了。传统文化的核心价值观是“礼、义、廉、耻”，简单的几个字容易让大家记住、明白。廖曙辉巡视员说，据《蔡楚生文集（第三卷）》记载，毛主席曾对蔡楚生先生说：“过去我们因为革命还没有基础，所以对旧的东西全部都加以否定，说他们的完全不好，只有我们的才好。但今天全国就要全部解放了，我们有着这样大的本钱，什么都不怕了，因此我们就得继承和宣扬过去好的东西，也扬弃那些不好的东西，不能像过去那样的一概加以抹杀——因为事实上中国确有许多好东西，而且是民众所喜闻乐见的……”可见，毛主席对传统优秀文化也是非常重视的。

江海燕常委说，要用现时代的眼光来审视传统文化。中华传统文化经历了五千多年的创造、积淀和发展，博大精深，一直是我们多民族国家的凝聚力所在。但它也有优劣之分，所以我们今天对它仍有继续创新和发展的必要。黎辉先生的《新编弟子规》就有许多创新的地方，如“地球公民”、“合作有成”等思想观念。青少年是价值观、人生观形成时期，对他们的教育，特别是道德教育非常重要。国学教育在这方面能发挥重要的作用。但要根据人的身心发展规律来进行国学教育。幼儿园和小学时期主要应注重生活习惯、学习态度方面的教育。中学阶段要注重自律精神、社会责任感的教育。大学阶段则要进行系统的世界观方面的教育。要结合学生实际，对他们进行程度不同和侧重面不同的国学教育。

周钦声副书记说，现在“利益最大化”的思想动机渗入到了政治和文化中来，造成了严重的道德滑坡现象。汕尾出现了“毒品村”，东莞“黄业”曝光后还遭到许多人的同情和声援……这些都说明社会道德危机到了非常严重的程度。在思想多元化的时代，国学教育要能拯救当代社会道德危机，就不仅要有理论创新，还要有有效的方式和手段。国学教育一定要能占领当代思想文化传播的前沿阵地，并做到与时俱进。陈湘年说，学习国学，主要就是为了培养我们的道德和信念；同时，还可以提高我们的文化修养水平，可以怡心、健脑、康体。所以，学习国学的益处多多。

杨哲社长说，现在中华国学在韩国和台湾得到了很高的重视，也发展得不错。韩国每年都有两次大的祭孔活动，以致一些韩国人以为孔子是韩国人。相形之下，中华国学在自己的本土——中国大陆却发展得不够。这应引起我们的思考。近几年来，广东高教出版社虽然出版了一些国学方面的书籍，例如《再生的老子》，但还做得不够。今后要认真考虑这方面的问题，对国学方面书籍进行系统的出版。李明华会长说，有人认为儒学能解决当代社会的一切问题，我不同意。儒学也有自己的局限性，现代社会目前出现了许多新情况、新问题。儒学能够解决自己适用范围内的问题，但以外的问题要用其他办法来解决。

杨以凯说，任继愈先生曾把文化当作流水，文化在流传过程中有它的继生性和再生性，这样就保持了文化的生命力。所以，学国学不能局限于对经典的解读，还要能对经典进行再创造。黎辉先生写的这两本书就是这项工作的尝试。传统的《弟子规》中有许多消极的思想，《新编弟子规》做了一些补救工作，但今后还要继续完善。郑奋明所长说，要结合现代社会普遍价值观来发展国学，不要过于意识形态化。余翔鹏将军说，发展当代国学要靠“三力”来推动，即权力、智力、财力的推动。所谓权力支持，不仅指领导的关心，更指国家法律和制度的支持。要实现这三力的结合，让国学更好地发展。冯立鳌教授说，国学研究和国学教育不能只是停留在口头上和笔墨中，必须能够落实到行动中去。习近平同志所提出的“中国梦”包含了中国传统文化的理想追求，但他反对空谈、空想。他说“空谈误国，实干兴邦”，又说“一分部署，九分落实”，所强调的都是实干精神。

张磊会长最后作了总结发言。他说，对于这次研讨会有三点感想：第一，国学的研究和教育是绝对必须的。但必须与时代精神结合起来，不然就会变成抽象的空谈。第二，要辩证地看待整个中国文化史，不能搞历史虚无主义。中国在历史特殊时期发生过反对传统的文化运动，例如“五四运动”。它虽然有过激的地方，但也有其合理性内容和要求。没有“五四运动”就没有现代中国。其实，真正优秀的传统文化是打不倒的。反传统文化运动所针对的主要是其中的糟粕。第三，发展当代中国国学还需进一步集中力量，开拓创新。发展当代国学的目的就是要让国学更好地为中国现代化建设服务。

大会期间，还有其他一些专家、学者在会上也作了重要发言。

作者为广东省社会科学院哲学与宗教研究所助理研究员

“全球化与国学教育现代化研讨会”述要

罗少华

4月22日下午，由广东省文化传播学会、广东省社会科学院国学中心、广东省教育创新与发展研究会、广东省文史学会、广东省九龙树国学研究院等联合主办的“全球化与国学教育现代化研讨会暨江海燕新书首发式”在广东省社会科学院举行。参加这次会议的嘉宾和学者有40余人，主要有江海燕（省政协常委）、张磊（省社科院原院长）、刘小敏（省社科院副院长）、田丰（省政协文史会主任）、廖曙辉（省文联巡视员）、肖沛雄（广州体院原党委书记）、赖海晏（省文联原副书记）、许辉耀（省社科院原纪检书记）、柯可（省社科院国学中心主任）、李飏（省社科院现代化战略研究所副所长）、卢晓中（华南师大教育学院院长）、王符（华南师大教育学院教授）、杨韶钢（广东外语外贸大学国际研究院教授）、吴善鑫（广东省教育创新与发展研究会高级顾问）、李秀国（香港树人大学教授）、阮纪正（省社科院退休研究员）、黎辉（中南地标研究院院长）、蔡国赞（中山国学促进会会长）、胡文迪（广东省澄宇生态研究院秘书长）、孙得端（广东省九龙树国学研究院理事长）等。

刘小敏首先代表广东省社会科学院对研讨会的召开表示了热烈欢迎。大会随即以对江海燕新书《全球化与教育现代化》的关注为切入点，围绕全球化与国学教育现代化方面的诸多问题，进行了热烈的学术讨论。讨论的主要内容按先后次序概述如下：

1. 柯可：江海燕新书创作非常成功

江海燕新书《全球化与教育现代化》由社会科学文献出版社于2013年出版，总的来说该书给人的感觉是理论坚实、视野宏阔、战略明确、措施得当，是一部非常成功的力作。但也存在可改进之处。

该书有许多重要的理论创新。作者能发挥自身教育工作经验丰富的优势，也能借鉴美国、英国、日本和香港等国家和地区的经验，对全球化与教育现代化问题进行系统的研究，取得了非常有价值的理论成果。例如，关于“全球化”问题，作者将“全球化”定义为“是现代科技革命和市场经济的世界化主要推动的一个多纬度复杂动态过程”，并推断当今的世界已经由拼汗水、拼体力向拼知识、拼智慧转变。而据人力资本论看，教育能推进全球化，提高劳动者素质，优化人力资源配置，提高管理者决策水平与管理水平，促进科技发展，提高经济效益。该书还为我们提供了美国、英国、日本和香港在办教育方面的有益经验。该书还指出，全球一体化反映出国际关系的巨大不平等——知识的差距，这实际上是强势向弱势的扩张和弱势向强势的求援的过程。所以，要扭转在全球化过程中的不利地位，就必须发展自己的教育事业，实现教育现代化。作者认为，教育现代化既非西方化，也非本土化，而是民族教育的成长历程。它既要让人掌握现代科学技术知识，具有从事现代工业生产的能力，又要给人通识教育，特别是培养人的传统美德。

而培养人的传统美德正是我们国学教育的长项。所以，作者建议将本次研讨会主题“全球化与教育现代化”改为“全球化与国学教育现代化”，以突出国学教育现代化在当代中国教育事业中的重要地位。

2. 孙得端：当代中国需要道德，所以需要国学

本次研讨会起码有两点重大意义：其一，能指明全球化和国学教育现代化发展的方向；其二，使我们在了解教育的规律、方式方法及教育的有效性上都会有个很大的提升。继2011年7月10日—12日我们在广州中山纪念堂成功举办了主题为“弘扬中华民族优秀文化 构建和谐社会幸福广东”的大型公益论坛之后，2013年8月18日—20日我们又在北京国家会议中心大会堂成功举办了主题为“北京公民道德建设”的大型公益论坛。前次公益论坛每天的听众有3000人之多，后次公益论坛每天的听众更达5500人之多，都是以传播中华民族优秀传统文化为主要内容，对听众的影响也都非常明显、有效。特别是在北京的公益论坛规格更高、规模更大、影响更深，应邀出席大会的中央社会主义学院党组书记叶小文先生当场感慨地说，论坛的成功举办让人感到“中华文化复兴的春天来了”。这也反映出中央对中华传统优秀文化的弘扬，特别是对传统道德的教育，是有长久的、坚定的决心的。

今天我们社会不缺钱、不缺高楼，而是缺乏道德。传统文化讲因果报应，恶有恶报、善有善报。“积善之家必有余庆，积恶之家必有余殃”。这是对道德的最深刻的理解和宣扬。我们老祖宗有深厚的德行，使得我们今天仍能享福。但我们要惜福。我们今天面临着前所未有和日益严重的问题，我们只有重拾道德、坚守道德，才能化解所面临的严峻危机。所以，重新发扬光大传统的优秀文化、特别是道德文化，已经是迫不及待的大事。只要我们能够真正做好这一点，我相信中华民族一定会重新强盛起来。

3. 蔡国赞：国学教育如何与现代化结合起来是个大课题

国学非常重要，但怎么去搞？怎么去用？是个很大的课题。近几十年来，中国经济上去了，但传统文化、传统道德却丢失了。近些年来发生的道德败坏事件委实让人痛心，例如小悦悦事件、校长带女生去开房事件、三聚氰胺毒奶粉事件等等。为什么经济发展了，传统道德反而丢失了呢？这恐怕是过于重视发展经济而忽视道德的结果。现在我们开始重视国学，这说明我们开始重视传统道德教育了。我认为，国学应该是优秀的中华传统文化。我们中山国学促进会现在以手机短信和微博的方式来传播国学。每周都要选出几条较好的传统文化格言以短信形式发送到会员(许多是企业家)手机中，每周也要选出一篇最好的文章发表在微博上。现在我们讲教育现代化，但如何与传统文化教育有机地结合起来呢？这是个大课题。现在中山市在几所小学开辟了国学教育课程，这是对推广当代国学教育的一种尝试。要慢慢来，更要善于总结经验。

4. 李秀国：三点体会

阅读江海燕新书后，有三个方面的体会：第一，作者将全球化与教育现代化结合起来进行探讨，理论上非常成功。全球化对广东教育现代化的影响是非常明显的。全球化对广东教育现代化也有非常大的启发。美国在全球化过程中走在前面，所以，全球化在一定程度上又表现为美国化。美国在教育方面的投资很大，也很成功。我们从中可以学习和借鉴之。第二，教育公平的广东追求。广东外来工子女的教育问题突出。教育机会不公平。作者凭借自己对广东教育的丰富实践经验和深厚情怀，对广东教育公平问题作了许多探讨。第三，粤港教育合作的契机。香港许多人想让自己的子女得到较多的中文教育，特别是国学教育。但香港的国学教育条件不够，不能满足香港人的要求。广东在国学教育方面发展得已经初见成效，与香港合作有很大的潜力。

5. 卢晓中：江海燕新书体现了理论与实际的有机结合

新书作者江海燕同志能够在全球化视野下对广东教育现代化问题进行探讨，体现了一定的理论高度和广度。她从国际比较角度，概括出带有规律性的认识，对广东教育建设具有非常重要的指导意义。同时，作者长期在广东教育界从事领导工作，熟悉这方面的具体实际情况，能让理论与实际有机地结合起来，从而更体现了新书的实际价值。

6. 江海燕：四点尝试，与时俱进

国学是几千年来中华传统优秀文化的深层沉淀。现在经济的全球化，影响到社会、文化、教育、政治的全球化。在这种趋势下，要保护、传承、弘扬和发展自己的民族优秀传统文化，我们的民族才能屹立于世界民族之林。

首先，要在学校开展国学教育，要让国学中的优秀经典在中小学和大学课程中体现出来。国学教育的这个发展趋势已经在大陆一些地方出现，但还没有列入考试课程。同时，也要适应新时代的需要，不断发展和创新国学和国学教育。国学教育要与时俱进，当前要着重解决市场经济环境下的社会道德缺失问题。

本人写作《全球化与教育现代化》一书，尝试在全球化背景下，对处在转型升级、走向知识经济的广东教育现代化中的理论和实践问题进行一些初步的探讨，以便为基本实现广东教育现代化的决策和实践提供一些有益的参考。简要地说，主要有四个方面的探索：1. 研究视角的探索。本书把全球化作为研究问题的背景。全球化也是在发展过程中的，全球化不可阻挡，但又存在问题。全球化过程中各国有经济利益之争，有文化差异和冲突。教育全球化表现为教育的国际化。教材、教育理论、教育方法等都有国际化或全球化的趋势，全球性的信息高速公路也促成了全球性的教育高速公路。中国教育现在也已经对外开放，有许多学生到外国留学。同时，在全球化过程中，各国都在重视保护自己的传统文化。2. 理论探索。主要研究全球化对广东教育现代化的影响，分析人力资本理论及其新发展，基础教育对社会经济的贡献等等问题。3. 对一些国际经验的借鉴。本书对美国、英国、日本和香港等地教育现代化的特点进行分析和比较，从中提炼出全球化背景下现代国际教育现代化的一些经验和启示。这个提炼还是初步的，还有待今后的进一步深化和提升。4. 实践探索。本书立足广东本土，对广东区域教育现代化的实践问题作出了比较系统的分析和阐述。本人曾亲自参加了广东教育改革纲要的调研、起草等方面的工作，积累了大量的实践探索经验。这对本书的写作也提供了特有的帮助。当然，本书还有许多不足之外，欢迎大家继续批评指正。

7. 肖沛雄：中华民族之“根”和“魂”与教育现代化的必由之路

上世纪，中国作为后发的现代化的国家，在粗放式的文化批判和经济变革之后，和许多发展中国家在反思历史、追求现代化中常常会出现的民族集体焦虑和矫枉过正的历史惯性一样，过分地否定了自己的传统文化。近些年来，随着中国的现代化进程驶入快车道，经济迅速崛起，国民的文化自信逐渐恢复，文化认同随之增强，新的国学热蔚然兴起。

但是面对新一轮的“国学热”，社会上见仁见智，泾渭分明。有的学者把国学与西方现代文明完全对立起来，提出“全方位复兴儒教”，甚至主张把儒教立为“国教”，实现自古以来所谓的“政教合一”，以为这是应对“西方文明全方位挑战”的当务之急。但也有学者认为，国学只是“老祖宗的旧宅”里的“私货”，当前国学热只是几千年封建文化的“沉滓泛起”，“国学救国论”是一种引导我们走向“国学独尊”深渊的复古主义与闭关主义。因为国学更多的是愚昧而不是科学；更多的是专制而不是民主；更多的是禁锢而不是自由；更多的是守旧而不是新创。

究竟我们应当如何正确、全面、辩证地认识和把握“国学教育”与“现代化”的关系，这确实是一个很值得思考的理论问题和现实问题。我对“国学教育”与现代化的相互关系有三点看法：

1. 国学是中国现代化建设过程中坚持民族核心价值观的根和魂。文化的主体性原理告诉我们，任何一个民族文化必须扎根于自身文化土壤中，只有充分理解、深刻认识、全心保护和发扬自身文化的“根系”，才有深厚的吸收其他民族文化的能力。如果没有能力坚持自身文化的自主性，也就没有能力吸收其他民族文化以丰富和发展其自身的文化，它将或被消灭，或被全盘同化。

2. 国学教育的深化离不开现代化、全球化的时代高度和开阔视野。全球化是现代化生产力发展到信息网络时代的一种历史的必然，任何国家不可回避。对于发展中国家来说，民族文化和民族利益与文化殖民主义的冲突难以避免，但文化民族主义的消极固守只能减缓全球化的进程，却不能阻挡之。所以，发展国学教育必须立足于全球化和现代化的历史高度与宽广视野来认识。江海燕同志的新书《全球化与教育现代化》在这个方面做出了重要的理论贡献。例如，她在书中指出：“全球化正在深刻改变人类的思维方式和文化生活，正在改变着中国文化和中国学术。”她还引用一些国内外学者的话说：“社会科学要进行‘范式革命’，即在全球化背景下，社会科学的分析单位和思维范式要从传统的‘民族国家分析框架’向‘世界体系分析框架’转换，确立起全球思维范式，从‘地球村’角度看问题。也就是说，社会科学家要将全球化作为人文社会科学学术研究的提纲重要预设因素。”

3. 国学教育的生存发展必须走现代化的必由之路。人类文明的发展是一个在永恒的积淀与创造中不断扬弃、更新、融合和创新的接力和合作的过程。一个民族的传统文化再悠久和灿烂，也只是自身的文化根基，只能反映某一历史阶段局部的生产力发展和思想认识水平。中国传统文化的历史局限性决定了它民主性精华与封建性糟粕并存。它不可能一劳永逸，更不能包医百病。所以，当代国学和国学教育要获得新的生命力，必须取得突破性的发展，必须大胆吸收和借鉴人类社会创造的一切文明成果，必须走向现代化。我们当代的国学和国学教育应该面向世界，放眼未来，海纳百川。

8. 李飏：对全球化与教育发展的现代诠释

关于教育与现代化问题，我有四点思考。首先，什么是教育？教育是直面生命、提升生命品质的社会实践活动。教育的对象始终是活生生的生命；无论如何的时过境迁，生命始终是教育之本，是教育存在的根本依据。所以，教育的本质功能应该是成就生命，促进人的生命自由全面可持续的发展。其次，现代化有哪些致命的陷阱？当代受到推崇的所谓现代化其实有其致命的陷阱。现代的知识和技术体系主导了人类教育，科学精神主宰了人类精神，造成了人和教育的异化。教育不再是对人类生命整体性的关注，而是把人变成了知识、技术和功利的奴隶。现代教育过分强调工具理性和丛林法则，助长和放大了人的贪欲和自私本性，生命的本真意义被物欲和私欲的不断膨胀所取代。结果，不断发展的知识、技术和经济成就反而使人类日益面临更大的生存压力，人们普遍感受到生存与死亡的双重焦虑。第三，现代人为什么要回到生命教育？现在科技和经济都发展了，但人的生命安全和生存质量却降低了，许多人的自杀现象就是最好的说明。所以，人类教育必须回归到关怀生命的生命教育，这已刻不容缓。第四，生命教育对人类可持续发展有着重大的实现意义。

9. 胡文迪：卢瑞华同志对江海燕新书评价很高

广东省原省长卢瑞华同志阅读江海燕新书《全球化与教育现代化》后，作了很高的评价。他说，教育是国家的根本，教育事业的发展也关系到社会经济的发展。虽然他还没有来得及细看此书，仅略观其文，依然觉得江海燕新书体现了非常高的战略眼光。现在要“以人为本”，讲现代化就有关于人的现代化的问题。江海燕新书对人的终生教育、终生学习有比较完整的论述。希望江海燕同志继续努力，在结合广东实际的过程中，把人的现代化和教育现代化的问题解决得更好。

10. 田丰：传统不走向现代化，就会被边沿化，最后退出历史舞台

国学教育现代化问题很有意义。国学需要大力研究、大力传播，在研究和传播过程中必须走向现代化。在这个方面，我们应该向张磊同志学习，他在孙中山研究方面代表了中国的水平，也代表了世界的水平。惠能是把佛学中国化的第一人，孙中山先生是把中国文化现代化的第一人，毛泽东是把马克思主义中国化的第一人。孙中山先生思想是中国国学现代化的最早体现。研究孙中山思想就是研究国学现代化问题。

国学走向现代化，主要的任务是把传统国学中的精华提炼出来，同时也适应时代的需要进行创新。国学只有走向现代化了，才能真正走向青少年、走向大众、走向全社会。一些国学课堂之所以能办得成功，应是因为它们的国学课能适应时代的需要进行创新。

越是全球化，越需要传统走向现代化的；否则，我们的传统——即便是其中最好的东西，也会被边沿化，最后会淡出历史舞台。

美国传统文化也是在走向现代化中得到新生的。例如，美国传统文化中有一种牛仔精神，表现为冒险主义、英雄主义和平民主义，现在通过各种作品和影视剧表现出来，从而转化为现代的东西，继续在美国人民中传播。

11. 大会自由发言

在大会的自由发言阶段，赖海晏、杨韶钢、吴善鑫等先生都先后作了精彩发言。赖海晏认为，国学教育要弘扬中华文化的优秀部分，克服糟粕部分。宣扬愚忠、愚孝是不可取的。美国教育非常重视培养孩子们的创新精神，我们当代的国学教育也应重视这个方面。杨韶钢说，在国学教育现代化过程中，对于传统文化要有取有舍。凡能被世界人民认可的要继承，不能被世界人民认可的要舍弃或改进。许多过去的好东西要能成为现在的好东西，还需要通过改进才能实现。例如，儒家讲的“孝顺”，现在应改为“孝敬”，才能为现代人所接受。吴善鑫认为，中国社会当前有许多乱象，最根本的问题是教育问题。我们的教育科学还没有得到应有的重视，还非常落后。所以，学西方也很难学到人家好的东西，取不到真经。他最后建议省社科院应成立教育研究所这一机构。

12. 张磊：大会总结发言

最后，张磊在对大会作总结发言时谈了自己的几点感受。

第一，国学的现代化是必要的。为什么现在有人对我们研究国学有些讽刺或反对，说我们背离了鲁迅的传统、背离了胡适的传统，就是因为我们对国学的现代化重视得不够。国学要走向现代化，就必须适应时代的价值要求。如果与时代的价值相违背，就要加以分析、批判和改造，而不能囫囵吞枣地盲目接受。

第二，江海燕新书《全球化与教育现代化》是教育学方面的一部重要著作。首先，该书能够把中国教育现代化与全球化的国际背景联系起来，没有回避全球发展的客观大势。其次，该书能密切结合广东实际。另外，该书运用的方法是科学的，不仅有马克思主义的方法，还有其他的科学方法。所以，我们今天讨论这本书非常重要。现在，我们在教育学方面的研究非常欠缺，在如何办教育问题上缺乏理论指导，结果乱象丛生。例如乱招生、乱办班、乱编教材、乱搞课外活动等等现象多有发生。这些问题要引起我们的高度重视。

国学教育创新研讨会
暨《中华国学经典教育丛书》首发式纪要

会 刊

省民政厅2015年元月发文批准，同月宣告正式成立的广东省国学教育促进会，与广东省文化传播学会联合主办，中国图书出版集团、广东品牌建设促进会、广东华文国学院等协办的“国学教育创新研讨会暨《中华国学经典教育丛书》首发式新闻发布会”，于2015年9月23日在广东省社会科学院会议厅隆重举行。来自社科界、教育界、国学界的省社科院老院长张磊、梁桂全、张逢堂将军，省社科院副院长袁俊、广东华文国学院长柯可教授、副院长阮纪正教授、广东教育创新现代研究会会长李飚、省社科院国学中心研究员万行法师、广东赵朴初研究会会长陈国华、广东省佛文化工艺行业协会会长张文、广东省传统文化促进会常务副会长李世玉、省朗诵学会副会长陈汉东以及来自省市各地的专家学者、国学社团负责人等共60多人出席了这次活动。

会议首先由中国建设报广东记者站长刘一心代宣读了省民政厅批准省国学教育促进会成立的文件、促进会的组织架构和工作计划。根据第一届会员大会投票选举结果，由张逢堂将军为华文国学院长柯可教授颁发会长证书，由柯可会长为省社科联原主席张磊、成都军区原空军副政委张逢堂颁发名誉会长证书，为刘一心、圣贤教育集团董事长殷广斌颁发常务副会长证书，为万行大和尚、省社区文化研究会常务副会长钟浩天颁发顾问证书；由名誉会长、会长与常务副会长一起为省社科院阮纪正教授、全省国学类社团负责人蓝态基金会理事长张华、广东棋艺中心主任罗东升、中山市国学促进会会长蔡国赞、云浮市禅宗六祖文化研究会会长康就升、东莞市传统文化促进会会长李文良、清远市孝德文化促进会会长卞理、肇庆市六祖文化学会会长叶枝青、罗定市儒家文化促进会会长彭国强等省市传统文化与国学社团负责人颁发副会长证书。会议上被聘为名誉会长的还有原省教育厅长江海燕，聘请为顾问的还有田丰省社科联主席，副会长还有广东高校刘介民教授。

接着在《中华国学经典教育丛书》首发式上，中国出版集团、世界图书出版广东分公司编辑主任韩彩霞，丛书主编柯可，分别回答了记者提问，介绍了该丛书遵循习近平主席关于"中华民族伟大复兴需要以中华文化发展繁荣为条件。对历史文化特别是先人传承下来的道德规范，要坚持古为今用、推陈出新，有鉴别地加以对待，有扬弃地予以继承。国无德不兴，人无德不立"的指示精神，借鉴了我国传统文化教育的宝贵经验，具有首重经典性、着眼系统性、研究创新性、教育实操性等突出特点，并提出了"中国教育的国学化"方符合党中央民族文化发展战略的重要命题。

与会者一致认为倡导国学、创新国学对于国人素质的提高、人格魅力修养、品行养成的迫切性与重要性。大家参阅省教育厅原厅长江海燕，中国周易研究会首任会长唐明邦教授，省社科院哲学所长冯立鳌研究员，中国史学会副会长张磊教授，中央驻澳联络办副主任李本均研究员，中国社会主义辩证法研究会执行会长、省社科联原主席田丰研究员，省教育创新与发展研究会会长、省社科院李飏研究员，中华老子研究会会长、国务院农协原部长邸振兴，中国马克思主义哲学史学会顾问、中国社科院李敏生研究员等全国知名学者的推荐语，对中国图书出版集团最新推出、广东省国学教育促进会新任会长柯可教授主编、张磊作序的《中华国学经典教育丛书》，展开了热烈讨论，指出其有四大突出特点：

一是推崇国学，取精纳粹。通过梳理汉唐盛世、宋明文功、康乾武治、鸦片战争、五四运动直到改革开放的国学史，以《中华颂经》、《周易德经》、《老子道经》等古经新译，首次将国学划分为核心层、骨干层、基础层与创新层，在《国学教纲》中提出了"易为学纲，儒为理纲，佛为心纲，道为总纲"的国学教育新理念，进而以易经为中华百科全书，修身学道妙典，审时通变明鉴，精神文明规范，以老子的恒道、玄德、清静、真知、无为、贵身、安民、用兵、治国九观及佛学精华构筑中华国学体系，全面推进马克思主义中国化。

二是国艺促学，培德育人。通过《国是策论》、《创意兴国》、《国德立企》、《雄辩圣哲》、《珠江新语》的综述，将圣贤的智慧卓见发扬光大，以人类理想筑金塔，中华国艺修玉阶，通过养花格物，品茶致知，绘画正心，习书诚意，练武修身，抚琴齐家，诗教治国，博弈天下，循道培德，弘毅精进，全面提升国民道德与文化素质。

三是循道求真，立意创新。首倡《生态国学》传承中华风水学建设生态文明；首创国际龙象棋产业链，以推进中华创意产业；首创《中华颂•千字图》，四字为句，千字不重，一韵到底，将盘古开天、秦汉隋唐、宋元明清、共和建国直至圆梦大同的数千年中华史融贯其中，彰显了国德国魂、英杰伟人的民族风与正能量。

四是以国学培育与践行社会主义核心价值观。习总书记指出："我们提出的社会主义核心价值观，把涉及国家、社会、公民的价值要求融为一体，既体现了社会主义本质要求，继承了中华优秀传统文化，也吸收了世界文明有益成果，体现了时代精神。"与会者认为，从包括了柯可教授主持并向省委提交的《国德修身 虚功实做 知行合一 ——推广中山市全民修身经验 创新国学践行社会主义核心价值观的战略研究报告》的丛书看，可谓社科学者同仁数十年的心血之作，从国学教育、国艺创新、国德培育、生态国学、创意产业诸方面论述，为我国新时代教育贡献了一套完整的具有鲜明特性和应用价值的国学优秀教材。

出席研讨会的不少专家学者们认为，为深入研讨国学教育、经典传承与国艺创新，更好地吸取中华优秀传统文化和现代文明精髓，提高全民思想道德水平，培育与践行社会主义核心价值观，为广东率先转型升级，破解当今社会管理各种机制性难题而建言献策，今后可将这套新版的《中华国学经典教育丛书》，作为广东省国学教育促进会、广东华文国学院、广东省国学教育考评管理中心等单位的国学教育培训的基础教材使用。

《文化与传播》2015.12

全球化与国学教育现代化的宝贵启示

柯　可

江海燕所著的博士论著《全球化与教育现代化》，由社会科学文献出版社2013年出版，她在前三章以绪论介绍了本课题的提出、意义和研究思路、方法；对全球化与教育现代化做了理论界说和经验总结。后三章则重点探讨了广东教育现代化面临的问题，发展的战略和措施，整体上看全书可谓理论坚实，视野宏阔，战略明确，措施得当。

作者开宗明义地指出“如果说现代化是人类社会由低级到高级的纵向发展过程，那么全球化则是人类在不断地加强着整体现代化的历史过程”。然后全面地梳理了国外学者有关密集的、分散的、扩张的、稀疏的全球化类型说；有关全球化就是世界的压缩（如地球村）、整体的意识、空间的组织变革（如联合国等），就是市场一体化，乃至于美国化，以及“全球化正深刻地改变着人类的思维方式和文化生活，正在改变着中国文化和学术”等各种理论，包括吉登斯关于“全球化的本质是流动的现代性”。赫尔德根细分全球化的八维度为“全球网络的广度，全球相互联系的强度，全球波动的速度，全球流动的广度，全球相互联系的影响，全球化的基础设施，全球网络和权力实施的制度化，全球分层化的模式。全球互动的主导模式”等。

最后作者归纳全球化的定义为：“全球化是现代科技革命和市场经济的世界化主要推动的一个多纬度复杂动态过程。”（这是西化的精准定义，若以中文表述则可微调为“全球化是由现代科技革命和市场经济世界化所推动的多纬度的复杂动态过程。”）并依据人力资本论，有关教育能推进全球化、提高劳动者素质、优化人力资源配置、提高管理者决策水平与管理水平，促进科技发展，提高经济效益的理论（如学前教育投入1美元，到27岁时可获得7倍回报。故学前教育的投入比例应该是家长20%，投资者20%，国家60%），推断出当今的世界已经开始由拼汗水、拼体力向拼知识、拼智慧转变，凸显出教育现代化的迫切性与必要性。

同时，在参考了台湾学者关于现代化的12项标准，即民主化、法制化、工业化、都市化、均富化、社会阶层流动化、宗教世俗化、教育普及化、知识科学化、信息传播化、人口控制化等之后，将现代化过程综合为革命、复杂、系统、全球、长期、阶段、同质化、不可逆转、进步九大特征，借鉴了布莱尔关于现代化是人控制环境、思想行为的进程、内部社会变革的理论；亨廷顿关于现代化是包含了人类思想行为各个领域变化的多方面进程的理论，并联系当今现代化所牵涉的社会转型、政治经济文化变迁、心理结构、价值观的转变的事实后，江海燕指出："现代化是指人类社会从传统社会向现代社会的转变，从发达国家看，它经历了前工业社会—工业社会—知识经济社会这一发展历程。从狭义看，它是后进国家或者说是发展中国家赶超发达国家的进程。这种转变涉及政治、经济、文化、教育、科技、环境、生活方式、道德伦理及意识形态等社会的所有领域和各个方面。"这无疑是正确的。实际上，中国现代化作为在政治、经济、文化、教育、科技、环境、生活方式、道德伦理及意识形态等社会的所有领域和各个方面，从传统社会向现代社会转变，作为由前工业社会—工业社会向知识经济社会发展的历史进程，其与社会国学教育的关系是十分密切的，如书中提到的"民主化、法制化、社会阶层流动化"等概念，就与当前倡导的社会主义核心价值观的民主、法制、平等有关，其"均富化"也与易道儒的学说相关，"宗教世俗化"则与人间佛教相关，"教育普及化"则与儒家的"有教无类"思想相关。

对于全球化与现代化的重要方面——"教育现代化"，江海燕在书中也旁征博引地进行了深入探索，引用顾明远的话说，教育现代化的特征是民主化、个性化、终身化、国际化。第一，受教育者的广泛性和平等性；第二，教育的终身性和全时空性；第三，教育的生产性和社会性；第四，教育的个性性和创造性；第五，教育的多样性和差异性；第六，教育的变革性和创新性；第七，教育的国际性和开放性；第八，教育的科学性和法制性。并由此推出结论说："教育现代化是指传统教育向现代教育的转化的过程。……是通过对传统教育的选择、改造、继承和发展来实现的。"当然，我们在得出这一结论时，还必须界定这里所说的"传统教育"，到底是指民国初期的教育，或共和国建国以来的教育，包括文革时期的教育，还是指古代的国学教育，或兼而有之？

这方面，全书为我们提供的美、英、日和香港的经验，是富于启迪性的，如美国强调个性和创造性的现代教育经验等。但我觉得同属儒家文化圈的日本经验，对我们的国学教育现代化最有启发。日本文部大臣当年发布了《培养能开拓新时代的坚强的日本人——摆脱划一走向自立和创造》的文件，制定了"彩虹计划"。与西方发达国家强调提高国家的国际竞争力，学生要取得必要的知识和技能不同，一向鼓吹脱亚入欧的日本所强调的教育现代化，却颇有中华国学的教育传统，其最大特点是主张"和魂洋才"，即强调教育必须要以陶冶人格为目标，促进生存能力与丰富人性为目标。它具体表现为日本所谓的“国际人”十项条件，均深受中华国学影响。如积极肯干，但不蛮干，与《易经》的“乾”和“无妄”，老子的“无为”接近；人际关系融洽，与国学的和谐观相近；不以自我为中心，与《易经》的谦德接近；兴趣广泛，知识丰富与孔子的“不耻下问”接近；能很快适应异国他乡与“随遇而安”接近；意志刚强，富有忍耐性与《易经》的“自强不息”接近；安排、处理好家庭关系与“齐家”接近；身体健康、精神焕发与老子的“贵身”理念一致等。

江书正确地指出，全球一体化，反映出国际关系的巨大的不平等——知识的差距。这实际上是文化领域内的强势向弱势扩张，弱势向强势的求援。在人类文明史上，中国长期以来是教育全球化的中心国，是知识的创造者和起领导作用的文化传播者，与周边作为知识消费者的边缘国有很大不同，奠定了中国在儒家文化圈中的领导地位。然而，时至今日，中华国学还能否继续站在全球教育现代化的前列，以中华国学为中国教育现代化挣分？实际上，教育现代化不等于西方化，但也非本土化，而是一个民族教育的成长历程，要充分注意它的公平性、相对性、差异性、动态性、历史性、阶段性、普及性、国际性、生产性，以及学术性，应该让受教育者在掌握现代科技，培养从事现代工业生产的能力的同时，获得通识教育和传统美德教育。而这正是现代国学教育的长项。

根据冯增俊教授关于世界教育现代化、国家教育现代化、早发内生型现代化、后发外生型现代化，以及中国教育现代化的五大基本特征说，国学教育当然也有在巨大压力下自发启动，产生示范作用的影响，实施政府行为主导，由上而下的教育策略的可能，有坚持全面出击与分阶段推进相结合的方针的必要，但坚持“以获取经济最大发展为办教育的最高原则和最终目的”则未必。因为这与以培育知行合一全面发展的现代人的最终教育目的不相符。

最有价值的是，根据党的16大提出教育在现代化建设中具有先导性、全局性作用的精神，作者发挥了自己长期主管省教育工作之所长，结合广东实际，论述了广东教育现代化面临的问题、发展的战略和措施。她一方面提出“广东教育现代化的基本要素”，应包括教育观念现代化，包括素质教育观、创新教育观、全人教育观、教育内容现代化、教育管理制度现代化、教育基础设施现代化。另一方面则提出了“广东教育现代化的发展目标”，即教育发展水平现代化、教育体系现代化、教育制度现代化、教育基础设施现代化等，为广东教育现代化描绘出有指标、有操作性的建设蓝图。

当然，从江书所描绘的当前高等教育发展所经历的“精英、大众、普及”

的三阶段，以及教育是我国人才培养的主阵地来看，我们还需要进一步论证，在提倡国学教育现代化的今天，继续认定“教育现代化的核心目标是以推进经济增长为使命”，是不是全面，与社会主义核心价值观是不是完全符合，国学教育能为广东教育现代化做些什么？这都是我们期待作者深化的。

从人类教育的文化传播史看，至今已经历了身传、口传、文传与电传等四大时代，而当今的电传时代，则是身传、口传、文传方式在“修身”上的现代化综合、升华与复归。“修身”，历来是国学教育格物致知、正心诚意、齐家治国平天下的关键环节与培德树人的优良传统，故全球化之下的教育现代化，理应包括国学教育观念现代化、国学教育内容现代化、师德教育国学化、教育管理国学化、教育装备国产高端化。

作者为广东省社会科学院国学中心主任、研究员

2014年5月6日

当代大陆国学与国学教育的时代背景、基本前提及必然要求

罗少华

国学与国学教育密不可分，国学是国学教育的资源库，国学教育是有针对性地对国学的进一步宣传、普及和弘扬，并包含在国学文化的大范畴中。当前中国大陆的国学和国学教育发起于上世纪八、九十年代，进入本世纪后得以迅速扩展。但在如何发展国学与国学教育的问题上，社会各界特别是学术界仍然存在着各种不同的意见和分歧。与之同时，在全国各地的国学和国学教育项目及活动中，有的表现得冲动而激烈，有的表现得敷衍而紊乱。不少人士对之寄予了莫大希望的同时，也大有“欲速则不达”或“恨铁不成钢”之感；也有不少人士对之提出质疑甚至反对的意见。

笔者认为，当前大陆国学与国学教育活动确实存在过热或过冷、形式主义、机会主义、任意炒作、盲目冲动和逻辑紊乱等现象。要消除这些乱象，让大陆国学和国学教育走上时代的正轨，就要把脉当代大陆国学和国学教育的命运和发展规律。这就首先需要深入分析和把握好当代大陆国学与国学教育的现实处境——即它们的时代背景和基本前提，进而认识其必然要求。这样才能在当前错综复杂的大陆国学和国学教育现象面前保持清醒头脑，理清头绪，明确方向，并达成共识，从而推动当代国学和国学教育事业的真正进步。

一、当代大陆国学与国学教育的时代背景

当代大陆国学和国学教育的时代背景不同以往任何历史时期的时代背景，不仅当代中国经济、政治、文化等环境是它们的时代背景因素，当代整个世界的经济、政治、文化等大环境也是它们的时代背景因素。当代大陆国学和国学教育的时代背景是它们复兴的原因、运作的舞台和生存的环境。

1. 经济背景

上世纪八、九十年代，随着中国大陆改革开放的深入进展，原来的计划经济逐步向市场经济过渡。许多原来的思想文化已经不适应新的经济关系和

经济基础，需要有新的、更适合国情的思想文化来适应发展经济的要求。于是，各种西方思潮借机传播到了大陆，同时也唤醒了沉睡已久的中国传统文化，出现了“国学热”。国学教育也随之而生。因中国传统文化或国学更适合中国国情，所以，相比于西方文化，渐渐取得了更多国人的认可。

到本世纪初，经过二十多年的改革开放和经济高速增长，中国的市场经济已经取得了巨大的成绩，GDP突破了万亿美元大关而成为世界第二经济大国，为发展文化和教育事业准备了有利的物质条件和物质基础。经济市场化改革的成功经验也为将市场机制引入到文化和教育某些领域提供了参考依据。企业界许多充裕的资金开始大量流向文化产业和民办教育事业。政府也加强了对发展文化和教育事业的宏观规划和投入力度。在这一过程中，复兴于上世纪八十、九十年代的国学和国学教育得到了社会各界更大的关注和投入。更多的国学学术团体相继成立，民办和官办国学教育机构也陆续建立。同时，更多的文化工作者投身于国学文化和国学教育事业中来。

与此同时，中国经济的高速发展也暴露出了许多严重的问题。高消耗、高污染的经济发展模式使得环境污染、生态危机、资源危机等问题日益严重，经济发展的可持续性敲响了警钟。要真正解决好这些问题、克服这些危机，就要改善和改变现有的经济发展模式，努力发展环保型和生态型的绿色经济。这就首先需要解决一些思想观念和心理素质问题，迫切需要绿色文化力量和良好国民素质的支撑。所以，大力地发展绿色文化和绿色教育事业成了时代的迫切需要。由于传统的国学及国学教育包含了大量的环保、生态等绿色内容，从而也更加引起了社会各界的重视和关心。这样，全国各地的国学和国学教育热也随环保和生态等绿色文化浪潮呼声而愈加兴起。

2. 社会政治、文化和道德背景

进入21世纪，随着改革开放的深入和市场经济的发展，中国社会结构发生了深刻的变化，社会矛盾也变得越来越错综复杂和尖锐。中共作为执政党，更加需要与时俱进地发展马克思主义，使之与中国当前实际和中国传统文化的更进一步结合。马克思主义的更加中国化，成了发展当代中国马克思主义的基本路径。所以，中共主张和鼓励中国学术界和教育界将发展和宣传当代马克思主义与挖掘和弘扬中华民族传统优秀文化并举，让两者能够相辅相成、并驾齐驱。这样，当代大陆国学和国学教育作为挖掘和弘扬中华民族传统优秀文化的主线，就与当代发展中的中国马克思主义有了政治上的结盟。

同时，许多地方重经济轻文化的发展倾向使得文化事业的发展严重滞后；反过来，经济和文化一长和一短的跛脚现象不仅严重妨碍了中国经济发展的质量水平，也给社会风气和社会道德造成了严重的负面影响，社会道德出现了严重的滑坡。因此，营造一个有道德的和谐的社会环境成为社会各界的共同呼声，成为党和政府的一个十分迫切的任务。2006年10月11日，中共十六届六中全会通过了《关于构建社会主义和谐社会若干重大问题的决定》。该《决定》明确提出了“建设和谐文化，巩固社会和谐的思想道德基础”的基本要求，并提出要“弘扬民族优秀文化传统，借鉴人类有益文明成果，倡导和谐理念，培育和谐精神，进一步形成全社会共同的理想信念和道德规范，打牢全党全国各族人民团结奋斗的思想道德基础”。其中“弘扬民族优秀文化传统”就是这一基本要求中的一个重要课题，它直接与国学和国学教育挂钩。大陆的国学和国学教育事业要能在完成这一课题中做出重要贡献，就必须有一个大的发展。大陆的国学和国学教育事业必须能够健康地发展起来，并在全社会形成真正的气候，才能在培育社会道德和构建和谐社会中真正发挥出重要作用来。

与此同时，随着中国大陆改革开放和市场经济的发展，港澳台同胞和海外华侨也将自己的国学文化和国学教育传播到了大陆，并受到大陆各地的热烈欢迎。这对大陆国学和国学教育事业的发展起到了引导和催化作用。

3. 国际环境

在经济方面，上世纪八十年代以后，经济全球化现象成为日益明显的事实。本世纪初，中国正式成为世界贸易组织成员，标志着中国经济也加入了全球化的行列。全球经济，特别是西方国家的经济与中国经济发生了多方面的深刻的联系，成为中国经济发展的大环境、大背景。中国必须遵守世贸组织的规则，必须理解和掌握世界各国、特别是西方国家的经济制度和规则。这一过程也必然在文化方面体现出来，当代中国文化必须接纳、包容许多外国，特别是西方文化的东西。但同时，国际社会包括西方国家也必须接受、包容许多中国文化的东西。在这个双向互动过程中，中国传统文化更容易接纳和包容国际社会包括西方国家的文化，也更容易被国际社会包括西方国家所接纳和包容。这时，国学和国学教育就更加显示了自己在当代中国文化界和教育界的重要地位。

在政治方面，上世纪九十年代发生的苏联解体和东欧巨变，不仅瓦解了东欧社会主义阵营，也使马克思主义遭到了前所未有的挫折和危机。另一方面，随着苏联的解体，美国霸权主义一家独大，西方文化在国际交流与合作方面占据了话语权。为了保持民族文化上的独立与安全，正处在改革开放中的中国需要筑起具有自己民族根性的并能够抗衡西方文化霸权的文化长城。因此，重新挖掘、发展和弘扬中华民族的传统优秀文化成了中国当代文化和教育事业的一个重要课题。为了完成这一课题要求，中国大陆各种国学文化和国学教育项目及活动热烈开展起来。

在文化方面，上世纪八十年代西方国家兴起了“企业文化”和“软实力”热，这些文化热浪也传播到了中国。企业文化反映了当代世界先进企业发展的主要内在力量，软实力则反映了当代世界先进国家综合实力的重要内在力量。这不能不引起中国社会各界特别是政府、企业和学术界的高度重视。随着中国改革开放的深入发展，进入本世纪后，中国社会越来越需要企业文化和文化软实力的支持。但企业文化和文化软实力必须作为内在的力量才是有生命力的，这就需要有自己的根性。中国企业文化和文化软实力必须具有自己的民族文化根性。所以，中国传统优秀文化成了发展中国当代企业文化和软实力的重要源泉。这样，当代国学和国学教育就成了将中国传统优秀文化与中国当代企业文化和软实力联系起来的重要桥梁。不仅发展和弘扬中国传统优秀文化需要国学和国学教育，发展和弘扬中国当代企业文化和文化软实力也需要国学和国学教育。

二、当代大陆国学和国学教育的基本前提

当代大陆国学和国学教育的兴起和发展是有着自己的基本前提的，这些基本前提就是当代国学和国学教育兴起和发展的各种基础条件和先决的条件，它们决定着国学教育发展的性质和方向。

当代人类生存和发展的一般前提，当代中国生存和发展的特殊前提，当代中国和世界的文化与教育界的根本主题思想等等，都是当代大陆国学及国学教育的基本前提。具体来说，这些基本前提主要有：

1. 现代科技工具和物质生产生活基本方式

生产生活工具是人类物质文明发展的结果，又是人类活动的物质基础和前提条件，生产生活工具与自然环境和条件相结合又决定了人类的物质生产生活基本方式，物质生产生活基本方式又决定着人类其他行为活动的基本方式——包括文化及教育行为活动的基本方式。对于文化及教育行为活动的基本方式而言，生产工具和物质生产生活基本方式都是前提性的东西和决定性的因素。生产工具（连同自然环境和条件）——物质生产生活基本方式——其他行为活动的基本方式（包括文化及教育行为活动的基本方式），是一个从前提到结论以及决定作用相继发生的必然联系过程，也是一个历史的变化和发展的过程，而且在不同的地区和国家也会有不同的表现特点。当代人类的生

产生活工具都走向了高科技化，现代高科技工具是现代人类活动的物质基础和前提条件，它们与当代的自然环境和条件相结合又决定了当代人类的物质生产生活基本方式，当代人类的物质生产生活基本方式又决定着当代人类其他行为活动的基本方式——包括当代文化及教育行为活动的基本方式。但在不同的地区和国家，由于科技水平和自然环境条件的差异，各地和各国的物质生产生活基本方式也会有差异，从而各地、各国人民的其他行为活动基本方式——包括文化及教育行为活动的基本方式——也会有所差别。可见，当代中国大陆的国学和国学教育活动必然以当代世界，特别是当代中国的科技工具和物质生产生活基本方式为前提，并以之决定其行动活动的基本方式。

高科技、工业化、市场经济等是当代中国和世界生产生活工具和物质生产生活方式的共同特征。无论国学学者研究哪门国学课题，他们必然使用现代科技所支持和提供的纸张、笔、书籍、电子文档、电脑、互联网等工具，并依据这些工具所要求的方式进行研读、写作、作学术报告等活动。无论国学学者或教师讲授哪门国学课程，他们所使用的也必定是由现代科技所提供的教学工具、教材、影音图像资料等工具，并依据这些工具所要求的方式进行讲授活动。例如，按照一定的技术要求和技术方式来使用电子书、幻灯机、电视、电脑、投影仪、扩音设备、互联网等科技工具进行讲学。无论国学学者、师生和国学爱好者接受和信奉哪条国学经典教条，他们都必定面对和接受现代工业所造成的巨变，必须依据现代工业所形成的物质生产生活基本方式从事工作和生活。例如，去公司上班，就必定要求遵守公司的规章制度；出去旅游，就要乘坐汽车、火车、飞机等现代交通工具并遵守现代交通法规；其他吃、穿、用、住所需的物品也主要由现代高科技和现代工业所提供。同时，他们还必须按照市场经济规则的要求来进行日常必须的买卖行为，遵守自由、平等、公平的交换规则。另外，他们为了做好日常工作、过好日常生活，还必须学习、掌握和运用一定的现代文化科学知识和技术。

可见，高科技、工业化、市场经济等现代科技工具和物质生产生活基本方式决定着当代国学学术和国学教育活动当事人的行为活动基本方式。这势必影响和决定到他们的思维方式和价值取向，从而影响和决定了他们对国学的解读和取舍。例如，孔子所说的“父母在，不远游，游必有方”，“君子喻于义，小人喻于利”；儒家对妇女所要求的“三从四德①”……显然，这些道德要求与现代人的科技工具和物质生产生活基本方式的要求是不相适应的，不能

①三从四德：“三从”指女人未嫁从父、既嫁从夫、夫死从子。“四德”指妇德、妇言、妇容、妇工。

适用于现代人。当代任何国学学者、师生、爱好者甚至儒学崇拜者都不可能真正接受和遵从。当然，他们更不应该叫别人去真正接受和遵从。现在的子女们长大后，无论求学和参加工作，绝大多数都要远离自己的父母，所谓“好男儿志在四方”成了现代社会男人们的口号，而孔子提倡的“父母在，不远游”对于他们来说只能是句空话。现代市场经济是人们逐利的战场，不“喻利”在市场经济条件下是没有生存能力的。当代国学文化和国学教育活动如果不“喻利”，就很难找到自己的市场，就难以持续办下去。另外，现代的女人与男人一样，要学习文化科学知识、要参加工作，在人格上、思想上和经济上与男人一样有自己的独立性，在法律上也与男人是平等的，所以，“女权”成了当代社会，特别是女人们的价值取向和追求目标，“三从四德”反而显得是不近人情、不合道德甚至违法的东西了。

2. 现代民主政治

现代民主政治可分为资本主义民主政治和社会主义民主政治两种，但充分强调和体现民主与法制精神则是现代民主政治的共同原则。现代民主政治是世界政治的主流，也是我国政治建设的根本原则和方向。党的十七大报告中指出，“发展社会主义民主政治是我们党始终不渝的奋斗目标”。党的十八大报告进一步要求“加快推进社会主义民主政治制度化、规范化、程序化”。所以，现代民主政治是当代国学和国学教育的基本政治前提。

但传统的国学和国学教育基本上是在封建君主专制的政体下形成和发展起来的，封建君主专制政体是它们的基本政治前提。所以，过去传统国学和国学教育有深厚的“君权”、“人治”等思想。当代的国学和国学教育所处的政治环境和政治前提已经是正在建设中的民主政治，人民民主和社会法制是其不可动摇的基本原则，与过去相比可谓发生了实质性的变化。当代国学和国学教育在政治态度上和政治标准上必须不同于传统的国学和国学教育，必须适应和服务于现代新的政治要求和政治前提，以民主政治的目标作为自身的政治标准和价值取向，将现代民主和法制思想纳入和融通到自身内容之中，在政治标准和政治评价上进行一次观念上的重大更新和革命。

3. 当代中国及世界的思想文化主题

当代中国及世界的思想文化主题都是围绕当代中国及世界所面临的主要思想文化问题和任务而开展的，当代中国及世界的思想文化主题有“发展”、“和平”、“和谐”、“人权”、“环保”、“生态”、“软实力”等，它们都关系到当代世界和中国的继续生存和发展。所以，它们都是当代中国和世界其他各国政府所极为关心的问题，也是当代一切文化活动（包括当代国学和国学教育）不可违背的基本思想前提。当代中国及世界思想的许多思想文化活动直接将它们作为自己追求的主要理念目标。

这些思想文化主题作为当代国学和国学教育发展的基本思想前提，必然要体现在当代国学和国学教育的思想理念当中。当代国学和国学教育必须在理念追求上贯彻和反映这些思想文化主题，这样才真正具有当代性，才能真正体现当代的人文精神和文化教育价值；否则，如果漠视或者背离这些主题，就会成为毫无生气的形式主义空谈。

三、当代大陆国学和国学教育的必然要求

当代大陆国学和国学教育的时代背景和基本前提是其不可离弃和逾越的生存之环境和生命之根本。从上述分析可以看到，这些时代背景和基本前提本身就包容了对当代国学和国学教育的种种必然要求。只有适应和满足这些必然要求，当代国学和国学教育才能避免种种过热或过冷、形式主义、机会主义、任意炒作、盲目冲动和逻辑紊乱等现象，从而走上时代的正轨，并取得真正的进步。

概括起来，这些必然要求主要有如下几点：

第一，必须适应和满足当代中国和世界的时代环境要求。当代中国和世界的时代环境作为当代大陆国学和国学教育的时代背景是其复兴的原因、运作的舞台和生存的环境，当代大陆国学和国学教育必须适应和满足这些时代背景或时代环境种种要求，并解决时代背景和时代环境对它们所提出种种问题，这是它们的使命要求。例如，必须适应和满足当代中国改革开放和市场经济的基本要求，必须适应和满足发展当代环保、生态和绿色经济的基本要求，必须适应和满足挖掘和弘扬中国传统文化与发展当代中国马克思主义相一致的基本要求，必然适应和满足构筑中华民族文化长城以抵消和抵制西方文化话语霸权现象，等等。

第二，必须适应和符合现代科技工具及物质生产生活基本方式的种种基本要求。例如，当代国学学者和师生必须掌握一定的关联现代科技工具及物质生产生活基本方式的数、理、化、天文、地理等基础知识内容，并让当代国学内容和国学教育的内容不与之发生矛盾现象。又例如，当代国学学者和师生必须尊重和适应由现代科技工具及物质生产生活基本方式所支持的人们各种生活方式，如恋爱和婚姻自由、人身自由等。

第三，必须适应和符合现代民主政治的基本要求。当代大陆国学和国学

教育应尽量剔除传统国学和国学教育中的封建糟粕，挖掘和弘扬其民主和法制的思想内涵，将传统的“爱民”思想与现代民主、法制思想统一起来。

第四，必须满足当代中国及世界思想文化主题的需要。当代国学和国学教育应尽量挖掘和弘扬自身中生态、环保、人权、和谐、软实力等方面内容，保持与当代中国及世界的思想文化主题的高度一致性，从而充分体现它们的当代生命力和时代价值。

当然，在适应和满足上述几点必然要求的同时，当代大陆国学和国学教育也应当保持自身的特色和相对的独立性，应当能够从时代的需要和问题出发，深入挖掘和改造中华传统优秀文化，并能对当代中国和世界所遇到的各种相关问题进行深刻反思，从而能够提出自己的独到见解。这也是适应和满足时代需要的一种表现，而且是更重要、更有价值的表现。总之，立足当代实际、适应时代要求、解决时代问题、不负时代所望，这就是当代国学和国学教育发展的正确道路！

作者为广东省社会科学院哲学与宗教研究所
国学研究中心助理研究员

中华学术之体系和精髓

——论《国学基础导论》

杨新洋

国学是当今文化界热议的话题，人们对传统的热度、文化的热度，体现了一种文化思考。文化精英也好，大众也好，都在谈论或关心国学文化，尽管有不同的声音或质疑，但关注国学的文化氛围，使国学热成了一种文化现象。读刘介民的《国学基础导论》，体会中华学术之体系和精髓。联系我们生活的问题、生命的问题、心灵的问题、精神的问题、人生的问题，乃至灵魂的问题、信仰的问题等等，我们大都可以从这个体系中找到相应的解说和答案。这是一部学术著作给予我们的印象和感悟。

一、中华学术体系的学理思路

《国学基础导论》所建构的学术体系，是从论述儒家孔子开始的。作者引用孔子《述而》篇曰："志于道，据于德，依于仁，游于艺。"所谓"志于道"可以说是中华学术之目标。"心之所之"叫做"志"，就是心之目标。朱熹曾说："道，是人伦日用之间所当行的。"但《周易》解释得更周密，在《系辞传》中说"有天道焉，有人道焉，有地道焉。"所谓"天道"、"人道"、"地道"，实质上就是一个"道"，包括天地、万物和人都必须遵循的、宇宙间最高的真理。作者进一步阐释，认为"道"是天人合一的自然律，但中心在人，是人如何适应天、地、万物的变化。作者指出中华学术的目标就是追寻这个"道"、适应这个"道"、践履这个"道"，所以孔子说"志于道"。"据于德"是中华学术的基础。"据"就是凭借，中华学术的结构是以"德"为基础。"德者，得也。"(《礼记·乐记》)人以天赋的心性，发而为行为，对外，使自己的行为与他人相得，是"德行"；对内，使自己的行为与自性相得，是"德性"。以这种"德行"为基础去研究"人伦日用之间"的一切，必造福于人类。所以孔子说"据于德"。所谓"依于仁"，是中华学术的精神，"依"是依随，就像影子依随形体，是无时不在，无处不在的。孔子有"仁者爱人"(《论语》颜渊篇)，爱人的人亦为人所爱，家庭中之父母、兄弟，同事、师生、朋友间都有爱与被爱的关系。社会人群间有大爱，必有温暖、有愉快、有幸福。这种“爱”人的精神要造成人人相爱的美满世界，所以孔子说“依于仁”。“游于艺”是中华学术之内涵。不在大海中游泳，不了解大海；不在中华学术中遨游不能了解孔子之内涵。这个“游”字很微妙，游心放目，自由自在，有寻索、采取、领会等意思。这是一种“海阔凭鱼跃，天空任鸟飞”的高远境界。有如此之境界，才能认识中华文化之内涵，那是研究中华学术的态度和方法。

中华学术之内涵在本书中是经过“九流十家”，经、史、子、集和考据学，义理学，经世学、词章学来论述的。所谓“考据学”，即考证，必须有充分的证据，是一种考求真象的学术。研究者要站在客观立场，运用科学方法，来从事于研究。作者认为：“考据亦称考证，乃研究古籍中之文字音义、名物器用、典章制度；多方寻求依据，然后考察辩证，是研究历史、语言等的一种方法。”“考据学”可归为三类：一是考求文字真象的学术，如研究字形的“文字学”，研究字音的“声韵学”，研究字义的“训诂学”。对于字形、字音、字义正确的了解，是研究国学的入门学术。二是典籍真象的学术，包括研究群书著录的“目录学”，群书版本的“版本学”，群书伪误的“校勘学”，群书真伪的“辨伪学”，佚书辑集的“辑佚学”等。面对纷纭杂乱的书籍，寻求正确可读之书。三是考求文物真象的学术，包括调查、整理、发掘，研究古迹、古物的“考古学”，研究钟鼎碑刻的“金石学”，研究龟甲兽骨的“甲骨学”等。这些考求文物的学术，可以提供给我们珍贵的资料。

义理学与经世学关系密切，义理学是“体”，是思想，是理论；经世学是“用”，是施行，是实践。可见义理学与经世学是不可分的。义理学是以思想的理论为主的学术。中华学术思想的主流是寄寓在经、史、子、集里面的。作者在书中写道：古人强调写文章要讲究“义理”，是指文章的内容要精要地阐述儒家圣贤的学说。“讲究义理就是要求观点正确，论据充分。”历史上伟大人物的思想，都在四书五经的经书里面，研究这些经书的就是“周易学”、“尚书学”、“三礼学”、“春秋学”等。孔子及古圣人的言行和思想都记载在《论语》里，于是有“论语学”，孝经记载孔子与曾子的问答，于是有“孝经学”，专门研究孔子思想的，叫“孔学”，如此等等。汉末，天下大乱，民生疾苦，世风衰败，人们的思想陷于玄虚，玄谈之风大盛，出现所谓周易、老、庄的“三玄”，即魏晋时代的“玄学”。民间则流行浓厚的神仙思想，兴起了“道教”。书中写道：“玄学是魏晋时期的主要哲学思潮，是道家和儒家融合而出现的一种文化思潮，也可以说是道家之学以一种新的表现方式，故又有新道家之称。”

而否定人生的印度佛教开始在中国流传。作者在书中指出："公元一世纪前后传入中国。当时，正是东汉魏晋时期流传提倡清净无为的黄老学说及神仙方术，后人们按照自己的思想模式理解佛教，并对佛教的般若性空学发生浓厚兴趣。经过与中国传统文化冲突、交流，佛教依附黄老道及玄学理论被接受下来并与中国固有的文化融合一体，演变成为中国的宗教。"佛教受中国文化影响，弃"小乘"扬"大乘"，发挥渡己渡人、普度众生的宏愿，建立了禅宗。六祖慧能对传统禅学的变革主要是提倡"即心即佛"、"顿悟见性"，强调"以无念为宗"、"即世间求解脱"。中国佛学的极盛，使佛学成为中国学术的一部分。由于宗教，特别是道、佛思想的激荡，使中华学术的主流思想——儒家，有了一个新的发展，那就是宋明"理学"。刘介民在书中说："理学是宋代兴起的，专讲义理，主要讨论世界本体和性理。"到了清代，欧风美雨浸润中华，西方思想与中国传统的儒、道、释相互激荡，为中华学术所包容吸纳。于是有"新儒学"、"国学热"等出世，开创一个新时代。

经世学是以实际的施行为主的学术。人类的生存与大自然息息相关，研究大自然的目的是使人能够适应它，运用它，这是现代所谓的自然科学。在中华学术里，自然科学老早就有之。如在《尚书》中就有"天文学"、"地理学"等记载,《史记》中有"天官书",《汉书》中有"天文志"等记载。《战国策》中的"纵横学"，鬼谷子与苏秦、张仪"他们的智谋、思想、手段、策略基本上是当时处理国与国之间问题的最好办法。"《管子》里有"轻重篇",《史记》里有"平准篇"，又叫"轻重学"、"平准学"，就是现代的"经济学"。中国古代自然科学是非常丰富的，如"农桑学"、"水利学"、"工艺学"、"医学"等等。而在近代"经世"一词，即"经国济世"、"经世济民"之意。作者认为："经世是指将学问、心思或者说理论、知识运用到社会生活实践中去，让它们发挥必要的作用。包括政治学、社会学、经济学、史学、地学、兵学、农学、工学、商学、医学、数学等。"

词章学，也可以称"文艺之学"，包括文学与艺术等各个方面的学术。作者认为：它"是属于文章形式方面的问题"，"涉及语言、章法和风格等方面"。如研究文章体制与作法的"文章学"，研究词性、句类以及篇章结构的"文法学"，研究修饰文辞的是"修辞学"，研究诗的作品、作家、流派的"诗学"等，书中还涉及到"词学"、"曲学"、"戏剧学"、"小说学"、"书画学"等等。

考据学是接受知识的学术，是由外而内的。词章学是书法情意的学术，是由内而外的。义理学和经世学是造福人群的学术，是内外兼顾的。庄子《天下篇》提出学术的最高境界，就是做到"内圣"——主体的内在修养；"外王”——把主体内在的修养推广社会，使天下道一风同。所谓“大学之道”就是“志于道”的“道”。大学之道有三纲“在明明德、在亲民，在止于至善”。作者认为：“此三纲构成了《大学》的基本思想和纲领。即修己、治人、安抚百姓。”亲民的意义，即指领袖亲爱人民，人民亲爱领袖，人民相互亲爱。是一种“依于仁”的精神。造福人群的学术，就是要做到人人皆能“明明德”、“亲民”、“止于至善”，实现“内圣、外王”的理想。接受知识，必须是正确无误的，接受知识之学所追求的是“止于至真”。抒发情感，无论是用词、声、形都要美妙才能感人。文学、艺术是以美为生命的。我们所说“抒发情意之学”所追求的是“止于至美”。而“造福人群之学”追求的是“止于至善”。可见，中华学术是追求“真”、“善”、“美”的极致，达到“至真”、“至善”、“至美”的境界的。

二、中华学术精髓的知识谱系

中华学术又称“中国学”、“国学”。20世纪初，章太炎曾开办国学讲习会，邓实在《国粹学报》上撰文，称“国学”者，盖所以有别于“西学”，“国学者何？一国所有之学术也。”。不久刘师培、章太炎、邓实等创办《国粹学报》。凡是学术，都是经过研究与创造，而自称条理、自称体系的。我们从各种学术的体系里，就能看出各种学术的特色。中华学术是中华民族运用自己的智慧，研究、创造出来的，它自然也有自己的一套体系。因此，我们要认识它，就必须认识它的体系，然后才能知道它的特质，知道了它的特质才能够深入研究它。六七十年代胡道静主编《国学大师论国学》、张蓓蓓著《认识国学》、程发轫主编《六十年来之国学》等。九十年代以来再次欣起“国学”热，近年出版和再版的著作很多，如章太炎《国学概论》、张岱年等著《国学今论》，刘兆佑的《国学导读》，朱维焕、孔祥骅、龚鹏程的《国学入门》等。这些著作虽阐明了很多国学问题，但都不够系统。读刘介民的《国学基础导论》给我们一个总体印象和感悟是：一个比较有系统的中华学术体系的基本建构，一个新的、完整的国学学科体系解读模式。正如李明华研究员所说：“本书提出了一个新的国学理论体系，在理论的探讨上、系统观点上、全书结构上都有新的特色。本书在现代学术思想的观照下，确立了一个新的立场、新的观点。”《国学基础导论》阐发和论述了中华民族几千年生存和发展的智慧结晶。书中写道：“国学经典是最有价值、最有意义的著作。如治先秦经典之国学，我们可以从孔子那里读到一颗爱心，构建和谐；从孟子那里读到豪言正气，治平天下；从荀子那里读到积极进取，科学精神。我们可以从老子那里读到人与自然和生活的辩证法；从庄子那里读到美和艺术的人生观。我们还可以从墨子那里读到救助百姓的古道热肠，从韩非子那里读到遵纪守法、直面人生。总之，国学作为中国学术，我们会从国学精要中更深刻地认识到人生态度、人生智慧、人类社会。”

国学热所带来人们对传统文化的思考，阅读、了解、走进国学经典，对于掌握人生真谛、提高国民素质、宏扬民族精神、升华个人气质，均会有很大的帮助。于是，学者和大众都来探讨和关注国学问题。国学大师季羡林先生在《人民日报·海外版》撰文《“国学”应该是大“国学”》，很通俗地解释了国学的文化含义，“现在国学特别热，但是年轻人对国学的概念比较模糊，不太清楚。那么，什么是‘国学’呢？简单地说，‘国’就是中国，‘国学’就是中国的学问，传统文化就是国学”。袁行霈在《人民日报》谈“国学究竟有什么用？”它的精华部分能丰富我们的精神世界，增强民族的凝聚力，协调人和自然的关系以及人和人的关系，能促使人把自己掌握的技术用到造福于人类的正道上来，这是国学无用之大用，也是人文无用之大用。书中作者写道：“国学是中国学术的简称。所谓“学术”，指有系统的、较专门的学问，中国之学术，乃相应环绕于人生之诸问题，以探讨其原理、原则，并寻求解决之方术。”试想，如果我们的心灵中没有诗意，我们的记忆中没有历史，我们的思考中没有哲理，我们的生活将成为什么样子？“什么是国学？”“国学究竟有什么用？”这些在大众之中存在的疑问，可望在本书中得到清晰的答案。

《国学基础导论》在现代学术思想的关照下，确立了一个新的立场、新的观点。本书的特点是作者通过对古代典籍，特别是对孔子、孟子、荀子；老子、庄子；墨子、韩非子等细读、钩玄、梳理建构了一个体系。它集众多经典为一书，采集提炼群经诸子的最有代表性的经典话语，同时吸取近百年来许多国学大师的心得，结合本人的研究，作出简明而直接的诠释。本书是一本浏览和研究中国学术的著作，探讨国学的兴起和国学热、国学的主要内容和学科体系、国学的价值和现代意义、国学的治学和研读方法等问题。全书21章，46万字，分四个大的部分。本书第一部分（前6章），是对国学的大体扫描，对国学的缘起以及主要内容都有所涉及。如国学的名称与内涵，国学的观念与属性，国学的范畴与分类；儒家的孔子、孟子、荀子；道家的老子、庄子；墨家墨子；法家韩非子；宗教的佛教、道教。第二部分共6章（7-12章）是对九流十家中其他各家的介绍和论述，如对阴阳家、纵横家、名家、农家、兵家、杂家的阐述，能够将主要内容都容纳其中，给读者一个整体印象。第三部分（13-16章），专论经学、史学、子学、集学。经学，涉及先秦经学，两汉经学，魏晋南北朝经学，隋唐经学，宋代经学，元明经学，清代经学。史学，涉及正史：纪传、政书，编年：编年体，纪事本末，国别体史书，史评与学术史。子学，涉及子学特质及学术使命，诸子命名与各家渊源，诸子蜂起与百家争鸣，诸子思想差异之原因。集学，涉及《楚辞》，别集，总集，诗文评论，史学评论，以及《四书》、《五经》、《十三经》。第四部分（17-21章）是关于国学的相关理论知识和治学方法。涉猎玄学、理学，义理学，考据学，词章学，经世学。如理学中的朱熹的理学体系，宋明理学之派系。义理学，《尚书》、《诗经》、《礼》、春秋《三传》、《孝经》、《尔雅》、《孟子》。考据学，目录学、图书馆学、版本学、校勘学、辨伪学、辑佚学、文字学、声韵学、训诂学。词章学，诗学、词学、曲学、文章学、小说学、俗文学。经世学，经世致用的一般特点、经世致用的文化渊源、通往近代新学的桥梁。结论：国学的现代生命律动，论述了国学在当今世界学术上的地位、国学的现代性与社会的现代化、国学的基本观念是“生命律动”。

《国学基础导论》的理论建构，在系统观点上、全书结构上有新的特色。作者认真把握了儒家、道家思想之关键，以丰富的资料论证了中国学术博大精深，符合中国文化特征。从中国文化的历史进程，关注传统文化的发展趋势；从国学本身来说明国学、反思国学。本书不仅对国学的基本知识做了大致的介绍，而且介绍了主要经典和方法。读者可以根据需要选读九流十家，也可以根据经学、史学、子学、集学，以及考据学、义理学、经世学、词章学的阅读了解国学。

三、中华学术重建与与时俱进

要创建适应中国特色的新国学，必须有新的学术体系和学术价值。《国学基础导论》的学术体系，涉及到文化、人生观、儒家、道家、佛家等几乎整个中国人文社会问题，本身就说明了其历史地位和价值。纪宝成在《重估国学的价值》一文提出“重建理念，重建方法，重建队伍，重建学科”是十分必要的。但体系的建立要符合中国文化特征，不是随意的建构。比如有人提议将国学与文学、史学、哲学等并列设立为“一级学科”，这种所谓的建构是不符合中国文化特征的。它不仅忽略了逻辑上的种属关系，而且也降低了国学的地位，使国学内涵变得狭窄了。国学不应该是一个学科，而是一个学科体系。国学作为一个不同于现代学科体系的传统学科体系，有自己独特的学术分类。

1913年，以蔡元培为总长的教育部公布《大学令》，规定取消经学科，在大学设文、理、法、商、医、农、工七科，标志着在学科体制上传统国学已被近代分科之学所取代。跟踪国学的最新动向，国学中除了有小学、经学、文学、史学、哲学等传统人文学科的内容之外，还包括政治学、经济学、法学、军事学等社会科学，天文、地理、算学、医学等自然科学，农学、水利、建筑等实用技术科学的内容，甚至把琴、棋、书、画、诗、词、歌、赋，以及京剧等传统艺术和武术、杂技等等都包括在内。56个民族的文化都属于国学的范围。而历代融入到中国文化中的外来文化，也都属于国学的范围。如季羡林所说的“大国学”。复兴国学和重建国学必须与时俱进。

为什么要重建中华学术？重要的是我们能否真正的认识它的价值和使命；能否真正的认识国学的特质、价值，和它们对于世界学术的贡献。刘介民在本书前言指出：“最初提出“国学”问题的人，固然激于一种现代民族国家意识，但同时他们也是一些对现代学术有所了解、有所比较，并具有对传统学术文化进行反思、加以重新解释能力的人。像章太炎、梁启超等就是典型代表。‘国学热’作为一种文化现象，在新的历史条件下能否复兴?”“复兴国学”的代表人物章太炎、刘师培等人认为先秦诸子学与近代西学是相通的，藉西学之新理、新法来发明古学新义是他们研究国学的基本思路。1919年，胡适发表《新思潮的意义》一文，正式标举“研究问题，输入学理，整理国故，再造文明”的旗帜。尽管他们在文化理念上有矛盾和冲突，但都不赞成将国学运动引向复古，都赞成对西学采取开放的态度，都意识到重建国学是再造中华文明的一个重要组成部分。刘介民说：“国学是指以儒学为主体的中华传统文化与学术。”这种界定其实是一个相当笼统、内涵十分丰富复杂的概念。中国古代的学问是“通人之学”，主张天地人贯通、文史哲贯通、儒释道贯通、真善美贯通、道学政贯通，而以成人之道为中心，构成一套完整的中国传统学问的知识系统。

重建中华学术的根本动力，是中华学术自身的要求，是创建适应时代需要的新国学的需要。作者认为：“国学研究的振兴和绵延，更多的应该依靠国学的自身价值……”中华学术就是要通过自己的本质特征，了解自己对社会历史的依赖，并加以回应和呈现。因为国学与社会的现代转型有密切关系。如如作者所说：“提倡国学的一个重要目的，就是要促使人们对中国历史和文化的了解，同时也是为了增强中国人的凝聚力。”中华学术重建和与时俱进，就是要找到中华学术的现代价值。

一、如何对待传统、对待中国古代学术？我曾把中国与日本、印度、韩国及中国与西方作了比较研究。我发现，我们周边国家在实现现代化的过程中，并没有打倒他们的传统文化，而是在尊重传统文化的前提下实现现代化的。这就与我们不同，我们为什么一定要将传统文化打倒呢？从五四到文化大革命，我们都把传统文化看作是“祸根”、现代化的“绊脚石”，甚至痛恨、挞伐传统文化，造成了严重后果。伤害了中国学术界、教育界，也害了大批青年学生。我们不能简单地批评年轻人遗弃了国学。一群在基础教育中被“国学”遗弃的孩子，事实上等于被他们的文化之母所遗弃。

二、不学中国古代学术，使我们缺乏新力，缺乏自主创新能力。不学传统文化，不懂中国古代典籍，传统文化就将在现实的生活中消失了。我们的学术只能效颦西方模式，“言必称希腊”，缺乏原创性，而成为西方的“大后方”。这都是我们不重视传统文化所造成的危害。中国的青年学子甚至中年学者，有几人认真读过《十三经》《二十四史》？他们在国内没有接受这方面的基础教育，值得深思。

三、在文化发展上，失去传统文化就没有自己的特色。中国几千年积淀下来的文化家园、心灵家园没有了，我们还有什么呢？空疏的学风，缺少文化家园感，缺少精神文明的核心。一些人惟利是图、惟钱是图、贪污腐化、道德败坏，这都与精神空虚、传统文化失落有关。没有系统的教育，我们求人不如求己——在民间，对于国学的渴望，由此可见一斑。我们应该好好学习、继承传统文化，要看懂读懂。

当然写作这样一部学术著作并不是一件容易的事情，既要博古通今，慎思明辨；又要辨章学术，考据源流；既要吸纳传统精华，又要开拓创新。作者试图尝试，通过对经典意义的探求和诠释，寻找古今相通的、至今仍然具有鲜活生命力的思想。但在文献语料的汇集、类别与范畴分类、专题语料的整理等方面瑕疵和不足之处有不少。

做学问的人不应该用太狭义的实用主义来评判学术的价值，然而，学问若抛弃功用的标准，便会走向荒谬的路上。纸上的材料不但有限，而且多浅陋幼稚，没有学问眼力，却只是一味找寻“去古未远”的东西，日日“与古为邻”，却不知不觉地成为与鬼为邻，而不知不觉浅陋愚妄幼稚了。

英国大哲学家培根，研究人文科学和自然科学。他的治学方法是归纳法，即运用归纳法在自然界寻求原理法则。他认为归纳法才是光，光才能引人一条道路，他给学术研究开辟了一条光明大道。但运用归纳法要避免两种谬误，其一是“轻率推概”，其二好似“误认因果”，如果观察试验的事例太少，或仅仅全凭事例的一部分取得结果，会陷于轻率推概的谬误。刘先生与我做学问的态度显然不同，他以引用前人所说的为依据，引权威人物的话好像可信，甚而引的越多越有力量。我的态度是牢牢依据原始资料，千方百计来寻求它的原来面目，不依据别人的解释。别人的解释并不是不重要，也不是不参考，而是从原理法则来认识原始资料的面目后，再来参考别人的解释，也可以知道其对错及所以然。引用前人的论述，会有个人偏见，有政治的，宗教的，社会的，学派的等。偏见与偏见相遇一定会有冲突，是非难辨。国学之所以是是非非、无是无非，就是由此造成的。而后者可以先从收集资料入手，而不是先发表意见。通过大量资料证实所要研究问题真伪、是非，同时也排除了所有的疑问。研究学问的目的是在解决问题，不在抄书，也不在夸耀自己的学问。

中华学术遗产丰富、伟大，我们应该珍惜他、爱护他，并为之发扬光大。台湾诗人余光中说：国学是一座山，我等不过是蚍蜉而已。不仅国学是山，而且其中的每一类都是一座山。国学的兴盛，关系到复兴中华文化，遂撰此文与刘先生以及国学界同仁请教。

作者为广州大学教授

[1] 刘介民. 国学基础导论[M]. 广州：广东高等教育出版社，2008.

[2] 朱熹 论语述而集注 四书集注 北京：中国书店，1994.

[3] 邓实. 国学讲习记. 国粹学报[M]，第19期，1906.

[4] 季羡林. “国学” 应该是大 “国学”[J]. 人民日报·海外版.2007.6.25.

[5] 袁行霈. “国学究竟有什么用？”[J]. 人民日报. 2007.6.29

[6] 纪宝成. 重估国学的价值[J]. 南方周末. 2005.5.26

[7] 胡适. 新思潮的意义[J]. 新青年. 第7卷第1号. 1919. 12. 1.

孔子与《易经》教育智慧的比较与诠释

刘介民

教育应随时代的脚步而讲求因、革、损、益，才不会为时代所淘汰。清代因“扬儒抑道”而迷失在泥沼中。而现代的多元文化、国际化又让我们迷失了传统的教育理想与精神。当前的教育窘境如何克服，如何让教育的内涵更为深化？研究孔子与《易经》，激荡两种不同的教育思想，开启孔子与《易经》互补互济的大门，可以活络当前整体教育改革的实施。

孔子有很高的智慧和道德。《易经》神秘而富有人生智慧。要弄清楚孔子与《易经》教育思想的特色，必须把儒、道、墨、法等教育思想补充进去。因为它们都是从《易经》中引申出来。要把国学许多精华融通在一起才能凸显《易经》的学术性、实用性。本文研究的目的旨在探讨孔子与《易经》教育意蕴与实践方式的异同。为此目的，要阅读原典、收集孔子与《易经》涉及教育方面的文献、诠释比较重点相关资料。并对照当前教育的实施内涵，提供教育改革可供参考的借鉴。

一、孔子与《易经》教育的核心理念

在《易经》时代虽然还没有达到对“道”高度概括、高度抽象的程度。还没有对“道”做天地万物的本原、宇宙本体论的探索。但《易经》已经通过阴阳爻的变化及乾天坤地八卦反映了万物本源于天地阴阳变化的概念。《易经》是人与天地、社会相统一的三才观，为后来“道家”的天道观奠定了基础。而《易经》中道家“无为”的自然主义教育思想，是无为而治，是无为而无不为。老庄继承了《易经》的无为思想，是一种更高层次上的顺其自然，是不强为、不妄为，与自然融为一体的。就是说道是自然的，道家如《易经》认为“道”是无为和无不为的统一。这两种观念都关注人、尊重自然、讲究道，具有丰富的人文哲学思想内涵和高超的艺术因素，有极高的研究和实践价值。孔子教人“三省吾身”;《易经》把外在的自然由外向内扩展，提倡“自我观照”。因此，无论是对教师还是学生，修身养性、格物致志、无欲无为的自我修炼和自我超越的心理氛围，都应该通过教育生态文化建设加以营造和提升。

孔子主要发展《易经》的乾卦、震卦、离卦、巽卦，所以重视积极有为，刚健处世。孔子强调乾卦的自强不息，偏好离卦的如日中天，奉行震巽的雷厉风行，所以主张竞争，强调奋斗，积极入世。孔子立足于现实世界，以人文主义为基本取向，注重道德的完善和人格的提升，强调积极进取。道家以及《易经》的价值观以自然主义为基本取向，注重天然的真朴之性和内心的宁静和谐，主张超越世俗，因任自然。而《易经》中的坤卦、艮卦、坎卦、兑卦四个卦的精神，崇尚柔顺，强调坎卦的水柔，突出艮卦的知止，重视兑卦善悦。《易经》中的这种精神为道家所发挥。所以道家性顺善柔，知止知足，因而宽容厚道，谦让不争，知足常乐，和悦面善，主张避世无为。

（一）《易经》与道儒两家关系极其密切。如果用阴阳表述的话，从时序角度看，道家是阳，儒家是阴，阳始阴成；从发挥人的主观能动性角度看，儒是阳，道是阴，这恐怕正是影响中国文化两千余年的一阴一阳，阴中有阳，阳中有阴的两个不可分割的流派。同时，无论是老子还是孔子，都从不同侧面去丰富《易经》的理论。老子强调无为，无为就是领会道，依道行事，而不自作主张。老子研究的对象是道与人之间的关系，而孔子侧重于研究人与人之间的关系，是有为哲学，强调人的主观能动性。老子关注的是本质，是理性者，讲究的是清静无为，是道与德；孔子更关注人文，是感性者，故强调的是仁义礼。老子认为失道而后德，失德而后仁，失仁而后义，失义而后礼，这一顺序充分体现了从无名到有名，从本质到现象的演化过程。孔子更加入世，这也不难理解为什么儒家在中国历史上有更大的影响力，因为它更密切地与人们的生活联系在一起，更易于被普通百姓所理解，更加具象，更有可操作性。道家因其深奥难懂，一般百姓无法体会其深义而被束之高阁。同时，孔子的理论更有利于为统治阶级维护其统治地位而被大力提倡。而老子强调遵循道，遵循规律，给统治者更多的来自“天道”思想的约束而很难为统治者利益服务。

《易经》，强调天道、主张革命，如“天地革而四时成，汤武革命顺乎天而应乎人”（《易经·革卦》），主张奋斗，《易传》的“实有”导致了强调有为的人生观。孔子的人生观比较积极，吸收《易经》的阳刚。孔子发展了《易传》的“形而下者，谓之器”，就是重实物，而道家则发展了《易传》“形而上者，谓之道。”谓贵虚无，从而对儒道两家的唯物及唯心的世界观产生了分水岭一样的影响。

《易经》强调中行、中和及中正，并通过爻卦、卦辞反映了这一原理，奠定了古代中和观和平衡观的基础，对儒家的中庸之道及道家的“冲气以为和”都产生了深刻的影响。孔子“中庸”的人本主义思想是手持两端，不偏不倚。孔子的中庸思想，有其严密的内在逻辑：“尚中”是中庸的逻辑起点，“时中”

是中庸的内在本质，“中正”是中庸的规范准则，“中和”是中庸的理想目标。所不同的是，《易经》的中和观强调阳与阴和、刚与柔和，与孔子教育思想接近。《易传》强调氤氲本体，认为世界的本源是宇宙的元气，所以《易传》如孔子思想强调“有”。

（二）《易经》教育目标表现在两个方面：一为“道”；二是多元人格。庄子认为“道”可传，并赋予“道”在教育中更多的现实意义。在教育目的上，《易经》影响了道家与儒家。老子主张圣人无为而治，抱真守朴，复归于婴儿无极的自然状态。庄子认为“万物作焉而不辞”，“是以圣人处无为之事，行不言之教”，“庄子将天人合一型的真人作为教育培养目标，既有其理论渊源，又有其社会背景和价值选择的倾向。”庄子认为，万物有其特性，人各有其本性和长处。他说：“鱼处水而生，人处水则死。”（《庄子·至乐》）可见，孔子强调教育是社会发展的需要，而道家重视人的个性发展、多元人格，这正是对儒家教育思想的有力补充。

《易经》的第一句话“乾：元、亨、利、贞”讲的就是天地变化的规律，就是万事万物变化发展的规律，这个规律不是一成不变，是在变化中发展的，所以“遵循”这两个字很重要。在反复学习的过程中，有一天好像我真正的有所领悟，“元、亨、利、贞”这也是教育学生的发展规律。教育学生过程中的“元”，是要端正我们自己的教育态度，做到真正的正心诚意，领悟经典的真谛，把握好教育的方向。也就是先学做人，后学做事。如果只是想让学生学会挣钱的技能而忽略了“童蒙养正”的教育根本，这样的“利”是不“义”的，学生的一生就缺乏格局，是不会走得很远的。“贞者，事之干也”。贞，固也，讲的就是坚持，不断地努力，不断地克服困难。在教育过程中会遇到各种问题，需要我们坚持不懈，克服困难。

孔子以社会为本位，道家以个人为本位。孔子对教育的社会功能给予充分肯定。孔子说：“道之以政，齐之以刑，民免而无耻；道之以德，齐之以礼，有耻且格。”《论语·为政》）所谓“道之以德，齐之以礼”，就是实施教育。《学记》开篇提出：“君子如欲化民成俗，其必由学乎。”“古之王者，建国君民，教学为先。”可见，儒家“建国君民”“化民成俗”，唯一依靠的就是教育。教育要发挥社会功能，教育目的是培养什么人的问题。孔子的教育目的是培养从政君子。孔子认为“学而优则仕”，孟子提倡“贤者王位，能者在职”（《公孙丑上》）。孔、孟所谓的“学而优者”“贤者”“能者”主要是指道德“高尚”的君子，其特征是：明人伦，乐其名分，遵守封建礼教，维护封建等级制度。道家教育的总目标是，认识、追求和实现“道”。要把“道”付诸实施的人，就是“圣人”

或“上士”。所谓“上士闻道，勤能行之。”（41章）

教育的基本要求是把人类创造的文化内化为受教育者的学识、才能与品德，使他们的身心得到健康的发展，成为社会所需要的人。教育既是社会发展的需要，又是人的自身发展的需要；另一方面说明了人的发展是一切教育活动的中心。

（三）在道德和人格教育上，老子发展了《易经》思想，他说：“道常无为而无不为。”（27章）道的基本属性是自然无为。正如美国学者麦金太尔（Alasdair MacIntyre）所说：‘道德本体’与各门伦理学之间存在体用关系。换句话说，如要重建现代道德信念，建构现代伦理道德体系，就必须立足于“道德本体”基础。‘道’作为宇宙的本体和支配世界的根本规律，其‘自然’不是自然界中的具体事物，而是指不加入人为强制力量的本然状态；‘无为’不是无所作为，而是顺应本性、不强作妄为。”孔子崇德政、整体至上，道家尚无为、个性自由。孔子说“为政以德，譬如北辰居其所而众星拱之”。（《论语·为政》）道家对孔子的伦理本位持批判的态度，认为仁义礼智忽视人的自然本性，是对人性的扭曲。

孔子主张以德施政，要求每个人“明人伦”，即在君臣、父子、夫妇、兄弟、朋友五伦中寻找自己的位置，自觉地乐其名分。《大学》明确指出：“为人君，止于仁；为人臣，止于敬；为人子，止于孝；为人父，止于慈；与国人交，止于信。”道家提出无为而治，指出要顺应时势，顺应民心，顺应自然和社会规律，不强作妄为。《易经》提出教育的理想人格特征是“体道循道，个性自由”。“选择以培育个体的独立人格作为道德教育的基本取向，这是一种道德坐标轴心的根本转移，是中国两千多年来道德和道德教育的根本转型。有“独立人格”的人首先必须是道家倡导的体道循道、个性自由发展的人。老庄接受《易经》思想，认为道德和人格教育有别于一般的伦理道德学说，它没有提出诸多的条条框框来约束人们的思想行为，只是告诉人们，每个人只要按照自己内在的自然本性，也就是本分去行事就足够了。

二、孔子与《易经》论教育地位与意义

《易经》给教育以很高的地位，是与其对教育意义的认识分不开的。它把教育放在人们的吃饭穿衣之上。它是以“人”及人与整个社会间的关系的认识为前提的。中国古代的思想家往往兼有这两种思想。老子有“我无为而民自化，我好静而民自正，我无事而民自富，我无欲而民自朴”。（57章）庄子主张在现实生活中保持心灵的超脱，他那种寄希望于心灵的纯净和追求逍遥的境

界对后世的人影响很大。孔子主张“仁政”,“仁者，爱人”，要“克己复礼，天下归仁焉。”而仁义之根本为孝悌。孔子注重教育，提出“学而优则仕”及“有教无类”。道家主张“无为”，儒、道两家的思想差别很大，却都来源于《易经》，互相补充，构成了中国文化积极入世与顺应自然的矛盾统一。

（一）在《易经》看来，人性本恶，但人的这种与生俱来的秉性是可以通过教育加以转化的。如果放弃教育，听其发展，势必给整个社会造成危害。这一思想主要寓寄在《蒙卦》的卦象之中。这主要反映在卦序的安排上。在《易经》六十四卦中《蒙卦》居第四位，前《屯》后《需》。《屯卦》讲的是如何建邦立国,《需卦》讲的则是饮食之道，而《蒙卦》则讲的是“君子以果行育德”，如何使人民百姓趋正向善的教化问题。《序卦》云:“屯者物之始生也，物生必蒙故受之以蒙。蒙者，蒙也，物之稚也。物稚不可不养也，故受之以需。需者，饮食之道也。”这里“物稚不可不养”的“养”就是《蒙卦·象传》说的“蒙以养正”的“养”。《易经》对教育意义的认识是以“蒙”之为卦：坎下艮上，据《说卦》而论，坎为水有险义，艮为山有止义。《蒙卦》于此显然是以自然界的“山中之水”喻人事。表明它对人的秉性及对教育意义的认识：人之初如同山中之水，虽未涉世，但已存有某些日后足以危及社会的因素。这种因素说到底就是愚昧无知,《说文》云:“蒙，童蒙也，一曰不明也”。这恐怕是我国思想史上人性本恶，无知致害的最早提出。不过《易经》认为人的这种危险性是可以转化的，其转化的主要手段就是教育——“止蒙”、“育德”，且教须及早。《易经》的这种卦序安排很显然是重“道养”，轻“物需”的思想反映。它把教育看成是开国兴邦之后的第一要务，在它看来对民众的教育在一定程度上要比对民众生活资料的供给更为急切。不难看出《易经》已认识到教育是一种改造人性，维护社会安定，促进人类社会走向文明的不可或缺的重要手段了。

（二）《说文解字》有“教，上所施下所效也；育，养子以作善也。”《学记》有“教者，所以长善而救其失者也。”孔子道德教育即集合了古代伦理观念、道德人格为教育目的。孔子将人分为五等：士人、君子、贤人、圣人、庸人。士人是受教育者，即为教育对象。士、圣、贤具有完善人格，是孔子教育中的理想境界。后来士、圣、贤演化为君子，“胜任吾不得而见之矣，得见君子者斯可矣。”(述而)孔子所述君子，即是臻于圣人的境界，君子是孔子用以代替圣人的目标。《礼记·学记》中“玉不琢，不成器，人不学，不知道。是故古之王者，建国君民，教学为先”的观点，则是对《易经》以来教育思想的总结。要养成君子道德人格，是孔子教育思想的实现。孔子学说的中心是“仁”，那既是伦理观念，又是道德哲学。孔子的教育思想是建立在这种理念的基础上。

因此，孔子论教育的目的，遂以完成道德人格之主要目的。孔子曰："志于道，据于德，依于仁，游于艺"。（述而）孔子教人多勉励人，"见贤思齐，择善而从。孔子有"见贤思齐焉，见不贤而内自省也。"（里仁）孔子常叹一般求学仅仅是为了知识，"吾未见好德如好色者也。"（子罕）在孔子心目中，教育活动是以道德为主要目的的，孔子是一位完成道德人格的教育家，可称为道德教育学。

士是受教育者，是道德教育的起点。士虽距离圣人还很遥远，但具备成为圣人的条件。这在孔子与弟子谈话中有很多表述，如与子路、子贡、曾子等对话中多有涉猎。如曾子问："士不可以不弘毅，任重而道远。仁以为己任，不亦重乎？死而后已，不亦远乎？"（泰伯）没有这种条件不可谓君子，有了这些条件才有可能接近圣人。孔子常把君子与小人并列，如"君子之德风，小人之德草，草上之风必偃。"（颜渊）"君子怀德，小人怀土；君子怀刑，小人怀惠。"（里仁）这里的君子系指政治上有地位的士大夫，小人则是一般的下民。士大夫要为下民做表率。后来君子又被称为品德高尚的人，小人则成为君子的反面。"君子喻于义，小人喻于利。"（里仁）"君子坦荡荡，小人常戚戚"（述而）等。君子不仅在品格上，还要在修养上有积极的作为。要有积极、消极的条件兼备，才是孔子心目中的人格圣人。

三、孔子与《易经》的教育内容和目标

在教育思想内容上，《易经》影响了道家与儒家。孔子主人伦教育，老子重对自然的探索。孔子的教育内容是"文、行、忠、信"（《论语·述而》），具体教材为《易》《诗》《书》、《礼》、《春秋》，诗以道志，书以道事，礼以道行，乐以道和，易以道阴阳，春秋以道名分。老子继承《易经》重视对大自然的探讨，这就丰富了孔子以人伦教育为中心的教育内容。医学、药物学、养生学、化学、冶金等方面的许多知识，对中国古代科技文明做出了贡献。孔子教育内容实质是人文教育；道家重视对大自然的探索，"其教育内容实质是自然科学知识教育"。孔子与《易经》教育内容互相补充，其互补性对现代大学课程设置具有重要的启示。当前，高等教育经历了"以人文教育为主，以科学教育为主，人文、科学教育融合"后，处于从科学教育为主，向人文、科学教育融合转变阶段。这个转变不仅是社会、科技发展的要求，更是对教育真谛的领悟。

（一）《史记·孔子世家》记载"孔子以诗书教弟子，盖三千焉；身通六艺者七十二。"《论语》有"子以四教：文、行、忠、信"（述而），"德行：颜渊、闵子骞、冉伯牛、仲弓；言语：宰我、子贡；政事：冉有、季路；文学：子游、子夏。"（先

进）可见，孔子当年用什么教材、课程，教材是课程的内容，来教导学生。所谓四教，指课程的分类，而四科乃是表示弟子的特长。两者之间密切相关。即德行是行，语言属信，政事是忠，文学是文。至于课程，孔子以诗书礼乐为多。

《易经》、《蒙卦》所论教育内容与目标，可用《易传》中“止蒙”、“育德”、“养正”六字概括。《说文》云：“蒙，童蒙也，一曰不明也”，孔颖达疏：“蒙者，微昧暗弱之名”。“止蒙”即启蒙去蔽，使人有知而聪明。具体地说就是通过教育使孩童长知识，多见闻，它包括当时的生产实践与社会实践的种种知识。“育德”就是对道德品行的培养。《礼记·大学》开宗明义地指出“大学之道，在明明德，在亲民，在止于至善。”当然这里所讲的“德”并不是空泛的、抽象的，它的具体内容是受当时社会制约的，是与维护当时统治阶级利益相一致的。《周易》“蒙卦”的“育德”观与《礼记》中的观念是一脉相承的。还有所谓的“六德”（“知、仁、圣、义、忠、和”）、“六行”（“孝、友、睦、姻、任、恤”）等等，都是当时“育德”的具体内容。

（二）对受教育者的认识。《易经》以为人有差等，不同的人对待教育的态度和受教育的表现也是不同的。《蒙卦》列举评议了三种不同类型的受教育者。第一类心不正，意不诚，求学用心不专。六三爻辞运用比喻的手法对这类受教育者进行了形容：“勿用娶女，见金夫，不有躬。”《蒙卦》以这种女子喻缺少自控意志，易受他事他物诱惑的受教育者，这类受教育者其学必不能精专，与受业于弈然心思鸿鹄者同类。第二类既孤陋寡闻，又固步自封。对这类受教育者，《象传》云：“困蒙之吝，独远实也。”第三类恭逊承教，心乐于学，六五爻称这类受教育者为“童蒙”。由此可见，早在数千年前的《易经》就已具有了：只要有人的地方就会有好、中、差的客观认识。同时从一个侧面还表明了教育、教学的成功应该是施教与受教双方共同努力的结果。甚至于《易经》在一定程度上更为看重受教方的主动性、积极性的作用。这与当今教学中强调“学生为主体”的教育理论颇为相通。

（三）在教育学里，如何处理好学与思，做学问如何求得博与约、知和性孰先孰后等问题。这既是《易经》的教育内容又是教育的目标。

学与思，孔子曰：“学而不思则罔，思而不学则殆。”（为政）指的是为学的五个途径：博学、审问、慎思、明辨、笃行，说明学思结合，相得益彰，分离则两蒙其害。学与思虽当并重，但思当以学的资料为依据，不可泛然而思，即学是思的基础。

博与约，孔子认为既要博也要约，孔子曰：“君子博学于文，约之以礼，亦可以弗畔矣夫。”（雍也）所谓“博学于文”，即是孔子所说的“敏而好学，不耻下问"(治长)。朱熹注引程子之言"博之于文而不约之以礼，必至于污漫；博学矣，又能守礼而由于规矩，则亦可以弗畔运矣。"最能道出孔子博文约礼之意。

知与行，学问思辨是求知，笃行则属于力行。求知应该是先知而后行，即知即行。孔子曰："弟子入则孝，出则悌，谨而信，泛爱众，而亲仁，行有余力，则以学文"(学而)孔子有先传后倦的次序。朱熹注引程子之言"君子教人有序，先传以小者近者，而后教以大者远者。"非先传以近小，而后不教以远大。乃是以知为本，力行的目的还是为了求知。

中国古代的思想家往往兼有这两种思想。道家主张"无为"，在老子看来，高明的教师一定会坚守"无为"的原则，只有无为，鼓励学生的积极性和创造性，治理天下才不会遭受失败；只有不固执己见，虚心接受各方面的意见，治理天下才不会蒙受损失。庄子主张在现实生活中保持心灵的超脱，他那种寄希望于心灵的纯净和追求逍遥的境界对后世上人影响很大。孔子主张"仁政"，"仁者，爱人"，要"克己复礼，天下归仁焉。"而仁义之根本为孝悌。儒家注重教育，提出"学而优则仕"及"有教无类"。道儒两家的思想差别很大，却互相补充，构成了中国文化积极入世与顺应自然的矛盾统一。

道儒思想接受《易经》影响，对现代教育的原则性启示：一是"己所不欲，勿施于人"和"无己、无功、无名"的教育启示。二是"刚健"和"柔静"互补的教育启示："天行健，君子以自强不息。"儒家主张积极进取，道家"柔弱胜刚强"的迂回、弹性的行为方式更有生命力，因为作为教育者的校长和教师，学生的面子意识、尊严意识要比其他人更强。三是"和而不同"、"海纳百川"的多元和谐的教育启示。儒家主中庸、中和，就是既不过，亦不是不及；"君子和而不同"、"天地交而万物通也，上下交而其志同也"，阐明只有上下沟通，才能达到目标，才能和谐。道家继承《易经》则教育要有容、有纳，"天下之水莫大于海，万川纳之。海纳百川，有容乃大，壁立千仞，无欲则刚"。(《庄子·秋水篇》)

四、孔子与《易经》的教育原则和方法

在教学过程和教学原则上，道家论直觉体悟，儒家讲理性精神都受到《易经》的影响。孔子与《易经》具体的教学过程闪烁着理性精神。从教的角度来看，道家对教学独辟蹊径。老子主张教育者"行不言之教"(2章)、"希言自然"(23章)，即不要过多地施以行政教令，而要顺应教育的自然规律。"不言之教"的另一意义就是，尊重受教育者的自然本性，重视其自然的思悟，发挥其主观内在的潜能，自主克服弱点，达到完善境地。老子主张冥思苦想，达到顿悟。

他说："涤除玄览，能无疵乎！"（10章）所指就是直觉作用。在教学上儒家强调知识的传承，道家注重冥思苦想、直觉顿悟、力求创新，两者对现代大学教学思想都极有价值。孔子最早探讨心理现象。从《论语》记载可知，他对性格、智力、情感、意志等都有一定的论述，如率先提出"性相近，习相远"，适应既是教育的一个出发点，又是贯穿教育过程的主要内容。在教学活动中，无论教师和学生，无论人才还是普通人，他们需适应的东西总要大于创新的东西，因此，文化知识传承的重要性就不言而喻了。《易经》已深深认识到，教育、教学的成败与受教者的学习态度有很大关系。因此《易经》主张教育当从端正童蒙的学习态度入手，具体方法：

（一）蒙以养正，正心诚意。《易经》中"蒙以养正"思想是最能体现中国特色的教育概念。开创了从教育作用定义教育概念的先河，可说是抓住了教育的精髓。"蒙以养正"出自《易经·象传》，其意译为："启蒙（教育）是为了培养正道。"孔子《中庸》之"修道之谓教"，《学记》之"教也者，长善而救其失者也"，都与"蒙以养正"的思想一脉相承。"蒙以养正"作为培养学生善端的教育思想的共同渊源，不论是孟子的"我养我浩然之气"，（《孟子·公孙丑》）还是荀子的"凡礼义者；是生于圣人之伪"，（《荀子·性恶》）都是"蒙以养正"的具体体现。

孔子诲人不倦，主张有教无类，可无论是谁，欲成为其门下都得行以束修，孔子自己说得很清楚："自行束修以上，吾未尝无诲焉。"孔子如此大家何斤斤计较于几条干肉呢？就其实质看，这是一种严师重教的手段，以此达到诚其意，正其心的目的。《学记》云："凡学之道，严（严，尊也）师为难。师严然后道尊，道尊然后民知敬学。"在学生心里师尊则教重，教重则其学必固，孔子深知其道，因此他说："不重，不威，学则不固。"孔子之所言所行，与《易经》"纳妇吉，子克家"的主张是一脉相承的。

后来《礼记·大学》里："古之欲明明德于天下者，先治其国；欲治其国者，先齐其家；欲齐其家者，先修其身；欲修其身者，先正其心；欲正其心者，先诚其意……"把诚意正心当作做人为学齐家治国平天下的根本，是《易经》从正心诚意入手进行教育这一思想方法的延伸与扩展。

（二）童蒙求我，求其志应。要想取得良好的教学效果，在具体的教学过程中，还要积极创造条件，设法激发学子的学习热情，充分地调动他们学习的积极性与主动性。

《易经》"蒙"卦的卦辞说："匪我求童蒙，童蒙求我。"周振甫解释为："不是我求蒙昧的童子学习，而是蒙昧的童子求我施教。"《蒙卦》的这则卦辞就强调了这个意思。"我"指的是施教者，"童蒙求我"并不是说"我"故作姿态，以显师尊，而是说教者当设法让受教者有主动求教问学的欲望。《易经》把教育看作是学生自身的需要，抓住了教与学的关系的本质，孔子说"不愤不启，不悱不发"，"愤"、"悱"都是指学子积极求通求解的心理状态，也即"求我"之态。还有后来《礼记·曲礼上》"礼闻来学，不闻往教"也强调的是这一点。对于"不往教"这类做法《象传》从心理学的角度做了根本性的解释："匪我求童蒙，童蒙求我，志应也。"都与"匪我求童蒙，童蒙求我"意思一致而成书于《易经》卦、爻辞之后，可见《易经》在这一观点上对后世的影响。

《易经》十分看重"交感应与"的作用，认为凡事有感有应则吉，反之则凶。落实到教育、教学的具体问题上，《易经》也同样贯彻了这一精神。孔子在其教学中就十分善于诱导启发："夫子循循然善诱人"，能使他的学生对学习产生"欲罢不能"的心态，直至"既竭吾才"的地步。如果说"志应"是学生能精其所学的前提，那么教者的善于创造条件，积极有效地诱导则是学生产生"志应"的前提。《易经》这一原则在我们今天的教学实践中依然具有着十分积极的意义。

（三）关爱童蒙，有教无类。《蒙卦》九二爻辞云："包蒙，吉。"直译为："能够容纳所有蒙昧的童子，是吉祥的。"包蒙作为教育原则似乎令人费解。但其中含有深刻的辩证法思想。能否做到"包荒"则是能否做到"有教无类"的关键。"包"于此有两层含义：一是"包容"，对凡有志于学而"求我"者，不论其出生、身份、职业、地位，都一律予以教诲，王弼云："童蒙所归，包而不拒，则远近咸至"。"击去童蒙以发其昧者也。"这应该是"以果行育德"的体现吧。"不告"只在"渎（开导、疏浚）蒙"，以激其多思，学会自觉迁移而已，"举一隅不以三隅反，则不复也"也言此理。"击蒙"只在"当头棒喝"，促其顿悟，老子说："受国之垢，是谓社稷主；受国之不祥，是谓天下王。"（78章）可说是对"包荒"的精辟阐释。是说学生的材质不一，不能一概而论，教师采取包容全体学生的态度，就会是吉祥的。这种包容的思想不仅见于"蒙"卦，在其他卦的卦、爻辞及《易传》中也多处可见。如"师"卦大象传有"君子以容民畜众。""泰"卦九二爻辞"包荒，用冯河，不遐遗。"孔子的"有教无类"与《易经》韦编三绝有密切关系。

（四）教训有度，言止有方。教法的施用须恰到好处，当行则行，该止就止，要努力做到无过无不及，用现在的话说就是要施用有度，行使到位。因此《学记》中说："善待问者如撞钟，叩之以小则小鸣，叩之以大者则大鸣，待其从容，然后尽其声。"

教者为人必须正派。常言说身教胜于言教，尤其在那种以"育德"、"养正"

为教育目的的社会里，教者更须谨其言，慎其行，处处起表率作用。《扬子法言》云："师者，人之模范也。"试想教者若不能以此正己，又怎能以此正人？无论从哪方面讲"利贞"的原则是有它的积极意义的。

（五）见几而作，因时而动。《易经》言"几"重"时"，主张见几而作，与时偕行。《易经》主张"时止则止，时行则行，动静不失其时"，以为果真如此则"其道光明"。《易经》认为欲"成天下之务"者就必须"研几"、"知几"，并行动果断"见几而作不俟终日"。《蒙卦》开宗便言："蒙，亨。"即治蒙自幼时起，必前景光明，易成"圣功"。《彖传》也说："险而止蒙。"《易经》这一启蒙自幼，教育及早的思想对后世也有很大的影响。颜之推有"'教妇初来，教儿婴孩'诚哉斯言"的慨叹；民间也有"少年易学老难成"，"桑树枝条趁早弼"之类的俗谚。《易经》作者认识到晓之以理，导之以礼的感化教育不是万能的，这是一；那些顽劣之童虽难以喻于义，却设法采用强制惩戒的手段使之弃邪归正，遏其恶，扬其善，不轻易放任，这应该说既是对受教育者负责，也是对社会负责的态度，这是二；同时其中也隐约地显露出几许"因材施教"的天机，这是三。辩证法思想源于《易经》，《易经》最重要的观点是变易观。道家的变易观渊源于《易经》，《易经》通过三百八十六爻有规律的变化反映了天下的一切事物都在不停地运动着、变化着和发展着。《易经》成为古代辩证法的开山，对古代辩证法思想产生了深刻的影响。《易经》的变易观极为强调变新、日新，《易经》的矛盾观是以阴阳对立统一为核心的矛盾观，并以阴爻"- -"和阳爻"—"为体现，奠定了古代的矛盾法则。《易经》强调积极的转化，突出人的主观能动性。

以上从孔子与《易经》的宏观与微观两方面对教育问题进行了一些阐发。它涉及到了教育的地位、意义、目标、内容，教育的原则与方法，以及教者与学者的诸多问题。《易经》素有居"群经之首"的特殊地位，其教育思想对我国古代教育思想的形成与发展有着很大的影响，可谓是功在当世惠及后代的经典。尽管其所论未可称尽善尽美，但又必须承认其对教育某些问题的认识还是相当深刻的，有些对我们今天的教育实践依然具有很好的启迪作用。当然《易经》里有关教育方面的论述，以及对教育具有积极的启发意义的内容决不仅限于一个以上的论述。我们希望能有更多的人对其进行挖掘、整理，更希望能有人把《易经》里更深更广的合理成分与教育理论和教育实践结合起来加以研究，为教育开辟一条独异的新途径来。

当前，"文化全球化"背景下，很多教育难题被更加严峻地提到日程上来。现代教育，功利主义挂帅，给学生太少的时间去思考探索。在多元社会，要适应现代生活需要多种智慧。以个体殊异性来适应发展的《易经》思想与多元智慧论不谋而合。教育必须教导学生多种智慧才行。要成为成功的人，必须让学生自己体认本身的多元智慧。孔子主张“自我实现”,《易经》穷理尽性，这些都要以自身的心智欲求去衡量自己至深的世界。如何反省和体认以孔子与《易经》为核心的中国传统教育的基本价值，进行创造性转化，使之适应并引导当前的社会发展趋势，是我们必须面对的新课题。

作者为广州大学比较文化研究所所长、教授

【参考文献】

[1] 张震. 老子·庄子·列子 [M]. 长沙：岳麓书社，1989.

[2] 陈德安. 中国道家道教教育思想史[M]. 北京：社科文献出版社，2008.

[3] [美]麦金太尔（Alasdair MacIntyre）著，德性之后（After Virtue）[M]. 龚群等译. 北京：中国社会科学出版社，1995.

[4] 吕锡探. 道家与民族性格[M]. 长沙：湖南大学出版社. 1996.

[5] 李英华. 论老庄的“道德本体论”及其现代意义. http：//news.artxun.com 2008-03-24; 原载北京工业大学学报[J]. 2003（1）

[6] 鲁洁. 转型期中国道德教育而临的选择[J]. 高等教育研究. 2000（5）

[7] [唐] 孔颖达. 周易正义[M]. 上海：上海古籍出版社，1996

[8] [汉] 许慎. 说文解字[M]. [宋]徐铉校定. 北京：中华书局. 2004.

[9] 朱 彬. 礼记训纂[M]. 北京：中华书局出版社，1996.

[10] 林嘉声.道家和道教对中国教育的正而效应初探[J]. 福州市：福建论坛. 1995（3）

[11] 司马迁. 史记[M]. 北京：中华书局. 1972.

[12] 郑 玄、孔颖达. 周礼注疏[M]. 上海：上海古籍出版社，1990.

[13] 朱熹. 四书章句集注[M]. 北京：中华书局. 1983.10

[14] 孙振声. 白话易经[M]. 台湾：星光出版社，1984. 67.

[15] 杨伯峻. 论语译注[M]. 北京：中华书局出版社，1958.

[16] 周振甫. 周易译注[M]. 北京：中华书局，1994. 25.

[17] 春秋时期孔子十分好学，晚年还坚持研究《易经》，他反复钻研该书，把该书的捆竹简的牛皮带都磨断了三次，终于把研究的心得写成十篇文章，即《十翼》。后人把《十翼》与《易经》附在一起，作为《易经》的补充部分。

[18] [汉]扬雄 撰. 扬子法言[M]. 北京：中华书局. 1926.

[19] 王利器. 颜氏家训集解[M]. 上海：上海古籍出版社，1980.

增设“国学”为一级学科论

袁济喜　焦国成　何邦泰

一、被误解的国学

目前国学建设面临着各种挑战，存在着许多误解，有必要加以解析。

首先，一些人对于振兴国学往往视为对传统的简单回归，一谈国学便是复辟封建思想，这是极大的误区。如果我们稍微了解国学的历史阶段便可知道，国学正是在吸收西方近代以来启蒙思潮，并对传统学术进行清理与研究的。国学人物对于封建思想的糟粕从来就是持批判态度的，在国学的著名学者那里，都是非常自觉地运用现代学术理念与方法来从事研究的。尤其是一些用马克思主义研究中国传统文化的人物，如侯外庐、郭沫若、范文澜等人都是这样做的。现在我们重倡国学，决不可能倒退到“五四”之前的立场上去，这是肯定的。重倡国学，不仅是开掘传统文化中的精华，更主要的是光大与传承其中的理论创新精神与能力。

其次，一些人认为传统与现代不相容，既然提倡现代化，就不能再要传统。这种非此即彼的思维，与和谐理念及其辩证法思想是不相符的。从人类文明的发展史上来看，现代文明正是从传统中吸取营养，获得长足发展的。欧洲文艺复兴正是从古希腊文化中寻找到人文的始祖。现代发达国家的文明无一不是与传统共生共荣的。《周易》中说：“一阖一辟谓之变，往来无穷谓之通。”文明的发展与演变既有变易的一面，更有相通的一面。当代中国的发展既不能复古，更不能割裂传统。民族精神的培育离不开传统文化精华的滋养，中华民族的伟大复兴更不能离开五千年文明的源头。现代化决不能建立在“西化”的空中楼阁上面。

第三，振兴国学，也不能回到民族主义的文化立场上去。国学是会通中西的学术体系，它的精神与方法从来都是兼容并包的。而民族主义的文化立场则是盲目自大，拒斥一切来自国外的文化与学术，这与坚持改革开放，积极吸收人类一切优秀文明成果，以及各国文化多元互补的理念是背道而驰的。在中国历史上，因为这种貌似“爱国”而实则误国的狭隘立场导致祸患的事例是很多的，足以为今天我们的文化发展所借鉴。

振兴国学，目前关键是要抓住机遇，落实到实际行动与措施上去。具体说来，一要将它落实到人才的培养上面。兴办国学教育，首要的在于将国学研究与人才的培育结合起来，培养一支人品与学问俱佳的国学研究队伍，使国学文脉得以继续，精神获得传承。二要改革目前的学科建制，使国学有机融入现有的学科建制。这包括国学专门人才的选拔方式的制定，课程体系的设置，教材体系的建设，学制学位体制的确定，教学质量评估体系的论证，等等。

二、增设“国学”为一级学科的理由

其一，现有学科体系的基础是西方的学术文化。它对于科学的昌明、文化的进步起到了巨大的作用，符合世界历史进步的潮流，也能够很好地与西方乃至世界的科学和教育接轨，故而在今天应该继续坚持。然而，这一学科体系对于国学（或中国传统学术）来说，是一种割裂或肢解。国学因此不能以有机的整体存在和发展，从而也就难以保证中国传统学术和文化在世界民族文化之林中产生强有力的影响。

其二，国学作为中华民族古今流传的学问和文化传统，精华和糟粕并存。时至今日，传统的观念、思想、文化和技能一直在社会上流传，且有愈演愈烈之势。民间有许多以此谋生（如从事民间宗教、相面算卦、看阴阳风水等）的人。正面的、科学的研究不立，驳杂的、非科学的传播就会流行。既然中国传统的学术和文化不能消灭，那么就应该通过国家组织力量使之走向科学。增设国学学科，有助于改变人们数典忘祖的文化现象，使国学健康地发展。

其三，中华文明有数千年的悠久历史，也是世界上唯一没有断绝的传统文明。即使她自身具有非凡的生命力，但如果国家不给其以生存的空间，或者任其自生自灭，她也会后继无人，日渐走向衰亡的。新中国成立60多年来，国学的内容被分散在不同的学科之中，因而培养出来的人材顶多对国学是一知半解。没有国学的通才，要想光大国学当然是难以想象的。没有国学的大家，在世界文化的竞争之中要为国学争得一席之地当然也是难以想象的。因此，增设国学学科可以说是传承国学的当务之急。

其四，中国共产党是一个革命的政党，对于腐朽的、落后的学术和文化从来都是持一种批判的态度。但是，中国共产党也是一个珍惜祖宗遗产、珍惜宝贵历史文化遗产的政党。在批判中继承，在借鉴中发扬，才能使中华文化日新日盛，在世界文化之林中自立并更好地影响世界。文革十年的文化浩劫已经得以纠正和反思，马克思主义和科学精神已经深入人心。在这一背景之下恢复、发展国学，与清末民初的文化复旧思潮是不能同日而语的。那时的文化复旧思潮坚持是穿旧鞋走老路，现在则是在马克思主义、科学精神的指导下和在文化学术比较的背景下增设国学学科，可以说是造就新国学的新契机。如果国学能够成为国家承认的一门学问和学术，那么，与封建时代、民国时代相区别的、焕然一新的"新国学"将是可以期待的，由此而导致的中国文化的真正繁荣也将是可以期待的。

当从"国学"本有体系及其与现有学科相区别的视角去考虑国学二级学科的设计问题。建议设"小学"、"经学"、"子学"、"考据学"、"制度学"、"器物学"、"术数学"、"国学西学比较"等8个二级学科。

"国学"体系涉及了很多方面，但设立"国学"学科却不能不顾现有学科的分类而把本有学科体系打乱。如中国语言文学、中国历史、中医等已在现有学科体系中有合适的位置，故而不能再纳入"国学"学科的二级目录范围。"国学"二级学科所属当兼顾两个方面，既要考虑其学科体系的完整性，又要考虑不打破现有学科的分类体系。如果这一基本想法可以成立，那么特建议设以下8个二级学科：

其一，小学。"小学"即文字训诂音韵方面的学问。它虽然与"中国语言文学"中的"汉语言文学"相近，但一是两者不完全相重，二是"小学"实为学习"国学"的根基，三是现在的学生在这方面几乎没有什么训练，故而当设"小学"为"国学"学科中最基础的二级学科。

其二，经学。清人将传统学术分为"义理"、"考据"与"词章"三大类(此外尚有"经世")。经学历来被视为义理的根据与源泉，居于国学的最高层次。设为二级学科当无异议。

其三，子学。照传统的说法，经学是从全体上说义理，子学是诸子从各自的立场上分说义理。子学展现了国学学术和思想上的百家争鸣，展现了前贤深邃的思维和丰富的创新力，可以说是传统学术中最有魅力的部分。加之子学不与现有的学科相重，故亦可设为二级学科。

其四，考据学。考据学是国学中最具求是态度、最富科学精神、最显学术功力的部分。正是因为有考据之学，望文生义、盲从盲信的现象才在很大程度上得以消除，国学的学术层次才得以提升。目前真正懂考据之学的人可谓寥若晨星，故将考据之学设为二级学科，实属学科建设的急需。

其五，制度学。义理的认识和把握必然表现为经世致用，而制度则是经世致用之基本框架。制度不仅是政治的，还是宗法的、宗教的、礼仪的、风俗习惯的。这方面的内容也是十分丰富和庞大，故当列为二级学科。

其六，器物学。国学的物化形式是为器物，或者说，古代的器物遗存从物质文明的层面反映着国学。对于古代器物的认识理所当然地构成国学的不可分割的一个方面。故当列其为二级学科。

其七，术数学。国学之中最具神秘主义和迷信色彩的莫过于术数之学。术数之学既包含科学的萌芽，也充斥着大量的迷信成分。它作为国学固有的一个组成部分，应当而且必须加以研究，故当列其为二级学科。

其八，国学西学比较。当今研究国学不同于清末民初的时代，应当具有国际化的视野，故而应当参照西学，在比较中进行研究，唯此才可以避免食古不化，才能与时俱进，才能创建具有时代精神的新国学，故当列国学西学比较为二级学科。

从长远计，当从“国学”是一种与“西学”相区别的、独立的学科形态的视角去看待“国学”的学科所属问题。建议设“国学”为独立的学科门类。

“国学”本来是与“西学”相区别的一种自成体系的学问，如果把它放置在以“西学”为基础建立起来的某一个学科门类之下，必然是削足适履，仍然不能摆脱肢解“国学”之弊。虽然清章学诚有“六经皆史”之评，但国学并非经史所能涵盖。

“历史”这个词有一个清楚明白的含意，那就是“过去了的”东西。把“国学”放在“历史学”学科门类之下，就等于确定了两点：一是把“国学”看成是历史的陈迹；二是要以研究“古董”的态度去研究“国学”。如果把“国学”看成是历史的陈迹，还不如照西方人所说称其为“汉学”为好。然而，在我看来，“国学”之为“国学”，在于她是超越了殷周汉唐宋元明清民国的学术和学问，是属于中华民族共同的学术和学问，是在过去现在和未来都将继续存在下去的、与“西学”相区别的学术和学问，是中华民族所能给世界文化贡献的独特的学术和学问。因此，她既是过去的东西，也是有现实性的东西，还是未来的东西。所以就不应把国学放在“历史学”门类之下。“国学”的博大精深可以说是众所周知的，设其为独立的学科门类并无任何的勉强。如果实在觉得设其为独立的学科门类有“冒进”之嫌，那放置在“哲学”门类之下可能还更合适一些。因为哲学的原始形态就是无所不包的和超越于后来的具体科学之上的，现在我们把哲学视为关于世界和人类思维的本原、本质、存在方式和一般规律的学问，是“自然科学和社会科学的概括和总结”，而“国学”之中的精华恰恰在此。

三、国学传播存在的问题及其对策

改革开放以来，国学从文革时期被禁锢到重新传承与传播，现今民众已广泛对国学传承有所认知。国内各地都有机构或社团宣传国学，国外也设立了许多孔子学院，孔庙也修复或新建，已到了国人皆知孔夫子了；至于道学，各地也有不少的研究与宣传，《道德经》在民众中尤其是在知识界有了新的认知；至于佛学，现在信众如云，各地纷纷建立新寺庙，寺庙开坛讲经，佛节拜佛成风；如此等等。这无疑比文革时期万马齐瘖的专制局面是很大的改变与进步。国学的传承的显著成绩必须得到充分的肯定。我们要以此为前提来研讨国学在新时期的发展问题，才能贴近实际，有的放矢。

我们现在研究国学的发展，应该针对国学传播上存在的问题，提出国学进一步发展的对策建议。

（一）当今对国学内涵外延认知片面。

偏重传承孔学与佛学，而道学经典还没有足够注视，墨辩未能传承，韩非法学也未能重视，哲学史与文化艺术史的研究甚为稀少……传承诸子百家国学传统仍存在许多空白。

说到国学，我们的视觉应该广泛，几千年中国社会文明的发展使国学的内涵不断丰富，其范围不断扩大。把国学只停留在孔学与佛学是远远不够的。这是对其他国学极不尊重，是对人民大众文明成果的糟蹋。我们的国学理应传承历代优秀学术与文化成果，明珠不能让它埋没。

对此，建议我国及各地社科文化教育部门和宣传媒体对全面传承与传播国学有足够的认识，把视界开阔起来，建立复兴思想学术百家争鸣百花齐放的理念，社科院要与文教部门有计划地组织专家学者队伍，详细研究和宣传历代优秀文化学术遗产，出版一批专著与普及读物，使国学的传承与发展迈向新的阶段，逐渐走向思想学术 繁荣的新局面。

（二）现代孔学与佛学的传承传播出现明显的病态。

过千上万人大规模祭祀等现象，已到传播迷信的地步。民众有此行为并不奇怪，可怪的是不少专家学者与官员也堂而皇之参与，甚于主持盛大祭礼，双膝下跪偶像，带动出千万人同时跪拜的怪异现象。这种把传播文化学术变成极端迷信的行为，真为有识者所讥笑。

众所周知，迷信和科学是不相宜的。把学术变成迷信那就葬送了科学。迷信学术偶像更是遗害无穷，这会堵死走向真理的道路，并无真理可言。

对此，建议各地宣传部门和文化教育是非分明，不组织不倡导病态传播孔学与佛学 ，停止大规模祭孔活动，在各种媒体开展反迷信宣传，使科学观念深入人心。让尊重科学摒弃迷信成为民风。这就善莫大焉！

（三）多年来对孔学宣扬全部肯定。

语语精华，不谈糟蹋，致使民众误以为孔子是句句是真理的“全真圣人”。

更有故意将孔学的谬误之处说成真理，颠倒黑白，诡辩连篇，学风之坏，以此为甚。其实孔学在教育、修身、治学态度方法等方面确有真知灼见是精华之作，但其政治观点理论则是极大的糟粕。孔学的“三纲”是历代封建帝王所遵奉与无条件推行的金科玉律，是封建几千年专制统治的政治支柱。皇族赖此愚弄百姓臣服于其麾下，任其宰割。孔学这副政治枷锁，捆绑千万民众受制于一人之下，维护了帝王的所谓“千秋功业”。到了划时代的“五四运动”，才打倒这个“孔家店”的桎梏，推翻了孔学的“三纲”政治观念，还人民大众民主、自由的本质认知。这是历史的极大进步，足以彪炳史册。这种历史性的大进步是我们必须传承的真正国学传统之一。当然，当时打倒“孔家店”也有矫枉过正，全面否定孔学的片面性。孔学本是精华的方面不该也通通打倒，相反应继续传承，这才是科学的态度。但如果否定“五四运动”，那是历史的大倒退，是非常错误的。

对现在全盘肯定孔学的现象，建议社科院和文化教育部门认真组织国学专家学者对孔学进行全面审读，切实区分其精华部分和糟粕部分，并作出详细的评析，在此基础上出版一批教材，以正视听。各种宣传媒体对宣传孔学则要注意区分是非，防止片面性表面性，正确引导读者认识与传承孔学。

（四）多年来国学传承过程出现“大师”满天飞的现象。

这里冒出一个孔学大师，那里又出一个孔学大师，还有道学大师、佛学大师、美术大师等等，这些“大师”，成了“大师”群。全国合起来，这种“大师”成千上万。真是蔚为奇观。试问，我国历史上几千年都有国学研究，研究者千万，但历史上国学大师有几人？各朝代通常仅有三、五人而已。而今俯拾皆是“大师”，如此“大师”贬值，实在可悲！这些大师有些是捧出来的，有的是不择手段自封的，有的更是由官员特定的。这种谬误是显而易见的，主要是社会风气的浮躁与浮夸成风。

建议各地媒体要非常谨慎应用“大师”的尊号，撰文者、编者尤其主编要认真把关，不要在报刊等媒体上再刮“大师”风。各级官员出席文化学术界活动更不要声声“大师”不绝于耳。至于国学研究的学者与教师更要自重，谦逊一些，自律一些，不应自我吹嘘，被沦为笑柄。可以设想，如果解决了上述几个问题，今后的国学研究将会得到更好的发展，繁荣国学的前景当会变为现实。

第一节作者系中国人民大学国学院副院长、教授
第二节作者系中国人民大学哲学系副主任、教授
第三节作者系原广州市政协副秘书长、副研究员

中国古代学前教育思想与实践

李　飚

从中国的古代教育史来看，中国是一个高度重视学前教育的国家，例如：先秦时期的典籍《周易》中就提到“物生必蒙，古受之以蒙，蒙者，蒙也，物之智也，物智不可不养”的早期教育思想。又如，汉代著名文学家贾谊的早期教育思想，以及宋明时期的朱熹、王守仁等从不同角度阐述了幼儿教育等等。中国古代学前教育思想特点可以概括为如下几点：

一、强调人的早期教育

“早谕教”是古代学前教育思想中一项非常引人注目的内容。几乎所有的古代教育家都从不同的教育目的出发论述了这一内容。如西汉初期著名的政论家、文学家贾谊（公元前200—公元前168）从加强中央集权的政治观点出发，认为对太子的教育应尽早实施，“太子之善，在于早谕教与选左右”。贾谊认为，胎教是早期教育之始端，王室之家应当重视对太子实施胎教。提倡及早施教也是颜之推（531—约595，北齐文学家）家庭教育思想中最为重要的思想。他认为，家庭教育应当及早进行，越早越好。有条件的家庭，可以实行胎教。他认为：“人生小幼，精神专利，长成已后，思虑散逸，固须早教，勿失机也。”南宋时期著名的哲学家、教育家朱熹（1130—1200），专门从事教育活动四十年之久，也特别重视蒙养阶段的基础教育作用。他认为如果儿童在幼时“不习之于小学，则无以收其放心，养其德性，而为大学之基本”。同时他从儿童的心理特点和教学的要求出发，指出只有使儿童“讲而习之于幼稚之时”，才能使其“习与智长，化与心成，而无扞格不胜之患也”，才能收到理想的教学效果。明末清初的理学家、教育家张履祥（1611—1674）也特别重视幼儿的早期教育，他认为，任何有所作为者，必在幼时接受过良好的教育，自幼便立有奋发向上之志，他说：“幼稚之时，必见奋起之志，若举动无恒，苟且颓惰，即将事无一济矣。”张履祥认为，幼年是个体道德形成的关键期，也是道德教育的最佳期，他说：“少年血气未定，善者固易流于不善，不善者亦易反而之善。”

“早谕教”是我国古代幼儿教育思想的一个突出特点。我国是世界上最早提出并实施胎教的国家。贾谊、颜之推等都对胎教的重要性进行了阐述，有的已经暗合了中医学的原理，特别是他们关于早期教育之独特意义的解释，已经孕育了关于儿童心理发展规律的科学认识。因此，即使是在今天，古代教育家倡导的早期教育思想对于我们认识婴幼儿教育的价值仍颇具积极的启发意义。

二、注重环境熏陶

古代学前教育家都很重视“熏化陶染”，要求慎择师友和以身作则。贾谊认为，慎选左右是对太子进行早期教育成功的保证。为加强太子的早期教育，应建立保傅教育制度，设置“三公”、“三少”，在太子周围形成良善的教育环境。他说：“习与不正之人居之，不能无正也，犹生长于齐之不能不齐言也；习与不正之人居之，不能无不正也，犹生长于楚之不能不楚言也。”颜之推继承与发展了古代注重环境教育的思想，强调儿童的品性形成于风化熏染的过程中。“人在少年，神情未定，所与款狎，熏渍陶染，言笑举动，无心于学，潜移暗化，自然似之。”因此，长辈应为幼童营造一个良好的成长氛围，为其树立良好德行的榜样，他说：“是以与善人居，如入芝兰之室，久而自芳；与恶人居，如入鲍鱼之肆，久而自臭也。墨翟悲于染丝，是之谓矣。”朱熹也十分重视周围的环境对儿童的影响：“习与正则正，习与邪则邪。”朱熹认为除慎择教师外，还应注意培养儿童辨别是非、交游益友的能力。他曾在《与长子受之》这封家书中教育儿子：“交游之间，尤当审择，虽是同学，亦不可无亲疏之变。”“大凡敦厚忠信，能攻吾过者，益友也；其谄谀轻薄，傲慢亵狎，导人为恶者，损友也。”“益友”应近之，“损友”则应远之。

贾谊、颜之推等古代学前教育家注重环境熏陶的教育主张符合于现代儿童教育的基本规律。现代儿童心理学认为婴幼儿的思维尚未自觉化、理性化，因此逻辑性的道理说服不宜作为早期教育教学的基本方法。儿童的身心发展更多地实现于自身无意识的与生活环境及人际氛围的互动中，实现于潜移默化的环境陶冶与对他人的模仿中。而且，幼小孩童初入世间，一切周围的人与事都会勾起他的好奇、好动、观察、模仿、探索。古代教育家注重环境熏陶的教育思想给予我们的启示就是：儿童教育，特别是早期教育不应是呆坐的和静听的教育，而须为孩子营造一个优化的环境氛围，并发挥教育者率先垂范的榜样作用。

三、主张慈严结合，反对溺爱

在处理慈爱与严教二者之间的关系时，家庭教育极易出现偏颇。在这个问题上颜之推认为，父母对子女应“威严而有慈”，将慈爱与严教有机地结合起来。他非常反对溺爱孩子，他说：“吾见世间，无教而有爱，每不能然；饮食运为，恣其所欲，宜诫翻奖，应诃反笑，至有识别，谓法当尔。骄慢已习，方复制之，捶挞至死而无威，忿怒日隆而增怨，逮于成长，终为败德。”所以，“父子之严，不可以狎”，“狎则怠慢生焉”。颜之推格外强调成人必须正确地对待孩子的优点和缺点过失，切不可一味张扬其优点，而遮掩或包庇其过错，否则就会失于教义，贻误其一生，甚至招致祸端。在他看来，以体罚教育孩子，是完全必要的，犹如以苦药治其病。同样，对儿童主张严教的还有明代教育家张履祥。他认为，严教与否是贤与不肖子弟产生的关键，他说：“子弟童稚之年，父母师傅严者，异日多贤，宽者多至不肖。”他极端反对父母溺爱子弟，他认为，虽然在家庭的实际教育过程中，严厉并非事事正确，宽容亦不是事事皆非，但是从总体上说，“严则督责笞挞之下，有以柔服其血气，收束其身心，诸凡举动知所顾忌，而不敢肆；宽则姑息放纵，长傲恣情，百端过恶皆从此生也”。因此，在家庭教育中，为父母的“严君之职，不可一日虚矣”。

四、德育为主，因材施教

以品德为先不仅是数千年封建社会教育的主旨，而且也成为学前家庭教育的“纲领”。汉时王修曾教育自己的儿子：“未必读书，并学作人。”南宋教育家朱熹亦说：“自小便教之以德，教之以尚德不尚力之事。”在进行思想品德教育时，古代的教育家们一贯重视和提倡以正面教育为主，贾谊和颜之推都非常重视保傅、父母以及其他成年人的榜样作用，朱熹也曾说：“尝谓学校之政，不患法制之不立，而患理义之不足以悦其心，夫理义之不足以悦其心，而区区于法制之末以防之……亦必不胜矣。”尤其是对儿童教育他更为强调多积极诱导，少消极限制，因此在他编写的《小学》一书中，他非常重视榜样的作用，收录了大量古今圣贤的“嘉言懿行”，供儿童模仿学习，力求使儿童能从中“学到做人的样子”。根据正面教育为主的原则，朱熹还对教师提出指导、示范和适时启发的要求，他说：“指引者，师之功也。”又说：“师友之功，但能示之于始，而正之于终尔。”

王守仁等古代教育家还主张根据儿童生理、心理特点，从积极方面入手，顺导儿童性情，促其自然发展。他说："大抵童子之情，乐嬉游而惮拘检，如草木之始萌芽，舒畅之则条达，摧挠之则衰痿。"王守仁认为，顺导儿童性情进行教育，最重要的就是要激发儿童学习的兴趣。他说："今教童子，必使其趋向鼓舞，中心喜悦，则其进自不能已；譬之时雨春风，沾被卉木，莫不萌动发越，自然日长月化。"他强调，教育者必须根据儿童这种"精气日足，筋力日强，聪明日开"的成长过程循序渐进地进行教育。他说："凡授书，不在徒多，但贵精熟；量其资禀，能二百字者止可授以一百字，常使精神力量有余，则无厌苦之患，而有自得之美。"同时，他认为，教育者对儿童施教，不仅要考虑儿童认识发展水平的共性特征，而且还要注意个体水平的差异，针对每个人的个性差异，因材施教，就像良医治病，对症下药，他说："圣人教人，不是个束缚他通做一般，只如狂者便从狂处成就他，狷者便从狷处成就他，人之才气，如何同得？"

作者为广东省教育创新与发展研究会会长、广东省社会科学院
现代化发展战略研究所副所长、研究员、博士

让传统文化精神落地开花

——论高职领域的国学教育

杨　芸

笔者还记得在某次大型学术会议上，某职业技术学院的领导曾公开表示：“我就闹不懂让我们的学生摇头晃脑背诵古文、学习经典有什么意义！他们要面对的是商品经济社会的选择！他们需要掌握的是一门娴熟的职业技能！”

孔子说：“名不正，则言不顺。”①要回答这位领导的质疑，我们首先要尝试做到概念上的明晰。国学，曾有“旧学”、“中学”、“国粹”、“国故”、“汉学”（Sinology）等别名，其概念在学术界至今尚无定论。中国人民大学校长纪宝成曾撰文指出：“国学可以理解为是参照西方学术对以儒学为主体的中华传统文化与学术进行研究和阐释的一门学问。它有广义与狭义之分。广义的国学，即胡适所说的‘中国的一切过去的历史文化’，思想、学术、文学艺术、数术方技均包括其中；狭义的国学，则主要指意识形态层面的传统思想文化，它是国学的核心内涵，是国学本质属性的集中体现，也是我们今天所要认识并抽象继承、积极弘扬的重点之所在。”这个界定明确而重点突出，指出我们今天在国学教育中所主要传承的，乃是其中属于传统文化范畴的精神层面。

早在1906年，国学大师王国维先生就提出了集合“知育”、“德育”、“美育”为一体“使人为完全之人物”的教育宗旨。1920年，蔡元培先生也曾在一次演说中，用一个比喻来分别普通教育和职业教育，他说：“职业教育好像一所房屋，内分教室、寝室等，有各别的用处；普通教育则像一所房屋的地基，有了地基，便可把楼台亭阁等建筑起来。”也即是说，普通教育是职业教育的基础，以人的智、德、美的综合发展为诉求点的通识教育，是职业教育的立足之基。同时，对比初职、中职的“技能型”职业教育模式，有学者撰文指出，高职应被准确定性为“技术型”职业教育，其造就出来的技术型人才“除具备特定岗位的操作能力外，还应当掌握相当的理论知识，有发展潜能和创新能力”。纵观当前我国高职院校人才培养目标的表述和普遍的课程设置，正如开篇这位领

①《论语·子路》，《十三经注疏》本，上海古籍出版社，1997年，第2506页。

导所言，其基本法则还是以市场为导向的。这有一定的道理。但也要看到，若仅仅着眼于市场需要，而忽略人的发展需求，我们所培养出来的，到底是规格统一的“产品”，还是合乎要求的人才？谈何“发展潜能和创新能力”？

“过于追求教育的经济属性，忽视教育的自然属性，造成人才培养过程中过分注重技能培养，忽视了职业道德教育，忽视职业素质养成教育，使职业教育功能单一化，所培养的人才缺陷严重。”这种现象在今天的高职教育领域尤其令人担忧。针对这种现状，一直致力于从传统文化中挖掘精神层面正能量的国学教育当有充分的作用空间，笔者试从以下两方面分析之：

1. 职业道德教育

职业道德是指人们在具体的劳动和工作中所应遵守的道德准则、所应持有的道德情操，它既是对专业人员在职业活动中的行为标准和要求，同时又是该职业对社会所承担的道德责任与义务的体现。良好的职业道德是每一个优秀员工的必备品质，所以更应该是每一个合格的高职院校毕业生的基本品质。不同的职业由于专业分工、服务对象、所处环境的不同，都有着各具特点的职业道德要求，而中共中央在2001年印发的《公民道德建设实施纲要》中规定了我们今天各行各业都应共同遵守的五项基本职业道德要求，即“爱岗敬业、诚实守信、办事公道、服务群众、奉献社会”。

历史的前进并非一蹴而就，今天的共识是从我们几千年沉淀的“国故”中、从我们不断兴衰荣辱的实践中整理出来的。为了使学生不只是干巴巴地背下这五项基本规范，而能把这二十个字融化到自己的血液中，贯注到将来的职业生涯中，我们可以带领学生从传统文化中去加深理解和认识。

首先，“爱岗敬业”，就是要热爱自己的本职工作，并忠于职守。这一点说则容易行则难。今天的上班族往往视周一为噩梦的开始，把工作看作谋生的手段，难有乐趣可言。所以老板一不在就“偷菜”、微博、微信、淘宝……凡此种种，在当今职场并不鲜见。如何克服这种职场疲惫心理？我想关键还是要从“爱”和“敬”上下功夫：“爱”是一种快乐的、令人热情沸腾的情感状态；“敬”却往往与“畏”相联系，因为敬畏，因为有着坚守的“有为”与“不为”①，我们才可以目不斜视直奔目标而去。孔子云：“知之者，不如好之者；好之者，不如乐之者。”②又云：“饭疏食，饮水，曲肱而枕之，乐亦在其中矣。不义而富且贵，于我如浮云。”③这里告诉我们，任何职业当然都需要一定的专业知识，

①《孟子·离娄下》：“孟子曰：‘人有不为也，而后可以有为。’”参《十三经注疏》，第2726页。

②《论语·雍也》，同上，第2479页。

③《论语·述而》，同上，第2482页。

而知识的获取只有以兴趣为起始，才能持之以恒地、乐呵呵地去钻研去探索，才会终有所成。而在此之前，我们还必须要有一个正确的价值观和坚定不移的信念作支撑，才能在粗茶淡饭、“曲肱枕之”的平淡日子里也耐得住寂寞并甘之如饴，不至于因为一时的诱惑、一时的浮云蔽日而丢失了自我、迷失了方向。另外，先圣还告诫我们：“不在其位，不谋其政。”甚至“君子思不出其位”[①]这些也不是教我们要滑头推卸责任，而恰恰是要我们一以贯之，专注于当下，专注于自己的本职工作，思想上、行动上都绝不能开小差。

其次，“诚实守信”，就是要平等竞争，言行一致。平等竞争是指参与市场活动的个体无论社会地位高低，在市场面前一律平等，即面对同等条件，享有同等权利，履行同等义务，处于同一条竞争起跑线。随着社会主义市场经济的发展，市场竞争日趋激烈，这就要求我们的从业人员不仅仅要遵章守制，还要恪守职业道德，才能保证竞争的公平性、有序性。这样的要求，其实古已有之，就是我们当今国人都还时时挂在嘴上的中庸精神——“不偏之谓中，不易之谓庸。中者，天下之正道。庸者，天下之定理。”要求我们在任何情况下，都能端正持中，不改初心，恪守规律，恪守市场法则。“中庸”精神并不否认我们人人皆有的趋利本性：“天命之谓性，率性之谓道，修道之谓教。道也者，不可须臾离也；可离非道也。”我们大可循着自己的天性去做，把日常生活、本职工作当中的点点滴滴都做到自己力所能及的顶点，便是得“庸道”之真谛。

“喜怒哀乐之未发，谓之中；发而皆中节，谓之和。中也者，天下之大本也，和也者，天下之达道也。”个体的情感欲望得到恰到好处的满足或宣泄，而又在人情、礼俗、法度许可的范围内，那么这个个体就会成为一个健康和谐的人；对于整个社会、整个市场经济的运行来说，亦是同理。有鉴于此，在高职的课堂上，我们有责任引领学生认识到，最理想的状态就是“致中和，天地位焉，万物育焉”“万物并育而不相害，道并行而不相悖”[②]的“和而不同”[③]的境界。《中庸》所宣扬的这种恰如其分地看待万事万物、中正不倚、于平常处尽心竭力而又能各就其位、和谐共处、齐头并进的为人处世之道和社会理想，对于今天社会主义市场经济条件下的职业道德教育有着深刻的启发意义。

再次，“办事公道”要求从业人员廉洁自律，在行使职权时做到公私分明，严格约束自己的行为。这与《中庸》所提倡的“慎独”[④]精神一脉相承。东汉杨

①《论语·宪问》，同上，第2512页。

②此段以上引文均摘自《礼记·中庸》，《十三经注疏》本，第1625-1636页。

③《论语·子路》，参《十三经注疏》，第2508页。

④《中庸》第一章：“君子戒慎乎其所不睹，恐惧乎其所不闻。莫现乎隐，莫显乎微，故君子慎其独也。”参《十三经注疏》，第1625页。

震"四知"[①]的故事亦可为今日之糊涂人当头棒喝。"服务群众"、"奉献社会"要求从业人员把客户视作上帝，"从群众中来，到群众中去"，在有能力的条件下，当社会需要的时候，自愿将自己的体力、智力劳动成果投入到为群众提供便利、为社会创造财富的过程中。这一提法，从夏代即有的"民惟邦本，本固邦宁"[②]的"民本"传统，到南北朝刘勰的"国民鱼水论"[③]，再到毛泽东所倡"为人民服务"，可以看到清晰的发展脉络。历史上，诸葛亮为报刘备知遇之恩鞠躬尽瘁死而后已的故事、苏东坡在不断贬迁的仕途中亦倾己所能疏浚盐道整理西湖修建医院造福百姓的故事[④]、李时珍为济世救民不惧艰危遍尝百草终著成《本草纲目》的故事……这些都能荡涤心灵，使高职院校的学生在职业道德的养成方面日臻于善。

2. 职业素质教育

职业素质是劳动者能胜任某一职业所必须具备的综合能力，包括先天素质和后天素质。先天素质取决于遗传基因，包括感官、神经系统和其他一些生理上的特点。后天素质是环境与教育双重作用的结果，包括专业知识和技能、职场经验与技巧、竞争与抗压能力、创新意识与能力等。可以说，除了专业方面，职业后天素质其他各方面都可以通过我们传统文化的熏陶，使高职院校的学生获得长足的内在提升，因为历史总是惊人的相似——前人在工作当中所遇到的问题、所总结的经验，只要善加甄别，完全可以作为后人前行的明鉴。

有人说职场如战场，国内许许多多成功人士的书橱里，除了《卡耐基成功之道》、《乔布斯传》等西方"宝典"外，出现频率最高就是《三国演义》与《孙子兵法》，这几乎已是人尽皆知的秘密。这种"战场论"可能有些夸张，有些草木皆兵。然而不可否认的是，作为职场当中一介新人，如果在为人处世、待人接物方面周到一些，能获得的机会相应就会多一些。孔子在《论语·学而》中就苦口婆心地告诫弟子，为人当"入则孝，出则悌，谨而信，泛爱众，而亲仁。行有余力，则以学文"[⑤]，即——在家在外都要恪守本分，恭谨行事，

---

①《后汉书·卷五十四》："大将军邓骘闻其贤而辟之，举茂才，四迁荆州刺史、东莱太守。当之郡，道经昌邑，故所举荆州茂才王密为昌邑令，谒见，至夜怀金十斤以遗震。震曰：'故人知君，君不知故人，何也？'密曰：'暮夜无知者。'震曰：'天知，神知，我知，子知。何谓无知！'密愧而出。"参中华书局1965年本。

②参《尚书·夏书·五子之歌》，《十三经注疏》本，第156页。

③刘勰《新论·卷三·贵农第十一》："衣食者，民之本也，民者，国之本也。民恃衣食，犹鱼之须水，国之恃民，如人之倚足。鱼无水，则不可以生；人失足，必不可以步；国失民，亦不可以治……"参《刘子集校》，上海古籍出版社，1986年版。

④参林语堂《苏东坡传》第二十二章《工程与赈灾》，陕西师范大学出版社，2006年版，第255-267页。

⑤参《十三经注疏》，第2458页。

言出必践，团结众人，且主动亲近德高望重的仁德之人。这样都做到了以后，有剩余精力，再来学习文化知识，不断提升自己。也就是说，在一代圣哲看来，“为人”是比“为学”更重要的，尤其是年轻人。而这简简单单的两句话，后来被清代的一个秀才充分发挥演绎，成了如今上至企业CEO，下至幼儿园小朋友，都在下功夫诵读、学习的《弟子规》。《论语》、《弟子规》的魅力到底如何，这里毋庸赘言，作为一个高职院校的公共课教师，我认为我们有责任带领学生在踏入社会的准备阶段，就去亲近这样朴素无华的前代经典。“其实原始儒学可说是一种人学，其主要内容是讲为人之道”，只要我们的学生掌握了这种万变不离其宗的“道”，那么那些职场技巧、经验之类“术”的层面的东西，都是可以一步步水到渠成的吧。

“天下熙熙，皆为利来；天下攘攘，皆为利往。”[①]这是当年司马迁在《史记·货殖列传》中的开篇之言，用来描述今天的市场经济社会是再合适不过。我们高职院校的毕业生初出茅庐就要面对这样熙来攘往的汹汹人潮，自身一定要具备一定的竞争和抗压能力，才能在严酷的市场择汰下拥有立足之地。大家都知道儒家是入世的积极的哲学，亚圣孟子的名言“穷则独善其身，达则兼善天下”[②]曾勉励了一代代士子，使他们在人生穷困潦倒时能给自己一个心安理得的慰藉；在富贵通达之时，又多了一份社会责任意识。对于今天的学生，当也有一定的启发意义——不管顺境逆境，都要有一颗平常心，在力所能及的范围内，勉力为之。与儒家鼎足并立的释、道二家虽说相对消极退守，但其中的一些哲理对于逆境当中的身心调适却有着神奇的功效，历史上文人学士在仕宦低潮时期往往会主动向之靠近，如白居易、柳宗元、王维、苏轼、王安石等，皆然。比如老子讲“上善若水”，赞美水德“居善地，心善渊，与善仁，言善信，正善治，事善能，动善时”，对古人多所启发，今人，尤其即将迈入职场的青年学子亦可效仿之，即——居处时选择与自己价值观、才能相符之地；心态上努力保持沉静渊深，处变不惊，临危不乱；人际交往择善而处，“近朱者赤”；言语真诚，言出必行；若能做到管理层，则努力去实现一个清平局面；若不能，则脚踏实地做好自己能力范围内的事，不好高骛远；总之一切行为相时而动，尊重规律，把握机遇。这样，既不为难自己，又能像水一样，随时就势，实现最终的“不争”之“争”、“不为”之“为”。

有人说当今时代拼的就是人才，而人才的核心素质就是创新意识与能力。这种意识与能力在我们厚重的历史中并不稀缺：且不说我们的长城、故宫、园

①参《史记·货殖列传卷六十九》，中华书局，2008年版，第四册，第2530页。

②《孟子·尽心上》，参《十三经注疏》，第2765页。

林建筑、诗词文艺为世人惊叹；且不说我们的“四大发明”为世界文明进程提供了巨大助力；“玻尔认为量子论的认识论问题，在中国哲学家老子那里已经碰到了”，“李政道认为‘测不准原理’可用老子‘道可道，非常道；名可名，非常名’来加以概括”；古老而神秘的中医尽管尚难被西方世界完全理解，但却在与我们比邻而居的韩国落地开花被冠以“韩医”美名，并且还申遗成功；“中国的100个世界第 一”足以震动世界以致坦普尔在《中国：发明与发现的国度》一书中得出了惊人的结论：“近代世界赖以建立的种种基本发明和发现，可能有一半以上源于中国。”尽管如此，放眼如今的中国，我们却沦落为了世界上最大的山寨产品产销国！我们曾经的创造力哪儿去了？让高职学生重读我们自己的传统文化 经典，重拾我们自己的哲学精髓，并不是为了像阿Q一样，在落后挨打的情况下也可以自我安慰“老子先前阔!”；而是为了重塑民族自尊心、自信心，在昨天的辉煌中觅得今日的灵感之光，让我们有勇气、有力量奋起直追。

综上所述，在高职院校当中加强国学教育，对于弥补当前教育模式对职业道德和职业素质养成教育的忽视，使高级技术性人才的输出既适合市场需求，又能满足人的可持续发展要求，有着相当重要的意义。

当然，应当看到，高职教育对理论的要求是以“够用”为尺度的。所以，就具体操作而言，在高职院校当中开展国学教育，既不同于中学、大学语文课，也不同于普通高等院校对中文系的专业教育，更不能混淆于以纯理论教育为主的思政课，把握住其公共课、通识课的课程性质，在课堂教学中以字、词、句、篇的理解为基础，以审美情操的熏陶、思维能力的培养为辅助，把哲理故事与现代生活、人生经验的融会贯通作为重中之重，才是当前高职国学教育的应有之义。尽管目前学界对于丹、易中天、曾仕强等讲坛名家对国学经典解读的准确性尚有质疑，但相信谁也不能抹杀他们对中华传统文化在大众视域的普及之功。我们在高职院校普及国学教育，笔者建议，在尽可能准确的前提下，方法、技巧层面大可向这批讲坛名家靠近，努力做到教学风格生动活泼、教学语言深入浅出、教学内容切近生活，才能为学生喜闻 乐见，教学效果事半功倍。

令人倍感欣慰的是，笔者所在的学校经过长期准备和两年试验教学，以国学教育为主的人文素质课目前已取得阶段性的成效。在此，摘录两段学生课程总结当中的句子，以为本文结束：“教育是可以教化人心的，古典可以使人平静、进取。……从这门课当中，我感受和理解得更多的是一种精神和情怀，而不是答题技巧和答题方向，这对于我的人生之路来看，尤为重要。”[①]

①摘自私立华联学院12级动漫设计专业戴夕梦《学〈人文素质〉有感之》。

“我们走得急，走得快，但该留的还是不能丢。我们不能成为空有学识却不识人性的机器。这门课于道德、人生、处世方面对我们至关重要，……从中汲取使我们成为有修养之人的道理，是我们的当务之急。”①

作者为广州市私立华联学院公共基础部讲师

【参考文献】

[1]纪宝成. 重估国学的价值[N]. 南方周末，2005-2-26.

[2]王国维. 论教育之宗旨[M]//王国维先生全集：初编第5册. 台北：大通书局，1976：1855-1858.

[3]蔡元培. 普通教育与职业教育[M]//中国蔡元培研究会. 蔡元培全集：第4卷. 杭州：浙江教育出版社，1997：258.

[4]李国栋. 高等职业教育培养目标定位研究[J]. 江苏理工大学学报（社会科学版），2001，3：91.

[5]阎卫东. 对高等职业教育人才培养目标的理解[EB/OL]. 中国高职高专教育网，2011（2011-12-14）.
http：//www.tech.net.cn/web/articleview.aspx?id=20111214094842745&cata_id=N195.

[6]新华社. 公民道德建设实施纲要[EB/OL]. 中国互联网新闻中心，2001（2001-10-24）.http：//www.china.com.cn/txt/2001-10/24/content_5069742.htm.

[7]楼宇烈. 十三堂国学课[M]. 北京：北京大学出版社，2008.

[8]（魏）王弼注，楼宇烈校释. 老子道德经注[M]. 北京：中华书局，2011.

[9]徐方平. 老子、现代科学家与直觉思维[J]. 学术论坛，1986（4）：8-12.

[10]R.K.G.Temple. 中国：发现与发明的国度[M]. 陈养正等，译. 21世纪出版社，1995.

①摘自同班吴沅霖《读〈大学生人文素质II〉有感》。

广东中小学开设国学课程势在必行

简瑞萍

“国学”一词，自古已有。一般认为，“国学”即“一国固有之学”，就是指一个国家学术文化的总称。按此说法，我国的“国学”，顾名思义，就是中国之学，中华之学。根据资料说，“国学一般是指以儒学为主体的中华传统文化与学术。国学既然是中国传统文化与学术，那么无疑也包括了医学、戏剧、书画、星相、数术等等，这些当然是属于国学范畴，但也可以说是国学的外延了。”而且，“国学”还随着社会的发展而有着不同的内涵。因为我国儒家文化博大精深，所以，下文我所谈及的内容仅限于本人能接触到的“国学”内容，未能涉及内涵的每个方面。

首先，广东中小学开设国学课程是必要的，老师要坚持这个信念才可以正确认识自己的教育教学。

清朝大儒家、爱国人士顾炎武先生说过：“国家兴亡，匹夫有责。”今天中国的强大是世世代代的“匹夫”所努力而来的。我们拥有数不胜数的爱国故事，我们还拥有以儒家为主的悠久灿烂的文化。我们的国，我们的家，无一不是建立在中国文化之上，又无一不是在继承与发展着她。所以，我们没有不爱国的理由，没有推卸继承与发扬国学精粹的理由。当老师的只有坚持这个信念，才能正确认识自己的教育教学，才能明白身为一名中国教师的意义。

可是，一谈及“国学”，我的心却变得空虚起来了。我是“题海”战术生产出来的一个产品，那个年代我跟国学似乎绝缘不相识。像我这样遭遇的何止一两个！直到我长大以后，才从形形式式的资料中了解到：文化革命后，我们中华民族亟待寻找我们的“根”。那时候的感受真不能细细描述形容，只知道有一股强烈的寻根念头在我的心里滋长。跟我一样想法的人，应该有很多吧。应该在哪里寻到我们中华民族之根？在国学！一个民族，如果连自己的文化都不能继承和发扬的话，这个民族就不会有任何的前途。爱国，就要守护我们中华民族的精神、中华民族的美德。爱国，就需要好好学习国学，在学习中、工作里、生活上做好“匹夫”的角色。

既然，60后、70后已是国学“断奶”的一代，于是我们影响着80后、90

后，还有现在的00后。我们不知道应该根植于什么精神土壤之上，大多像一拨拨迷途羔羊，在外来文化的冲击下，失去了让我们站稳脚的根基。有的人过度向往外国；有的人一谈及中国就觉得没有一处是好的；甚至有的人做出令人有锥心之痛的背叛人民的种种行为。小至影响个人行为举止，大至有辱国民、害己害人。“哪里有中国人，哪里就有不文明”、“到此一游”等等现象，都跟国学中提及的优良传统与美德遥不可及。难道这就是我们所听过的“文明古国”？在我周边生活的人，有不少喜欢外国的电视剧的，这本来无可非议，咸鱼白菜各有所爱罢了。当向往的人多了，就不得不思考我们的中华文化。吸引人是电视剧里人的相貌、服装、情节因素，还是里面所蕴含的文化因素呢？答案是两者均有。可是这些邻国电视剧的文化都源自中国古代文化的啊。到底我们的中华文化怎么了，跑在哪里了？为什么要到邻国去寻找和感受我们的“根”呢？原来在“大革命”中，我们丢失了许多宝贵的中华精神和美德，简单说就是中华文化的精粹。

任重而道远，我们每个人都有责任继承和发扬“龙”的文化(中华文化)。广东中小学开设“国学”课程是责任之所在，是必要的。

其次，广东中小学开设“国学”课程是可行的，教师不愿眼光短浅，只盯着学生的分数，都希望自己所教的具有意义。

第一、对于中小学生来说，已经有一定的学习能力，可以在老师的指导下从“国学”当中继承和发扬我们中华民族精神和美德。而且，学生接受情感教育也是在这个年龄阶段提高得最快，最容易培养良好的行为习惯。根据专家研究，人的学习能力旺盛期到了成年之后就会开始退减，而在中小学生阶段就是一个人的学习黄金期。换句话说，中小学阶段来学习“国学”是最好的时期之一。因此，从人的学习能力来看，开设“国学”课程是可行的。

第二、现今社会“熊小孩”、“年少早熟”、“犯罪低龄化”等等现象的出现，一次又一次地告诉我们到底要教什么给孩子。如果还是把眼睛盯着“成绩”，那么，我国的少年就真的完蛋了。许许多多的老师都深深明白，再这样下去就会断送中国文化的精神和优良的道德传统。大家都不希望自己所教的失去育人的本质意义。梁启超先辈的《少年中国说》里，有一句话让我印象深刻，“少年智则国智，少年富则国富，少年强则国强，少年独立则国独立，少年自由则国自由，少年进步则国进步，少年胜于欧洲，则国胜于欧洲，少年雄于地球，则国雄于地球。”我们的少年跟国家的前途密不可分，自古到今，从不改变。再回顾我国历史发展和先进国家的发展，无不证实这一道理。所以，我们的少年一代继承与发展我国文化是中华民族强大的可行之路。

第三、重视“国学”教育是我国文化发展的趋势。《澳门日报》2009年10月20日报道：国家主席习近平不久前在柏林的中国文化中心与学生交谈念《三字经》心得的生动情节，和今天在成都召开的第一届世界华文教育大会，映衬了当今海外华文教育的热潮。“如何让华文教育薪火相传，留住民族文化之根”，成为海外华教界热议的话题。旧版《辞源》中认为“国学，一国所固有之学术也。”刘斌老师在讲座中也谈到“国学是关于如何做人的教育，是做人的指标，更是人迷失时的方向”。自教育教学改革开始，北京、上海一些中小学实验国学学习基地的成功例子不断涌现，成为各地中小学探究国学之路的定心丸。我以为，既然有他山之石，就可以借鉴和学习。我们广东地区不应该墨守旧规，在教育教学上也应该回归人本教育，大胆地借鉴成功例子，有序、系统地开设“国学”课程，这是可行的。

第四，学习国学可以平静一个人的心绪，让个人心理更加健康，让人与人之间的关系更加和谐。“国学”的精华是人养生修心的可行途径。在近几年的家长会上，许多家长都为孩子在家目无尊长的问题而烦恼。这让我想到了国学中的《弟子规》、《朱子家训》的家庭教育。我不是肯定这些书中所有的东西，但我要强调的是里面导人向善、向美的部分。我们经常责怪孩子不懂为人处世，不懂尊重长辈，欠缺责任感等等，其实都是因为我们的教育过程中忽略了最重要的部分，那就是在家庭教育中把正确的人生观、价值观传承给孩子。如果我们大人懂得越多，那么可以传承的就会越多。当大手小手一起学习的时候，效果就会更好，家庭矛盾自然就会减少，推家及社会，人际关系随之变得和谐。

例如:《弟子规》中“父母呼，应勿缓；父母命，应勿懒；父母教，须敬听；父母责，须顺承。”如果自小就这样教育孩子的话，就会减少“顶嘴”、“不尊老”现象。又或者“出必告，反必面”，虽然是很小的举动，却是孝顺父母的体现；做事不仅考虑自己，还考虑别人感受。这样，不是对人有很多好处吗?

又例如：国学中的书法。教育部关于中小学开展书法教育的意见写到:“书法是中华民族的文化瑰宝，是人类文明的宝贵财富，通过书法教育对中小学生进行书写基本技能的培养和书法艺术欣赏，是传承中华民族优秀文化，培养爱国情怀的重要途径；是提高学生汉字书写能力，培养审美情趣，陶冶情操，提高文化修养。”你试想一下，当你进行硬笔或者软笔书法时候，心情的确会平静下来，呼吸也会平缓一些，脾气自然和顺一些，脑袋也跟着冷静一点。于是，久而久之，心胸变得豁达和包容。这样一来，对自身的心理健康和自我修养都有着良好的重要作用。再说，坚持练习书法，书写水平就会好起来，审美水平也日渐提升。人若有点艺术情操，气质自然也儒雅起来。真是内外兼修！

也许你会问：这样的话，只会让我们的学生成为一个“文人”吗？不会。当你看看历史上的指挥打仗者，曹操、李世民、辛弃疾、岳飞、曾国藩、毛泽东……不也是因为有儒雅之风而提升自身的素质吗？他们的贡献巨大啊！自古到今，这样的例子多不胜数，以事实告诉我们广东中小学开设“国学”课程绝对可行。

另外，根据自我实践所得，中小学开设国学课程如果注意以下几点，课程将会更有效果和意义。

明确目标之后，再制定好课程内容。而且，必须在九年义务教育阶段开设“国学”的相关课程，打破你想深入学习“国学”就到校外找培训班的局面，让更多的孩子接触到国学课程，从根本上提高国民的文化素养。

（1）取其精华，去其糟粕。

由于人无完人，自然古人所写出来的书籍、所留存下来的思想也难以完美，所以虽然“国学”体现中华传统美德，但应该保留什么、中小学生该学些什么，还是需要根据现实生活有所选择，或保留或改良或舍弃。在中小学教育教学中要注意把握一个尺度。例如季羡林老师《谈国学》中说到的“三纲”就是一种糟粕，它会扭曲一个人的心灵，对人的评价也不公平。又如：《二十四孝图》，它传递给我们的不仅是为人的孝道思想，还掺杂了宿命论、错误的价值观。开设“国学”课程的时候应该对思想内容有所选择，注意把握一个度，明确良莠，分清是非曲直。

（2）把书法教学贯通整个中小学阶段。

书法教学，必须贯通整个中小学阶段。面对当今普遍中学生的字体，老师们都感觉到不如从前学生的好，原因大家都明白。写字就像学习使用筷子一样，只有坚持训练才能熟至生巧。如果你看过韩天衡老师的《书法艺术美感试说》的话，你一定会明白认真写字的好处。他认为书法具有旋律美、形体美、意境美。书法能够培养审美情操，更能陶冶性情。现今许多学校的一周课表内都找不出一节书法课，导致学生不能普遍接受“义务教育”阶段的书法教学。如果想学习，就得自找校外兴趣班。孩子的书写状况越来越令人担忧，离开电脑后乱用字词。究其原因是没有深化记忆，书法的练习正好弥补这个缺陷。小学生是培养书法兴趣的阶段，而初中生对世界开始有独特的见解，正是大幅度提高书法水平的好时机。再说，“字如其人”，对书写认真的人做事也比较认真；对书法有研究的人，必是热爱生活的人。中小学时期是一个为人生打基础的阶段，很有必要让书法贯通义务教育阶段。

（3）重视“做”的过程。

对书法的学习，我们不能像过去的讲课一样，老师讲，学生听，而要重视学生实实在在的书写，在写中怡情养性。以我个人实践所得，练习初始阶段，最好放点轻音乐，学生容易进入状态。另外，练习不宜急进。对“横、点、竖、撇、捺”要不厌其烦的练习，并写出不同的形式出来。因为每一笔在不同的字里面都有点不同的形式。这样变化着练习，既可以让学生产生新鲜感，还可以让学生在练习过程中了解中国文字的意义，为以后创出自我风格打下一点基础。写好中国字，修炼好脾气，积蓄高雅气质。

对于《弟子规》、《朱子家训》等家训类的学习，不是家长老师讲其内容即可，而是关注学生的行动，在生活细节中践行这些为人处世的学问，切勿停止在表面的朗读和背诵。“修身、齐家”为先，“治国、平天下”在后，说的就是个人与集体、国家之间的关系。只有做好自己本分，才能够推及爱护集体、贡献于国家。这也是学习“国学”的重点，在做好个人角色中，继承与发扬中华民族的精神与美德。季羡林老师在谈及国学的时候曾经说过的。所以，评价学生的标准跟着有所变化才行，可以考虑制定表格，纳入家长、同学、老师、生活小区居民和自我的评价项目，增强个人自我的修养意识，重视个人在集体中的作用。

对于戏剧的学习，可以运用多媒体来欣赏。音乐老师可以让学生学习简单的唱曲，语文老师可以让学生学习造句和赏析人物，舞蹈老师可以让学生学习一些简单的舞台动作，美术老师可以让学生学习舞台服装的设计等等，形式丰富多样。学习的效果并不只是取决于人的视觉记忆，而且跟听觉、触觉等感官的投入程度有着必然联系。投入程度高，印象深刻一些，创新灵感也容易产生。因此，小学表演过的节目会铭刻于心，到老也有一定印象。但初中经常背诵诗词歌赋，过一段时间便会忘记。这是因为我们没有用其它形式来学习，单一的学习方式减低了学习欲望，效果不见得好。当然，不一定分开科目来学习，还可以综合几个老师合作。甄别后选择戏剧中积极的片段，使学生在动手、动脑、动口的实践中了解到中国传统文化魅力之大，为之萌生自豪感，多添一种放松的方式。

对医学的学习，中小学年龄小，无法深入。本人认为，最重要的是教会学生一些养生之道。从体育运动到心理调适，从阅读、书法到泡茶技艺，国学与养生都紧密相连。在开设“国学”课程时候，可以考虑这些方面。汉堡包、薯条受到许多学生的青睐，学生越吃越胖，越吃越没有营养。根据众多饮食书资料，这一类的饮食文化都有损人的身体健康。一个国家的国民身体不强壮，体能差劲，还能让国家强大吗？因此，我国的养生之道有必要安排进“国学”课程内。

（4）把劳动放在第一位。

一个人若是懒惰，就会滋生种种不良思想和行为。现今社会出现不少好逸恶劳的现象，于己于人毫无益处，甚至给社会带来严重影响。在《朱子家训》中开头有言：“黎明即起，洒扫庭除，要内外整洁”，意思说每天早晨黎明就要起床，先用水来洒湿庭堂内外的地面然后扫地，使庭堂内外整洁。也有耳熟能详的名言：“天道酬勤”上届主席胡锦涛在“两会”中提出新世纪青少年的“八荣八耻”，提出“以辛勤劳动为荣，以好逸恶劳为耻。”可见劳动的重要性。从个人的角度来说，劳动能够协调肢体的配合，有益于大脑的发育，懂得寻找方法做事，让生活更加充实，精神愉悦满足，从而养成节俭的习惯。从人的整体来说，推己及人，体会艰辛，便于换位思考，便于养成爱护财物的习惯。我们中华民族本来就是一个勤劳的民族，我们和我们的后代都应该继承劳动的光荣传统。

（5）把地方文化引入其中。

中华民族是个多民族国家，中华文化包容了众多民族文化。岭南文化中的广府文化、客家文化、潮汕文化也在其中。这三种文化是古代南粤土著文化与中原汉族文化在上千年的相互融合中产生的相对稳定的文化，在中小学历史书中并没有多提及，但是这些文化精神的内涵是很丰富的，其核心在于团结和奋进、兼容开放，是养育我们的文化。如果对养育自己的文化都不了解的话，怎么会热爱这片土地，怎么会传承我们的文化呢？因此，要把地方文化的精华部分纳入国学课程。传承国学，发扬中华文化精神和美德，人人有责。广东地杰人灵，文化深厚，中小学开设“国学”课程势在必行。让我们一起努力“寻根”，并且继承和发扬光大。

作者为广州市番禺区市桥侨联中学教师

【参考资料】

[1]《澳门日报》2009年10月20日报，新浪网

[2]广州多闻经典教育研究中心总裁刘斌谈国学教育

http://blog.sina.com.cn/s/blog_988ce68701013810.html

[3]《教育部关于中小学开展书法教育的意见》〔2011〕4号

[4]《书法艺术美感试说》，作者：韩天衡，摘自《书法研究》1985年第2期 来源 书法屋：www.shufawu.com

[5]《从中国传统文化中寻找构建和谐社会的源泉》作者：汪慧 编辑出版：陕西青年职业学院学报杂志编辑部 主办：陕西青年管理干部学院 刊号 ISSN：1674-2885

[6]《广府文化的特点及其影响》作者：王克群 摘自《广州社会主义学院学报》2011年02期 http：//mall.cnki.net/magazine/article/GZXY201102018.htm

百度文库：

http：//wenku.baidu.com/link?url=8KQHW3xKdPnIJ635pjUvuTDGRllcKUg4OkJ12qG87bZqlXELosipIeHlAN7OqwAdMvZ3ASFxqbC3IoZ8ekMYMm2EZwx1ypRZs-ZankpVflW

国学进校园的成效和反思

黄　烁　王　珺　何少清

一、让传统经典教育走进初中校园

让经典走进校园、走进语文课堂不再是一个新鲜的话题，但是可以真正实施的学校和班级屈指可数。很庆幸我们学校已经做了相关的尝试，使大家形成一种建构本校传统文化经典教育的信心和向心力。我们正在一步一个脚印努力前行和探索。本文就是基于此背景所做的思考。

（一）在初中阶段开展传统文化经典教育的原因

初中阶段是青少年心理最敏感的阶段，是自我发展的关键期或转折期。在瞬息万变的年代，如何帮助学生顺利度过心理发展的危机成为教育者的一个重大课题。引导学生在学习中学会关心他人，学会与人合作，学会分享，学会恰当地利用资源，懂得珍惜生活，这些对于学生的身心健康成长有着不可替代的作用。但目前的教育模式皆偏重于知识和技能的传授，而缺乏文化的熏陶与人格的培养。在初中阶段，通过读诵中国文化经典的课程内容，让学生在应试课程的基础上"去功利化"地接受部分传统优秀文化的熏习，使他们在心灵最蒙昧而动荡的关键时期接受最具智慧和价值的经典，潜移默化，以文而化，逐渐培植其德福，开启其智慧，可以使他们能运用各种经典中的精华积极调整心态，降低生活学习中的压力和不利事件的消极影响，并在挫折中获取经验得以成长，进而奠定他一生的高远见识和优美的人格。

在语文教学的目标方面，大语文教育观下的文学是广义的，它包括：个人的文学修养、人生境界、生命的感受、审美的情趣、思想道德及人生智慧等等，当前的语文教学对此着力不尽人意。造成此种状况的原因是多方面的，以应试为目的的功利教育是一个原因，缺乏系统性的古今人文经典名著的积累算是另一个重要原因。《新课标》第二条中提到："认识中华文化的丰厚博大，吸收民族文化智慧。关心当代文化习惯，掌握最基本的语文学习方法。"因此，融传统文化经典教育于语文学科教学中，既顺应了当前社会对传统文化学习的需求，也是对当前语文学科教学相长的创造性策略。

现代语文课本中的文言文分量越来越重，属传统文化经典的篇目越来越多，教育部下发的课外阅读指导性书目中就包含了《三字经》、《论语》、《孟子》、《老子》、《庄子》等中国传统文化经典，传统文化教育势在必行。番禺区下一阶段也会把经典教育作为教育工作的重头戏。但在具体的教学工作中如何制定和落实具体方案，如何将其最大程度的融于学校工作中，如何处理经典教育与学科教学之间的关系等等，仍需思考与探索，其模式的建构有赖于所有有志于推广经典的一线教师共同努力。

（二）在中学期间怎样开展传统文化经典教育的策略

1. **把传统文化经典教育融入学校的整体工作**。

传统文化经典教育应该涵盖传统文化的各个方面，比如传统经典、民俗、传统节日风情和带有传统文化色彩的古琴、书法、棋类、国画等。单一的语文经典教学内容不能立体化地呈现传统文化的各个方面，也不可能真正激发学生主动学习的兴趣。因此我们应该把传统文化全面融入学校的管理、文化、环境、课程中。首先，将其与学校德育教育、行为养成教育相结合，还与学校礼仪教育相结合，努力让经典文化走进每个老师、每个学生的心中。我校的张俭丰老师就曾经上过一堂以汉学为内容的班会公开课。课堂上学生倾听古琴、欣赏汉服、行周揖礼 、学习汉文化精髓。短短一节课，不能说学生学了多少，但心中一定植入了对古典文化的尊崇和探究的种子。再如学校每逢佳节都会提倡学生过中华传统节日，并在全校的广播系统介绍节日的由来、文化习俗等相关知识，使传统文化留存在孩子的心中。学校还注重国学经典与文史教育、艺术教育相结合，今年在我校的建校30周年庆典上，初一级学生经典篇目的朗诵节目以及音乐老师轻弹古筝的同时美术老师即席挥毫的场景，令在场的师生留下了极其深刻的印象。再如我校初一级开展的系统硬笔书法课程，不仅是美术老师的教学任务，语文老师也把它作为语文课程的一项重要内容铺开及落实，使之成为常态。每逢我们学校开家长会的时候，语文老师会进行经典教育的动员，争取家长的配合，倡导家长和学生共同诵读经典。

2. **采取多样化的传统文化经典教育实践形式**。

在语文教学上，我们会以读、背、写、讲、演等多种形式展开学习，把国学经典教育渗透到各个教学环节中去，我们在教会学生学习课内的文言文的基础上，会进行一系列的内容拓展。例如教授《论语十则》的时候，我们开展了《论语》积累大赛，并以一分钟演讲的形式布置下去——每天由一个同学上台讲一则，先背诵原句，再进行翻译及论述。每天一则，日积月累，学生的积累也不少了。等学生积累到一定的程度，我们顺势开展了《论语》诵读活动，把早读课、语文课和综合实践课作为诵读的时间，保证了堂上学生诵读的质量。我们还把《论语》的全书背诵作为语文作业的其中一个部分，在推荐了杨伯峻先生的《论语译注》后，我们要求学生定时定量背诵，并定时抽测，把抽测的成绩作为单元成绩的一部分。就这样，断断续续，罗思红老师所教的班级的一部分的学生在一个学年的时间内把《论语》背诵了下来，让很多同事和很多支持此项工作的家长为之感叹自豪。朱瑞群老师的吟诵课也成为了我们学校经典教育的亮点。当然，除此之外，我们还选择了《三字经》、《弟子规》、《大学》、《中庸》、《论语》、《孟子》、《老子》、《诗经》、《庄子》的一些名篇让学生接触和诵读。具体的诵读计划初定为初一《论语》，初二《大学》、《中庸》（选），初三《孟子》、《老子》、《庄子》（选）。诵读方法包括带读、如快读、慢读、吟诵等方式，每天学生在上语文早读课时立即投入经典诵读。读完一轮后，老师拿出五分钟时间，讲解含义，检查诵读情况，鼓励后进，表扬先进。在此基础上，在班级张贴学生背诵经典进度表。对于大部分学生要求背下来，小部分学生只要求熟读，不要求背诵。定期对学生进行抽背和笔头检测，把成绩作为单元考核的其中一项指标。在平时的作文教学中，我们鼓励学生把平时读诵的内容与作文相结合，把日常素材中的小故事挖深挖透，以小见大，找出小故事中的大智慧。

我们利用综合实践活动课，指导学生开展了相关的研究课题。如《走近孔子》的语文综合实践活动，学生通过成果集、手抄报、PPT、朗诵、演讲、知识竞赛等形式，把自己搜集的资料以及自己积累的素材等进行现场展示和相互交流，使学生对圣贤的生平和思想精髓有了全方位的了解，这也大大促进了经典诵读的开展，并提高了成效。

除此之外，广州市每年会举办经典诵读大赛，学校也会进行一系列的经典诵读活动展演评比，我们会以此为依托开展各班的活动。形式包括集体朗诵、表演由文言文改编的课本剧等。其中我班学生自行编剧、自导自演的《晏子使楚》一剧获得了一致好评。更重要的是，在排演过程中，学生不断地揣摩剧中人物的语气、动作、仪态、服饰等，仿佛真正走进了古代，和文中的人物合二为一。也正是如此，经典篇目在他们心中，或许有了不同于单纯诵读的立体的解读。

（三）在中学期间开展传统文化经典教育的预测成效

1. 记忆力的提升。

著名哲学家培根说过："世间的一切知识，只不过是记忆。"北京、上海、江苏、湖南等教育科学研究机构"十五"课题研究结论也证实：诵读经典能帮助孩子提升记忆力、理解力。这在我们的教学实践中也能体现——通过系统地诵读经典篇目，学生背诵课内文言文的速度明显比之前增加，单位时间内背诵的内容的篇幅也比初一刚开始时增多。说明学生的记忆能力得到提高。

2. **人格养成及人生智慧的获得**。

文化经典中蕴含着丰富的道德内容，诵读过程也是道德的熏陶过程。学生在学习以及背诵经典后，在以后的人生中将不断反刍，对经典的理解也将不断加深，中国五千年文明将为孩子提供安身立命的人生智慧，为学生的道德修养、个人旗帜的形成奠定下基础。我们看到，许多诵读经典的孩子在气质和行为习惯上不断转变，个人的自信和沉稳大气也在各个方面有不同程度的显现。

3. **阅读及写作能力的提高**。

以往初中的学生在写记叙文的时候，偏重于一些流水账的叙述而难以在固化的生活中提取智慧的着眼点。经过经典诵读，很多生活中常识性的知识和道理以及生活中的小事都归一成为了一种思考和总结。他们总能从经典中找到解答某种现象或某类事件的方向，从而思考也随之理性和深入。随笔及作文教学中的经典思想的运用与消化，提高了学生的作文的深度和广度，文章的立意随之提升。随着背诵积累量的增加，经典在写作和关注现实方面消化的深入，学生的口头语言和书面语言的文学境界将会不断提高。

4. **班风校风建设**。

学生道德的提高、人格的养成、审美境界的提升等等对班级整体风貌必有影响。师生关系、生生相处中的一些人际问题可以从经典篇目中找到相处的准则和解决的方法；对于初中这个特殊阶段的心理发展的危机也能在经典中找到积极的应对方法使之安然度过或有所帮助。

（四）开展传统文化经典教育需注意的问题

1. **避免形式主义**。

任何流于形式的教育都不可能真正产生效果，特别是传统文化经典教育。既然是开展，必须有相关的保障机制，包括学校领导的支持、课程设置的时间保障、教师在这个领域的基本文化素养、家长的支持程度等等，这些都是传统文化经典教育能否顺利开展的关键。在目前应试教育的大环境下，开展传统文化经典教育是需要“占用”一定的时间的。能否处理好两者的矛盾，也是目前教育工作者所要面临的实际问题，也是持续推进传统文化经典教育的关键。要真正推进传统文化经典教育，必须从根本上落到实处——各种形式的展示和比赛是很好的检验方式，心理学科也可以在此基础上建立学生的心理档案，了解学生的心理发展趋势和对于压力及消极实践的应对方式的转变，以此作为检验传统文化经典教育效果的其中一个指标。当然，教育的根本不是为了数据的变化，所有的措施只是检验的手段之一，事实上，传统文化经典教育对于学生的影响将是终生的，可持续的。

2. **知行合一**。

所谓“知行合一”就是指认识事物的道理与在现实中运用此道理，是密不可分的一回事。在讲解经典内容的时候，教师可以结合生活中的实际例子灌输道理。学生出现问题的时候也可以联系他们接触过的思想精髓进行分析，努力使学生明白，读经典是为了“立品成人”，他们学习到了精髓，应该在实际生活中努力践行，这才是真正的学经典和用经典，进而内化成为人格和品质。

3. **持之以恒**。

在开展传统文化经典教育的过程中，会遇到一定的阻碍和困难。例如有些教师和家长不理解，认为与现有考试制度关系不大，看不见其长远意义，只关注眼前功利，又或者在实施的过程中会因为一些不成熟的想法和做法走一些弯路等，这些都是在所难免的。但是这些问题会随着开展经验的增加、整个社会的精神需求的日益迫切和开展过程中逐步凸显的成效而减少。一线教育工作者特别是学校行政领导和语文一线教师应该坚定不移地走开展传统文化经典教育之路，为学生品格的塑造和自我潜能的开发提供最有效的指导。

尽管传统文化经典教育离今天的生活较远，学生学习的过程中会有一些疑惑，但经反复了解逐渐加深理解，就会冲破时空上的界限。这与感受现代信息技术及接受当代文化潮流是一样的。所不同的是，经典之所以成为经典，是因为经过了时间和无数事实的验证，更有推广的意义和价值。作为一线的教育工作者，积极开展传统文化经典教育，责无旁贷。

二、国学教育的初步实践

除去自幼念及的“人之初，性本善，性相近，习相远”外，真正意义上接触国学还是前年在广州大学城的一次“经典诵读”展演上，从那以后，心向往之，却又无从入手。直至去年国庆期间有幸听了徐建顺老师有关吟诵的讲座，才略有头绪。

于是，化想法为行动，让本班学生们开始接触国学。因是初中生，《三字经》、《百家姓》、《弟子规》一类太过浅显，并不适合，最终选择从《论语》入手。

一开始，学生们并不理解，为什么在正常的教学内容外还要加入令他们头痛的古文，为了消除孩子们的疑虑，给他们播放了朱畅思老师的吟诵第一课——《唤醒》视频、于丹老师《论语心得》的视频及相关访谈节目内容，让孩子们对国学、对吟诵，特别是对《论语》有了更深层次的了解。

铺垫做好后，接下来的工作就容易多了。刚接触，还是以兴趣为主，正赶上学校推行“研学后教”教学模式，在分组竞赛的氛围下，学生背诵的兴趣愈渐浓厚，每个小组都想争得班内背诵最熟练的一组，每个同学都想争得组内背诵最熟练的一个。

二十一天可以形成一个习惯，在坚持二十一天每日背诵一页的《论语》后，大部分学生已经习以为常，甚至在家和家长一起背诵，也有家长发信息来赞同这一举措，让我欣慰不已。

以竞赛形式背诵《论语》已持续了半个学期，部分学生兴趣度有所降低，为了改善这种现象，我又利用课前一分钟演讲这一环节，让学生们轮流上台，联系生活选取《论语》中最喜欢或最有感触的一句话进行演讲，其他同学听后进行点评。不仅检查了演讲学生对《论语》的了解程度，同时还训练了其他学生的听、说、评的能力。第二轮的兴趣被挑了起来，收效不小，《论语》的句子、思想精华在日记中、作文中出现的频率越来越多，甚至有学生在和家长的聊天、争辩中也开始借用《论语》中的名句。

背诵《论语》已持续了大半个学期，某日准备教《小石潭记》，突发奇想不如先让学生们背下来，再讲解，会否对文章理解掌握更牢固。于是用一节课让学生们先背书，意想不到的事情发生了，短短的四十分钟内，全班49人，已有45人能背诵全文，快的同学半节课就能背完。事后在和学生的聊天中了解到，背书对他们已不再是那么痛苦的事情了，其余的文言文也尝试过先背再讲的方式，不仅背诵问题解决了，对文章词句、内容的理解也更扎实了。

这仅仅是个开头，是个人摸索、尝试的阶段，国学涵盖的内容很多、很广，还需要自己多接触、多阅读、多钻研，充实了自己的底蕴才能逐步影响学生。路漫漫其修远兮，吾将上下而求索。

三、推行国学经典的尝试和反思

（一）推行国学经典的现状及意义。

近几年来推行国学经典学习的呼声越来越高，把它付诸实际行动的学校、老师也越来越多，而且其中不少成效显著。国学是中华民族优秀传统文化的核心价值体系，是数千年来中国人思维方式、行为方式、生活方式和生存智慧的高度总结，中华民族因为自己博大精深的文化与智慧而骄傲。学习这些国学经典，传承中华传统美德，对增强民族文化认同，树立民族文化自信，打造中华民族精神家园，起到重要的作用。特别是现在的孩子，受“外来文化”、“网络文化”等流行文化影响颇深，在文化素养方面出现严重的“营养不良”，在人生观、价值观等方面出现偏差，每每看到媒体对花季少年一些怪诞，甚至残忍行为的报道，总令人忧心忡忡，推行国学经典的学习有利于培养学生高尚的道德情操，让他们走上正确的人生道路。

（二）推行国学经典的尝试。

有鉴于国学经典的价值，所以本人在自己任教的班级尝试推行国学经典的学习。

1. **发动阶段**

由于国学经典的学习只是作为语文学习的拓展，需要动用学生课余的时间，而且也不属于考试的范围，所以必须做通学生的思想工作，让学生明白学习国学经典的好处，自觉投入学习，以免产生抵触情绪适得其反，所以发动宣传的工作非常重要。在这个阶段主要是利用网上的资源激发学生的兴趣。首先从网上下载了一些《三字经》、《论语》等国学经典的朗读视频，网上很多这类视频都是制作精良，而且以卡通人物的形象出现，符合初中学生的的心理特征，很容易就能吸引住学生的注意力。每天利用课前、课间的时间播放一段，学生看到有趣的画面，自然就会跟着诵读。然后下载了台湾王财贵教授有关国学经典学习的讲座让学生看，王教授生动的讲座对于进一步激发学生对国学经典学习的兴趣有很大的作用，特别他在讲座中举到自己儿子读经典后的改变令学生心生向往。通过这样一些活动，给学生营造出国学经典学习的氛围为后阶段具体学习做准备。

2. **准备阶段**

（1）确定书目。俗语说“巧妇难为无米之炊”，选取哪本经典作为学习的内容是很重要的，最后选取了《大学》。作此选择的原因，首先考虑到学习的人是初一的学生，年龄是十三岁左右，古人八岁入小学，学习“洒扫应对进退、礼乐射御书数”等文化基础知识和礼节，而到十五岁入大学，学习伦理、政治、哲学等“穷理正心，修已治人”的学问，那学生属于这个阶段。其次，宋代著名的理学大师朱熹将《大学》、《中庸》、《论语》、《孟子》并称“四书”，朱熹认为《大学》是“为学纲目”，且“四书”中以《大学》为最易晓，故读“四书”要先读《大学》，以定其规模；次读《论语》，以立其根本；次读《孟子》，以观其发越；次读《中庸》，“以求古人之微妙处”。《大学》着重讨论个人修养的重要性，对学生良好品行的养成会有很大的提示作用。

（2）选购书籍。确定以《大学》为首本学习的经典后，比较当时市面上有关的书籍后，最终选定王财贵教授编辑的《学庸论语》，这本书好处是它包括《大学》、《中庸》、《论语》，方便日后继续学习，而且有拼音，方便学生诵读。由于我们是实行小组学习，就由小组长负责统一从网上购买。

3. 实施阶段

第一阶段：诵读。《大学》全文两千多字，篇幅不长，可从网上下载诵读的视频，让学生跟着诵读，全文诵读下来需时约15分钟，每天利用早读的时间进行诵读，大约两周的时间，让学生大致熟悉《大学》的内容。

第二阶段：背诵。学生在诵读的基础上进行背诵，学生根据个人情况决定每次背诵的数量，鼓励记忆力好、有时间的同学多背。设立五个背书组长，负责帮同学们背诵并做登记。

第三阶段：感悟。学习经典目的是希望学生能有所收获，思想认识有所提高，对自身品行修养有所修正、提高，这些都需要学生能对经典的内容有一定认识并进行思考，通过读后感的形式，让学生在背诵的过程中把对某个句子或段落的感悟写下来，并进行互相的交流。

（三）推行国学经典学习的反思。

1. 在背诵的过程中，刚开始时因为新鲜，学生的积极性挺高的，而且因为《大学》刚开头几节意思相对易懂而且句式比较整齐，学生要背下来比较容易。但到了中后段，内容相对加深，生僻字增多，学生背起来觉得困难了，由于对《大学》的学习只是作为课堂外的拓展学习，对背诵没有设定一个限时限量的要求，主要靠学生的自觉性，但明显学生的自觉性不足，特别是中后的学生，对自身课内的学习都积极性不高，所以新鲜感过后，学生普遍疏懒了下来，只有个别优生坚持。学生的积极性需要重新调动起来，而且从实际情况看来没有任务而单靠自觉是行不通，于是对背诵的要求重新做了调整，以学习小组为单位，每周规定背诵量（量不能多，大约一段，让学生感到可以很轻松就能背完），每周星期三前背完的组员可为小组加一分，周四、五背完不能加分，过期不背每人次扣小组一分，如果提前背诵可加双倍分数，总分计入当周小组积分中。实行这个背诵措施后，由于个人背书与小组成绩捆绑，学生多了一分压力和责任，背诵的积极性再次提高，不少学生为了帮小组多加分都提前一周或两周来背诵，而想偷懒的学生也在组员的督促下完成当周的背书任务。为了提高学生兴趣，下载了徐健顺老师的《大学》吟诵音频让学生聆听和学习，由于吟诵很有韵律感，有种唱歌的味道，学生听了纷纷去模仿。

为了让学生的学习成果得到肯定从而给予学生更大的学习信心，于是组织全班同学，把《大学》开头三节编排成独诵、合诵、吟诵的形式相结合，再配以音乐，参加全校的读书节朗诵比赛，结果获得了一等奖，学生的努力得到肯定，学习劲头更大。在背诵的过程中最意外的收获是，有小部分学生反映在家背诵时父母看见后和孩子一起背诵，这无形中出现小手牵大手，使经典得到更大的推广。

2．让学生背诵不是最终的目的，让学生理解并有所感悟，并最终内化，体现在行动上，这才是我们追求的目标。写读后感是让学生对书中的内容进行思考。刚开始让学生写读后感的时候发现学生对原文的内容理解不准确，于是要求学生把《大学》的翻译打印下来，裁剪好贴在对应的段落前，要求先对照好译文，弄懂原文意思再下笔写，结果还是有部分学生只是把原文的翻译不断重复没有自己的想法，这时需要老师引导他们联系自己的经历来体会，而且通过写得较好的同学的例文启发其他学生，使大家的写作质量有所提高。

3．在推行经典学习的过程经常感到力不从心，感觉自己对《大学》这本书认识太少了，因为自己也是因推展国学经典的学习才接触经典，之前也只是知其大名及文中一些名句，对其真的知之不多，所以在和学生一起学习时老是感觉心虚，不知如何引导才可以让学生更深入理解，老是觉得讲解流于肤浅，徘徊门外而不得入，后来找来一些解读《大学》的书籍来看，才对内容有了一个比较清晰的认识，所以在推行这些国学经典时，由于我们老师也大多没有接受过经典的系统学习，为了把经典学习推广好必须做足充分的准备，多了解作者和成书的背景，熟悉书中内容，多了解后人对书的评价、解读，这样就不会打没有把握的仗，效果会更好。

国学经典的价值不言而喻，推广国学也必然是大势所趋，通过国学的学习提高学生的文化修养，使我国灿烂的文化得以传承。虽然现在国学经典的学习还只是作为课外拓展学习，但相信不久的将来必定成为语文学习重要的组成部分，在语文课堂上大放异彩。

作者均为广州市桥侨联中学教师，各写了一节

弘扬国学　承传文化

——浅谈弘扬国学教育的意义及实施

李森松

国学，指的就是中国的传统文化。这些文化，涵盖了生活中的很多范围，说的具体一点，就是指古代的那些经史子集。经部著名的有《周易》、《尚书》、《礼记》、《诗经》、《论语》、《孟子》。史部著名的有《史记》、《汉书》、《三国志》、《春秋》、《资治通鉴》、《战国策》。子部著名的有《老子》、《墨子》、《庄子》、《荀子》、《韩非子》、《管子》。集部著名的有《楚辞》、《全唐诗》、《全宋词》、《乐府诗集》、《韩昌黎集》、《柳河东集》。

其实，学习国学的途径，无非就是通过阅读这些国学经典，来了解中国古代的人文思想。话说回来，传统文化，既然也是中国固有的文化，有着深厚的底蕴，为什么在古代可以被大众接受？而到了现代经过了几千年的发展沉淀，反而出现了断层，没有延续，也没有发展呢？

一、国学停滞的原因

我想，造成这种局面的原因有很多，下面，我就结合当前的实际情况，对这些原因进行分析，从而更好地弘扬国学。

第一，国学作为封建社会的产物，里面的一些思想跟现代的思想完全相悖，这不能完全说是对错，我们需要辩证地看待这个问题。虽然，这些思想在现代来说是过时的、谬误的，但在遥远的古代，是跟那个特定的历史时期契合的，也就是说，在那个时代是正确的。那么，我们学习国学，自然就需要接触这些思想，我们应该如何取舍呢？这是一个仁者见仁智者见智的问题。最好的方式，还是取其精华去其糟粕就可以了。也许，我们不一定要学习这些思想，不一定要让这些思想影响我们的生活，那么，就当是了解一下就可以了。第二，国学著作里的文字，是非常精炼、非常优美、非常有趣的，但这些文字，都代表着相应的时代，在现代人看来，虽然极有价值，但没有一定的文化底蕴，是很难读懂的。众所周知，现代的生活，是非常忙碌的，人们都热衷于追求权力金钱，哪能静下心来咬文嚼字呢？这样一来，虽然国学的大门敞开着，但很多人根本不会选择进来。所以，国学也就成了小众化的了。第三，国家对国学的推广，始终没有上升到一个特别的高度，在我们的中学语文里，很多文章，都是从国学经典里选取的，但是，学生们学会了这篇文章，也只是了解了一个片面，他们认为，这无非就是一篇课文，根本跟国学扯不上边。在这里，如果国家可以大力宣扬国学，标榜国学，让国学成为一种风气，人人都热衷于国学，就可以大力推进国学的发展。

二、国学的兴起

造成国学停滞的主要原因，大概也就这些了。虽然，国学的发展走入了困境，但是随着社会经济的发展，各地都涌现出了大批国学爱好者。这说明了国家的经济建设是非常有成效的，广大人民群众在享受物质文明的同时，也急需追求精神文明。那么，这个精神文明该怎么追求呢？有些人，把兴趣放在了西方哲学上。有些人，把兴趣放在了小说上。有些人，把兴趣放在了漫画上。但是，也有相当多的一部分人，把兴趣放在了我们的国学上，他们认为，国学是咱们的祖先的思想智慧，就算是不能得到跨越式地发展，也至少不能失传。所以，他们开始学习国学。

近年来，全国各地都涌起了国学热，仿佛国学又回归了。这些消息，媒体有很多报道，实际上，也确实是这样的。举个例子，西安是古都，在这里，就有一批国学爱好者，他们都深爱着国学，为弘扬国学努力着。他们兴办国学杂志，举办国学活动，一起努力，一起探讨，为国学的发展做出了贡献。当然，他们也都是有着深厚的国学底蕴的人，他们弘扬的，都是国学里积极健康的东西，是为社会带来正能量的东西。

这是国学兴起的一些现象，还有一些现象，就是各地都陆续成立了很多国学机构，如国学研究会、国学馆。有些企业的老总，也是国学爱好者，他们不但喜欢国学里面的文艺，还喜欢国学思想里对企业有帮助的东西，为此，他们会经常参加一些国学讲座，听国学界权威人士讲授国学和企业之间的关系。

三、国学的价值

国学兴起的根本原因，还是人们确实从国学当中发现了很多对当今社会有价值的东西。比如，儒家思想倡导的仁、义、礼、智、信、恕、忠、孝、悌。

这些要素，任何一个都是对当今社会的发展起着有益作用的，放到个人身上，对一个人的道德品质也是很好的规范。比如，孔子主张的“己所不欲，勿施于人”，这种思想，放在古代适应，放在现代也同样适应，这就没有什么说不通的道理。自己不愿意做的，不要强加到别人身上，这是一种多么高尚的品德。引申一下，就是做人不但要为自己着想，也要为别人着想。

儒家的治国理念是实行仁政，这显然与当今的法制不同，但这并不妨碍我们对儒家治国理念做深入细致的研究。

儒家倡导的中庸之道，很适合为人处事。中庸之道是中国古代唯物主义哲学观点论，中庸之道是人生的大道，事业成功、生活与健康的根本理论，基本包含三层理论。

第一层理论：中不偏，庸不易。是指人生不偏离，不变换自己的目标和主张。这就是一个持之以恒的成功之道。孔子有曰：“中庸之为德也，其至矣乎！民鲜久矣。”

第二层理论：指中正、平和。人需要保持中正平和，如果失去中正、平和一定是喜、怒、哀、乐太过，治怒唯有乐，治过喜莫过礼，守礼的方法在于敬。所以月牙山人说：只要保持一颗敬重或者敬畏的心，中正、平和就得以长存，人的健康就得以保障。

第三层理论：中指好的意思，庸同用，即中用的意思。指人要拥有一技之长，做一个有用的人才；又指人要坚守自己的岗位，要在其位谋其职。

这三层理论，说起来简单做起来难，但只要长期坚持，就可以把中庸当作是自己衡量事情的标准。

儒家思想的影响非常大，不但影响了古代，直到现代，还有人不断地从儒家学说中汲取营养推陈出新。

另外一个对中国乃至世界影响极大的学说就是老子的道家。

如果说儒家是就事论事，从解决每一件事情入手，来阐述这个世界的话，那么道家，就是从最基本最原始的元素来阐述这个世界。道家的思想，非常具有哲学性，跟古希腊自然派哲学相似。但是我认为，道家的学说，要比古希腊的高明得多。

道家以道、无为、自然、天性为核心理念，认为天道无为、道法自然，一切事物都有对立面等，据此提出无为而治、以雌守雄、以柔克刚等政治、军事策略，对中国乃至世界的文化都产生了较大的影响。这些思想学说，不但解释了客观世界的构成，还可以应用到现实生活中的各个方面。

要想了解道家，其实，只需要了解道家的几个主张概念，就可以有所体会。

自然，道家的自然一般指的不是大自然，而是自然而然，即天然，所以又经常用天来代替。道家认为，不但万事万物都是自然而然生成的，就是万物本身也按自然而然的规律变化，如果人为造作，就会破坏这种自然而然的状态，造成严重的后果。

天性，道家认为物各有性，性各不同，即万物各有其本性，每种事物本性各不相同，所以应尊重万物天性，顺其自然，这样才合乎大道。正如黄老道家著作《淮南子》所说："率性而为谓之道，得其天性谓之德。"

自化，在老子眼里，自化是自为，自作，自成，自富，自朴，自宾等的总称，后来，魏晋学者郭象提出了独化论，认为自化就是自为而相因的关系，即万物都在按自己的天性自为，同时它们之间存在相互作用，这样就会形成自然的理想的秩序。所以最高的统治一定是无为的。当代有些人也注意到自化与现代自组织化的概念有相似之处。

无为，无为作为道家最鲜明的特征，历来众所纷纭，歧义百出。总起来看，有消极无为；随波逐流；不干预，冷眼旁观；顺其自然；宽刑简政、休养生息等几种观点。

因循，这是道家用世的基本方法，它的基本含义是顺应万物天性，不为物为，不为物后，与时迁移，因物变化，利用万物和万民的天性达到治国的目的，而不是今天所说的因循守旧。

了解了这些，我们就可以明白道家最重要的核心思想，道法自然和无为而治。道家认为道是万物的根本，而万物都按自己的天性自然而然变化，所以大道本身也按自然而然的规律变化，正如魏晋学者王弼所说，道法自然就是在圆法圆，在方法方。无为而治与无为一样，人们对无为而治的理解也众所纷纭，歧义百出。通常人们认为，所谓的无为而治有宽刑简政、休养生息；官无为而民自化；上无为而下有为；有所为有所不为等几种理解。其实，我对无为而治的意思有一些个人的见解，

我认为，道家所说的无为而治，不是什么都不做，而是有所为，有所不为，就是凡事都要掌握一个度，然后，阴阳调和，达到和谐。做一件事，既不要做得太过分，又不要做得太轻浮，掌握一个度，刚好合适。

道家的无为而治，其实就是要达到和谐。这跟中国倡导的和谐社会和谐世界是同一个理念，这个观点，就是从道家的思想来的。

四、国学发展的领军人

国学虽然兴起了，但国学的发展，还是处在停滞状态，很多人，都在为国学的发展努力着。这些为国学的发展投入精力的人，他们有的研究儒学，有的研究道家，有的研究诗歌，有的研究散文。

柯可教授，主张精易通变，尊道贵德，明儒强志，修佛清心。这就是一个促进国学发展的很好的例子。精易通变，就是告诉人们，要从《易经》中领悟道理，就可以明白事物的变化。尊道贵德，就是要遵从天道看重道德，这是对一个人品质的要求。明儒强志，更好的阐明了儒家思想，我们要从儒家思想中学习那种积极入世的态度，来强化自己的志向。修佛清心，研修佛法清除内心的不洁。柯可教授的主张，正是对传统文化对当今社会的作用的一个概括，非常具有科学性，值得我们学习。

柯可教授著有《老子九观正义》，首次将老子哲学体系逻辑化分为恒道、玄德、真知、察世、无为、贵身、安民、用兵、治国。这样的创新，基本上是在对老子学说研究上的跃进，很多时候，我们在阅读国学经典的时候，总是沉溺于其中，虽然说充满了乐趣，但从来不敢在祖先的基础上，进一步创新，提出自己的理念。柯可教授勇敢地走出了这一步，堪称国学界的楷模。

最后我们既然明白了传统文化的处境，还有它本身具有的价值，就不要再去质疑犹豫。我们应该把弘扬传统文化当作是自己的一个理想来去努力，从实际出发认真地去做一些有意义的事情。我想，在不久的将来，传统文化一定会在每一个中国人的心中扎根。

作者是广州市海珠区新民六街小学校长、高级教师

构建国学校本课程
全面提升学校效能的实践研究报告

课题组

一、课题提出的背景及意义

（一）课题提出的背景

1. 时代背景

据1995年进行的“世界公民文化与消费潮流调查”，中国国民的价值观与其他国家明显不同。各国公众认为最重要的价值是讲究礼貌、责任感、宽容和尊重别人；而中国公众最重视的价值依次是：独立、学识和讲究礼貌；对责任感、宽容和尊重别人、与他人沟通等的重视程度远远低于其他国家。这份调查表明，文明礼貌的养成在今天中国家庭中已处于相当次要的位置，素以重视道德、礼貌、人伦关系著称的中国传统文明，经过长期的演变，已经发生了深刻的变化，人文精神的流失已经引起一些有识之士的深深忧虑。于是，近几年，有关人文教育的话题又被重新提起。新人文教育观认为，应该着力培养的人文精神包括四个方面，即价值和道德、批判理性（独立思考、创造性才能等）、人文修养和审美情趣、行为举止。

在中国五千年的悠久文化中，国学经典是一颗璀璨的明珠。它不仅映射着中国文化的文学之美，而且蕴含着中华民族的胸怀、风骨、智慧、情趣。正因为如此，国学大师南怀瑾认为，国学经典能使孩子们渐渐懂得“人伦之道”的“做人”道理，懂得“生存之道”的“生活”艺术，懂得人生进入“文学”化的境界。基于以上认识，越来越多的学校将国学经典教育作为学校校本课程，以弘扬中华优秀传统文化，培育民族精神。

2. 学校的实际与反思

我校长期以来注重培育学生的人文精神，在弘扬优秀传统文化方面做出了积极的尝试和探索，特别是在以古诗文诵读为载体进行国学经典教育这一方面已积累了一些有益的经验。2001年，我校开始进行了“实施中华经典文化诵读工程的有效性研究”。最初学校以《三字经》、《论语》、《弟子规》、《大学》、《中华传统美德格言》诗词等经典古诗文作为教材，每天坚持十分钟诵读，每周一节国学课。经过多年的实践，成效显著：学校领导和教师越来越深刻地意识到中华优秀传统对于培育学生的民族精神、培养学生的人文素养有很积极的意义；在实践中形成了几个朴素的国学教育经验；探索出各种课型的国学课堂教学模式；公开出版了校本教材《少儿国学读本》；该课题研究促进了学校一批教师的发展，初步形成了学校国学经典教育特色。

但是，我们之前的国学经典教育主要是诵读为主，类似第二课堂，没把它当作一种独立于学科教学之外的课程。它仅仅是学校进行新课程改革的一种点缀，一种衬托。时间一长，无论是教师还是学生都陷入了疲态，研究已到了瓶颈阶段。学校领导和教师不断进行反思，在专家的指导下，我们逐渐认识到，要使国学能够深入教师和学生的心里，确保经常性地广泛性地开展下去，必须把国学教育当作一门课程，并渗透到其他学科和其他活动中去，充分发挥其辐射作用，利用这种特色校本课程的构建，来改变和推动学校整体状况，进而促进学校整体效能的提升。

因此，为了更深层次地挖掘国学经典教育在推进民族精神教育、培养学生人文素养、促进教师终生发展、提高学校办学品位等方面的成功经验，学校感到很有必要对开发国学校本课程的问题作更深入的研究。在专家的引领下，学校确定把研究的问题聚焦到课题“构建国学校本课程，促进学校整体效能提升的实践研究”之上。希望借此课题研究，能在以下几方面做有益的尝试：

一是国学校本课程在实践中缺乏理论指导，通过这个课题的研究，能探索出特色校本课程构建的一般规律，以丰富校本课程理论，为特色校本课程开发提供借鉴经验。

二是把国学校本课程研究作为创建特色学校的发展战略目标，铸造品牌学校，提升学校整体效能。

3. 特色需要

随着教育现代化进程的逐步加快，素质教育和课程改革的不断深入，校际间竞争的日趋激烈，传统的“千校一面”的发展状况已难以适应教育改革的要求，教育的个性化和办学的特色化已经成为我们的必然选择。“特色兴校”是增强学校核心竞争力的重要途径。原中央教育科学研究所所长朱小曼教授说：“每个学校都可能从某种特色切入，并且把这种特色发展为一种办学优势而最终成就品牌。”

因此创建学校特色是教育竞争的客观要求，有利于满足社会对优质教育的需求，是推进素质教育、促进学生全面发展和个性健康成长的必然要求，也是学校自身发展的必然趋势。

随着课程改革的不断深入开展，我校充分认识到现行的课程体系已经不能满足学生个性发展的需要，不能满足学校个性化发展要求。为此，我们把国学校本课程的开发作为进一步转变教师角色，发挥学生、教师、学校的主动性，构建科学的、生动活泼的课程体系的重要途径，以更进一步体现我校国学教育教学的特色，开发出体现我校特色的国学校本课程就成了当务之急。开发具有学校特色、能满足学生需求的校本课程，能真实有效地促进学生全面发展，更好地体现学校的办学思想，凸显我校办学特色和办学品味。

（二）课题研究的意义

1. **可以弥补国家课程的不足**。国家课程开发，是由中央政府委派专门的课程开发机构，依据整个国家的政治、经济形势和发展的需要，针对全国中小学教育教学现状和普遍存在的问题，确定课程目标和课程方案，修订或编写教材。它遵循的是“研究—规划—编制—实验—推广—评价”这样一个自上而下的开发模式，它只强调和注重共同性和统一性，无法兼顾地方性和个别性。校本课程的开发是因校制宜，它可以更好、更具体地满足各地区各学校的实际教育教学需要，更好地满足学生个性化的学习需要。它正好与国家课程相辅相承。

2. **可以凸显学校特色**。校本课程开发强调每个学校都要充分利用自身的资源，自主规划、自我负责，这十分有利于每个学校充分发挥自己的优势，凸显自己的特色，凸显自己的品牌。而只有形成自己的特色，打好自己的品牌，学校才有声望。我校国学校本课程开发非常有利于提高学校的教育品质，提升自己的地位。

3. **可以增强教师研究意识**。校本课程开发的过程中，要求每一个教师都必须认真地研究自己的学生，弄清楚他们有什么样特殊的学习需求；他们相互之间存在着什么样的差别，有着哪些共性。同时，还要认真研究所教学科的教材内容有哪些是合适的，哪些不合适；有哪些需要改造或删除，有哪些需要补充、丰富或调整；有哪些学科知识可以整合教学。而且，还要兼顾到学校的发展远景和学校文化的再生。在这个过程中，要把这些内容弄懂弄通弄明白，教师不潜下心来是难以办到的，而当教师潜下心来弄清楚这些内容的同时，他们的研究能力也无疑会得到很大的提高，会有一个质的飞跃。

二、课题研究的理论依据

1. 1996年6月的第三次全国教育工作会议上，国家就明确出台了“全面推进素质教育”的26条规定，其中第十四条指出：“要调整和改革课程体制、结构、内容，建立新的教育课程体制，试行国家课程、地方课程和校本课程，以适应素质教育的需要。”这是自建国以来，第一次官方以行政决策的形式，正式提出“三级课程管理”的概念。2001年6月，国务院又召开了建国以来的第一次基础教育工作会议，会后，教育部颁发了《基础教育课程改革纲要》20条，其中，第十六条更进一步指出：“为保障和促进课程适应不同地区、学校、学生的要求，实行国家、地方和学校三级课程管理。”从以上的表述我们不难看出，国家已经把三级课程管理当作了教育改革的发展大计，看成是培养学生综合素质、综合能力的有效措施，是势在必行之举。

2.《基础教育课程改革纲要（试行）》解读中指出：不论国家课程还是地方课程，在课程门类及其关系方面都应适应每一所学校之学校文化的特殊性，学校有必要也有能力根据本学校的教育宗旨对国家课程和地方课程进行选择和再开发，创造性地实施国家和地方课程。课程资源要有利于实现教育理想和办学的宗旨，反映社会发展需要和进步方向以及学生发展需要。

三、课题研究的目标

我校校木课程开发的总体目标为：尊重学生个性发展，为学生终身发展奠基，弘扬特色教育，提高办学品位。具体目标主要表现在以下几个方面：

1. 学生发展目标：激励和促进学生正确认识自我，主动学习，培养人文精神，提高人文素养，在全面发展的基础上，培养和发挥学生的个性特长。

2. 教师发展目标：调动教师的积极性和创造性，更新教师的教育观念，提高课程研发能力，发挥个性特长，培养出一批在专业素养方面具有鲜明风格的学者型教师。

3. 学校发展目标：研发出具有时代特征、我校特色、我校特点的校本课程，研发出一套能促进社区、学校、教师、学生等协同发展的校本教材，总结提炼出校本教材研发的一般规律，从而推进我校素质教育的开展，彰显学校的办学理念和办学特色，并以此为突破口，通过特色铸就出品牌，最终达到学校整体效能的提升。

四、课题研究的主要内容

1. 学校层面：

（1）构建校本课程开发管理模式和具体操作模式；

（2）彰显学校的办学理念和办学特色，通过特色铸造出品牌，最终达到学校整体效能的提升。

2. **教师层面：**

（1）构建国学课堂教学模式，促进教师专业素质发展；

（2）形成"专家引领——同伴互助——实践提升"的研训一体化科研管理模式；

（3）通过校本课程的开发，实现教师角色由单一性向多元化转变，打造一支科研能力强的教师团队。

3. **学生层面：**

（1）利用校本课程加强民族传统文化教育，提高学生的文化底蕴，把人文素养内涵化，使之成为五山小学学生的特殊气质；

（2）充分发掘学生的个性潜能优势，促进学生综合素质全面和谐发展，为学生的终生发展服务。

4. **社会层面：**

（1）特色校本课程理论的研究：通过国学校本课程的开发，探讨特色校本课程开发的一般规律和具体操作模式，丰富校本课程的理论；

（2）通过学校特色课程的构建，提高学校在社会上的形象和声誉，培养出符合社会需要的学生，提高学校的社会效益。

五、课题研究的方法

1. 文献研究法：在本课题研究过程中，通过对相关专著、论文、调查报告、档案材料等分析和搜索，较为全面地掌握有关校本课程开发研究方面的研究动态和相关的资料信息，为课题研究提供可以借鉴的科学的论证依据和研究方法。

2. 行动研究法：在课程开发与实践过程中，行动研究始终贯穿在课题组成员参与编写校本教材和构建课堂教学模式过程中。

3. 调查法：设计问卷，有目的、有计划地调查我校学生、教师、家长对国学经典课程的态度，分析存在的问题，以便针对性地找出解决的对策。

六、课题研究的进度安排

实践周期：本课题2008年12月开题，2013年6月结题，研究分为三个阶段：

1. **第一阶段（2008.12-2009.6）：**重点为理论研究、校本培训。

（1）成立课题领导小组；

（2）成立校本课程研发小组；

（3）了解校本课程开发现状和发展趋势，确定实验课题，制定课题研究方案和实施方案；

（4）组织课题组全体成员认真学习有关校本课程开发、学校效能的理论专著、学习资料；

（5）聘请专家培训教师；

（6）撰写学习心得。

2. **第二阶段**（2009.7-2012.3）：按研究方案开展课题实验。

（1）对学生的调查评估。围绕国学经典教育，学校设计了调查问卷，了解了学生的意见及关注点。

（2）对家长的调查评估。向学生家长通报了学校开发校本课程的设想，征求家长的意见。

（3）校内外的资源评估。学校在分析了学生及家长的调查问卷情况，并对学校、教师、社区所能提供的资源进行了综合评估，在此基础上，学校正式确立了开发国学校本课程，内容涉及名言警句、古诗、古文、国画、书法。

（4）确立校本课程实施制度。学校规定每周二上午第二、三两节课列为校本课程实施时间，进行课堂教学观摩研讨活动，探讨独特的国学课堂教学模式，第四节课为校本课程开发专题研讨会时间，以便及时总结交流校本课程的经验、研究解决出现的问题。为校本课程研究提供了时间保证。

（5）修改校本教材《少儿国学读本》，编写校本教材《少儿国学读本》丛书的教学指导书；

（6）组织成员在研究的基础上积极撰写教学案例、教学论文、课后反思；

（7）形成相关评价体系；

（8）编印校报《子衿报》，班刊《子衿集》；

（9）继续完善校园文化的整体设计，呈现明显的国学教育特色标识。

3. **第三阶段**（2012.4-2013.6）：整理课题成果。

（1）设计了学生及教师问卷，对课程实施效果、教师及学生的体会等进行了调查，为实施评价收集了真实的数据。

（2）对课题成果进行总结，形成《构建国学校本课程，促进学校整体效能提升的实践研究》研究报告；

（3）形成结题成果集；

（4）教师发表的优秀论文；

（5）校报《子衿报》，班刊《子衿集》；

（6）校本教材《少儿国学读本》丛书在各专题研讨和学术活动中推广与应用；

（7）报送广东省教育科学规划领导小组申请结题。

七、国学校本课程开发的实践过程

我校国学校本课程开发实行“建立机构——培训师资——需求评估——目标设置——课程设置——研发教材——课堂实施——课程评价”的课程开发模式，它是一个持续的、动态的、循环往复的、逐步完善的过程。（见图1）

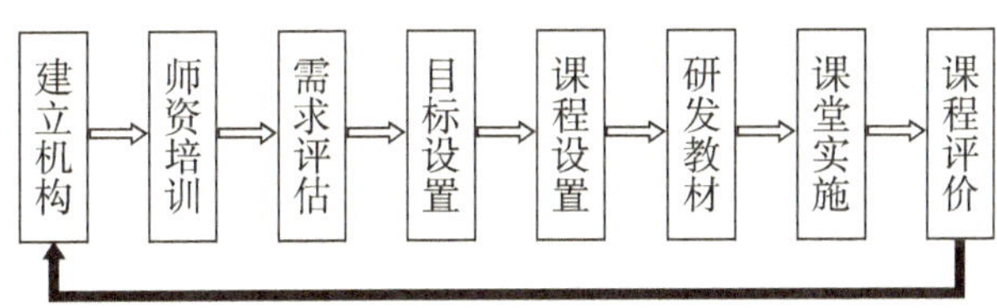

图1　课程开发模式图

1. **建立领导机构**。由校长、教师、课程专家、家长共同组成课程开发领导小组和课程开发小组，校长任组长，为校本课程开发提供组织保障。其职能是：咨询、把关、审查和提供帮助。

2. **培训教师**。对教师的培训主要立足于校本培训。通过培训使教师认识到校本课程开发的重要性和必要性，培训内容重点在两个方面：一是对教师进行课程理论的培训，让教师初步掌握课程的一些基本原理，明确课程目标、课程内容、课程实施、课程探究等基本理论，为课程开发提供理论储备；二是对教师进行专业知识培训，不断拓宽其知识面，重新构建教师的知识结构，为课程的开发提供知识和智力上的支持。

3. **需求评估**。我校开展国学经典教育达八年之久，学生、教师、家长是否仍然有兴趣坚持下去？国学校本课程是否能顺应学生、教师、学校发展的需求？为了获取最直接的信息，学校对一线的教师和在校学生及家长就学习国学经典的兴趣、意义和价值等相关问题进行问卷调查，以取得正确的信息。调查结果如下：

（1）教师需求

为了更好地了解教师开发国学校本课程的可行性，学校以问卷调查的方式进行调查分析，内容涉及教师对国学经典的兴趣及学校开展国学校本课程的态度、对教师专业发展的帮助及对学生的帮助，结果分析如下：（调查问卷见附录）

第1题问：你对国学经典有兴趣吗？

表1　教师调查问卷第1题结果表

选项	A. 非常感兴趣	B. 比较感兴趣	C. 不感兴趣
人数（百分比）	75	15	10

调查表明，大部分教师对国学经典非常感兴趣。有75%的教师选择了A选项：非常感兴趣，15%的教师选择了B选项：较感兴趣，而仅10%的教师选择了C：没有兴趣，说明大部分的教师对国学经典都很感兴趣，少数人对此无兴趣。

第2题问：你认为学校进行国学经典教育对提升你的专业有帮助吗？

表2　教师调查问卷第2题结果表

选项	A. 非常有帮助	B. 较有帮助	C. 没有帮助
人数（百分比）	69	18	13

得到的结果表明，国学经典教育对提升教师专业方面，得到大部分教师的认同，有69%的教师认为教育经典对教师的专业非常有帮助，18%的教师认为教育经典对专业较有帮助，而认为国学经典对教师专业没有帮助的选项只有13%的教师选择。这也是说明学习传统文化能极大地提升教师的文化底蕴和人文素养。

第3题问：你认为学校组织学生诵读国学经典对你的班级管理有帮助吗？

表3　教师调查问卷第3题结果表

选项	A. 非常有帮助	B. 较有帮助	C. 没有帮助
人数（百分比）	63	21	16

调查结果显示，超过半数的教师认为诵读国学经典对自己的班级管理非常有帮助，占了调查人数的63%，还有21%的教师认为对班级管理较有帮助，认为没有帮助的仅占16%。说明教师们对国学经典教育有助于班级管理的观点很认同。

调查问卷第4题问的是教师对开发国学课程的态度。

问题：你赞成学校组织学生学习国学经典吗？

表4　教师调查问卷第4题结果表

选项	A. 非常赞成	B. 赞成	C. 不赞成
人数（百分比）	80	14	6

从表4看出，80%的教师选择了A选项：非常赞成，14%的教师也赞成组织学生学习国学经典，而不赞成的仅占6%，绝大部分教师对学校组织学习国

学经典是支持的。

从上面的调查数据分析可知，五山小学的教师对学校进行教育国学经典比较认可，对国学经典非常感兴趣的教师达到了75%，还有15%较感兴趣，只有10%的人不感兴趣；69%的教师认为国学经典教育对提升自己的专业有帮助，仅18%的人认为对自己的专业没有帮助；63%的教师认为国学经典教育有助于自己的班级管理工作，只有16%的人认为没有帮助；80%和14%的教师对学校开展国学经典教育非常感兴趣和较感兴趣，不感兴趣的只有6%的人。从这个结果可说明学校在国学经典方面宣传与普及的举措得当，效果明显，教师对国学经典教育持有较高的认同度。对通过校本课程的途径传承中国传统文化表现出较高的热情和意愿，教师的兴趣和意愿为开发传统文化校本课程提供了保证，这也说明了在五山小学进行国学校本课程开发是可行的。

（2）学生的兴趣和意愿

学生对国学经典课程学习的的兴趣以及现有的文化氛围对学生的影响是开发国学校本课程的重要依据，为此学校对全校各年级学生进行了问卷调查，调查内容涉及学生对国学国经典的喜好程度，对学习好处的认识等方面。调查中发现，本校学生对国学经典有很高的认同度，对学校通过学校课程的途径了解传统文化有较高的热情和意愿，学生的兴趣和意愿给学校校本课程开发与实施研究小组提供了动力，为开发国学经典课程提供了依据。调查问卷结果分析如下：（调查问卷见附录）

第1题问：你是否对国学经典感兴趣？

表5　学生调查问卷第1题结果表

选项	A．非常感兴趣	B．比较感兴趣	C．不感兴趣
人数（百分比）	64	19	17

结果表明，有近64%的学生对国学经典很感兴趣，19%的学生对国学经典较感兴趣，只有17%的学生不感兴趣。可见学生在学校传统文化氛围的影响与宣传对学生产生了一定的影响。大部分的学生对国学经典感兴趣。

第2题问：你赞成学校开展国学经典教育吗？

表6　学生调查问卷第2题结果表

选项	A．非常赞成	B．赞成	C．不赞成
人数（百分比）	69	13	18

结果显示，69%的同学非常赞成学校开展国学经典教育，13%的同学对学校开展国学经典教育持赞成态度，不赞成学校进行国学经典教育的同学只有18%，这表明学校开展国学经典教育是符合学生需要的。

（3）家长的意愿

在对学校近700名家长调查发现，本校的家长对国学经典也有着很高的认同度，对通过校本课程的途径让自己的孩子了解传统文化表现出较高的热情和意愿，家长的意愿为开发国学校本课程提供了保障。笔者对本校各年级的家长进行了问卷调查，其结果如下：

第1题问：你认为儿童诵读国学经典值不值得在学校推广？

表7　家长调查问卷第1题结果表

选项	A．绝对值得	B．值得	C．不值得
人数（百分比）	55	37	8

调查结果表明：选择A选项绝对值得的人数有55%，选B选项值得的人数有37%，而认为不值得的只得8%，虽然觉得国学经典绝对值得在学校推广的人数百分比不是很高，只有55%，但认为值得的人数也占了37%，这两项合起来达到了92%，非常高，认为不值得在学校推广的仅占了8%，这说明，在学校推广国学经典教育得到了绝大部分家长的支持。

第2题问：你希望你的孩子多读读国学经典吗？

表8　家长调查问卷第2题结果表

选项	A．非常希望	B．希望	C．不希望
人数（百分比）	89	11	0

从表中的结果可看出，答案呈现了一边倒的情况，几乎所有的家长都希望孩子们多读国学经典，89%的家长选了非常希望，11%的人选了希望，没有一个人选择C选项不希望。

从上面的调查数据分析可知，被调查的家长在学校对国学经典大力宣传与自身兴趣引导下了解了较为丰富的传统文化知识，这充分说明了宣传与普及的举措效果明显。绝大部分家长支持学校开设国学校本课程，希望孩子多读国学经典。这说明了家长对国学校本课程的开发寄予了较高的期望，对国学经典也持有较高的认同度。

总的结果表明，教师、学生和家长对学校进行国学经典的学习有很高的认同度，这为学校开发国学校本课程提供了保障。

4. **目标设置**。课程目标是校本课程开发设计的基础环节和重要因素，直接影响和制约着课程内容、课程组织、教学实施等后继课程因素的设计和操作。在调查、分析、评估的基础上，学校确定课程的总目标如下：

以实施素质教育为核心，以新课程观念为支撑，充分发挥国学经典“认识、教育、审美”等功能，用经典古诗文对学生进行塑魂植根教育，使学生“全面、均衡、富有个性发展”，既继承和弘扬祖国优秀传统文化，又在实践活动中开发学习资源，拓宽语文学习的渠道，培养学生人文素养和人文精神，凸现学校办学特色，推动学校各项工作。

在宏观上达到如下目标：

（1）弘扬民族传统文化

国学经典是我国民族文化的精髓，它内涵深刻，意存高远，更沉积着一个民族不灭的精魂，是民族精神的教科书。孩子是祖国的未来，我们只有寄希望于孩子，民族文化才能发扬光大。所以我们依托小学生国学经典教育的研究，用国学经典的精华来滋养学生的精神世界、人生根基，使民族文化世世代代都能散发浓郁的芬芳。

（2）提高学生人文素养

国学经典中蕴含着大量的人文内涵，而目前我们的学生却思想单纯，世界观和价值观初步形成时期，正缺少这种文化底蕴，所以我们依托小学生国学经典的研究，让学生从国学经典中汲取“营养”，陶冶情操，铸炼民族精魂，从而使学生在现代大众文化的狂潮中不至于茫然失措，迷失自我。

（3）深化素质教育

素质教育是一场深刻的教育革命，不是一句空喊的口号，作为学校要努力寻求实施素质教育的突破口。我们依托国学经典教育研究，力求把学生的精神放到一个自由翱翔的人文空间，让学生在阅读、欣赏大量经典古诗文过程中激发灵感，增强其原创力。同时，借助国学经典中的情感内涵，培养学生欣赏美、创造美的能力，促使学生全面发展。

在微观上达到如下目标：

学校方面：探索国学经典课堂教学的模式，着力打造“全面发展，人文见长”的办学特色，培养“仁、智、勇”之人。

教师方面：提高自身的人文素质，能够摸索出培养学生国学经典教育、记忆、理解、欣赏、应用、创新能力的有效方法。

学生方面：积累大量经典古诗文，激发学习兴趣，陶冶和丰富学生的情操，提高学生人文素养。

5. **课程设置**。校本课程开发，其基本特征是三个“基于”，即基于学校，基于学科，基于学生。其最终的着力点是最大限度地提供有利于学生发展所需要的课程。

在确定开发国学校本课程初期，我校确立了《五山小学校本课程开发与实施方案》，该方案确立了目标和特色：营造读书氛围，搭建读书平台，培养书卷气息，养成读书习惯；让学生开卷有益，让学校书声琅琅。要在有效的时间、有效的课堂，实现有效的学习。并确立了两个“转向”：其一，在开卷有益中多向经典转向——名著名篇；其二，在诸多经典中，多向琅琅上口、易于记诵的转向。

本课程涉及的内容极其丰富，它的主题广泛，它超越了严密的知识体系和技能体系的学科界限，它不是传统意义上的某一门学科课程，而是包含着多种学科，例如语文、思品、音乐、美术、书法等多学科知识和技能的具有鲜明的综合性特点的课程。因此它的课程呈现形式就不是单一的课堂教学形式，而是包括课堂教学在内的综合实践活动形式，它将根据教学内容的不同而呈现出不同的教学形态。

本课程虽然大致分为名言、诗词、古文（含名篇欣赏）、国学小天地四个专题，但是每一个专题中还包含着许多丰富细致的内容，每一个具体的学习内容的确定都应该是在尊重学生实际的基础上，由教师和学生一道选择。这四个专题之间也不存在必然的前后逻辑关系，可以根据内容的难易程度和学生的水平兴趣自由地选择。同时，对文化的学习和传承不是一蹴而就的，它应该是一个长期的、浸染式的过程，因此，我们也不主张把所有的内容的学习放在一学期或一个学年内完成，而是应该在小学阶段都有不同内容和程度的课程设置，而每学期的专题又不宜太多和太杂。每学期可以就某一个专题选择若干的活动内容进行较为深入、细致、全面而有实效地把握。经研究我们对校本课程设置作了如下安排建议，如表9：

表9　五山小学校本课程设置安排表

年级 内容	一年级	二年级	三年级	四年级	五年级	六年级
名言 格言	爱国篇 好学篇 明志篇 （20句）	爱国篇 好学篇 明志篇 （20句）	诚信篇 自强篇 勤俭篇 （20句）	诚信篇 自强篇 勤俭篇 （20句）	敦亲篇 奉公篇 审势篇 （20句）	敦亲篇 奉公篇 荣辱篇 （20句）
诗词	勤学篇 景趣篇 爱国篇 （10首）	景趣篇 爱国篇 亲情篇 （10首）	勤勉篇 志向篇 思乡篇 （20首）	爱国篇 修身篇 志向篇 （20首）	思乡篇 节操篇 友谊篇 （20首）	思乡篇 勤勉篇 节操篇 （20首）
古文	《弟子规》 《三字经》	《百家姓》 《千字文》	《大学》 《笠翁对韵》	《论语》 （1—8）	《论语》 （9—16）	《老子》

（续上表）

内容＼年级	一年级	二年级	三年级	四年级	五年级	六年级
欣赏篇目	《叶公好龙》 《刻舟求剑》 《夸父追日》 《望梅止渴》 《亡鈇》	《宰予昼寝》 《陈涉世家》 《郑人买履》 《为学》 《鱼我所欲也》	《买椟还珠》 《女娲补天》 《陋室铭》 《爱莲说》 《诗大序》	《黔之驴》 《劝学》 《天时不如地利》 《马说》 《庖丁解牛》	《湖心亭看雪》 《对楚王问》 《嗟来之食》 《兼爱》 《曹刿论战》	《师说》 《出师表》 《卖柑者言》 《愚公移山》 《岳阳楼记》
国学小天地	书法 武术 国画	书法 京剧脸谱 国画	书法 国画 对联	书法 国画 民族乐器	书法 国画 灯谜	书法 国画 象棋围棋
国学雏鹰争章	一级评价表	二级评价表	三级评价表	四级评价表	五级评价表	六级评价表
时间安排	每周1节长课（40分钟），每天1节短课（10分钟）					

6. **修订校本教材《少儿国学读本》丛书。**

（1）《少儿国学读本》丛书的基本结构

《少儿国学读本》丛书全套六册，每个年级一册。内容广博，系统性强，能充分考虑各个年级学生的特点，集名言格言、古诗词、古文、国学常识、书画学习、评价体系为一体。每一部分内容都按主题编选，所选的格言、古诗、古文等内容均遵循学生乐学、易诵的原则，注意了学习的连贯性和层次性。每册书中皆包含以下栏目：

“名言篇”，每册20句，六册共120句。

“古诗篇”，一二册各10首，三四五六册各20首，六册共100首。

“古文篇”，包括需背诵的古文8篇和欣赏性的古文30篇（不需背诵，侧重整体感悟）。

“国学小天地”中除了书法、国画学习是每个年级的固定栏目，一至六年级还分别介绍了京剧脸谱、中国武术、对联、古代灯谜、民族器乐、中国棋类等知识。

“国学雏鹰奖章”评价表结合每册书的学习内容、学习目标设计了“学国学争奖章”的各级评价表，旨在激发学生诵读《少儿国学读本》的积极性和自觉性。

（2）各部分的呈现方式与特点

①名言篇。名言格言部分，每册书各精选了20句经典而琅琅上口的名言，六册共120句，按“爱国、好学、明志，诚信、自强、勤俭、敦亲、奉公、审势、荣辱”这10个主题进行分类，每册选其中的三个主题。每个主题前面有篇首语，后面有互动园地，园地通过小游戏、小任务的形式让学生写写画画，如“名言对对碰——我会连”、“名言大挑战——我会说”、“名言大舞台——我

会画”等，新颖活泼，贴近儿童生活。每句格言下都配有出处、注解(其中一、二、三年级的每句格言都注上了拼音)，便于学生学习。

②古诗篇。一、二册各精选了10首古诗，三至六册各编入20首经典诗词，六册共100首，按“勤学、景趣、爱国、节俗、亲情、友情、修身、志向、思乡、节操”等10个主题分类编选。每个年级学习其中的四至五个主题。每个主题中或穿插学生的学习体会，或配有小学生创作的绘画，结束部分有互动园地，内容包括：“和爸爸妈妈一起读名句”、“我来填名句”、“我为古诗配幅画”、“我也会写诗”等，用于巩固所学的诗。所选诗词不与小学课本中的诗词重复，既有唐诗宋词，又有近代文人的作品，还有一些先秦两汉时代脍炙人口的诗篇。有些诗词虽不为人们熟知，却很有教育意义，以传统美德为原则，旨在激发学生的爱国心、立志心等正面情感。有些诗中，典故较多，且这些典故都很有意义，兼趣味性和教育性为一体。

③古文篇。古文部分包括需背诵的古文和欣赏性的古文(不需背诵，侧重整体感悟)。

根据小学生的特点，依据“懂规则——明事理——悟哲理”的修养目标，对需背诵的古文内容进行精心选择：低年级诵读《三字经》、《弟子规》、《百家姓》、《千字文》等有关行为规范、史地常识的蒙学名篇；中年级选择了《大学》、《论语》等论述世情事理的文章；高年段选择了《道德经》这一包含许多自然哲理的古文。

每册书还编选了五篇欣赏性的古文(不需背诵，侧重整体感悟)。在教材的难易程度方面，循序渐进，各年段安排的文章，其字数从少到多，句子从短到长，体裁从寓言到散文到史实。如低年级学习《叶公好龙》、《刻舟求剑》、《郑人买履》、《宰予昼寝》等趣味性强、浅显易懂的古文；中年级学习《陋室铭》、《爱莲说》、《锲而不舍》、《马说》、《庖丁解牛》等论述节操和阐明事理的古文；高年级学习《曹刿论战》、《对楚王问》、《卖柑者言》、《出师表》、《岳阳楼记》等富含哲理和写景言志的古文。每篇古文内容都包含“原文——作者——注释——文意——悟义——图说——感言”等七个方面。尤其是“图说经典”，通过形象的图画帮助学生理解文章，符合小学生的认知特点。

④国学小天地。每册书中都安排了书法、国画学习，内容依据学生年龄特点由浅入深，一至六年级还分别介绍了中国戏曲、中国武术、对联、民族器乐、古代灯谜、中国棋类等知识，中间还穿插了相关知识的趣味故事，以激发学生学习兴趣。

⑤“国学雏鹰奖章”评价表。每册内容结束后，都附设了“国学雏鹰奖章”

的各级评价表，由教师、家长、学生自己、伙伴共同参与评价，对完成学习任务的学生给予鼓励表扬，授予“国学雏鹰章”。

7. 构建“三环七步”国学课堂教学模式。

（1）模式说明：国学教师们经过几年的探索，总结出了一种易于操作，可借鉴性强的国学经典“三环七步”课堂教学模式，其基本思路是，让学生在教师指导下用各种形式反复教育，在流利教育的基础上感悟其中的道理，并指导价值观的养成和良好行为习惯形成的方法，最后再背诵。如图10所示：

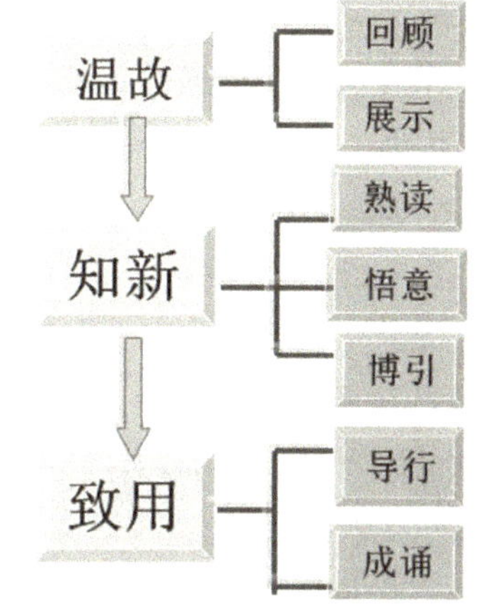

图10 “三环七步”国学课堂教学模式

三个环节：

①温故：这一环节中，为了降低遗忘率，根据艾宾浩斯的遗忘曲线，教师在教授新的内容之前，总会用不同的形式引导学生回顾以前学过的内容，或背诵，或吟唱，或接龙，或擂台赛，或表演展示。其实也再次品味古文内容，既是对旧知的回顾，又为学习新知做好铺垫。

②知新：这一环节是课堂的主体部分，指教师讲授新的学习内容。带领学生用不同的方式读顺文本，并在些基础上了解文意。

③致用：根据知行合一原则，国学学习就是为了指导生活，这一环节不可缺少。课堂上，学生在教师的引导和同伴的启发下，把经典承载的道理与生活实际联系起来，并刻在心中，以引导以后的生活实际。

七个步骤

①回顾：教师组织学生来回顾已学知识。

②展示：学生通过各种方式展示已学知识。

③熟读：古人云：“读书百遍，其义自见。”这一环节中主要采用以读为主的教学形式进行，分层次有目的地指导教育，加深理解和记忆，是“七步曲”最重要的一步。具体操作方法如下：

读准：通过教师范读、音频领读、同桌对读等形式指导学生把古文的字音读准。

读通：通过自读、指名读、男女生分读、师生或生生对读、小组读、齐读等多种形式的教育，把古文读通顺，读流利。

读出韵味：将声、像、文融于一体，引领学生趣味盎然、摇曳多姿的唱读、演读、乐读，读出古文的节奏，读出古文的韵味。

④悟意：边读边结合注释理解文字，教师相机点拨。方法很多，可采用借助课本的注释理解；小组交流合作讨论理解；文与图结合理解；穿插小故事理解；视频典故理解；结合自身的实际理解等等。

⑤博引：根据教学内容，教师引入声、像、文等多种形式，旁征博引，引经据典，将学生带入到教师所创设的境界中，沉潜涵咏、深入品味，从而感悟国学经典的内涵和传统文化的精髓。

⑥导行：教育的最终目的是教会学生更好地生活，让生命更有价值。随着时代的变化，有些经典与现实生活不再适应，辩证地引导学生理解接纳也很重要。因此，教学中引导学生联系生活实际感悟国学文化的精髓，多读多思，将国学文化中的智慧哲理、道德准则、处事方法等内化为学生的个人修养，客观地接纳并导行。

⑦成诵：国学不但拥有深刻的思想内涵，富有哲理的大智慧，更具有或华美、或质朴的语言外衣，所以在课堂教学的最后环节让学生反复吟诵，以达到熟读成诵。这一环节与"熟读"环节同样重要，是检验课堂教学目标达成的重要环节，它并非死记硬背，而是有效地培养语感，积累语言。古语云：熟读唐诗三百首，不会作诗也会吟。大量教育古文，有利于学生对文言文精炼而特别的表达方式、修辞手法进行了解、熟悉和掌握。一篇又一篇的精美古文"成诵"后，会慢慢转变为学生自己的语言，需要表达时往往能够脱口而出，张口就来。所以，熟读成诵就是语言材料的积累，这种积累将成为学生的终身营养。

（2）建模过程：建模过程中，教师开展行动研究，对课堂教学进行设计、实施、反思总结，再改进设计、实施、反思，循环反复三次，最后形成了我校独具特色，可操作性强的"三环七步"国学课堂教学模式。

①初步建模

建模初期，教师们遵循儿童的心理和认知特点，根据认知目标分类理论，每天安排十分钟，指导学生在了解大意的基础上以教育为主，总结出各具特色的十分钟诵读方法。

比如：多元智能综合读。教育贯穿于教学始终，让儿童在反复的多种形式的教育中感受经典，根据多元智能理论，这种教育能发展儿童观察力、记忆力、注意力、思维力等多项智能。集体教育中，学生教育的形式是多样的：范读、引读、小组读、男读、女读、指名读、对读……

在这种富于变化的教育氛围中，学生能保持持久的学习兴趣，自觉地兴趣盎然地坚持读诵，并将背诵内容内化成自己的知识贮备，而十分钟经典教育的模式就成为了我校国学课堂模式创建的基础。

②深入建模。学校形成一种教学模式并不是把本校教师的教学经验进行简单的汇编，而是在第一阶段形成粗略框架的基础上，继续深入构建教学模式。学校请来了专家，高屋建瓴地指导我们国学课堂教学需要遵循的原则和理论依据，实验教师每周都开展教学研讨，总结归纳了课堂教学环节由三个大的环节组成，“温故”和“知新”、“致用”相辅相成，相得益彰。这就是国学“三环七步”课堂教学模式的最初呈现状态，但还只是一个粗略的框架。

国学教师并不满足于此，他们围绕是否有利于落实新课改的理念要求和学生素质发展的要求、教学过程中师生双方的活动、教学实施的程序及其方法，现代化教学手段的运用等是否融为一体等问题进行比照和衡量、综合与反思。在这一阶段，老师们丰富了三大环节的操作环节，形成了国学经典“三环七步”课堂教学模式。这七个步骤包括：回顾、展示、熟读、悟意、博引、导行、成诵，并在全校的国学课堂推行这种模式，以检验这一模式的信度和效度。

③完善和确立。经过反复实践反思，国学实验老师发现国学课堂教学中，“三环七步”模式中背比重是比较大的，按照我们的实践，在时间分配上一般占用三分之二左右的时间，而在理解和导行层次上的教学时间一般只占三分之一。因为我们考虑到小学生经典学习主要是以语言积累为主，经典内容具有易读难懂的独特性，要注重学习理解的先易后难，由易入难，积易解难，有了大量的名句名篇积累，在以后遇上相同的生活情境他在理解上就会自然而地触类旁通，需要运用时就能脱口而出。所以，仿照国际上流行的“黄金分割”（三等分原则）的说法，我们把三分之二的读背、三分之一的理解导行称之为国学课堂时间分配的“黄金分割”。此外，根据每节课授课内容的不同，国学经典“三环七步”课堂教学模式在教学过程中还出现了几种变式：

a）针对名言的教学模式的运用（见图11）

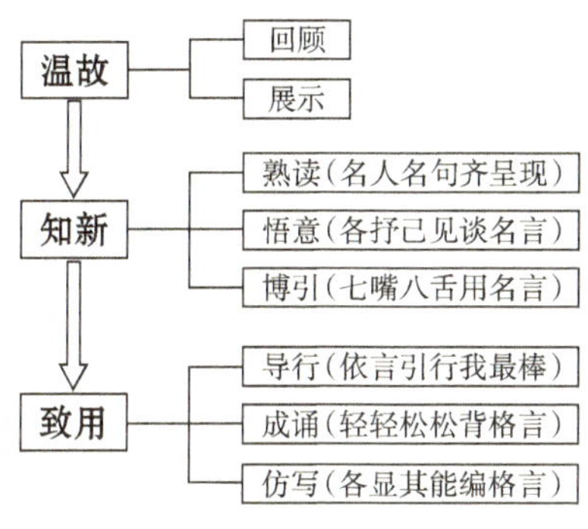

图11 名言教学模式

b）针对古诗词内容的教学模式（见图12）

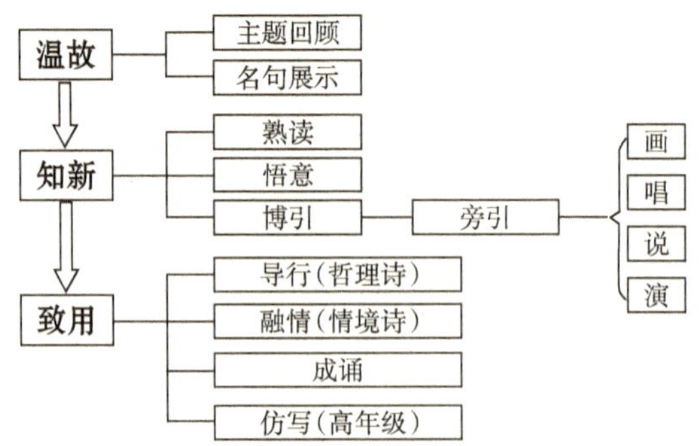

图11　名言教学模式

c）针对古文内容的教学模式（见图13）

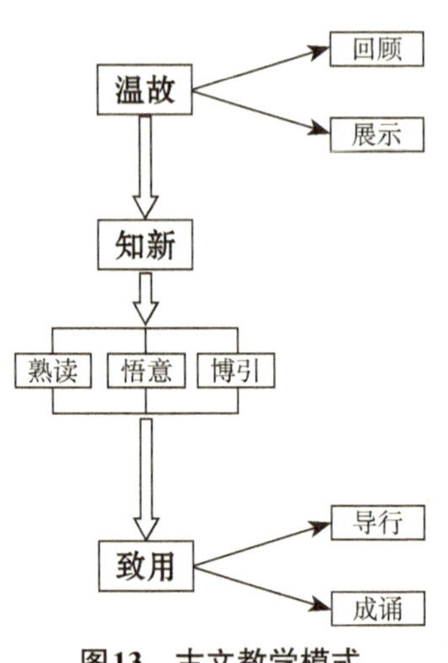

图13　古文教学模式

实践证明，我校经过多年实践、反馈、修正、完善，证明国学经典“三环七步”课堂教学模式的可操作性、达成目标效果显著。该模式实验报告荣获天河区中小学课堂教学模式实验报告答辩会的一等奖，模式展板在广州市基础教育课堂教学改革现场会上交流。

8. **评价体系**。校本课程的评价是校本课程开发的一个重要环节，由于校本课程所具有的特殊属性，使得校本课程评价在具有一般课程评价特点的同时，又具有自身的独特性。

（1）评价的原则

①主体性原则，让学生主动积极地投入到愉快的诵读氛围中。书中的古

诗、古文、名言都配有解释，学生可利用解释自己了解意思，不懂的也可请家长、同学，重点应放在让学生自己读读背背上。

②集体性原则，学生个人读背久了，很容易产生厌烦情绪，难以长期坚持，而集体诵读有利于营造一个“书声琅琅”的氛围，全体学生会自然而然地融入到这一氛围中。

③激励性原则，教师要不失时机地适当运用奖励、表扬等激励手段，或通过各种形式的展示、检查让学生及时了解自己的诵读进程、成绩，调动学生诵读的积极性。

④因材施教原则，尊重学生的诵读差异，不可一刀切。如三年级中的《大学》和六年级中的《道德经》都是全篇完整地呈现给学生，但只要求背诵其中的部分章节，教师可鼓励学有余力的学生多读多背。

⑤“忽视性”原则，一指不要太在意学生经典诵读的成绩。学生往往会在某个阶段出现进展慢或反复出错或遗忘得快等现象，这些都是学习过程中很正常的高原现象，不可过分地指责批评，而应采取“忽略不计”的态度。另外，让学生参加一些经典诵读表演、比赛，有利于加强交流、检验成效，让孩子体验成功的快乐。但切不可刻意地追求“风光”、追求奖励。“无欲速，无见小利。欲速则不达，见小利则大事不成。”若有什么功利思想或贪多求快，必会影响孩子的诵读实效。其二，指不要在意古诗文的内容难度，不要以成人的眼光衡量小学生学习内容的难易，学生的学习潜力是很大的。

（2）评价的方法。课程评价是课程编制的最后一个环节，是课程编制的一个不可分割的组织部分，否则就不是一门完整的课程。校本课程开发本身的复杂性也为校本课程开发的评价带来一定的困难。我们在校本课程的评价时主要是从课程本身的评价、教师评价和学生评价这三个方面进行的。

①对课程本身的评价。对课程本身的评价是由学校校本课程领导小组来开展的，主要从校本课程开发方案和和校本课程实施的效果进行分析评估。对这些方面的评价，“最重要的意图不是了证明，而是为了改进。”保证校本课程的质量，提高校本课程的内涵品质，更好地满足学生发展的需求。

校本课程开发方案是教师编课程的一个蓝图，它主要包括课程开发的意义、目标的制定、课程内容的选择与组织、预期课程实施方略、课程资源的安排、本课程的优势与不足的分析。具体形式有：本课程纲要、教学计划、教材、学案等。对校本课程方案的评价主要目的是诊断方案是否成熟可行，从而对校本课程做出鉴别与选择，为进一步的课程修正提供信息。

表10 五山小学校本课程开发方案评价表

评价项目	评价指标	描述性评价
课程开发目的意义	与国家地方课程的密切联系	
	对学生各方面素质提高的意义	
	校本课程宗旨的体现	
	对学生技能培养和创新意识培养的意义	
课程目标的确立	明确国学经典课程教育目标	
	确立国学经典课程的知识目标、能力目标和情感目标	
	考虑学生背诵、理解国学经典能力的因素，贯彻因材施教原则。	
课程内容	校本教材《少儿国学读本》的框架是否清晰，内容组织是否遵循由易到难、循序渐进的原则	
	教学内容是否科学、启发性强、突出能力培养	
课程评价	评价可操作性强、方法科学	
	评价具有激励性作用	

②对教师评价。对于教师校本课程教学的评定需要通过多种途径，采用定性和定量相结合来进行，我们主要采用了四种评价途径：

领导评价。领导评价是学校的校本课程领导小组对被评教师所进行的评价，这种评价影响较大，有一定的权威性。主要由校领导小组通过听课、每天巡查学生十分钟诵读的组织管理情况、听国学常规课和用模建模国学课例及考核学生“国学章”的情况、学生参加各种经典诵读展演比赛等大型活动的表现、教师的教案、召开师生座谈会等形式了解教师的教学质量，做出评定，加强管理。它可以和同行、学生的评价互相补充、参照。

学生与家长评价。学生是教师教学的最直接的感受者，他们应是最有发言权的，所以我们学校每个学期课程领导小组都开展校本课程的评教工作。通过座谈会和问卷调查学生对教师的教学评价，可以反映出教师在学生中的威信、受欢迎程度以及师生之间的人际关系，尤其可以反映出教师的教学方法、教学艺术是否符合学生的要求。家长参与评价是通过每学期家长会面对面交流及书面问卷。

自我评价。教师对自身教学活动进行评价，也是校本课程评价的一个重要途径。相对于前三种他人评价来说，更能调动教师的主动性和积极性，教师对自己教育教学实践的反思是校本课程开发所特别强调的。我校要求校本课程教师对自己的反思侧重两方面：自己在国学课例用模建模中与其他人课例的差别，自己班学生完成“国学章”的整体情况与其他班相比如何。

评价的目的不仅是为了考查学生实现课程目标的程度，更是为了改进教师的教与学，改善课程设计，从而有效地促进学生的发展。

表11　五山小学教师评价表

评价主体	评价内容	描述性评价
学生主体	教师对国学经典课程是否充满热情	
	教师对国学经典课程的内容准备充分吗	
	教师在哪些国学知识方面指导过你	
	国学经典课堂中你最大的收获是什么	
	你想对国学老师说些什么	
教师自评	国学授课过程中是否体现以学生为主体	
	是否用国学经典进行德育渗透和情感熏陶	
	国学诵读方法是否灵活多变，是否体现了由易到难、循序渐进的原则	
	教学是否面向全体学生，关注学生的个别差异	
	你认为教学效果如何	
行政评价	参与国学经典课程的态度	
	对国学课程内涵的领悟能力	
	国学经典课堂的实施能力	
家长评价（每学期一次）	对孩子学习国学经典课程以后思想行为的变化对国学课授课老师的总体评价	

③对学生的评价。学生评价既要能促进全体学生在各个方面的共同发展，又要有利于学生个性的发展。我校积极倡导评价目标的多元化和评价方式的多样化，坚持终结性评价和过程评价相结合、定性评价与定量评价相结合、学生自评互评与他人评价相结合，努力将评价贯穿于校本课程学习的全过程。为了提高实验的规范性、严谨性，学校制定了“国学雏鹰奖章”达标评价体系。

“国学雏鹰奖章”达标评价说明：

a)“国学雏鹰奖章”评价表结合每册书的学习内容、学习目标而设计，评价目的在于全面考查学生学习中华古诗文经典的情况，激励学生的学习热情，让他们产生积极发展的愿望，使不同水平、不同智能、不同个性的学生都能在原有的基础上得到发展、提高，同时培养学生朝着目标奋进的信心、恒心。

b)学生完成诵读任务后可获得相应级别的“国学雏鹰奖章”，也可跨级申请下一级“国学雏鹰奖章”。

c)在评价中设置了自己评、家长评、伙伴评、老师评四个评价人。评价时，只要能完成评价表的学习内容，达到学习目标，均可评为“合格”，从而获得

“国学雏鹰奖章”。（附：“国学雏鹰争章”一至六级评价表）

表12 “国学雏鹰奖章”一至六级评价表（略）

序号	学习内容、目标	评价情况			
		自己评	家长评	伙伴评	老师评
1	熟练背诵本册20句名言。				
2	背诵本册10首古诗，并说出诗题、作者。				
3	背诵《三字经》《弟子规》全文。				
4	阅读本册古文5篇。				
5	了解中国书法特点，学写毛笔字。了解国画特点，学画国画。				

八、课题的研究成果

纵观我校校本课程的开发和实践历程，课程改革取得了可观的成绩和经验，预期目标基本实现。在教材研发、课程结构、课程内容和课程管理方面取得了显著成绩，受到普遍好评。主要表现在以下几个方面：

1. 产生了一系列标志性研究成果

①我校自主研发的国学校本教材《少儿国学读本》丛书，由暨南大学出版社公开出版。我校结合多年的实践经验在专家的指导下，编写了校本教材《少儿国学读本》丛书，2007年由暨南大学出版社公开出版。2010年9月，全国少工委、中国少先队事业发展中心决定将丛书定为“红领巾国学传承教育系列活动指定用书”，并提出了修订和改版建议。2010年9月—2010年12月，我校校本教材开发小组修订《少儿国学读本》丛书，并编写了《〈少儿国学读本〉教学指导用书》。

该套丛书以年级为单位，能充分考虑各个年级学生的特点，集名言格言、古诗词、古文、国学常识、书画学习、评价体系为一体。每一部分内容都按主题编选，所选的格言、古诗、古文等内容均遵循学生乐学、易诵的原则，注意了学习的连贯性和层次性。内容包含“名言篇”，每册20句，六册共120句；“古诗篇”，一二册各10首，三四五六册各20首，六册共100首；“古文篇”，包括需背诵的古文8篇《三字经》、《弟子规》、《百家姓》、《千字文》、《大学》、《笠翁对韵》、《论语（节选）》、《道德经》和欣赏性的古文30篇（不需背诵，侧重整体感悟）；“国学小天地”，书法、国画、京剧脸谱、中国武术、对联、古代灯谜、民族器乐、中国棋类等。

《〈少儿国学读本〉教学指导用书》以《少儿国学读本》中的内容为例，力求为教师和家长提供有效的教学指引。该书由“前言”、“说明”、“教学建议”、“评价说明”、“附录”五大部分组成。其中，“说明”对《少儿国学读本》丛书的基本结构、呈现方式、教学中要注意的问题等内容作了介绍。“教学建议”分成了名言教学建议、古诗词教学建议、古文教学建议三部分，每部分还按照年段特点细分教法，并附有课堂教学实例以供参考。“评价说明”则是结合了中国少先队事业发展中心《关于开展红领巾国学传承教育系列活动的决定》中“国学雏鹰章”细则设计了学年的总结评价。“附录”中收录了部分优秀教案和少先队主题队会，很有参考价值。

校本教材《少儿国学读本》丛书为从事国学理论研究和开展诵读实验的教育工作者提供了很有价值的参考，是少年儿童成长道路上一本不可不读的好书。它的学术价值主要体现在三个方面：

其一，博采众长。教材的编委们在多年诵读实验的基础上，翻阅了大量相关书籍，参考书目有近百本之多，加上这些书都出自名家之手，历经时间的考验。有时为判断一句格言、一首诗、一篇古文的哪个版本更有权威，要查证大量古籍。所选的内容与编排格式是比较了若干种同类书籍，取众家之长而确定。正所谓站在巨人的肩膀上看世界，使得这套书显得既有分量，又与众不同。

其二，内容系统。该丛书收录了自先秦以来中国古代传统文化宝籍中的经典之作，以古文古诗名篇为主，涵盖了儒、道、墨、法等诸子百家之学以及书法、绘画、音乐等中国优秀传统文化的基本内容，其显著特点是选材经典而广泛，编排体例科学、系统而适用。本套丛书在促进古诗文诵读与音乐、美术、书法等课程的综合开发上也有创新的意义。除了有一至六年级的教材，还有配套使用的教学参考《〈少儿国学读本〉教学指导用书》，为教师和家长提供了有效的教学指引。

其三，基于实践。我校开展经典诵读已有十多年时间，三千多个日子的智慧结晶都浓缩在这套书里。所谓实践出真知，参与编写的都是第一线的教育者、实践者，他们了解儿童、熟悉儿童，知道怎样的内容才能被儿童接受，知道怎样的教法才能引起儿童的学习兴趣，知道怎样的学法才有成效。因此，教材的基本结构和呈现方式符合小学各年级学生的年龄特征和认知特点。

2007年8月15日，《羊城晚报》以《五山小学‘金童子’，琅琅上口“人之初”》为题，报道我校开设国学课程及校本教材《少儿国学读本》正式出版情况。2009年，《少儿国学读本》丛书荣获广州市第七届教学成果一等奖。2011年，该套书被全国少工委、中国少先队事业发展中心确定为“红领巾国学传承教育系列活动指定用书”，面向全国发行。《少儿国学读本》已连续三年被列入广东教育书店有限公司“春季秋季义务教育配套教学用书征订目录”。2012年,《少儿国学读本》被列入《天河区中华文化经典教育工程实施意见》的推荐书目。2013年5月,《少儿国学读本》入选为2013年广州市教研室组织的广州市小学生“体悟经典之美，创展艺术语文”系列课外阅读活动推荐书目。

② 构建了“三环七步”国学课堂教学模式。我校“三环七步”国学课堂教学模式获天河区课堂教学模式答辩一等奖。2012年4月，全区国学经典教育研讨活动在我校召开，我校李淑君老师为全区中小学老师上了一堂示范课，新颖的国学课堂教学模式得到了与会者的高度评价。2012年，由中国少先队事业发展中心组织的全国“红领巾国学传承教育系列活动研讨会”在广州召开，来自黑龙江、新疆、河南、广西等全国各地的老师参加了这次研讨活动，我校熊萍芬、贺立群、兰润花老师分别执教了低、中、高三个年段三节示范课，“三步七环”国学课堂模式受到了听课老师的好评。此外，我校李穗湘、熊萍芬还应邀到江苏、广西北海上示范课，多间学校组织骨干教师来我校学习教学经验。通过示范授课，我校的国学课堂教学模式不仅在全区内产生了一定的影响力，还辐射到了全国各地。

③ 形成了完善的德育课程体系。创建了一套适合本校发展的德育模式，即“感悟——明理——内化——体践行”，把传承中华传统美德与弘扬优秀民族文化贯穿于学校各项教育教学活动中。通过国学经典的学习，我校学生的人文素质得到了提高，能将经典文献与现实生活相结合，将思想观念的变化与行为习惯的养成相结合，思想道德品质也得到了提升。2012年，我校的德育模式获得了广州市德育创新二等奖。

2. 校本课程开发实践促进了学校文化建设，形成了学校办学特色

五山小学开发的国学校本课程使学校办学特色日益突出，已初步形成与国家课程相整合的、对学校育人目标起支撑作用的、适应学校办学条件的、满足学生需求的校本课程结构，逐渐形成了符合素质教育发展要求的新的办学特色，学校也因此进入办学二十四年历史上发展速度最快、办学成果最丰、社会声誉最好的时期之一。在课程改革方面，天河区五山小学的校本课程开发已走在了天河区的最前列。课程改革不仅开创了我校教育教学工作的全新局面，而月对各方面工作都起到了有力的推动和促进作用，治校办学的整体水平不断提升，受到了各级政府与社会各界的肯定和好评。近年来在天河区兄弟学校及周边社区享有良好的社会声誉。

五山小学开发国学校本课程的经验还在台湾、香港、北京、山东、广州、中山等地交流。多家新闻媒体都对学校的实践经验进行了专题报道。学校还被评为广东省书香校园、全国红领巾传承教育系列活动示范基地暨东方少年国学院、国学进校园广东省国学推广示范基地。国学经典教育实验使学校各项工作广收成果，丰富了师生的人文底蕴，师生综合素质大幅度地提高，学校教育教学质量跃上新台阶，国学经典教育办学特色已成为学校一大亮点。

3. 建设了一支校本课程开发的研究团队

2008年12月广州市教育系批首批创新学术团队开始申报工作，我校许凤英校长以其敏锐的科研素养捕捉到这一信息：一个学校的力量非常有限，但如果能以学术团队的形式来研究探讨国学经典教育，推广国学教学模式，一定能在研究上有所突破，并取得事半功倍的效果。于是，由我校牵头，联合汇景、石牌小学组建的《新课程背景下强化经典文化教育研究团队》申报了广州市创新学术团队并顺利立项。2010年，继续扩充研究队伍，把致力于经典教育研究的学校天河区旭景小学、御景小学以及广西北海城区第十二小学成功邀请并加入了我们的经典教育学术团队，为团队建设注入了新的力量。经过四年的努力，五山小学已经打造了一支优秀的校本课程开发的研究团队，促进了兰润花、李淑君、熊萍芬等一批骨干教师的快速成长，带动了整个教师队伍的良性发展。2011年承担国学教学任务的语文科组获得了“广州市学习型组织标兵班组”的称号。

4. 促进了教师的专业发展

校本课程的开发本身就是一个教师参与科研的过程，对教师的研究能力的提高大有裨益。校本课程开发要求教师自己确定课程目标、课程内容，并负责课程实施、课程评价。因此在校本课程开发过程中教师不仅要研究学校、学生、自己，还要研究课程制度、课程理论、课程开发的方法、问题解决的方法等。从开发校本课程为开端，教师将从思想观念、知识结构、工作方式和行为方式等方面挑战自己、改变自己和完善自己。从这个意义上说，开发校本课程既是严峻的挑战也是难得的机遇，是教师提升自己素质的一个良好契机。所以校本课程开发本身就让教师在发展课程的同时也发展自己。具体表现为以下几个方面：

① 教师专业思想的确立。

教师参与校本课程开发的实践带给了教师一系列的教育新理念：

一是确立“以学生开发为本”的教育价值观。校本课程开发从形式上看是以“学校为本”，但隐藏于其背后的哲学理念则是“以人为本”。学校的教学、课程设置无不以学生的全面、自由发展为最终目的。“以人为本”即强调全体学生的全面发展，又强调学生的个体差异，让每一个学生都成为与众不同的主体。校本课程开发不仅承认学生的差异，而且满足每个学生的不同发展需要，以最大限度地促进学生的发展。

二是形成新的知识观、教学观、课程观。教师进行课程开发，会面临新的教学观念、教学方法的挑战。思考、应对这些新事物的过程，有利于教师个体专业的进步。首先，教师对知识的理解将发生变化，校本课程重视的不再是现成的、静态的知识，而是强调通过学生自身的体验获取有用的知识，即知识不是静态的结果，而是一种主动的建构过程。正如英国课程专家斯腾豪斯所认为的，“知识不是需要学生接受的现成的东西，而是学生思考的对象。”

② 教师专业知识的拓展。校本课程的开发与实施，对教师来说是一种新的尝试，教师参与课程开发，必然要掌握课程知识，并不断深化，需要有一定的理论基础。这就促使课题组的成员和全校教师去看相关书籍，去“充电”。五山小学校本课程开发的内容非常广泛，涉及到名言格言、古诗词、古文、书法、国画、书法、武术、对联等。教师要编写好教材、上好课，就必须自己要大量涉猎传统文化知识，这就必然会厚实教师的文化底蕴。

③ 教师专业能力的发展。教师专业能力就是指教师的教学能力。包括教学设计能力、表达能力、教育教学组织管理能力、教育研究能力、创新能力、反思能力等。教师在校本课程开发实践过程中不仅是课程的传递者与执行者，而且是课程的创造者、开发者与设计者。在这个过程中教师的专业能力得到了发展，主要表现在课程设计与开发技能形成，逐步树立反思意识，教学研究能力得到提高。

④ 教师课程意识和课程开发能力提高。校本课程的开发与实施，给教师们提出了极具挑战性的问题，它需要教师要有一种课程意识和课程开发能力。要改变原来靠教材、教教材的传统意识。教师的主要任务，不仅仅是讲授别人编写的甚至连教案也备齐的教科书，而应当是不但要会“教”教材，还要会“编”教材。教师必然要发挥主体作用，主动地去开发课程资源、实施校本课程、设计教学过程、获取较好的教学效果。因此，教师就必须要有课程意识和课程开发能力，主动地去开发和实施校本课程。

⑤ 国学课程提高了教师的师德修养。国学经典教育蕴含丰富的人文内涵，我校一直尝试通过经典教育改革学校管理，将刚性的制度管理转变为柔性的人文管理，提出师德建设主题——“诵国文经典，树高尚师德”，开展了主题演讲、国学课堂大练兵、师德辩论赛、国学知识竞赛等系列活动，强化教师的职业精神与职业操守，并配合专题培训、外出学习、校内定期研讨和评比激励措施促教师提升专业素养，保持敬业爱生、廉洁从教、奋发向上的工作热情。

3. **促进学生的发展**

五山小学多年来从未间断学生的国学经典教育活动，为验证此项活动的有效性，学校曾分别对学生在审美意识、思想品德行为习惯、学习能力等方面进行了调查检验。结果发现，国学经典教育活动对于同时提高儿童的审美意识、思想品德行为习惯、识字量、记忆力、想象力和创造力等学习能力方面都有不同程度的正相关或促进作用，是一种值得推广的教育方法。

① 促进了小学生的审美意识的发展。儿童时期培养健康的、高尚的审美趣味是必要的，国学经典正好能起着这一关键作用，通过朗读经典古诗文，学生心灵得到滋润，理想得到升华，灵魂得到净化，从而审美感受能力得到培养，激发对真善美的追求，进而培养起学生较高的审美趣味；通过对古诗文的讲解和阅读，把带有浓厚的历史、人文的史例带进小学课堂，使学生发出人生思考和感慨，从而有利于调整自我心态，进而影响其理想情操以及人生追求等等。审美能力突出表现在诗词配画等美术创作、古韵新唱、自主创作等方面，如三年级的学生在学习“天对地、雨对风、大陆对长空”这些对子时，自发编排舞蹈动作来帮助记忆学习；美术课时，教师指导学生把一首首古诗、一句句格言变成一幅幅生动有趣的画面；音乐课上一首首小诗被谱成了一首首旋律优美的乐曲，这些都体现了学生良好的审美创新能力。

② 培养了小学生的爱国主义精神。古诗文中琅琅上口的经典名句无时无刻不在激发着国人的爱国热情。“王师北定中原日，家祭无忘告乃翁”等爱国主义诗人留下了许多精品佳句，至今还被国人缅怀。中国古代文人绝大多数具有强烈的修身、齐家、治国、平天下的入世境界。他们的这种精神以及发生在中国漫长古代社会的一次次历史事件，都通过其手中的笔，在文学作品中得以充分体现。

③ 提高了学生的品德修养。中华民族的道德至上的价值取向和人文精神，在中国古典诗词中的体现屡见不鲜，特别是以梅兰竹菊莲等作为吟咏的对象的诗词更是数不胜数，诗人通过托物言志的手法，在这些物的身上寄托崇高的理想和高尚的道德情操。梅具有清高孤傲的格调与品质，所以它被许多诗人歌颂。竹的气节，菊的飘逸，兰的多情，松的坚贞等等也被诗人赋予了人的优良品格。这样的人文精神灌输到我们的小学生身上，使他们像竹一样有气节，像梅一样清高自信，像松一样刚正不阿，何患我们的祖国不会繁荣富强。学生背诵大量的名篇佳作，潜移默化地受到影响，最终落实到了学生的思想观念和行动的转变上。他们的生活、学习、行为等习惯得到明显改善，讲文明懂礼貌，孝敬师长，对人热情大方。学生学了《论语》后能够理解《论语》经典中提到的一些做人做事的方法原则，比如“己所不欲，勿施于人”“勿

以恶小而为之，勿以善小而不为”等。学生的涵养、品味逐渐提升，常读经典的学生普遍都很懂礼貌，讲卫生，很谦和。如二年级的一位学生自制力很差，一堂课安静不了十分钟，说话、下位、打架，时有发生，学习经典一个多月，就有了比较明显的转变，现在上课一丝不苟，经典让学生从内心深处安静下来了。在全校学生的“家长反馈单”上，95%的家长反映孩子在言行举止、文明礼貌方面有了很大或者较大的进步，在学习成绩、卫生习惯方面也有了很大提高，仅有不到10%的家长反映如常。

④ 促进了学生各方面学习能力的提高。在学习传统文化的过程中，学生记诵了大量的古诗文，不仅培养和锻炼了学生的记忆力，还增加了识字量、促进了语言表达能力和写作水平的提高。

a. 记忆力方面：学生通过诵读大量的古诗文，在记忆力方面有了明显提高。在反复诵读的基础上，学生有意识增强专注程度，锻炼提高自己的记忆能力，摸索适合自己的记忆方法。

b. 识字数量、背诵古诗文方面：学生在诵读古诗文的过程中接触了大量的生字及生僻字，通过反复接触，辩认字体，明显增加识字量。通过每天不间断地学习，学生背诵古诗文篇目不断增加，下面是五山小学2011学年的背诵情况调查：

一年级能够背诵20句格言、10首古诗词、《三字经》全篇、《弟子规》全篇，背诵字数达2000字。

二年级能够背诵40句格言、20首古诗词、《三字经》全篇、《弟子规》全篇、《千字文》全部、《百家姓》全部，背诵字数达4000多字。

三年级能够背诵60句格言、40首古诗词、《三字经》全篇、《弟子规》全篇、《百家姓》、《千字文》全部、《笠翁对韵》4章、《大学》半部，背诵字数达6000多字。

四年级能够背诵80句格言、60首古诗词、《三字经》全篇、《弟子规》全篇、《百家姓》、《千字文》全部、《笠翁对韵》4章、《大学》半部、《论语》1—8章，背诵字数达8000多字。

五年级能够背诵100句格言、80首古诗词、《三字经》全篇、《弟子规》全篇、《百家姓》、《千字文》全部、《笠翁对韵》4章、《大学》半部、《论语》9—16章，背诵字数达10000字。

六年级最多能够背诵120句格言、100首古诗词、《三字经》全篇、《弟子规》全篇、《百家姓》、《千字文》全部、《笠翁对韵》4章、《大学》半部、《老子》20章，背诵字数达12000多字。

c．语言表达方面：小学生正处于知识输入初期，培养语言表达能力的关键阶段，在小学以前儿童时期，他们只是从直观上表达直观的事物，还没有掌握语言的运用，即是感性认识。所以小学生真正进入语言表达的时期是从小学开始的。在练习学生语言能力方面，通常是让学生去描述一个人或一件事，要求连贯通顺。由于小学生以前只是感性的学习语言，学的是口语化的语言，所以经常会出现只可意会不能言传的现象。中国古诗词以它丰富的内涵及情景交融的表现手法的特点正能够弥补这一现象。学生经常朗读大量的古诗词，不但能够积累大量的语言词汇，而且逐步培养其自己体会诗中意境，使自己得到熏陶。古诗凝练、韵律化的语言影响了学生语言的表达习惯，大量背诵古诗词必然会培养起学生丰富的语言感受力和深入的理解力，促进语言的发展。

d．写作水平：在学习古诗文的过程中，学生记诵了大量的古诗文，不仅培养和锻炼了学生的记忆力，还学习了表达方式，加强了语感，奠定儿童文言及白话文写作的基础，学生记忆了很多优美词句，充实了"信息库"，并随时在口头及书面表达中恰当地运用。

e．阅读兴趣：学生在大量接触中华优秀传统文化的同时也培养了读书的兴趣和习惯，激发探求知识的自觉性，主动拓宽自身知识面。学生对书产生了由衷的热爱之心，要读书、爱读书、学知识是他们的自觉追求。学生的求知欲明显增强，阅读的兴趣和能力大为提高，都把课外阅读时间视为一天当中他们最开心的时刻。

⑤ 促进了想象力和创造力的提高。国学经典中具有丰富的内涵和人生哲理，其优美的词句、丰富的内涵和精巧的表现手法正是激发人们想象力的起动器。古人云："文之思也，其神远矣。故寂然凝虑，思接千载；悄然动容，视通万里；吟咏之间，吐纳珠玉之声；眉睫之前，卷舒风云之色；其思理之致乎！故思情为妙，神与物游。"充分地说明了古诗词中的丰富的想象力的特点。诗人李白的"飞流直下三千尺，疑是银河落九天"的豪言壮语勾起学生的想象力，从三千尺的高度上直泻而下，多么壮观的画面，好像是从天上银河中流下来一样，从天到地这么大的空间跨越，只有在梦中见到。可见古典诗词在激发学生的想象力的同时，也在丰富着学生的创造力。这对于模仿力极强的小学生来说将有利于他们的想象潜能的开发和创造能力的培养。

总的来说，学校自开展国学教育校本课程开发以来，成效较明显。为对相关的效果进行检验，学校根据多年的经验设计了一些调查问卷进行检验，旨在对学校国学校本课程开发的成效和教师、学生、家长对诵读经典古诗文的态度有一个初步的了解，总结经验、发现问题，为后续的研究提供可以参考的资料。调查问卷分为教师问卷、学生问卷和家长问卷三份，虽然针对不同的人发放问卷，但问卷中有九道问题的内容是一样，只是针对不同人采取不同问法。这九道问题涉及的内容是对国学经典的兴趣，国学经典的学习对增加学生的识字量、增强学生的记忆力、提高学生的口语交际能力和写作水平等学习能力的帮助以及国学经典的学习是否对学生品德修养、行为习惯、与人交往及对今后的成长有帮助。对调查的数据利用x^2进行了检验分析，其结果如表17：

表17　调查问卷分析表（数据为百分比）

项目	类别	教师评价	家长评价	学生自评	x^2	P
对国学经典的兴趣	很感兴趣	75	72	64	3.599	0.463
	比较感兴趣	15	14	19		
	不感兴趣	10	14	17		
增加识字量	帮助很大	82	75	76	2.472	0.650
	有一些帮助	18	20	18		
	没有帮助	2	5	6		
增强记忆力	帮助很大	80	78	85	9.249	0.055
	有一些帮助	20	14	10		
	没有帮助	0	5	6		
提高语言表达能力	帮助很大	52	65	60	1.865	0.761
	有一些帮助	43	39	36		
	没有帮助	5	6	4		
提高写作水平	帮助很大	78	70	80	8.612	0.072
	有一些帮助	22	24	18		
	没有帮助	0	6	2		
提高品德修养	帮助很大	56	50	51	1.088	0.896
	有一些帮助	36	40	38		
	没有帮助	8	10	11		
培养良好的行为习惯	帮助很大	57	61	55	3.952	0.416
	有一些帮助	36	30	41		
	没有帮助	7	9	4		
引导与人交往	帮助很大	46	43	37	3.731	0.444
	有一些帮助	40	40	51		
	没有帮助	14	17	12		
对今后的成长	帮助很大	90	81	83	15.821	0.003
	有一些帮助	10	16	14		
	没有帮助	0	4	3		

结果统计分析发现，五山小学不管是教师、学生还是家长，在对经典文化的兴趣及成效上都有很高的一致性。

首先体现在对国学经典的兴趣上，三类被试者对国学经典很感兴趣的百分比分别是：教师75%、家长72%、学生64%，卡方检验结果$x^2=3.599$，$P=0.463$，$P>0.05$，差异不显著，说明三类独立的被试者对经典文化都很感兴趣。

其次，体现在提高学生学习能力方面，在增加识字量选项上，82%的教师、75%的家长和76%的学生都认为经典文化对增加学生的识字量很有帮助，卡方检验结果$x^2=2.472$，$P=0.650$，$P>0.05$，差异不显著，说明教师、家长和学生都认为经典文化对增加识字量帮助很大。在增强记忆力选项上，教师、家长和学生的回答中认为对增强记忆力帮助很大的百分比分别是80%、78%和85%，对调查数据利用x^2进行了检验分析，得出的结果为：$x^2=9.249$，$P=0.055$，接近0.05，差异不显著，说明教师、家长和学生都认为经典文化对增强记忆力帮助很大。在提高口语交际能力选项上，52%的教师、65%的家长和60%的学生认为经典文化对提高口语交际能力帮助很大。对调查数据利用x^2进行了检验分析，得出的结果为：$x^2=1.865$，$P=0.761$，$P>0.05$，差异不显著，说明教师、家长和学生都认为经典文化对提高学生的口语交际能力帮助很大。

在行为习惯、品德修养的问题的回答中，三类人对经典文化提高品德修养的帮助很大的百分比分别是：56%、50%和51%，卡方检验结果表明：$x^2=1.088$，$P=0.896$，大于0.05，说明差异不显著，三类人均认为经典文化对提高学生品德修养帮助很大。另外，在选项经典文化对培养学生良好的行为习惯及引导与人交往的能力上，教师、家长和学生的答案都很接近，卡方检验结果表明：$x^2=0.416$，$P=0.444$，$P>0.05$，说明差异不显著，三类人的选择是独立的，都认为对人的行为习惯和交往能力有帮助。

在对今后的成长选项的回答中，有90%的教师、81%的家长和83%的学生认为经典文化的学习对今后的成长帮助很大。卡方检验结果表明：$x^2=15.821$，$P=0.003$，P接近0.05，说明差异不显著，说明教师、家长和学生都认同经典文化的学习对学生今后的成长有帮助。

4. 提高了学校的社会声誉

我校的国学经典教育，走出了一条“科研兴校，特色立校”之路。特别是国学校本课程的开发，使学校师生素质得到了长足的发展，教育教学质量和办学实力得到了不断的提高，学校整体效能得到了提升，使五山小学从薄弱学校走向了品牌学校。

2012年，天河区教育局在全区各中小学全面启动了国学经典教育工程，我校作为天河区开展经典教育工程的先行者，毫不吝惜地把我校的成功经验向全区各中小学进行展示交流。先后派出多位国学骨干教师到天秀中学、棠下小学、华康小学、华景小学、旭景小学、侨乐小学、御景园小学、龙岗路小学介绍经验，国学课堂“三环七步”教学模式更是受到各校的高度认同。

我校国学校本课程开发的实践经验在香港、台湾、北京、山东、广州、中山等地交流并被推广、借鉴。

2010年8月23日，五山小学的国学教育特色创建经验材料“国学教育特色铸就优质品牌学校”在2010年天河区中小学（幼儿园）校（园）长会议上交流，被汇编入交流材料。

2012年4月20日，许凤英校长参加在山东淄博举办的“第六届中华诵·经典教育论坛”，并以“小学经典教育课程建设的探索与思考”为题在大会上发言，介绍我校经典教育工作的做法与成效。

2012年8月20日，五山小学的国学校本课程建设经验材料“少儿国学教育特色课程的建设与思考”在2012年天河区中小学（幼儿园）校（园）长会议上交流，被汇编入交流材料。

2012年11月27日，台湾国立暨南国际大学国际文教与比较教育学系系主任陈怡如副教授、张源泉副教授与杨武勋副教授一行七人在华南师范大学马早明教授的陪同下，来到五山小学参观交流五山小学国学经典校本课程开发和实施情况，专家们对我校国学校本课程的开发和实施给予了高度的认同。

2012年12月，许凤英校长跟随广州市教育局领导到台湾参加第八届穗台校长论坛。许凤英校长在小学组分会场以《少儿国学教育课程的建设与创新》为题发言，她从少儿国学教育课程的规划、校本教材的研发、校本课程的管理等几方面介绍了五山小学十余年来建设国学校本课程的做法和成效，引起与会代表的浓厚兴趣，很多校长向许校长索要五山小学的相关资料。

2013年4月9日上午，全国教育科学“十二五”规划2012年度教育部规划课题《传统文化与中小学生人格培养研究》开题大会暨天河区中华文化经典教育研讨会在五山小学分会场落下帷幕。我校许凤英校长及来自北京、河北等地的七所学校向与会者介绍了学校开展经典教育经验，我校熊萍芬老师执教一年级国学课《三字经--勤学篇》，受到与会者的好评。

2013年5月24日，李淑君和李维老师参加了中华书局在广东中山举办的“第八届中华诵·经典教育论坛”，李淑君老师被安排在大会上作经验交流，她以《传承国学十二载，助力雏鹰击长空》为题介绍我校经典教育工作的做法与成效。

此外，还有很多学校借鉴我校经验，使用我校的校本教材《少儿国学读本》。多家杂志及互联网上数家网站（如中华学习网、经典教育在线、绍南文化）转摘、刊登五山小学经典教育实验情况。广州电视台、广东电视台、南方电视台、《羊城晚报》、《信息时报》、《新快报》等多家新闻媒体都对这项实验进行了专题报道。对外交流和媒体报道使我校的社会声誉日益提高。

九、问题与对策

1. 校本课程开发过程中面临的困难

① 教师的国学水平不高。承担国学的老师都没有系统地学习四书五经，国学知识储备不够足，国学底蕴不深，而针对“国学经典教育”方面的业务培训少之又少，有些甚至从来没有参加过培训，国学知识的缺乏使老师们对国学课堂教学和国学课程的开发心生畏惧，不利于国学课程的开发和实施。

② 学生的品德修养并非一朝一夕就能看出明显的教育效果。一个孩子是否真正浸润了国学经典，最终的效果是可以从他的一言一行，举手投足间流露出来，而现实中，学生虽然接受了国学的熏陶，但有一部分学生由于家庭等种种原因在思想行为方面很难在短期内达到理想的转化，还需要家庭和社会的共同配合。

③ 国学校本课程的开发和实施缺少可借鉴的经验。由于我校国学校本课程的开发起步较早，没有什么成型的、可供借鉴的经验模式，目前还处于摸索阶段，教师在校本课程开发的过程中还属于摸着石头过河。

④ 开发校本课程与提升学校整体效能的关系问题。如何以校本课程的开发为切入点，通过校本课程的建设推动学校整体状况的改观和转变，进而使学校整体效能得到提升，是我们目前急需研究的问题。

2. 对策

鉴于以上情况，我校从以下几方面做了一些尝试：

① 加强教师校本培训，提高教师课程开发能力。校本课程开发的关键在学校和广大教师，因此提高整个教师队伍的素质是当务之急。课程开发与教师发展是内在统一的。广大教师认为开设校本课程最大的困难是专业知识不足、课程开发能力较差。学校领导应该考虑到教师发展存在时间上的连续性和终身性（全部教学生涯）以及空间上的整体性，包括职前培养、上岗培训、校外短期培训、校本进修等各种方式的继续教育，促使广大教师具有明确课

程的意识、积极的课程问题意识、课程开发责任意识和责任感，促使他们熟悉课程开发的过程，提高教师们课程资源的开发和利用能力、对课程纲要的解读和对教材的变通能力、课程评价和研究能力。

②与高等院校合作，促进学校整体发展。缺乏课程专家的指导，在一定程度上存在课程开发的盲目性和随意性。为解决这一问题，近年来，一些地区的学校与高校合作，在校本课程开发上取得了巨大的成就，这种做法我们可以借鉴，使我们的教师与大学研究者肩并肩地参与校本课的开发，从理论上讲可以弥补教师很多不足，同时既让教师得到了提高，还能加快校本课程开发的进程。目前，我校正与华南师大基础教育培训与研究院合作，商议建立“国学校本课程与学校品牌打造”项目研究，相信在专家的引领下，我们的校本课程开发之路将会走得更广阔、更顺利。

【参考文献】（略）

该课题于2008年12月由广东省教育科学规划领导小组办公室立项为广东省教育科学“十一五”规划课题，2013年7月结题。

国德教育
与儒释道精神

文以载道　学以立德

——广东省社科院国学研究中心主任柯可谈国学

许婉霞

近几年来，中华大地上一片琅琅的读经之声。各地的私塾、国学班更是层出不穷。从孩童咿咿呀呀地背《论语》到企业家纷纷投身学费昂贵的“国学班”，弘扬传统的“国学热”方兴未艾……更有许多研究中国传统文化的学者，都呼吁、提倡学习中国传统文化，不要忘本，激起了国人对国学的激情。作为炎黄子孙，我们有义务学国学，宣传国学。“国学热”现象昭示着国学有着强大的生命力和内涵，但究竟该怎么样看待？

近日，《教育大观》记者就“国学热”的现象采访了中国文化学者，广东省社会科学院国学研究中心主任、研究员，企业文化硕士生导师，广东华文国学院院长，兼任中华老子研究会副会长，广东省文化传播学会副会长，广东文史学会副会长，研究范围包括中华国学、文艺美学、企业文化、创意经济等，著有《新珠江文化论》、《周易大典》、《易经风水图鉴》、《老子九观正义》、《中华国学：广东文化强省的理论与对策》、《我爱智趣龙象棋》（作者系国际龙象棋的发明人）等书的柯教授，请他就当下如火如荼的“国学热”现象发表高见。

《教育大观》：如何看待当下的“国学读经热”？

柯教授：首先要真正弄懂什么是国学，国学的内涵和外延是什么。

这要从两方面来说，第一层次是传统意义上的国学，它包含了诸子百家的各种学派和文化形态。基本的传统经典中有儒学、道学、佛学和易学等方面的四类经典，这些经典都是从哲学人生观的层面上，教我们如何做人的道理。某些“XX学”如法学、农学等都是教会我们如何做事的运用型国学。衣食住行用文化在人们的日常生活起着重要作用，但未构成“学”，具有运用性的中华文化特点，这一些也可以构成国学的研究对象。当然，国学的概念并不是这么狭窄，国学不仅仅是指儒释道易这几家的经典文化，也不只是琴棋书画、诗词曲赋、民风民俗等相关的知识，这是不全面的。“国学”有很深很广的内涵。

第二层次是有争议的“新国学”。新的国学是指孙中山三民主义、毛泽东思想、邓小平理论、科学发展观、马克思主义中国化等等这些研究中国问题的理论，属于新的层次。学国学需要运用到实际生活中，否则学国学是没有用的。通过用国学观点解决当下的中国问题，抬高了国学的地位，同时亦有人质疑这些理论是否属于国学。马克思主义正在中国化。类似于佛教东来后，六祖将佛教进一步改良成为了我们中国传统文化中的一个部分。

《教育大观》：像现在这种“国学热”，实际上只是文化层面上的宣传，当下人们关注国学的主要原因是什么？

柯教授：研究国学是为了中华复兴的实践服务。

现在我们研究国学不是为了单纯背诵国学经典，而是为了运用到实际的生活中去，为了中华复兴的伟大实践服务。中国的国学传统文化中有用“琴棋书画”的方法教我们做人的道理。琴悦耳，棋益智，书正气，画养眼，通过用心学“琴棋书画”，最后将四者统一，就能够悟到“道”。像下棋，一是明大势，可攻可守；二是顾全局；三是抗挫折，有益于强心智，抗挫折；四是增智力。

学习国学有两大用处：第一是立德，做人。学国学就是学会用中国人的思维方式来做人。这一思维方式就是易经中的“线象思维”。例如易经中每一卦有六条线，其中蕴含了做人与做事的道理。易经中的八八六十四卦都表现为思考人生、思考宇宙的思维方式。在中国的“儒释道易”传统经典的文化中都有“德”的概念。每一家都有相对应的德。如儒家讲究仁德，佛家讲佛德，道家则重视道德(或称玄德)，易家表现为易德。第二为做事。易经中一卦表现为一个处境，每一卦有六个阶段，教人在某种境况的不同阶段中思考如何应对，易经中六十四卦就是教人在六十四种境况中如何做人做事。老子的道家是按照自然的规律，教会人如何做人的道理。学国学最根本是要学会如何立德做人，其次再教人做事的方式。

《教育大观》：在学校教育中是否需要增加国学的教育内容？

柯教授：学习国学首先是为了补充现代学校教育中缺少的做人部分，提高人文素养。

近年来的“国学热”恰恰暴露了两大问题：一是反映了我们以往向分数看齐的应试教育的不当，学生接受的人文教育存在很大的空白。我们现在的学校教育从小学到大学多是教你如何做事，就算是教你如何做人，也是较为空洞的理论，与中华传统美德脱节。二是由于个人的人文教育的缺失，造成整个社会的整体人文水平下降。现今的社会改革开放以来，人心太浮躁，社会道德出现滑坡，近年来频繁传出三聚氰胺、毒品添加剂、毒害同学等等体现个人、社会道德缺失的事件。现在学校的教育缺失做人的教育。读经热、上国学班不失为一个获得做人道理的好途径。一来可以提高个人的修养，二来可以补充学校教育的不足。国学教育绝不是为了培养只会满嘴“子曰书云”的小学究，而是要与现代教育有机结合，使之为民族的下一代人的心灵成长，提供充足而不可或缺的精神营养。

《教育大观》：“国学热”现象的愈演愈烈是否会商业化与神坛化？

柯教授：学习国学要内化成自己的东西而不是简单照着经典背诵一通。

国学越来越热的当下，复旦清华先后在上海开办面向企业的“国学班”。清华更开设学费为2.6万的“国学班”，但是有些效仿这类面向企业家开办的天价“国学班”，收费昂贵，却远离了大众教育，容易使国学教育流于一种商业化的表面功夫。央视《百家讲坛》“国学热”的受众增多，显然加速了中华传统文化在大众中的传播，但我们对待国学还要进一步深入研究，不能以一种娱乐性的心态来炒作，使得国学变为一种庸俗化的东西。

针对学校教育中开办的国学班，以及现在有些寺庙自发免费开设假期夏令营，让学生读经，培养学生的人文素质的做法，柯可教授说，社会学国学，谈修身是好事，但国学传统文化的传承，以及从小孩读经到政府官员、教师、企业家的成人国学班，都不能办成一种形式上的东西。学习传统文化不单单只是照着经典一背、依样复古就可以达到个人人文素养的提高的目的。只是背诵而不内化成为自己的德性，这样传播国学的形式是做无用功。光通过背诵经典就可以全面提高个人甚至是社会的人文水平，是多少带有理想主义色彩的想法。学术文化和大众文化宣传毕竟不是一回事，孩童读经属于大众文化的传播，有现实的合理性，但不能因此就将国学作为一种商业性的文化蔓延。这样的“国学热”往往会产生一种负面的效应，容易让人以为传统文化是一种具有娱乐性及搞笑的文化。说到底，“国学”毕竟是“学”，是一门需要潜心研究和修身践行的学问，真正的国学繁荣主要还是需要长期的有耐心地进行研究和践行，而不是一些形式上的虚火旺盛。

柯可教授认为，当下的社会正处于转型时期，总会面临着许多传统与现代的冲突。当前“国学热”现象的流行就是很好的例子，“国学热”对重振民族精神、建设精神家园具有积极的作用，但在社会的转型期，如何正确对待国学中的传统文化，已经成为当下文化传播的焦点与热点。传统文化是中华文化的根基，但传统文化不是万金油，不是哪疼擦哪。如何弘扬中华传统文化？分辨传统文化中的精华与糟粕？国学热，不能只是在学术界文史哲这个角落热，要真正使国学热起来，要有耐力，正确估计形势，有耐心地去做国学的研究推广工作。真正的国学研究要面向社会，面向大众，这样才能使国学热得长久，才能使我们的传统文化更健康长久地发展下去，造福子孙后代。(2011)

作者是《教育大观》编辑部特聘编辑

中外软实力较量与孔子学院的建设步伐

赖　琦

一、世界软实力较量格局下的欧美角逐

进入二十一世纪以来，伴随着世界经济的持续发展和信息技术的不断进步，经济全球化、信息网络化和世界多极化三大趋势成为影响新的世界格局的主要因素，和平、发展与合作成为时代的主题，“软实力”在国际竞争中的作用越来越突出。目前国际主流社会活跃着多种力量，通过各自的软实力发挥对世界的影响，美欧为主导的格局正在受到来自中国、俄罗斯等为代表的新兴国家的冲击和影响。美国和欧洲也试图以自己的文化、意识形态和外交等方面尽力维护自身的地位。

冷战结束后，美国的胜利和苏联的解体，使得美国的民主法治、个人自由、市场经济等成为当今世界各国纷纷效仿的对象。美国昔日的对手苏联和东欧国家都选择了美国式的制度。亚洲重要国家日本、韩国直接效仿美国的制度。

在大众文化层面，以美国为代表的西方文化产品充斥着世界市场。美国的电视节目和电影大约占世界市场的3/4，美国的通俗音乐居于同样的统治地位。许多第三世界国家的电视节目有60%～80%的内容来自美国。而在美国自己的电视播映中，外国节目占有率只有1.2%。现今美国最大的出口产品不是农业和工业产品，而是电影、电视节目、电脑软件和书籍等。以洛杉矶为中心的影视文化和以纽约为中心的国际金融业联手，垄断了全球的文化、娱乐产业，包括电影、电视、音乐、广告、网络、出版甚至体育。当今世界，伊朗的青少年听美国流行音乐，印尼的青少年喝可口可乐，埃及的孩子们学习英语，印度的青年在看好莱坞电影，各国的球迷看美国的职业篮球赛。

在那这些看似娱乐的影视产品中，大都蕴藏着美国式的文化意识，包括个人英雄主义、享乐主义、宗教信仰等。文化产品成为美国大规模输出意识形态、生活方式、价值观念和思维方式的工具。美国作家罗伯特·哈里斯就曾对好莱坞的历史片进行猛烈抨击，他说：“这是一种文化霸权。不管当时的情况如何，不管故事发生在哪儿，影片的中心总是一个美国人，这个人物要么看上去是个正面人物，要么是位拯救世界的英雄。”

在精英文化层面，美国挟教育优势及社会科学优势向世界渗透其意识形态和民主、经济观念。教育在塑造价值观上具有特殊的意义。哈佛、耶鲁、普林斯顿、斯坦福、哥伦比亚等是世界一流大学的代表。每年有50万世界各地的优秀学生到美国留学。可以说，各国的精英都不同程度地受到西方文化思想的“洗礼”。

根据多边、民主的原则，欧盟的制度建立在国民认同、国家认同的基础上，能够把国民利益、国家利益和欧盟利益内在地统一起来。欧盟成为了一个利益的共同体、价值的共同体和制度的共同体，同时又保持了各个国家的利益、政治和文化的多样性，形成了多元一体的格局。

在尽力维护福利制度的同时，欧盟开始大力挖掘人的潜力，促进适应性，强化就业能力。自20 世纪90 年代以来，欧盟通过一系列行动计划和政策措施来完成这个目标。1995 年11 月，欧洲委员会通过了关于“教与学：向学习型社会迈进”白皮书；1997 年11 月，欧洲委员会又发表了关于“建设知识化欧洲”通讯；2000 年3 月，为了使欧盟成为世界上最具竞争力、能够持续增长、能够产生更多更好的工作岗位和有更强社会凝聚力的知识经济体，欧盟里斯本首脑会议通过了一个“建设知识化欧洲纲要”。欧盟把基础教育、职业教育、高等教育和终身教育作为主要环节，将基础知识、应用技能和创新能力作为发展重点，培养能够适应科技与文化的不断发展的专业型、复合型、国际型人才。欧盟通过对人力资源的大力投资，提高人的技能、创造力和适应力，避免产生知识“富人”和知识“穷人”的社会鸿沟，把人的发展与社会发展有机地结合起来。

美国和欧盟在国际事务中都有巨大影响力。但是，它们发挥影响力的方式正相反。美国以“力”，而欧盟以“德”。两相比较，美国的霸道反衬出欧盟的人道形象，使欧盟影响力不断增加。加大对外援助，树立人道形象。现在，欧盟及其成员国成为世界上最大的对外援助方。欧盟对外援助占国民生产总值的比例是世界上最高的。欧盟在所占份额上也远远大于其他国家。1997年和1998年，欧盟及其成员国向世界提供的援助占总额的56.1%和60.02%，而美国和日本加起来也只有32.72%和38.07%。更重要的是欧盟对外援助的目标和方式。美国对外援助强调战略意义，是大棒之外的“胡萝卜”。而欧盟及其成员国更强调发展合作，提倡利用外援消除贫困，注重投资于人力资源开发，支持教育和卫生事业，强调改善受援国的经济、社会、人权状况和环境保护状况。在这些援助中，欧盟较多使用无偿赠款。目前，欧盟成员国每年提供总额4 亿欧元的援助用于帮助发展中国家贸易及相关能力的建设，以助推发展中国家提升贸易水平。欧盟贸易委员曼德尔森代表欧盟25 个成员国表示，从2010 年开始，欧盟向发展中国家每年提供10 亿欧元的贸易援助。通过对外援助，欧盟赢得了较好的国际声誉，潜移默化地输出了欧洲的价值观，扩大了其在国际政治中的影响力。

以接触促转变，树立公正形象。二战之后，欧盟作为美国的盟友往往在美国的后面亦步亦趋。随着综合实力不断增强，欧盟开始从地区性力量向全球性力量过渡，欧盟开始形成自己的非战和多边主义的战略文化，在国际事务中注重谈判、接触和对话而不是用暴力威胁来解决国际问题。这集中表现在对待伊朗的态度中。冷战结束后，欧盟对伊朗政策大致经历了3个时期：1991～1997年，欧盟实行"批评性对话"，把改善人权看作与伊朗签署经贸合作协议的前提；1997～2003年，欧盟对伊朗实行"建设性对话"，更着眼于与伊朗建设一种新型伙伴关系，立足于全方位对话，开始以一种平等的姿态来处理双边关系；2003年伊拉克战争结束以来，欧盟进一步调整对伊政策，增进双边政治往来，频繁借助多边外交力量。相对于美国对伊朗的"孤立"政策，欧盟的接触和对话方式取得了一定的成绩。同时，面对美国的单边主义，欧盟也有意识地保持批判态度。

2005年，美国拒签《京都议定书》，欧盟在各种场合严厉批评美国出尔反尔的单边主义，并立即发表声明，强调在没有美国的情况下，欧盟也要与其他国家一起执行《京都议定书》。在这里，欧盟隐然有了主持公道的意思。实际上，这是欧盟在国际事务中推行"欧盟模式"，在国家互动中建立有利于欧盟的国际规则。

总之，欧盟在内部大力解决人的发展、国家间关系和人与自然的关系诸问题，塑造欧盟模式。同时，对外实行"接触、对话、合作"政策，把"欧盟模式"的经验引申到国际事务中。通过这种方式，欧盟把自己的行为规则、规范和价值观念变成国际的规则、规范和价值观念，把欧盟利益转变成"全球利益"，以潜在的形式输出"欧盟制度"，力图成为规则的制定者，应用软实力使欧盟的影响力不断上升。

二、中国孔子学院的建设步伐

近年来随着中国外交工作的积极开展，中国为维护亚洲和平做出的努力得到了国际社会的认可，国际形象逐渐改善、影响力日益提高。中国的经济发展道路和构建和谐社会的理念也得到了全世界的肯定，软实力有所提高。

但这些毕竟只是初步进展，程度有限。就目前情况来讲，中国无论是在电影、音乐、快餐、软件领域，还是在价值观、意识形态、社会制度上，被世界接受的程度和拥有的影响力目前均不如欧美。

利用社会和国际资源，传播传统中华文化，极大促进了我国文化软实力发展。孔子学院就是一个很好的范例。本国语言的国际化是国家之间软实力竞争的一个重要内容或象征。近几年来，世界许多国家出现“汉语热”的现象。在中国文化影响下，包括美国在内的许多国家的学校把中文作为第二外语甚至第二语言。现在，“peaceful rise”（和平崛起）、“harmonious world”（和谐世界）等与中国有关的新词汇简直成了国际政治的流行语。国家汉办建立孔子学院的工作开展得异常顺利，平均四天一所的速度更令人称奇。在短短两年左右的时间里，全球新增100多所孔子学院，覆盖了50多个国家和地区。在教材建设方面，成功开发了《汉语900句》，并实现了编写、出版及发行一条龙，与国外出版公司签署了14个语种的翻译协议；与国务院侨办合作改编了《中国历史常识》、《中国地理常识》和《中国文化常识》，翻译成英、法、西、德、日、韩、俄、阿、泰9个语种；积极开发多媒体课件；全年共向85个国家839个单位赠送59万册图书。

伴随着孔子学院建设的步伐，中国国家软实力的影响随之扩大。美国哈佛大学教授、国际问题专家约瑟夫·奈说，中国的“软实力”近年来提升很快，采取提升“软实力”的政策对中国而言是明智之举。中国在世界各地建立孔子学院，越来越多的外国人学习中国语言和文化，这也是“软实力”的一种具体体现。美国《新闻周刊》评论指出，“通过建设孔子学院来向世界介绍中国是一个好主意”。

孔子学院的建设也为树立我国的良好国际形象多有贡献。新西兰总理克拉克亲自参加奥克兰孔子学院揭牌仪式并发表讲话，奥克兰孔子学院的建立是加强新中关系的又一重要举措，有利于促进两国人民相互了解。法国普瓦提埃市夏普大区副区长马丁·达邦说，孔子学院通过语言、文化和教育来促进人们对中国的了解，将为法国培养大批了解并热爱中国的优秀汉语人才。

一个国家的强盛，从根本上说，在于它的综合国力的全面提升，在于其“硬实力”和“软实力”的同步发展。经过二十多年的改革开放，我国经济社会建设取得了长足进步，在“硬实力”上拉近了同发达国家的距离。我国奉行和平发展的道路，既是经济、科技、军事实力不断提升的过程，更是文化、外交等方面的吸引力、亲和力不断增强的过程，也就是“软实力”不断成长和积累的过程。在提升国家“软实力”过程中，文化传统发挥着独特作用。我国传统文学、哲学、历史、语言文字源远流长、积淀深厚，在世界上有着巨大而持久的影响力。随着我国国力的提高，世界各国有越来越多的人热衷于学习和研究我国传统文化，华夏文明的影响力越来越大，为我国提升“软实力”提供了得天独厚的条件。加强对传统的整理和开发，结合时代精神和世界潮流弘扬我国优秀的传统文化。华夏文明是世界上少有的几个长期保持连续性的文明，博大精深的文化传统是我们提升“软实力”开发不尽的宝藏。但是在传统文化继承发展中，我们缺乏精确界定和详尽科学的发展规划，尤其是根据时代特征和当前的战略任务，清理和发掘传统文化的积极内涵、赋予传统文化以时代精神和适宜形式的工作做得还很不够。要真正提高我国传统文化的吸引力和影响力，在世界上发扬光大，就要做好整理和开发，以我国独有的文化魅力来提升自己的“软实力”。

三、论语加算盘的东亚传统文化教育发展

进入新世纪以来，以中国、韩国等为代表的东亚地区出现了经济的持续增长，经受了金融危机的考验。对于这种现象，人们不禁会有疑问，这些国家和地区为什么会出现经济高速增长的势头？当学者们试图探寻其中的深层原因时，他们发现，这是得益于一种群体性的社会心理和社会文化，来源于以儒家为核心的“东亚价值观”。东亚经济腾飞的精神动力正是来自于以儒家为代表的传统文化伦理，并加以成功应用和改造的结果。诚如著名日本企业家涩泽荣一在《论语加算盘》一书中，认为其生意成功的经验就是算盘加《论语》，既讲精打细算赚钱之术，也践行了儒家传统精神。

儒为本——韩国传统文化的源泉

中华文化自汉朝传入朝鲜半岛以后，随着儒释道思想与韩国传统思想结合起来，对于韩国民族精神的形成产生了深远影响，儒家思想逐渐成为了古代朝鲜社会的主流思想。在走向近代化的过程中，儒学遭受了西方文明的强烈冲击，书院的衰落曾一度被认为是韩国文明开化的标志，随着各种现代社会问题的出现，儒学又被重新视若珍宝。

正如有韩国学者所说的，韩国人现在是思想上西洋化，而在感情上则仍然是儒教传统的。在现代韩国，无论是在文化教育领域还是在社会生活的方方面面，都可以感受到儒家文化的影响。近年来，亚洲各国正目睹着韩国文化的兴盛。一个不争的事实是韩国电视剧在东亚文化圈，特别是在中国获得巨大成功，并呈现出不断扩张和延伸的强劲趋势。韩剧《大长今》风靡东亚，

充分展示了儒家传统文化的魅力。

韩国设有专门的儒教大学——成均馆，该馆还设有专门的儒学大学和儒学学院，以培养儒学研究和教育方面的专门人才。成均馆相当于中国的阙里孔庙，是儒教命脉延续的象征。成均馆不仅供奉着孔圣十哲和中、韩两国的历代儒家著名圣贤，而且至今完整地保存着李朝以来的春秋两季祭奠礼。成均馆还在每月的初一、十五行焚香礼，以表达儒者们对先圣先师的崇敬之心。韩国的政界和企业界领袖对儒学都非常重视，三星集团每年都向成均馆投入大量资金。许多企业积极支持或创办以著名儒者命名的研究院所，包括"退溪学研究院"、"栗谷思想研究院"、""阳�武思想研究院"等。

除了成均馆大学外，韩国各城市都有乡校。乡校是韩国历代传承儒教、祭祀孔子与圣贤的地方，相当于中国古代的文庙。韩国乡校历史悠久，至今已有800多年的历史。如今，乡校仍然发挥着地方儒教教育中心的作用，经费仍由政府支持。全国乡校每年都与在首尔的成均馆同时举行盛大的祭孔活动，每年寒暑假，乡校都会为中小学生开课，教他们忠、孝、仁、爱等道德规范和各种行为准则，学生们必须穿着传统韩服上课，学习书写汉字，学习茶道、行礼、饮食礼节等生活礼节。乡校专门设有"明伦堂"，对学生进行经书教育和道义宣传活动。乡校还承担着地区传统生活文化中心的功能，定期举办各种中小规模的课程和传统婚礼、传统成年礼等各种各样的传统仪式，每年都邀请老人举办耆老宴并表扬孝行者和善行者，目的是让青少年多方面亲身体验儒家文化，使得一般韩国人在日常工作之余依然能够体会到传统文化观念和价值观。

与乡校并存的教育机构还有书院。目前在韩国大约有234所乡校和186所书院。乡校和书院都是儒学教育机构，不同的是：乡校是国立的，书院则是私立的；乡校一般设立在地方的中心，普通百姓都可以入学。书院则坐落在宁静的郊区，强调学习圣贤的经书。

忠仁信——中华文化教育在宝岛延续

中国台湾地区的国学教育基础深厚，海峡两岸的文化底蕴一脉相承。"大事小以仁，小事大以智"等语句时常见诸报端，还有不少名人对经典名句信手拈来。以马英九为例，他虽然在哈佛大学攻读的是法律，少儿时代却在父亲的要求下，熟读唐诗三百首以及《古文观止》、《左传》、《论语》等经史百家，还写得一手漂亮的毛笔字，古文功底深厚。台湾民间的国学与中华文化会多得不胜枚举，如孔孟学会、各地诗社和各地孔庙等。民进党当政期间推行的"去中国化"，在文化上来讲，只是伤及皮毛，没有伤筋动骨。

台湾地区的中小学校更是着重国学教育。在小学生每周40个小时的课程安排中，国文、历史、地理和公民道德等与中华文化相关的课程至少占了一半，学校还相当重视学生的古文训练和中国传统思想的熏陶，校训几乎都包含“礼、义、廉、耻”，而几乎所有学校的墙上都印着“忠孝仁爱信义和平”，台北市也以忠孝、仁爱、信义命名三大主干道，让国学点点滴滴深入人们的生活。

到了中学，学生每学期要学15到18篇课文，其中文言文至少占一半，高中后则开始学习《论语》等相关课程。《国学概要》供高二文科选修之用，内容是关于国学的一些基本知识，如文字学、经学、史学、子学、文学的概要性介绍。《国学基本教材》的全部内容就是“四书”。

根据台湾当局“教育主管部门”公布的2010年高中语文课纲草案，文言文比率上调为最高65%，文言文参考文选则从40篇减为30篇，其中台湾题材由8篇减为3篇，并扩大文化经典取材，选修科目增列“国学常识”。虽然文言文选文减为30篇，范围包括：诗经、左传、礼记、论语、孟子、老子、庄子、墨子、韩非子等。而台湾大学中文系的国学教育更加系统而完整，就连在大陆都算冷门的音韵、训诂之类的课程都有一批学者与学生在研究。

台湾地区各级教育系统为几代人打下了良好的国学基础，也形成了全社会的国学氛围。每逢孔子诞辰，岛内孔庙都举行庆祝大典，每逢新春社会名流还要举办诗歌雅集，因为有这样的基础，才诞生出林夕、方文山等著名词作者，也才有《东风破》、《青花瓷》、《菊花台》这样古雅的歌词，掀起华人流行乐坛的中国风。此外，台湾的优势在于传统社会的结构没有变，各种原生性、地方性的社团，都会在社会上延续传统文化价值观，帮助人们潜移默化地形成了一些基本价值规范。台湾地区的国学教育不完全依靠在学校背诵考试，家庭、社会形成的气氛也起了很好的烘托作用。

国学热——崛起中国的文化教育反思

当今的中国社会与改革开放以前相比，社会财富倍增，人民的生活水平大为提高，然而，在繁荣背后，极端个人主义、功利主义泛滥。传统文化中礼义廉耻、修身齐家等思想成了社会稀缺资源。人们试图通过对儒家思想、传统文化、国学的重视，唤醒社会的道德良知；通过传播和弘扬中华民族优秀的传统文化，提高全民族的整体道德素质。

近些年来，许多高校成立了有关国学和传统文化的研究机构，如清华大学思想文化研究所、中国社会科学院儒教研究中心等。民间的国学复兴出现了读经、汉服热、儒学复兴、民间祭孔等活动，各地相继建立书院、私塾、学堂、童学馆一类国学社团。国学开始走进了中小学生课堂，走进了社区。2010年，教育部在全国学校开展“中华诵—经典诵读行动”的试点工作，由北京师范大学等组织教育学专家、教授编写供小学使用。少儿国学教育已被越来越多的家长所接受认可。

在推广国学教育过程中，逐渐显露出一些实际问题。适合内地学生的国学系统性教材编制还处于摸索阶段，市面上大量国学读本、经典读本显得杂乱，不成体系。师资队伍的缺口大是推广中面临的最大问题。许多学校的国学老师是从语文老师队伍中挑出来的，只有小部分学校才有自己独立的国学老师。不少老师虽接触过部分国学内容，但也并未系统学习过，只有极少数出于个人兴趣自学了四书，国内专门开设国学的大学院系也在起步阶段中，许多基层语文教师并没有系统学习过国学，缺乏有效教育的经验。经过近十年来普及，国学已逐渐为广大民众所熟知。在今后的国学教育发展中，如何规范和系统化教材和教学方法，提高师资水平，形成良性的国学教育体系，将是摆在学校、教育部门乃至全社会面前的一个重要课题。

作者为广东省社会科学院国学研究中心研究人员

“国学热”与儒释道三教异同论

雷　铎

一、“国学热”之我见

国学热矣，众说纷纭，歧义生矣，正名顺言，聊作一家之言。什么是“国学”？说文解字，即中国之学；望文生义，即中国独特文化。这是大而化之的话，但要研究问题，则对“国学”的定义，应当更清晰一些，大家讨论起来才有共同语言。目前论界对此大约有三类说法：一是“大文化说”，认为“中华文化即国学”，文化即文明，它无所不包，举凡人类一切物质、精神之创造，全是，其中的非物质文化，例如风俗习惯之类，极其庞杂，故“文化说”，大了；二是“经史子集”说，其中“集”主要是历史上名人的文章出版物，历代的许多“离退休老干部”都出书（仅四库全书中，前儒研《易》专集，被列入的即有二千多卷种），故“经史子集”说，杂了；三是“三教九家（其实只剩八家）”说，又小了。

因此，我独创一家之议：建议以“国之道、国之学、国之艺、国之技”来涵盖国学要点。“道”是智慧，主要是儒释道三教；“学”主要是“史”和“子”，也包含一些带有“术”的色彩的学说，例如兵学、医学、风水学；“艺”是艺术，孔子提出六艺，那是古代学人必修的，此之外，更多的，是中国人生活中与“美”有关的一切审美创造性活动，例如国画、中国书法、中国舞蹈、戏剧、戏曲、中国功夫等等；“技”是技术、技巧，它与艺的分别，在于其工艺性，古代不重视科技，认为是“奇技淫巧”，但其实都是中国的好东西，例如近一两年国家开始审批种种“非物质文化遗产”，其中手工艺类的，如石雕石刻、玉雕玉刻、木雕木刻、抽纱绣花、纺织编织、陶艺瓷艺、木作油漆、文房四宝、传统印刷技术、版画剪纸等等，都是很专门的学问。

如果上述“道、学、艺、技”的“国学四域说”成立的话，则大抵可分为两层：上层是“道”和“学”，以上层文化或精英文化为主；下层是“技”，以下层文化和民间布衣文化为主；夹心饼干的中间是“艺”，半上半下，兼道兼术，例如中医，有“学”，但也有“道”，还有“技”，兵法和书画等亦然，更是中国人的宝贝。

目前学界的国学研究，对最下面一层，则多有罔顾，我以为甚为偏颇——

离开了大多数老百姓生活须臾不可离的种种，便有走入象牙塔、脱离群众之虞，这样的研究与百姓无关，只是热在表面，恐怕不能深入持久。当然，这样表述也难免偏颇，因为“道”和“学”虽然是精英文化论题，但普罗大众未必不关心，甚至相反，需求更甚的，是老百姓，近年的小孩读经热、普通百姓对佛教的热衷、知识阶层对禅宗的渴求、商界对兵法兵学的兴趣，各阶各层对风水学、命理学的关注等等，便是例子。一个十几亿人口的大国，对一个话题，有如此的热烈需求，它的“热销”，是肯定的事情；并且，可以预料，热潮方兴未艾。

再进一步分析“市场”，国学热中有两类产品，一是严谨而有深度、但过于“经院化”的，虽然是好药，但不可口，所以曲高和寡；另一类是深入浅出、轻松活泼的理论“钙糖”——例如中央电视台《百家讲坛》和凤凰卫视《世纪大讲堂》等，以儒、释、道三教为主题的“电视大课”、收视率极高的电视节目《〈论语〉心得》、《品评中国》和网上点击率高达几千万的《明朝那些事儿》，是“史”、“学”兼用的国学研究中的“钙糖”：加了糖的补药，因其好吃的缘故，所以热销。

自“五四”新文化运动之后，国学的规模化研究普及，已断裂80余年，多数人对国学所知甚少，前些年一些以伪宗教为内容的“功法”的狂热，其实是钻了这种断裂所造成的无知的空子，因为社会当时没有“正版”宗教的传输与引导，伪劣产品便成了炙手可热的货色了。近一两年比较宽松的宗教政策，已使伪劣产品日渐失去市场，这是国学热良好功用的一个小小副产品。以我个人观察思考之后的预想，国学热要更加深入并防走偏，将需要以下几方面的力量更多的参与和推动：高层的提倡与引导、学界的研究与探讨、媒界的参与与推广和民众的关心与接受。

毋庸讳言，国学这个老东西，就像一间五千年的杂物间里面堆放的杂物，以先秦“文物”为主，例如《易经》、《尚书》、《诗经》和诸子百家，但既然是“杂物间”，堆放的年代和主人不同，内容和品位不同，优劣兼存，所以，在“取宝”的同时，清理或摒弃一些过时或腐烂的，便是情理之中的事情了。国学是中国人精神的命根子，无此无以提起“民族精神”，不扬弃不行；但因此而全盘否定国学（例如说“中医是伪科学”）虽然不是在打中国人的脊梁骨，至少是在抽中国人的脚跟筋，爱中国者，当自重。

要而言之，国学热由学界精英对其“道”与“学”研讨，到大众媒体的参与，王谢燕已渐飞入百姓家；下一步，对中国的“艺”与“技”的珍视与研究，势在必行，不如此，许多传承千年以上的宝贝，将在我们这一两代人的手上断送而不可复求，例如，将来研究中国古建筑、古制墨法，研究“端午祭”风俗等等，只有去日本或韩国留学才能学得到，到那时，哀莫大焉。

二、儒释道三教异同论

西方学者评出“东方三大圣人”，第一是老子，第二是孔子，第三是六祖慧能，正好代表了中国三教：以孔子为代表的儒教，以老子为代表的道教，以禅宗六祖慧能为代表的中国佛教。

儒教最主要的是一个字：“伦”，也就是伦常。封建社会由于人们所处社会地位和阶级的不同，每个人都应各安其位。儒家认为天下一盘棋，上天把你摆放在哪里，赋予你什么权力、职责、义务，那么你就遵守履行属于你的责权义，你就要乐天知命，这其实就是最早的“螺丝钉理论”。

道家的核心是“命”，既是生命的“命”，也是修炼的“命”———是意义完整的作为一个活生生的人而不是一个机器，有这样的“命”或人生，你这个人才算是活得有价值，你要修一个好的人生，快乐的人生，健康的人生，那才过得有价值。老子的《道德经》虽然只有五千言，但是他是世界上影响最大的哲学家。《道德经》的每一句话都是“蜂王浆”。老子可能三五个字就够我们用一辈子。现在大家引用最多的“大智若愚”，其实还不是老子最核心的观点，其最核心的是“知其雄，守其雌，为天下溪。为天下溪，常德不离，复归于婴儿。知其白，守其辱，为天下谷。为天下谷，常德乃足，复归于朴。知其白，守其黑，为天下式。为天下式，常德不忒，复归于无极”之类，就是我们常说的“知雄守雌”、“知白守黑”和“大朴不雕”，这既是老子“无为”的政治主张，也是老子对于个人修养的治学主张。

佛家讲的是“见性”。“性”是什么？是“心性”，也就是修养。佛家有七个字：“见性、救世、通万有。”见到你的心性，叫“内观内照”，就是你自己要想到有一盏探照灯，来照亮你，你自己首先要能看明白你是一个什么样的人，这是它的一种很客观的修炼方法。佛家的修行基本上都有三步，叫做“戒、定、慧”。戒是有所不为，不能说谎话、不能杀生、不能做坏事之类。定是不为万物所扰，哪怕泰山塌下来，我也不为所动。慧呢？由戒和定入手，慢慢会产生智慧，就是所谓的“定慧双修”，不定就不能产生智慧，有了智慧以后又可以更好入定。佛学是非常高深的古典哲学，而佛教是一种非常严格的宗教形态，这样，“佛”就包含了佛家、佛学、佛教三个东西，家、学、教三者都有了，形态是最完备的。佛教佛学的主要东西是什么？可以用乾隆的话来概括，乾隆给北京的五塔寺写的一篇记里头是这样说的：“塔，标义；经，标口；佛，标身。”意思是说，佛庙里的塔代表的是佛教崇高向上的意义；佛像代表的是佛的形象，告诉你佛是一个什么样的人，而佛经代表的是佛祖的嘴巴，告诉你他讲过一些什么的话———前两者是外在形式，它的精髓在于“经标口”，佛经（包括一个伟大的中国宗教家慧能的《坛经》）就和儒家的“四书五经”或道家的《道德经》和《庄子》一样，是伟大的思想宝库。

经过长期的演变之后，儒、释、道三家已经互相渗透、互相同化，某种程度上已经“三教一体”了。少林寺有一个供奉释迦牟尼、孔子、老子的地方，对联是:“百家争理，万法一统；三教一体，九流同源”，少室山还有一幅对联：“才分天地人总属一理，教有儒释道终归一途”，概括得很到位，也就是说我们可以从不同的方向出发，但最终我们能达到共同的目标。

从对个人的修养角度来说，三教说法不同，但劝人为善和劝人向上的精神是相同的：儒家是“修身、治世、平天下。”道家是“养生、遁世、穷万物。”释家（佛家）是“见性、救世、通万有。”这三句话是我自己的概括，不一定准确，但是我想这样可能好记一点。

也可换一种说法，儒家是尽“人道”，释家求“佛道”，道家穷（穷通、追究）“天道”。“人道”和“佛道”比较明白，而“天道”是什么呢？天道应该包括很多东西，例如“天机、天意、天命”，其本义不是讲迷信，而是讲“天”的规律或自然规律，包括我们已经知道的规律和我们尚不知道的规律。

还可换一种比较方法，儒家叫做“正心”，释家讲究“明心”，道家追求“炼心”。在这背后，儒家讲“治世”，道家讲“治身”，佛家讲“治心”。

再换一个角度来说，三家对世界的概括，儒家讲的是“未知生焉知死”、“独善其身，兼济天下”，不要去着迷于云里雾里的事情，而要重视现世的修炼；道家讲的是“穷尽变化”，努力了解世界和社会的变化规律；佛家则讲“缘起性空”，不要被外部世界纷纷扰扰的现象所迷惑。

如果极而言之做一个简单小结，则儒家比较重视一个人的行为规范，讲的是社会的“游戏规则”，道家比较重视方法，讲的是“游戏技巧”，释家比较重视内在修养，讲的是“大智慧”。总之，儒释道三家对世界的研究尽管有一些差异，但总的都是提倡从研究自己开始，也就是从主观、内部的修炼做起，然后进而研究社会和世界，使自我成为一个高尚的人、智慧的人，从这个基本精神来说，儒释道三家三教都是中华文化的精髓或“蜂王浆”，是对现代人也大有裨益的学问。

作者系广东省社科院哲学所研究员

中华国学教育与社区精神培育

杨知源

教育是对人的文化教化的基础，也是人的文化反思和创造的初始阶梯。“教”的意义在于“化”之中，其根本，在于人际间对普遍共同体关系的自我意识和相互的规范的承认。无论是老子的“法自然”和“圣人行不言之教”，还是孔孟的“以教化天下”，教化指向的都是美德政治。而没有社会美德的支撑，天下不可能有共和之大治。就当代社会而言，社会美德的基础在于作为公民的人的社会责任和公共性的自我反思意识。承认差异和多样性，按照人际间可共享的行为规范，通过协商或谈判，乃至法治途径解决冲突的社群关系范式，应作为社会美德培育的根基而存在。当今国学教育实践的确也包含了培育社区美德的可贵尝试（如在安徽庐江汤池培育淳厚民风的践行），然而，促进社群美德、社会美德与社会美德的培育之间的互动机制的探索，仍然是具有长期性的挑战。我们不能离开国学与西学关系这一根本问题的把握来单纯推行国学教育。

一

国内20世纪从文化、社会、经济产业到政治各领域此起彼伏的暴风骤雨般的革命运动和通过革命的国家重建所带来的问题是，传统的社群关系趋于瓦解，支撑文化的生命和价值延续的社会土壤愈益呈贫瘠、沙化、断层的趋势，传统文化的社群纽带从肉体乃至精神上被摧毁。这种摧毁不仅仅在于担当社区基层教化的士绅阶层和传统礼仪的衰没或灭失，更根本的，则是衔接人际间相互容忍和信任的情感纽带或默会习俗的湮没。另一方面，破旧未必能立新，对革命的迷信、进步的迷信、国家的迷信、权力的迷信，导致人们的生活意义、心灵方位和社会归属陷入盲目和迷茫。寓教化为强迫“洗脑”式净化的制度劝导工程，本身即为带有制度恐怖主义的文化摧残。今天，我们已对社会公德的迷失变得习惯性的麻木。以人们日常出行的交通氛围为例，就连驾车者礼让行人或克制按喇叭、排队上车、先下后上等等普通的社会礼仪，都难寻其踪迹。20世纪80年代以来政府一直倡导的“五讲四美”，到今天或许早被淡忘，或许只是走走过场的口头禅。当今的伦理教育多为获取权力和财富的修饰品。

中小学教育以国内外大学名校为指向，这意味着高收入和高层社会认同；大学和大学之后的高等教育和学术教育以各种高回报且名利双收的项目课题规划和工程为导向，知识分子就是为了争夺文化产业的话语权乃至领导权而合作或竞夺。我国内地的学术文献数量几年前就创下世界第一，笔者不能不慨叹一个国家精神生产的特性和水准与其物质生产领域的特性和水准间惊人的相似性和对应性。在权力拜物教、金钱拜物教支配下的利己主义社会氛围中，不仅孟德斯鸠式的热爱共和的社会美德是那样遥不可及，就连孔孟正心诚意修身济世慎独般的秉持，也不过是文化产业的一种推销广告。不能触及心灵感动、净化和抚慰的公德伦理教育，即便是在公共资源充裕供给的情况下，其结局，不过是在挥霍乃至掠夺自然界的可贵资源和生态、别人的劳动和别人的智慧，最终是在引发灾变。对这种传统习俗的断裂和现代社会公共伦理的缺位的双重伦理生活的困境，无论从公民的素质教育的能力建设的阙失，还是从谁来教育教育者这一支撑性的社会机制的失位，抑或是从教育者群体自身的失范及公信力危机，乃至“上梁不正下梁歪”的教化责问的传统认知视角，均可获得一定程度上相互贯通的解释。

然而根本上，这仍是社会建设的残缺化的表现。梁漱溟先生和费孝通先生都认为，中国文化缺乏社会生活和团体生活的习惯，人际关系是基于推己及人的差序格局而奠定，儒家的修齐治平的君子理想之中，恰恰缺乏社会这一环。亦如梁启超先生所言，中国国家是积乡成国，欧洲国家则是积市成国。缺乏社会团结纽带的文化生态呈现出集权国家和分散的乡治这个极端，社会无法发挥制衡国家权能和人际自由联合的功能。当今国学教育应从促进社会建设这一根本下功夫，使断根的传统纽带和面向公民社会的社会团结过程衔接起来。唯公民权利的兴盛，才会造成根本的团结和化育社会公德的基础。社会公德是具有共识性的规范，而社群美德的培育是具体化的独特精神的养成；前者具有普适性的程序特性，后者则是适合具体社群的自治自律的特殊方式。

二

正如人文科学和社会科学世界的概念多半有其模糊性那样，“国学”和“国学教育”的内涵和适用范围均有其模糊性，这样的模糊性多与价值判断标准的差异和时代的演化相关。我们今天讨论的国学与近代被提出的相对于西学而言的作为中国传统的文化系统的国学是不同的，国学和西学于相互间比较和作用的历史过程中既有明显差异乃至排斥的一面，也有相互吸收和借鉴的一面。对于西学，我们有“洋为中用”的理解和选择的过程。对于国学，我们也面临“古为今用”的理解和选择过程。于是，就存在何为精华、何为糟粕、何谓秉持、何谓否定、何谓扬弃的复杂的选择和评判过程。即便我们不考虑当下的处境，而假设自身处在一种思想认知乃至鉴别的纯粹精神领域，像原创者一般理解其思想，也不可能避开涉及价值判断的合理性选择。

就国学教育而言，首要的问题仍在于教育何为。尽管众多的申论者和践行者都将弘扬传统文化的价值视为当然的目的，然而，目的之具体取向和社会的支撑与实施机制仍存在较大的差异。其中的基本问题仍在于国学与西学的关系问题。围绕“中体西用”还是“西体中用”之争，演化成了文化本位守成主义（其极端化被称为“国粹论”）、文化世界主义（其极端化被称为“全盘西化论”）、社会主义核心价值建设论并存和比较的基本格局（当然，此格局仍处于演变中）。对待传统意义上的国学，也存在源流本末的论争。

现今，儒家多半被认为是狭义的国学教育的范围，可是，道家、佛家乃至墨家仅仅是国学之支流吗？即便在反对独尊儒家的“新文化运动”当中，呼喊“打倒孔家店”的看来极端之人们，也并非文化虚无主义者或文化被殖民化者，他们有着对道家思想的推崇。即便在文化浩劫时代，诸如“破四旧”、“批林批孔”之类的“反文化”运动，依然援引法家等派别的思想作为其传统籍托。而按照文化本位复兴论的逻辑，中国文化本身没有问题，问题出在西学东渐和西方文化的殖民化。

我认为，这既是对古人理想的世界和古代现实世界的混同，而且是对文化内在变化的一种静态化的主观设想。我不赞成独尊任何一家作为国学教育的主流，也不赞成将国学教育标准化为英语四六级水平考核系统的中性化的技艺教育系统，我主张以建设公民社会的美德为目的来推动传统文化的创造性转换，也就是将国学教育融入以培育人的公民责任、公德意识、反思和批判意识、包容差异的意识和情怀、合作与创造的精神的公民能力建设。国学教育建设的基础在社群和社区，没有社群的教化和行为规范的养成，社会美德的播化是不可能的。然而，面对社会转型和社群、社区之失的现实，国学教育何为？

三

传统的国学教育的根基在乡村宗族共同体的自治，其组织原则在于巩固尊崇传统习俗的礼治，其教化依托于乡绅阶层的践履躬行和示范。在环境长期稳定、劳动过程主要依托长期积累的生产经验、个体的流动性低且依附于宗族共同体的农业社会，国学教育担当了规范、稳定乡治教化（包括社区服务）和为国家治理中枢的行政官僚阶层提供人才基础的两个基本功能。然而礼治秩序和乡治的互为依托并不利于个人独立人格的发展，“学而优则仕”的人生奋斗路向堵塞了知识分子探索自然界和进行文化反思的通路，人际差等调节方式不利于规则的社会化、法治化的进化，天下大同的普遍亲和性的社区理想局限在了封闭的家长制的统治秩序中。

20世纪的革命则走向另一个极端，它以自认为是体现人类未来发展规律的社会改造工程规划，企图以社会伦理生活秩序的行政化与强制化推动，来安排有意识的、总体的社群或社区的构建，试图靠狠抓阶级斗争、革命理想的“世俗宗教化”和推行国家化的集体主义意识与规范来移风易俗，以达成由新道德和新人构成的新世界，结果既裁制了个人自由，又导致社区和社群的严重流失，留下的多为一个个行政管制单位的社区。一旦空想的幻灭和教化管制的放松，人与人之间的那种隔膜、那种因利益纠纷而产生的敌对、那种只顾自己的利己主义、那种我是流氓我怕谁的文化虚无化、那种以无耻为光荣和猎奇的价值颠覆，便成了一个大众社会的狂欢。就地理空间聚合而言的社区和就社会交往而言的社群，显然面临将断裂的传统和迷茫的未来衔接起来的艰巨的重建使命。

四

当代的国学教育应从有效把握社区和社群的现实属性入手，为人们找到心灵回归社区和人际自由联合的社群之途提供导航之助。

社区是于具体的地理空间形成的对劳动和生活世界的利益和习俗共享的人际社群的形态，其初始点是命运共同体，于我国传统，其理想状态即生于斯、长于斯、乐于斯的对直接面对的自然世界和人类世界的永恒关爱的“老吾老，及人之老；幼吾幼，及人之幼”的大同境界，其现实典范则是由礼治秩序维系的宗族共同体下的家庭小康状态。

社群则是不受制于地域界限的人际间价值和行为规范共享基础上的团结，它既包括地方性的文化共享，也包括世界性的人际生活意义的共享，宗教的发展提供了世界主义的人际团结的纽带。中世纪的欧洲村社及城镇基尔特组织，提供了社区和社群相统一的形态，其中，宗教信仰的普世化与世俗传统的当地化之间、职业精神的普泛化与团体生活的地方化之间得到了契合。社会现代化变迁带来的是传统社群关系和社区的解体，以私有财产和契约为基础的人的社会化导致个人的原子化，政治革命带来的国家权力的放大致使地方自治削弱，人群于世界范围的广泛流动则带来多样化族群与社区的可容纳的社会和文化空间之间的冲突。在关于现代性问题系的思想中，社群这一概念，是在与社会这一概念的不断比较中而形成和演化的。

作为一个地理空间中的公民自由联合体的范畴，社区的内涵自欧洲的启蒙运动以来从古希腊的城邦自治传统那儿吸取灵感，多半是与个人自由为基础的公民社会和以私有财产、自由竞争及自由契约下的公司化合作为核心的市场经济的含义互通和交汇的，即作为社会的一个特定的自由结社的领域和公民社会的社群基础，社区通过公民们个人自主基础上的共同自治的发展而深化公民意识，培育以合作、包容、相互责任为内核的公民美德，使个人自由与生产力的解放、财富创造、公民福利之间相得益彰，从而促进整个社会的公民社会化并有效制衡国家权能，合理界定国家和公民社会的界限。

随着现代产业革命和大工业的发展而出现的深刻的社会分化，尤其是以金钱关系和资本关系（货币拜物教为其极端化的意识形态）为主导而塑造的社会关系所造成的公民社会的分裂、阶级对立和文化价值的危机，社会这一概念原本所承载的自由、平等、博爱的人类自由联合的意义陷于困境，反而成了自由和平等原则所难以解决的诸如不平等、不公正、贫富分化、贫困、犯罪、混乱、污染的现实问题系的总的代称。社群和社区的意指与社会的概念开始出现分野。

十九世纪以来英法等国兴起的空想社会主义运动（其对立面即个人主义及促进其扩展的生产资料私有制、劳动世界与生活世界的分离、城乡分离的社会环境）和尤著于德国的浪漫主义思潮（其对立面为市场化和金钱-契约关系塑造的现代社会），分别以具有重建社会意向的公社和有生活价值归属感的中世纪的传统村社作为与现实社会相对立的应然社区的原型。我们可以看到，尽管就搁置价值判断的实证观察和分析而言，基于各种政治的、宗教的、精神的、文化价值纽带而凝聚的意向性的社群聚合只是当代社区群落的支流，属亚文化（乃至边缘性文化）生态（而且这些社区本身在经济利益关系、组织方式和治理方式上也各有不同），然而我们基于相互自愿的市场交易和契约关系衔接而成的已呈主流的共同利益社区的运行着眼的考察，那么可以发现基于专有物权利益与共有物权利益之间在构成、功能、法理和契约界定上的不可分割性而存在的共同利益的维护与促进，不仅在社群关系的凝聚及内部的自组织方面，而且在社区与社会、政府的关系上，都呈现出持续的紧张和矛盾：

同一个人在社区的人格与社会的人格之间的灵魂分割如此明显。

对社群或社区的团结基础的理解，至今仍然是一个在途中的现实。自由主义基于个人自由来理解社群共同体的构建，但难以解释通过市场和契约构织的“邮购式”共同体这一虚薄的社区性和社群联属关系这一“社会资本”的价值贬值的状况。社群主义或空想社会主义固然阐释了以明确的社群价值构建社群的抱负，却以先定的文化或社群标准框定了个人。后现代主义抓住了社群的现代性构建的去多样化和差异性的悖论，却无解于非排他性的团结的制度建构，这与失落于社区衰落的保守主义，恰成光谱的两极。交往或沟通理论以面向世界主义的全球公民社会的主体性间的对话和相互承认过程来建构社群团结的制度规划，然而过于去背景化，缺乏不同的社群背景间的互通的中间性机制。

五

面对当代社区建设的困境，国学教育何为？我们已面临社会自组织推动的局限和国家推动所导致的行政化的双重困境。我认为，国学教育可以在围绕推动社区命运共同体意识方面做文章。当代社区是多种利益群体和流动的陌生人之间共存的空间，其突出问题多为社会问题的内化，人们基于个人利益的维护，往往倾向于问题“外化”社会，事不关己，高高挂起。即便涉及与个人利益相关的共同利益的维护，多依托于“人多势众”和“随波逐流”的大众社会行动逻辑，由此留给了社区志愿主义的活动空间。由于内在团结的纽带阙失，那些集体行动往往一哄而起，一拍则散。国学教育应从社区纽带阙失的薄弱和空白环节着手，推进人际凝聚力的建设。由问题意识导向自我责任意识以致于人际团结意识，最终形成社会参与意识和责任意识。环境保护问题、对边缘群体的关注、多样化群体的相处承认的共存、社区民主自治建设，都可以成为国学教育的切入点。

例如，资源和生态环境危机已成为社会的突出问题，这类问题内化于社区，则表现为车辆的拥挤、公共空间的挤占、没完没了的装修噪音和各类废弃物的大量排放和由此引起的人际关系纠纷，外溢于社会，则是交通的拥挤、空气与河流的污染。一个人或一个家庭为了一己之利，罔顾他人的权益，甚至让他人承担自己收益的社会成本，而这样的问题往往处于法律和社会公德交界的模糊地带，使得利己主义、机会主义大有机会可乘，而人际间的疏离乃至怨恨却得以潜移默化地滋生。

广州有的社区现今围绕生活垃圾分类处理的事务而引入国学教育，使人们明白问题的所在和解决问题的资源再生利用的出路，便是中西结合的国学教育的可行切入点。进一步的问题则是促使人们的社会公民责任，即抑制各人自扫门前雪，社会的问题留给社会和政府的利己主义逻辑，转而发展将社会的共同利益和个人的长远利益衔接起来的公民参与意识。只有形成共同的责任意识和有担当责任的行为的大量出现，社区美德才会繁衍，进而影响社会。当乱停车、争抢上车的行为不再依靠警察或相关公务人员干预，而是有旁人进行批评、劝告和示范的情况开始增多的时候，社会美德的土壤才会开始丰腴。

又如，城市规划的一个很负面的结果就是对传统的社群关系的瓦解。正如香港新界的一个老人社区的居者对港府发展局长提出的意见，我们不愿意搬迁，不是因为我们认为拆迁的价值补偿不足，而是因为我们热爱我们居住的这片土地和长期比邻而居的街坊。在这个问题上，我认为需要改革城镇社区限定于居委会主导，乡村限于村委会主导的治理机制，城镇社区之间可以创造形成自主联合的大社区理事会机制的条件，乡村地区则可组成乡议局之类的民意咨询和内部教化机构，对政府的决策提出建设性的批评意见和制衡。

国学教育就是要将社区当成培养社会民主自治艺术的学校来加以建设。教化人们如何遵循法治来尽可能化解相互间的利益纠纷，比如通过确立政府代表、社区代表、行业代表和当事人共同参与的纠纷替代性调解机制，来尽可能调解当事人的利益冲突，从而减少上访或司法的个人或社会成本。近些年来反复出现的报复社会的恶性事件表明，对弱势群体或边缘群体的社区关爱和使之具有归属感的教化努力陷于空白。又如，寓教于乐的社区文化活动，尤其是借助各种传统节日开展各种社区问题的决策和社会问题的咨询建议，既有利于邻里关系的亲和，也有利于形成以共同兴趣为出发点和集体建设事业。

作者为广东省社会科学院哲学与宗教研究所
国学研究中心博士

《大学》之“三纲”刍议

陈之泉

《大学》是“四书”中的第一篇文章，共计1700多字。前两个自然段，是孔夫子口述给他的学生们撰写这篇文章的指导思想，这260多个“开门见山”式的文字，是孔夫子的学生曾子整理出来的，其核心内容是“三纲八目”。三纲者，乃明明德、亲民、止于至善。“八目”者，乃格物、致知、诚意、正心、修身、齐家、治国、平天下。

曾子给他的学生们以口述的形式，详尽地讲述了他的老师孔夫子的“三纲八目”核心内容之来历、根据和意义。曾子的学生们用1000多字将其整理出来，续在前两个自然段（即“三纲八目”）的后面，形成了这篇文章。这1700多字的文章，是三代学子共同努力的成果，它包含着三代古人在数十年之内的心血（研究成果）。《大学》这篇文章能从2500多年前的春秋战国时期传承至今，不被社会所抛弃，充分说明了这篇文章丰富的精神内涵和通顺的古典文字，是经得起历史考验的。

孔夫子是我国历史上的思想家、教育家、政治家、儒学派的创始人。他为《大学》这篇文章奠定的指导思想“三纲八目”，不只是这篇文章的核心内容，而且也贯穿在整个儒学的学术思想领域里。

这里，我想以《大学》之“三纲”为主线，谈谈自己学习的一些体会和思考：

1. 大学之道：

本文之题目是“大学”。“大学”的第一层意思是博学之意。古人是8岁入小学，学习《朱子格言》、《三字经》、《百家姓》、《弟子规》、《修身》等文化基础知识和礼节。15岁入大学，学习伦理、政治、哲学等“穷理正心，修己安人”的学问。

“穷理正心”就是要正心诚意，增强自律意识。自律是立身之本，也是一种修养。孔子有“吾日三省吾身”、“君子不忧不惧”的警句，孟子有“吾善养吾浩然之气”、“仰不愧于天，俯不怍（zuò）于人”的句子，都是自律的典型警句。

“修己安人”，就是要自己认识自己，自律控制自己，自我成就自己。修己是为了安人。修己是前提，安人是可能。欲安人，首先要修己——独善其身，然后才能安人——兼济天下。

博学，也涵盖了“三纲”的主要内涵，即要培育具有高尚品德、善于弃旧图新、使自身品行达到最高境界“善”——止于至善；要求学者要有人性的本能、高尚的品德、爱人的觉悟、渊博的学识、管理的本领。

“大学”的第二层意思是相对于小学而言的“大人之学”。具体来讲，就是要学习《大学》这篇文章的主要精神。

2. **明明德：**

明明德，乃《大学》第一纲领。明明德，前一个“明”字是动词，后一个“明”字是形容词，它的意思就是要倡导人们树立高尚的品德。高尚的品德不会自己从天上掉下来，是需要努力培育和建设的。高尚品德的培育和建设，其核心是要加强理想和信念的教育，切实解决好人的精神支柱问题，以加强每个人对人生的信念和对建设富强美丽祖国的信心。不教育不能正之人心，教育是人生之本。“人之初，性本善；性相近，习相远。”不强化教育，既使一个天真无邪的孩子，他那洁白如玉的心灵，也会在成长过程中，受到来自方方面面不健康的思想和行为的影响、腐蚀，善良的本性将可能渐渐演变为丑恶的行为，那时后悔已来不及了。

道德与物质不同，它是看不见、摸不着的东西，但它是客观存在的、依附于人体的一种精神状态。它的外在表现是人的主动行为。它的演化和升华是要靠内力驱动的。这种内力是以学习和正义为支撑的。不学习、没有正义感，就不可能达到明明德之目的。

今日的道德品质尚无明确的标准，但有一个被广大群众所共认的准则，它要求我们，具有健康的思想情感、光明的道德情怀、开阔的胸襟和正义的行为；要树立热情的为人思想，关心他人、设身处地、推己及人；要大公小私、事业为先、不贪不占；要淡化自我，树立集体主义、社会主义、爱国主义思想，增强团队精神；要具有世界的眼光，看全球、展未来；要爱护环境、爱护地球、传承文明……这，就是我们今日“明明德”之重要内容。

这里我举一个实例。13年前，我受省委委派，出任某市的“三讲”巡视组组长。在“三讲”过程中，该市的基层老百姓给我们巡视组递交了1300多份写给本市各级领导的意见（其中有不少案件）。在三个多月的时间里，我独自一人认真翻阅、研究了700多份意见书，从中理出了当时基层存在的一些不良现象。这些现象大大背离了《大学》中“以修身为本”的理念。在该市基层权力台阶上的领导及其机关干部，有那么一少部分同志，不珍惜手上的权力。有的一获得权力的职位，就不思进取，终日养尊处优；有的遇到困难，相互推诿、得过且过；有的盛气凌人、无视群众、作风粗暴；有的贪欲熏心、挪用公款、收受红包；有的不务正业、吃喝成风、嫖赌成瘾；有的欺上瞒下、虚报产值、以求晋升；有的上串下联、送礼送钱、跑官要官；有的欺诈百姓、借机敛财、以权损人；有的隐藏账目、浑水摸鱼、私分公款；有的以权当法、抢民宅地、损人利己；有的在处理问题时，重官轻民、奉强欺弱、看风使舵；有的在办案时，不分是非黑白，“吃”了原告为原告办事，“吃”了被告为被告办事，原告、被告都“吃完”，案件高搁不给办；有的不秉公办事，哪边有利可图就倾向哪边，明知不对，以利为先；等等。这种品德底下、缺乏自我修养的现象，是对我们祖先传承下来的“明明德”精神的极大讽刺。

从上述实例说明，真正做到“明明德”也不是一件易事。就因为此，我们更要认真地学习《大学》这篇文章。

3. 亲民

“亲民”是《大学》的第二条纲领。

“亲民”有两种解释，一种解释为亲民，即亲近民众。另一种解释是“亲”通“新”，亲民即新民，即倡导人们做一个新型的国民；“新民”，主要体现在要善于弃旧图新；用今日之语言讲，就是要善于改革，改掉旧的，迎来新的。

“亲民”，用现在的话来说就是“爱民”，就是为民众谋福利，就是要亲近、亲爱老百姓，亲近、亲爱社会与众人，就是要以实际行动为人民服务，并做出业绩。为人民服务，具体讲就是要为社会、为人民做出奉献。奉献意味着个人利益的牺牲，它包含着时间上的奉献，精力上的奉献，爱好上的奉献，荣誉上的奉献，精神上的奉献，物质上的奉献，感情上的奉献，乃至生命上的奉献。奉献是人类高尚的行为，奉献是每个亲民、爱民的人都应具备的高尚品德。

新民，用现在的话讲就是要做一个新型的国民。当今，如何做好一个新型的国民？这是要我们认真回答的问题。我认为新型国民的职责应体现在：一是要爱国、爱民，维护960万平方公里的国土和300多万平方公里的海域安全，维护56个民族的安定团结；二是要积极参与国民经济建设，促进国家富有、强大，人民过上富裕、安康的生活；三是要推行“天人合一”的理念，善待地球、保护环境、节约资源，促进人类可持续发展。

不管是爱民还是新民，都首先要自我“修身”，修身的重要手段是培养自身学习的能力；所谓学习能力，就是要养成良好的学习习惯，养成做到老学到老的好作风，一辈子都要努力做到“独善其身”。非学无以广才，非志无以成学；非学无以新民，非志无以明德。

作为亲民（或新民），乃《大学》中讲的“天之明命”、“自明也”，即上天赋予的光荣使命，每个人都应通过“发扬自己的美德”而完成之。

4. 止于至善

止于至善，乃《大学》第三纲领。

止：达到；至：最，极。止于至善，意为达到最完美的境界，是一种以卓越为核心要义的至高境界的追求。上升到人性的层面来讲就是大真、大爱、大诚、大智的体现。是从自我到无我境界的一种升华。总的意思是，修身育人，使自己的思想水平必须达到最完美的境界。从《大学》的思想体系来看，“明明德”、“亲民”与“止于至善”有着因果的关系。只要真正做到了“明明德”和“亲民”（或“新民”），就可以讲你的人品达到了“至善”的水平了。

“止于至善”是儒家追求的最高的思想境界、理想人格。最高的思想境界，就是要具有放眼社会、放眼世界的心态，把社会的整体利益看作远高于自己的个人利益，他为人民服务不计个人得失和报酬。这种境界也就是儒家所倡导的“内圣外王”。“内圣”就是要使每个人的思想水平达到或超越神圣、永恒的生命意义与存在价值，实现人生最光辉的德性——“明德”。“外王”就是要我们在社会上建立孔夫子所讲的“博施广济”的业绩，最大限度地为人民群众谋取幸福——亲民。也就是说，我们不光是要求自己的思想水平达到一个很高的境界，还必须在高尚品德的基础上，为广大人民群众的幸福创造力所能及的业绩。当然，每个人的“外王”业绩不可能都是一样的，因为社会分工不同，每个人所从事的事业也就不一样，但只要能在自己的社会分工中做到孔子所说的“博施广济”就可以达到“外王”要求了。比如，你是学法律的，你应做个公正严明的好法官；你是搞政治的，你应做个民众爱戴的好官员；你是搞科研的，你应做个按照自己良心从事发明创造的好科学家；你是当老师的，你应做到既是学生的楷模，又是教书的好老师；等等。

按照朱熹（南宋）和王阳明（明朝中期）的观点，“止于至善”可以理解为念念皆善，时时行善，内外融通，豁然大公。

我们可以看一看，儒家的思想境界和共产党人的共产主义思想境界又有什么不同？共产主义思想境界，实际上就是天地境界，这是人类最高的境界。达到这种境界的人，他把自己的一切都交给了全人类，他认识到他做的事是为了全人类的发展和幸福 。他不仅是社会的一员，同时还是宇宙的一员。他既是社会组织的公民，又是孟子所说的“天民”。笔者觉得，儒家学者与共产党人虽不是同一时代的人物，但就其个人的终极目标来讲，基本是大同小异，没有太大的区别。

综上所述，“大学三纲”的要义是：“大学之道”是修身成圣的学问，其纲要在于先知内，后达外，再融通内外达于中。

作者为原广东省建委主任

《论语》之“以人为本”与“以仁为本”

张明亮

一、当今科学发展观的核心与儒家孔子学说的核心

胡锦涛在中共十七大提出“科学发展观”，其核心就是“必须坚持以人为本”。“坚持以人为本，就是要以实现人的全面发展为目标，从人民群众的根本利益出发谋发展、促发展，不断满足人民群众日益增长的物质文化需要，切实保障人民群众的经济、政治和文化权益，让发展的成果惠及全体人民”（胡锦涛《在中央人口资源环境工作座谈会上的讲话》2004年3月10日，《十六大以来重要文献选编》（上）第850页）。“人的生命是最宝贵的。我国是社会主义国家，我们的发展不能以牺牲精神文明为代价，不能以牺牲生态环境为代价，更不能以牺牲人的生命为代价。重特大安全事故给人民群众生命财产造成了重大损害。我们一定要痛定思痛，深刻吸取血的教训，切实加大安全生产工作的力度，坚决遏制住重特大安全事故频发的势头”（胡锦涛《在中共中央政治局第三十次集体学习时的讲话》2006 年3月27日，《人民日报》2006年3月29日）。

所谓“国学”，是一个包括“儒”、“道”、“释”等诸多学术思想的大概念，占统治地位的还是“儒家”。所以，中国文化以儒家文化为核心，而儒家文化以仁为核心。

虽然时代不同，“以人为本”与“以仁为本”，实质上是“一以贯之”的。

大致说来，“以人为本”是本体论，“以仁为本”是方法论；但都是人自身围绕“人”而思考的人的价值观、人生观、世界观，是一而二、二而一的不可分割的“一贯”。所以《中庸》曰：“仁者，人也；”《孟子》曰：“仁，人心也。”果仁有仁——天地以人为核心——《说文》：“人，天地之性（生）最贵者也。”人具有社会属性，单个不成人，所以“仁，从人、从二”，“二人成仁”，仁，既是人、也是人伦关系。因此可以说，当今的科学发展观继承和发扬着儒家孔子学说，“以人为本”和“以仁为本”是一以贯之的。

“国学”或“文化”不仅仅是书本上或书斋里的“玄思”，更是一个现实的动态的变化发展的“过程”。中华文化几千年一直到今天也是一个“一以贯之”

的过程，一个潜移默化、无远弗届的过程，构成中国人心灵或血脉的自觉或不自觉的要素或坐标的过程。这一点从“负面”的心理现实更容易看出。比如不遗余力反孔的鲁迅，就是一个特重“孝道”的孝子，他的婚姻是“父母之命、媒妁之言”的悲剧，他也只能隐忍，他说朱安是“母亲的礼物，还是还给母亲”——不敢离婚，就把她留在母亲身边侍候母亲。又比如《庄子》说的“盗亦有道”，就是“黑社会”内部也是很讲究“仁义道德”。还有我们所说的“潜规则”，所谓“送礼有礼”，“来而不往非礼也”，授受双方都得照顾彼此的需求和感受。当然，正面的正常的感人的心理事例则更多，比如说，至少我们绝大多数人都会有“恻隐之心”，这就是人之为人的首要条件，孟子把它摆在第一位：“恻隐之心，仁也；羞恶之心，义也；恭敬之心，礼也；是非之心，智也。”（《告子上》）——这都说明，我们对我们这个“礼仪之邦”的道德文明，根本没必要悲观（网上有人危言耸听，说“中华民族到了道德崩溃最危险的时候”），尽管也很难乐观（有人到处宣讲《论语》，却很乐观，赚了大把银子，是所谓“既得利者为有理”也）。

《尚书·大禹漠》：“人心惟危，道心惟微，惟精唯一，允执厥中。”子曰：“吾有知乎哉？无知也。有鄙夫问于我，空空如也，我叩其两端而竭焉。”（子罕）吾有知乎哉？无知也；我且在“悲观”与“乐观”之间，谈几点对孔子《论语》的看法或读后感。

二、“不让老实人吃亏”的理论与现实

杨绛在《走在人生边上》中说：《论语》是一本有趣的书。我也感觉到孔子是一位有趣的人，一位好学深思、诲人不倦、相当和蔼的老师。颜渊喟然叹曰：“仰之弥高，钻之弥坚；瞻之在前，忽焉在后（子罕），跟后世孔子被尊为“大成至圣先师”，都是夸大其词的说法和看法。我尤其认为，孔子是一个非常老实的人。

“不让老实人吃亏”，这是一句极为普通而平实的大白话，现在成了针对“跑官要官”的官场腐败而提出的“用人”口号或“组织”原则，所以这儿的“老实人”就具有了特殊的含义，专指心想提拔却不愿意去找“后台”或“靠山”的干部或官员。孔夫子典型的就是这么一个老实人，《论语》中对这类“老实人”的论述还相当详尽和完备；孔老师跟我们的组织部想到一块去了，但是很遗憾，他终其一生都郁郁不得志。

孔子是一位非常好学的私塾老师，格外鼓励学生要好好读书。为什

么？——子曰：“君子谋道不谋食。耕也，馁在其中矣；学也，禄在其中矣。君子忧道不忧贫。”（卫灵公）子夏曰：“仕而优则学，学而优则仕。”（子张）读书的目的就是为了做官，书读好了自然就会有官做（现在的大学生、研究生都继承了孔学的传统，毕业以后纷纷参加“公务员”考试）。孔子甚至明昭大号希望国家来收购自己：子贡曰：“有美玉于斯，韫并而藏诸？求善贾而沽诸？”子曰：“沽之哉！沽之哉！我待贾者也。”（子罕）孔子公开的想当官，但我们要认真对待他说的这个“待”字——用现在的话来说：我既不跑、也不要，就等领导和组织上来考察吧。酒香不怕巷子深，孔老师平时很谦虚，但在做官这一点上却很自负：子曰：“苟有用我者。期月而已可也，三年有成。”（子路）

你这么老实，领导和组织上怎么会了解你呢？孔老师认为，那是你领导和组织上的事（下面还会专门谈到），我只能思不出位、固守本位。由此，《论语》便导出一个伦理和修养的原则：子曰：“君子求诸己，小人求诸人。”（卫灵公）我们近来关注的所谓“尊严”，究其实就是“自尊”，即“足乎己而无待乎外”（韩愈《原道》）。是否有“美玉在怀”，是不是那块“料”，是你自身内在的实质性的学养、教养、修养，靠抄袭蒙骗去混一个或去买一个“博士文凭”，靠官场“背景”、“关系”去谋得一官半职，那是毫无尊严可言的。

所以孔子会反复说：“不患无位，患所以立；不患莫己知，求为可知也。”（里仁），“不患人之不己知，患其不能也”（宪问），子曰：“君子病无能焉，不病人之不己知也。”（卫灵公）反过来他会说：“德之不修，学之不讲，闻义不能徙，不善不能改，是吾忧也。”（雍也）上司总不把你看在眼里，组织上始终都不了解你，你会生气、会埋怨吗？子曰：“人不知而不愠，不亦君子乎？”（学而），子贡曰：“怨乎？”子曰：“求仁而得仁，又何怨”（述而）。他甚至认为，我之不能提拔，不是我的错，而是社会出了问题，进而推论：“天下有道则见，无道则隐。邦有道，贫且贱焉，耻也；邦无道，富且贵焉，耻也”（泰伯）宪问耻。子曰：“邦有道，谷；邦无道，谷，耻也。”（宪问）总之“君子矜而不争，群而不党”（卫灵公）〔集注：庄以持己曰矜。然无乖戾之心，故不争。和以处众曰群。然无阿比之意，故不党〕，有了这个“君子”的人格，不仅不会愠不会怨，相反还可以“乐在其中”：“饭疏食饮水，曲肱而枕之，乐亦在其中矣。不义而富且贵，于我如浮云。”（述而）——“君子坦荡荡，小人长戚戚”（述而），小人才患得患失，君子则“仁者安仁”（里仁）。

那么，怎样才能做到“不让老实人吃亏”呢？孔夫子当然会想到这一点，而且是深思熟虑。他树立了一个样板——子游为武城宰。子曰：“女得人焉尔乎？”曰：“有澹台灭明者，行不由径。非公事，未尝至于偃之室也。”（雍也）〔

集注：杨氏曰："为政以人才为先，故孔子以得人为问。如灭明者，观其二事之小，而其正大之情可见矣。后世有不由径者，人必以为迂；不至其室，人必以为简。非孔氏之徒，其孰能知而取之？"愚谓持身以灭明为法，则无苟贱之羞；取人以子游为法，则无邪媚之惑。〕他也从理论的高度给出答案——子曰："唯仁者能好人，能恶人"（里仁），首先是你领导者是一个"仁者"，这样才能远小人、亲贤人，季康子问政于孔子。孔子对曰："政者，正也。子帅以正，孰敢不正？"（颜渊）其次，组织上怎样去考察人呢——子曰："视其所以，观其所由，察其所安。人焉廋哉？人焉廋哉？"（为政）再次，干部队伍良莠不齐，不可能清一色廉洁，但你应该选好"一把手"——哀公问曰："何为则民服？"孔子对曰："举直错诸枉，则民服；举枉错诸直，则民不服。"（为政）

夫子理论不可谓不周备深刻，他应该是组织人事部长的标准人选。如所周知，孔夫子一辈子栖栖惶惶，游说列国，郁郁乎不得志，仅在鲁为司寇几个月，唐玄宗《经鲁祭孔子而叹之》一诗是很好的概括："夫子何为者？栖栖一代中"，"叹凤嗟身否，伤麟怨道穷"。特别有趣的是，他教导学生"不患人不我知"，自己却也有怀才不遇、人莫我知的感叹：子曰："莫我知也夫！"子贡曰："何为其莫知子也？"子曰："不怨天，不尤人。下学而上达。知我者其天乎！"（宪问）——除了"天"，谁也"莫知我也"，那还不是"尤人"？至于"天"是否知，那真只有天知道；夫子难得彻底坦荡——子曰："凤鸟不至，河不出图，吾已矣夫！"（子罕）子曰："甚矣吾衰也！久矣吾不复梦见周公。"（述而）他甚至于牢骚满腹——子曰："道不行，乘桴浮于海"（公冶长）——成了后世大规模留学海外的先知先觉。看来孔老师最好去做组织人事部里的理论家或笔杆子。

《论语》是一本有趣的书还在于，学生的记述并不回避当时就有人挖苦讽刺自己的老师。子路宿于石门。晨门曰："奚自？"子路曰："自孔氏。"曰："是知其不可而为之者与？"（宪问）楚狂接舆歌而过孔子曰："凤兮！凤兮！何德之衰？往者不可谏，来者犹可追。已而，已而！今之从政者殆而！"孔子下，欲与之言。趋而辟之，不得与之言。（微子）长沮、桀溺耦而耕，孔子过之，使子路问津焉。长沮曰："夫执舆者为谁？"子路曰："为孔丘。"曰："是鲁孔丘与？"曰："是也。"曰："是知津矣。"问于桀溺，桀溺曰："子为谁？"曰："为仲由。"曰："是鲁孔丘之徒与？"对曰："然。"曰："滔滔者天下皆是也，而谁以易之？且而与其从辟人之士也，岂若从辟世之士哉？"耰而不辍。亦不告以津处。（微子）孔夫子不是一般的尴尬，他还被迫无奈的作了一些微妙的有趣的自我辩护。后世大诗人李白就用这儿"楚狂"写了一首有名诗表示对孔丘的不屑："我本楚狂人，凤歌笑孔丘。"（《庐山谣寄卢侍御虚舟》）

“不让老实人吃亏”，说来容易做来难，论述轻巧施行难。虽然，以上的论述和解读，诱使我们对其中的问题作进一步的思考：这究竟是为什么呢？子曰：“学而不思则罔，思而不学则殆。”（为政）“反思”，是我们做学问和思考的不二法门。其实，儒家的“以仁为本”，也存在着这样一个值得思考的矛盾。因之我们很有必要对《论语》中的“仁”做一点反思。

三、“何必曰利？亦有仁义而已矣！”的内在逻辑

我以为，钱钟书《管锥编·史记·货殖列传》的论述，会使我们对“仁”的迷思有豁然开朗的理解——

《史记》：“天下熙熙，皆为利来，天下攘攘，皆为利往”……义之当然未渠即事之固然或势之必然，人之所作所行常判别于人之应作应行。诲人以所应行者，如设招使射也；示人之所实行者，如悬镜俾照也。马迁传货殖，论人事似格物理然。……白圭曰：“吾治生产……仁以取予……”，“仁”而曰“以取予”者，以取故予，将欲取之，则姑予之；《后汉书·桓谭传》所谓“天下皆知取之为取，而莫知与之为取”，是也，非慈爱施与之意。

《史记》：“由此观之，贤人深谋于廊庙，论议朝廷，守信死节，隐居岩穴之士设为名高者，安归乎？归于富厚也。是以廉吏久，久更富。富者，人之情性所不学而俱欲者也。”……吏与贾皆操廉之术，以收贪所不能致之效，正如白圭“治生”之言“仁”，“以取予”耳。（《儒林外史》第八回：“三年清知县，十万雪花银”，《淮南子》公仪休嗜鱼……）

以上《管锥编》的逻辑是：

1. 人有欲望，生存进而“归于富厚”是人生的根本要义；

2. 有取有予，公平正义是“仁”；“仁，从人，从二”，不是单边的；贪赃枉法，“违仁”则得不偿失；

3. 应该≠现实

正因为孔老师是个老实人，《论语》论“仁”，基本上都涉及到了上述逻辑的三个方面。

子曰：“富而可求也，虽执鞭之士，吾亦为之。如不可求，从吾所好。”（述而）子曰：“富与贵是人之所欲也，不以其道得之，不处也；贫与贱是人之所恶也，不以其道得之，不去也。君子去仁，恶乎成名？君子无终食之间违仁，造次必于是，颠沛必于是。”（里仁）。这就表明，“富贵”在孔子的“仁”里，是题中应有之义。孟子则说得更加明白：“古之人未尝不欲仕也，又恶不由其道。

不由其道而仕者，与钻隙之类也。”（《滕文公下》）子夏为莒父宰，问政。子曰：“无欲速，无见小利。欲速，则不达；见小利，则大事不成。”（子路）——“无见小利”当然不是“不要利”，句中跟“小利”对举的“大事”很明显包涵了“大利”或即“大富大贵”。

上述逻辑的第二个命题是“公平正义”。孔子认为，不必把“仁”的概念说得过于高深，切身就已，涉及“人我关系”而已：子贡曰：“如有博施于民而能济众，何如？可谓仁乎？”子曰：“何事于仁，必也圣乎！尧舜其犹病诸！夫仁者，己欲立而立人，己欲达而达人。能近取譬，可谓仁之方也已。”（雍也）——反过来说就是“己所不欲，勿施于人”（颜渊）；孟子则说得更为显豁“非其义也，非其道也，一介不以与人，一介不以取诸人”（《万章上》），还具体的提到了“行贿受贿”：“无处而馈之，是货之也。焉有君子而可以货取乎。”（《公孙丑下》）

孔子也深深的意识到，提倡公平正义，谈何容易！所以《论语》记录孔圣人对此长叹一声——子曰：“由！知德者鲜矣”（卫灵公）；子曰：“我未见好仁者，恶不仁者。好仁者，无以尚之；恶不仁者，其为仁矣，不使不仁者加乎其身。有能一日用其力于仁矣乎？我未见力不足者。盖有之矣，我未之见也”（里仁）；子曰：“已矣乎！吾未见能见其过而内自讼者也。”（公冶长）

温家宝总理说：公平正义比阳光还重要。——由于人性的复杂，即“人心惟危”，“仁”就成了必须提倡、修养的人伦道德。上引《管锥编》说“诲人以所应行者，如设招使射也”，道德标准搁在那儿，你愿不愿意射？你有没有开弓的气力？你能不能射中？都会成为问题而实在为难的。“国学热”、“孔子热”仅仅围绕儒家“正面言论”这一边大做文章，学人不知道或回避“说易行难”，以“道德说教”者自居，夸夸其谈，宣称“儒家思想”可以挽救中国乃至全世界颓败的社会道德，虚妄无稽。

四、人能弘道，非道弘人

我读《论语》，发现孔子之提倡“仁义道德”，是有针对性的，是有所特指的——针对的对象是一个“上”即统治者、一个“己”即能读“论语”的我们这些知识分子。我来讲解“以仁为本”，我就要反省自己仁还是不仁；你作为听者，你就得反省你自己在“仁”这方面做得怎样。这里根本不存在“我教训你”的关系。

顾炎武《日知录》引罗仲素曰：教化者朝廷之先务，廉耻者士人之美节；

风俗者天下之大事。朝廷有教化，则士人有廉耻；士人有廉耻，则天下有风俗。“朝廷有教化”是第一位的，这样你选拔的官员才会有廉耻，于是老百姓自然而然就“安居乐业”、风俗淳厚。所以我会说：社会道德风气的好坏，朝廷是第一责任人，读书人是第二责任人。

什么叫“文化”？文化就是“人文化成”。“礼义廉耻”是人为事物，它要靠“春风化雨”、润物细无声的“潜移默化”——子曰：“为政以德，譬如北辰，居其所而众星共之。”（为政）季康子问政于孔子。孔子对曰：“政者，正也。子帅以正，孰敢不正？”（颜渊）子曰：“其身正，不令而行；其身不正，虽令不从。”（子路）子曰：“苟正其身矣，于从政乎何有？不能正其身，如正人何？”（子路）这就是我们熟知的“上梁不正下梁歪，中梁不正垮下来”。孔子打了个比喻：子曰：“君子之德风，小人之德草。草上之风，必偃。”（颜渊）——风俗之“风”来自上面，风一吹，草就会朝你吹的方向倒伏——子曰：“民可使由之，不可使知之。”（泰伯）也可以从这方面理解，你示范，老百姓跟着你做就行了；风俗既成，又有所谓“礼失求诸野”的说法（老子、沈从文等的思考，“神道设教”、“乡村都市化”等）。

近年来有“人治”与“法治”的争论。孰是孰非，未可一概而论。“以人为本”，“人”还是根本。子曰：“人而不仁，如礼何？人而不仁，如乐何？”（八佾）子曰：“人能弘道，非道弘人。”（卫灵公）道德标准、道德境界摆在那儿，要靠我们人去“修为”；法律制度再好，也是要靠人来执行的，所以“有法不依、执法不严”往往而有，所谓民主法治政体的首脑贪贿丑闻也时有所闻。胡适曾经提出过“好人政府”，不是全无道理。所以儒家强调，先须“格物、致知、诚意、正心、修身、齐家”，而后乃能“治国、平天下”。①

所以孔子强调“仁由己出”，仁者的自身修养——颜渊问仁。子曰：“克己复礼为仁。一日克己复礼，天下归仁焉。为仁由己，而由人乎哉？”（颜渊）子曰：“仁远乎哉？我欲仁，斯仁至矣。”（述而）强调仁者“宽以待人、严以律己”，要求别人，莫如要求自己——子曰：“君子求诸己，小人求诸人”（卫灵公）子贡问曰：“有一言而可以终身行之者乎？”子曰：“其恕乎！己所不欲，勿施于人。”（卫灵公）由此我们可以领悟到，“道德判断”、“教训别人”很容易陷入自身虚伪的悖论——薛宝钗教训林黛玉不要读“淫秽书籍”，就有个很微妙的“吊诡”。

①傅玄：治人之谓治，正己之谓正，人不能自治，故设法以一之。身不正，虽有明法，即民或不从，故必正己以先之也。然则明法者，所以齐众也。正己者，所以率人也。夫法设而民从之者，得所欲也。法独设而无主，即不行；有主而不一，则势分。一则顺，分则争，此自然之理也。（载《全上古三代秦汉三国六朝文》○《群书治要》此篇《大典》未载，缺篇名）

总之，“仁”的要求是针对“上”，针对“士”，是对我们“自己”的。

五、伦理学的第一原则和最高境界

伦理学的第一原则是“教育者先受教育”，或“言教不如身教”。领导作报告，学者开讲座，都会不期然遇到或多或少的“麻烦”。所以孔夫子不认可“演讲学”和“口才”：君子欲讷于言而敏于行(里仁)。为什么？——子曰：“巧言令色，鲜矣仁!”(学而)；司马牛问仁。子曰：“仁者其言也讱。”曰：“其言也讱，斯谓之仁已乎？”子曰：“为之难，言之得无讱乎？”(颜渊)故“古者言之不出，耻躬之不逮也”(里仁)。

孔子“述而不作”，作为老师，其言论不能不多。孔子的不断言说，也引来了某些责难。微生亩谓孔子曰：“丘何为是栖栖者与？无乃为佞乎？”孔子曰：“非敢为佞也，疾固也。”(宪问)——孔子的回答自我解嘲，“疾固”者，老毛病也，也就是“好为人师”的意思。他正面而谦虚的表达则是“若圣与仁，则吾岂敢？抑为之不厌，诲人不倦，则可谓云尔已矣”(述而)。其实，孔子之“诲人不倦”，是饶有意味的“谆谆善诱”，而不是一味的“道德说教”——子曰：“不愤不启，不悱不发，举一隅不以三隅反，则不复也”(述而)——孔老师不喜欢“朽木不可雕”的蠢学生，而喜欢好学善问、能举一反三的学生(现在的教育思想反是)。

孔子言论特点之一是“近取诸譬”，切己亲切，如子贡问曰：“有一言而可以终身行之者乎？”子曰：“其恕乎！己所不欲，勿施于人。”(卫灵公)简简单单，Don’t be evil 能做到这一点就足够了。孔子的言论特点之二是“涵义深远”，启人灵智，如子曰：“古之学者为己，今之学者为人。”(宪问)万古不刊之明论，今人知之者盖鲜也。

《论语》说“仁”，正是由浅近而致于深远。“仁”而“致富贵”，是孔子的基本价值观。对于“仁”与“利”的关系，他又分为三个层次：子曰：“君子喻于义，小人喻于利”(里仁)——“小人”急功近利；子曰：“不仁者不可以久处约，不可以长处乐。仁者安仁，知者利仁。”(里仁)——“智者”唯利是图(所谓“儒商”)，而“仁者”尊道守信。“仁者”求仁未必得利——“求仁而得仁，又何怨”(述而)，于是“仁”本身成了“仁者”的目的，“仁”于是升华成了“仁”的最高的道德境界，到了这个境界，则可以“舍生取义，杀身成仁”，获得“贫贱不能移，富贵不能淫，威武不能屈”(孟子·滕文公下)的人格尊严。“仁者安仁”是“仁”的最高境界，至少也可以成为我们在现实的道德生活中的一面反思的镜子（如“助人为乐”、“慈善为己”）。

孔子对自己的言论和主张多所反思，我以为这是他最值得我们学习和敬佩的地方。

儒家的“仁义道德”，属于人格的“超我”部分。难能可贵的是，孔子发现人格的“超我”跟“本能”存在着对立和两难。理论上可以说“知之者不如好之者，好之者不如乐之者”（雍也）；但事实上不可能，孔子一叹、再叹、复三叹：子曰：“我未见好仁者，恶不仁者。好仁者，无以尚之；恶不仁者，其为仁矣，不使不仁者加乎其身。有能一日用其力于仁矣乎？我未见力不足者。盖有之矣，我未之见也。”（里仁）子曰：“吾未见好德如好色者也。”（子罕）子曰：“已矣乎！吾未见好德如好色者也。”（卫灵公）“好色”是本能，不学而能，不用爹妈老师教的；“好德”是后天修养，反复教训、劝诫而未必能，显然不可同日而语。①

春秋时代，礼崩乐坏，各国争雄、战乱不已。人心不古，道德沦丧，孔子一辈子提倡宣传礼乐、仁义，看到如此现实，亦不免灰心丧气——子曰：“予欲无言。”子贡曰：“子如不言，则小子何述焉？”子曰：“天何言哉？四时行焉，百物生焉，天何言哉？”（阳货）从这里一则可以体会到，孔子是个有血有肉的智者，并非不食人间烟火的所谓“圣人”；再则我们也可领悟到：举凡学问，“参禅贵活、为学知止”——生活之树常青，而理论是灰色的；理论结合现实实践，它才有源头活水；把理论绝对化、神圣化，不允许“证伪”，有百害而无一利。后世把孔子的“孝悌”、“君君、臣臣、父父、子子”推向极端，强化“等级专制”甚至把“四书五经”作为考试士子的必读经典，祸国殃民，其危害有甚于“焚书坑儒”。

历史的真实是，“反孔、反儒”也是中国文化的一个重要组成部分；道家、释家，对于儒家来说，也都是不可或缺的补充。

作者是华南师范大学教授

①曹雪芹深味于此，塑造了万古不朽的文学形象贾宝玉，提出了“成人不自在、自在不成人”的道德两难。

国学与做人的根本

陈芳芳

什么是国学？我认为指传统的中华科学、文化与学术。国学就是中华传统的治学方法，最初分为象数派自然科学和义理派人文学术，就是今天的自然国学和人文国学的雏形，道家和儒家分别是两大学派的代表和核心。现在所谓国学包括中国古代的思想、哲学、科学、技术、历史、地理、政治、经济旁及书画、音乐、术数、医学、星相、建筑等诸多方面。囊括中华六艺五术，即指：礼、乐、射、御、书、数等六艺，山、医、卜、命、相等五术，更有宽泛的解释，把百家之术，如儒、释、道、兵、法、墨等百家之说收于国学旗下。如此，则五术六艺诸子百家之说，都能称为“国学”，其中除了佛教是外来宗教，基本全是诞生于中华本土，所以，国学又可称为“中国学”、汉学。

国学与中华文化有着天然的血脉，是中华文化之魂。中华文化有着人文地理与文化人类学上的深厚根基。中华民族的这种文化传统是在洪荒年代艰苦卓绝的生存环境中萌生的，其源远流长、博大精深的意蕴与历经沧桑而不泯的血脉，植根于这块黄河长江流淌滋润的农业文明大地之上。中华文化传统由于具备丰厚的人文蕴含，是中华民族精神之洋溢，具有超越时代的民族共性。国学是中国传统文化的精髓，对中国政治、经济、军事等各方面都影响极大，对于传承文明，增强民族凝聚力，以及中华民族的复兴都起着重要作用。我认为，孩子早期教育除知识的学习，更重要的是行为习惯的培养、性格的塑造、记忆力和专注力的提高等。大量数据表明，通过国学学习（经典教育）的孩子在这几方面明显优秀于其他孩子。国学也得到了越来越多家长和学校的认可。正由于国学有其丰富多彩的外延与内涵，我无法面面俱到地去述说。所以，仅从人的根本说起。这样，通过国学的熏习德行和礼仪得到提升，为我们一生的成长打下基础，使大家通过国学经典的学习，对传统文化产生兴趣，接受国艺熏陶的同时开发潜质，从日常生活中学会为人处事之道，成为身心健康、气质高雅、知书达理、德才兼备的人。

“人之初，性本善”，这是“三字经”对人性的描述。所谓善，指的是“善良”。依我的理解，“善良”就需要人们具备“讲礼仪”、“有诚信”、“存孝心”等基本素质，这是做人最起码的要求，是人之根本，本文就从此说起。当然，一个中国人的优秀品格远远不止这些。

对于“讲礼仪”、“有诚信”、“存孝心”在国学的经典中多处提及，最主要的有以下阐述：如老子说：“上善若水，水善利万物而不争，此乃谦下之德也；故江海所以能为百谷王者，以其善下之，则能为百谷王。天下莫柔弱于水，而攻坚强者莫之能胜，此乃柔德；故柔之胜刚，弱之胜强坚。因其无有，故能入于无之间，由此可知不言之教、无为之益也。”老子认为：上善的人，就应该像水一样。水造福万物，滋养万物，却不与万物争高下，这才是最为谦虚的美德。江海之所以能够成为一切河流的归宿，是因为它善于处在下游的位置上，所以成为百谷王。世界上最柔的东西莫过于水，然而它却能穿透最为坚硬的东西，没有什么能超过它，例如滴水穿石，这就是“柔德”所在。所以说弱能胜强，柔可克刚。不见其形的东西，可以进入到没有缝隙的东西中去，由此我们知道了“不言”的教导，“无为”的好处。又如，孟懿子问孝，子曰：“无违。”樊迟御，子告之曰：“孟孙问孝于我，我对曰无违。”樊迟曰：“何谓也。”子曰：“生，事之以礼；死，葬之以礼，祭之以礼。”这段话就是说，孟懿子问什么是孝，孔子说：“孝就是不要违背礼。”后来樊迟给孔子驾车，孔子告诉他：“孟孙问我什么是孝，我回答他说不要违背礼。”樊迟说：“不要违背礼是什么意思呢？”孔子说：“父母活着的时候，要按礼侍奉他们；父母去世后，要按礼埋葬他们、祭祀他们。”可见，孔子极其重视孝，要求人们对自己的父母尽孝道，无论他们在世或去世，都应如此。但这里着重讲的是，尽孝时不应违背礼的规定，否则就不是真正的孝。因而，孝不是空泛的、随意的，必须受礼的规定，依礼而行就是孝。

再如，子曰：“富与贵，是人之所欲也，不以其道得之，不处也；贫与贱，是人之所恶也，不以其道得之，不去也。君子去仁，恶乎成名？君子无终食之间违仁，造次必于是，颠沛必于是。”即孔子说：“富裕和显贵是人人都想要得到的，但不用正当的方法得到它，就不会去享受的；贫穷与低贱是人人都厌恶的，但不用正当的方法去摆脱它，就不会摆脱的。君子如果离开了仁德，又怎么能叫君子呢？君子没有一顿饭的时间是背离仁德的，就是在最紧迫的时刻也必须按照仁德办事，就是在颠沛流离的时候，也一定会按仁德去办事的。”这一论段，反映了孔子的理欲观。以往的孔子研究中往往忽略了这一段内容，似乎孔子主张人们只要仁、义，不要利、欲。事实上并非如此。任何人都不会甘愿过贫穷困顿、流离失所的生活，都希望得到富贵安逸。但这必须通过正当的手段和途径去获取。否则宁守清贫而不去享受富贵。还如，子曰：“人而无信，不知其可也。”译文应是，孔子说：“人无信誉，不知能干什么？

另外,《孟子》一书中描述的“老吾老，以及人之老；幼吾幼，以及人之幼。”用我们现在的语言说就是：“尊敬自己的父母和老人，同时也尊敬别人的父母和老人；爱护自己的幼小儿女，同时也爱护别人的幼小儿女。”《论语》一书中还有写道，子曰：“志士仁人，无求生以害仁，有杀身以成仁。”即是指：孔子说：“志士仁人，不能为求生而损害仁德，只能牺牲自己来成全仁德”，等等，真是举不胜举。总而言之，千言万语归结为一句话就是：做一个起码的中国人，必须“讲礼仪”、“有诚信”、“存孝心”。

可现实生活中有许多不讲礼仪，无诚信，没孝心的现象存在：有的人粗言烂语。对人无礼貌，出口就伤人，动辄则打人、骂人，言行野蛮至极。有的人喜欢花言巧语骗人，热衷于搞“坑”、“蒙”、“拐”、“骗”那一套。现今社会上、网络上骗人钱、财、色的事，手段极其恶劣。尤其是欺骗老人、弱智者、妇女、幼童的情况时有发生，甚至达到令人发指的地步。比如侵占老人的养命钱及住房，让过去拼死拼活，如今无依无靠的老人露宿街头，挨饿受冻；残忍地伤害自己的亲人及无力抵抗者，就连婴儿的奶粉里都添加有害物质；又比如给食品、药物与日用品中掺假、造假，危害到人民的财产与生命安全，搞得饮料、蔬菜、水果、鱼肉、五谷杂粮、奶制品、蛋制品等中均有超标有害物，让人吃起来，都提心吊胆，生怕会上当。简单举例来说：巧克力中用了皮鞋胶制品；还比如运用电话、手机、电脑等现代化工具需小心翼翼，说不定哪一次冷不防又进了什么圈套，就有这么一些人无缘无故把自己的血汗钱放进了骗子的钱包。还有的人毫无孝心，打骂老人，虐待小孩，更有甚者夫妻相残或向日夜相处的亲人下毒手，为了个人不可告人的勾当，丧尽天良。例如，为了满足个人的吃、喝、嫖、赌等私欲，害得好端端的家，妻离子散，家破人亡。虽说以上丑恶现象并非当今社会的主流，这些行为也会受到多数人的谴责和国家法律的制裁。但它毕竟是造成社会不稳定的一股暗流和潜在危险。

为什么会出现这股暗流？原因是多方面的。我认为主要有四个：一是受“无产阶级文化大革命”的影响，把许多人们头脑中原本固有的传统礼仪、孝心、忠诚都当成封、资、修的东西批了。因为“文革”十年处处宣扬造反有理，鼓吹阶级斗争一抓就灵，渲染“破四旧立四新（破‘旧思想，旧文化，旧道德，旧风俗’；立‘新思想，新文化，新道德，新风俗’）”，张扬唯阶级成分论。因而，一家人、一个单位、一个部门、一个机构为了“站稳立场”、“划清界限”，你斗我，我批你，哪里有长幼之分？如何互相尊重？有文化、懂礼貌的人都是反动学术权威、臭老九，重要或要害部门还要大老粗“掺沙子”，即让工宣队、军宣队进驻。要踢开党委闹革命，而且这种革命是你死我活的，不能像“绣花”一样，不能温良恭俭让，不是“请客送饭”。到“文革”后期还万炮齐轰祖师爷——孔老二，所有国学的老传统统统被列入横扫之列、批倒之列。二是十一届三中全会后，我党把工作重心转到以经济建设为中心，许多人又忘了礼仪、道德、诚实一套，甚至以精神文明建设的滑坡、破坏生态平衡来换取经济的一时繁荣，把经济指标高低作为衡量我们一切工作是否取得成绩和干部是否有能力的唯一标准。其他什么理想、道德、廉洁、礼仪等都少提甚至不提了。三是改革开放后，我们强调了社会主义市场经济，加上国外形形色色的有序及无序的市场经济模式的不断侵蚀、渗透以及我们的经验不足和法治制度还不健全。不少人以为“无商不奸”，都想方设法甚至不择手段地以最少的“投入”去市场上换取最大的“利润”或“回报”。于是就给这些不法商人以及投机取巧者钻了空子，用“坑”、“蒙”、“拐”、“骗”的一套，来骗取人们的信任。四是没有处理好经济基础与上层建筑、物质文明建设与精神文明建设之间的关系。这是最本质的一条。也是最基础的一条，以上三条同取决于此，因为处理好经济基础与上层建筑、物质文明建设与精神文明建设的关系是辩证唯物主义的基本原理。这两对矛盾的前者与后者之间，是互为条件，相互斗争、相互联系且相互促进的多重关系，也就是说要通盘考虑，不能顾此失彼，也不能厚此薄彼，要随时随地平衡或兼顾双方的关系。以往我们所犯的错误是：注意了经济基础、物质文明建设，就忽视了上层建筑、精神文明建设；重视了上层建筑、精神文明建设又忽略了经济基础、物质文明建设，总是摆不正两者的关系。这正是我国六十多年社会主义建设和三十多年改革开放需要正视和把握的关键问题。

诚然，国学，即传统的中华科学、文化与学术有许多精华和有益的东西，值得传承与弘扬。可也有它的糟粕与局限性。就是以上谈到的“讲礼仪”、“有诚信”、“存孝心”也有部分不妥之处，需要剔除的地方：我们讲的礼仪、诚信、孝心，不是“三从四德”(妇女未嫁从父，已嫁从夫，夫亡从子。任何时候只能处于屈从地位，低声下气地去讲妇德、妇言、妇容、妇功)；不是愚忠愚孝，即盲从一切，如“君要臣死，臣不得不死”、“父叫子亡子不得不亡”等；也不是老实无用，凡事不动脑筋，分不清是非，总是唯唯诺诺，只唯书，唯上，不唯实，即所谓凡事“唯命是听”。

随着社会的进步与发展我们要对“讲礼仪”、“有诚信”、“存孝心”等中国人的根本属性，赋予新的、与时俱进的内容。这就是：

第一、以“五讲四美三热爱”为突破口。“五讲”指的是：讲文明、讲礼貌、讲卫生、讲秩序、讲道德；“四美”指的是：心灵美、语言美、行为美、环境美；“三热爱”指的是：热爱共产党、热爱祖国、热爱社会主义。八十年代初，文明村、镇就是从讲卫生开始，整顿环境的脏、乱、差；讲礼貌、语言美等就是从“微笑”在车间、车厢、商店等服务行业入手的。

第二、做“四有”新人。八十年代中，“四有”是指：有理想、有道德、有文化、守纪律。我理解其科学内涵如下，有理想：即要把自己的理想放到共产主义的大的背景当中去，并使之成为内心中的精神支柱，在思想上牢固地树立起共产主义的信念，困难面前能够百折不挠，奠定正确的思想基础，有为共产主义大目标奋斗的决心，有为这个事业献身的勇气。有道德：就是要把个人利益、集体利益、国家利益融合到一起，和大目标融合到一起，而且个人要服从集体。道德观要树立在既热爱集体又热爱国家这一集体的基础上，把个人、集体、国家的利益紧密地联系到一起。有文化：文化包括多方面。文化要为实际工作服务。应根据需要学以致用。要为自己制订一个长计划短安排的计划，一步步地去完成。文化包括物质的和精神的。学习是如此，工作也是如此，要时时刻刻算帐（检查），亏了早点补，赚了要总结经验，有了成绩要找不足。这样我们就能年年新、月月新、日日新，文化素质也会一步步提高。所谓“文化”就是要以文（思想）来化（当然不能脱离物质的东西），把自己真正化成一个有利于社会的人，真正用正确的社会主义思想去开展工作。有纪律：纪律是约束人的行为的。我们要在教育的基础上让人们自觉地遵守纪律。我们的意识中存有必须迅速消除的不正确的东西，不符合社会或集体要求的东西，要通过纪律去约束它，不能任其自由泛滥。当你能自觉地执行纪律的时候，就会自然而然地感到自己自由了。

第三、认真搞好党和人民一贯提倡的社会公德、职业道德、家庭美德和个人品德建设。九十年代中后期，《中共中央关于加强社会主义精神文明建设若干重要问题的决议》中提出：大力倡导文明礼貌、助人为乐、爱护公物、保护环境、遵纪守法的社会公德；大力倡导爱岗敬业、诚实守信、办事公道、服务群众、奉献社会的职业道德；大力倡导尊老爱幼、男女平等、夫妻和睦、勤俭持家、邻里团结的家庭美德。党的十七大又增加了一条个人品德建设，明确指出：大力弘扬爱国主义、集体主义、社会主义思想，以增强诚信意识为重点，加强社会公德、职业道德、家庭美德、个人品德建设。这是值得我们重视，并且必须履行好的准则。

第四、大力树立社会主义核心价值观。2006年10月召开的党的十六届六中全会通过的《中共中央关于构建社会主义和谐社会若干重大问题的决定》深刻揭示了社会主义核心价值体系的内涵，明确提出了社会主义核心价值体系的基本内容。即是坚持马克思主义指导思想，坚持中国特色社会主义共同理想，坚持以爱国主义为核心的民族精神和以改革创新为核心的时代精神以及坚持社会主义荣辱观。建设社会主义核心价值体系，首要的也是第一位的就是坚持马克思主义的指导地位。其次，我们一定要经常教育我们的人民，尤其是我们的青年，要有理想。对于共产党人来说，最高理想是实现共产主义。在现阶段，建设中国特色社会主义是我们全社会的共同理想。这个共同理想，既实在具体，又鼓舞人心，昭示了我们要在中国特色社会主义道路上，在本世纪头20年，集中力量全面建设小康社会，再继续奋斗几十年，到本世纪中叶基本实现现代化，把我国建成富强民主文明和谐的社会主义国家。再次，坚持以爱国主义为核心的民族精神和以改革创新为核心的时代精神，说明在五千多年的发展中，中华民族形成了以爱国主义为核心的团结统一、爱好和平、勤劳勇敢、自强不息的伟大民族精神。在改革开放新时期，中华民族又形成了勇于改革、敢于创新的时代精神。最后，是坚持以“八荣八耻”为主要内容的社会主义荣辱观——以热爱祖国为荣、以危害祖国为耻，以服务人民为荣、以背离人民为耻，以崇尚科学为荣、以愚昧无知为耻，以辛勤劳动为荣、以好逸恶劳为耻，以团结互助为荣、以损人利己为耻，以诚实守信为荣、以见利忘义为耻，以遵纪守法为荣、以违法乱纪为耻，以艰苦奋斗为荣、以骄奢淫逸为耻。以上说的四方面是“四位一体”的，即是一个完整的统一体，缺一不可。2012年11月召开的党的十八大对社会主义核心价值观的新概括是：倡导富强、民主、文明、和谐，倡导自由、平等、公正、法治，倡导爱国、敬业、诚信、友善的三句话与24个字，这就更简明扼要了。

第五、积极践行广东精神。因为广东是改革开放的先行点，所以广东人精神是“敢为人先、务实进取、开放兼容、敬业奉献”的精神。2012年10月广东省第十一次党代会报告中首次公布了新时期广东精神是，“厚于德（出自《周易》）、诚于信（出自《逸周书》）、敏于行（出自《论语》）”。而“厚于德、诚于信、敏于行”指的是：厚德载物，厚德是我们所追求的高尚道德，在这里厚是动词，就是让我们的道德更厚，想方设法变厚，也叫积德；诚信，诚是动词，信有自信和他信，让信任实实在在地存在；敏于行，主要是行为，承诺的事一定要去做，而且要尽快地去做，敏是指快速地。这九个字突出了广东地域的地理与人文特点，具有岭南特色。“厚于德”侧重于对优秀文化的传承和弘扬，是广东精神的来源和基础；“诚于信”侧重于对以诚信为主要内容的现代市场经济伦理的融合和坚守，是广东精神的时代要求；“敏于行”侧重于对敏行、敢为、实干的当代广东鲜明特色精神的彰显，是广东精神不断发展并永葆生机的内在动力。

综上所述，中国人之根本既继承和发扬了中华民族的优良传统，又吸收全人类的优秀文明成果，并随着时间的推移和社会的进步不断注入新的元素，使之更完美高大更立体化，并且更具有针对性、时效性和时代感，这是我们必须为之追求和奋斗的人生目标，只有这样，才能成为一个高尚的人，一个纯粹的人，一个有道德的人，一个脱离了低级趣味的人，一个有益于人民的人和一个敢于拼搏奋进的人。

作者是广东省精神文明学会副会长，广东省文化传播学会副会长
广东华文国学研究院顾问

《道德经》中的公仆精神

麦小舟

公务员在当今中国称得上是高收入、高福利、高稳定、高地位的人群，可他们却自认为是弱势群体，这究竟是怎样一回事呢？为此，我向一名县委副书记请教。他说，当今社会有这样一种现象，只要有人与政府或公务员发生纠纷或冲突，无论谁对谁错，几乎所有的群众都会站在与政府和公务员相对立的一边。我明白了，公务员的弱势是一种道义弱势，是他们的公仆精神缺失造成的。

什么是公仆？公仆就是为公众服务的人。公仆一词最早出现于1871年3月18日成立的巴黎公社所发表的宣言里。该宣言提出了人民群众选举与监督干部，干部要艰苦朴素与廉洁奉公，要关心群众与为群众谋利益的"公仆原则"，明确宣示公社的干部是为人民服务的"公仆"。《中国共产党章程》第六章第三十三条指出："党的干部是事业的骨干，是人民的公仆。"我们的老子则早在2500多年前就构建起一套系统、完整而优秀的公仆理念。在中国共产党人和中国人民为实现中国梦而奋斗的今天，认真学习和践行老子的公仆精神，具有十分重要的现实意义。

一、公仆，是为官者唯一正确的自我定位

为官者是百姓的仆人、百姓是他们的主人，每一个公职人员对此都必须有一种清醒的认知。

（一）为官者必须树立官权民赋的理念。

为官者是权力的化身。那么，他们的权力是从哪里来的？是天赐的，还是民赋的？

对这一问题，在不同的历史时期，在不同的社会形态以至不同的社会制度里，说法是不一样的。在我国漫长的封建社会里，儒家宣扬的是皇权天授的天命观。儒家把皇帝叫做天子，天之子。是上天授命他来管理天下、管理百姓的。而皇帝之下百官的权力则是皇帝给的。在中世纪的欧洲，宗教神权势力很大，既控制了欧洲政治，又主导了欧洲的文化。它们与封建统治集团

联手，宣扬一种神权观，认为他们的权力来自神的赐予。

老子所处的年代，人们一直生活在天命鬼神的迷雾笼罩之下，而他却不信这个邪，提出了官权民赋的主张。

老子在《道德经》的第39章指出：贵以贱为本，高必以下为基。

这话的意思是，人民大众虽然好像很卑微，却是高贵的侯王、达官赖以生存的根本。人民大众是一个国家的根基，离开了这个根基，建筑于其上的国家政权就无法存在。

老子在《道德经》的第43章又指出：人之所恶，唯孤寡不谷，而侯王以此为自称也。

这话的意思是，最令世人所厌恶的是无力自养的孤寡者，然而侯王却以此来称呼自己。

老子在《道德经》的第39章还指出：是以侯王自谓孤寡不谷，此非以贱为本耶？非乎？

这话的意思说，侯王之所以把自己看作是无力自养的如孤如寡的凡人，正是因为他们懂得卑微的大众才是他们的生存之本，这样说难道会错吗？

老子在《道德经》的第39章进一步指出：是故不欲琭琭如玉，而珞珞如石。

这话是说，心中有道的侯王不会把自己看作是美玉般的华贵者，而只会自视为质朴坚实的石头那样平凡。

老子以上这几段话告诉我们：1. 为官者不是救世主，而是老百姓的供养者。2. 为官者不是羞与老百姓为伍的尊贵者，而是像石头一样平凡的人。3. 为官者不是高居于老百姓之上的主人，而是百姓的仆人。4. 为官者的权位不是天授的，而是民赋的。

一千多年前，唐代杰出的文学家和思想家柳宗元写下了一篇文章，叫《送薛存义序》。他在这篇文章中对地方官的身份和职责做了通俗的诠释。

薛存义是河东（今山东永济）人，曾在永州所属的零陵县做过一任代理县令，任职两年。在此期间，他每天清早就起来为百姓做事，夜里还想着如何把百姓的事情办好。他使纳税人感到负担公允，使各种官司得到公平处理。当地百姓无论老少都对他不怀欺诈之心，不露憎恶之情。因为大家都认为薛存义是一个没有白拿百姓的钱，更无对百姓进行敲诈和勒索的好官。

贬任永州司马的柳宗元是薛存义的同乡，两人情谊深厚。当他得知薛调职离任，便带上酒肉为他送行，并写下这篇别序相送。

柳宗元此文的大意是，地方官是百姓的仆役，而不是奴役百姓的豪绅，百姓拿出他们的部分收入来雇佣官吏，目的是要求官吏公平地为自己办事。

可现在拿了百姓的钱却不好好地替他们办事的官吏，普天之下到处都是；他们不仅不好好地为百姓办事，还要贪污勒索。假若你家里雇了一个什么人，他接受了你的报酬，却不好好干活还偷你的财物，你这个当主人的一定很震怒，一定会处罚他，甚至赶走他。现在，尽管有许多官员都像这个仆人一样，不仅不好好办事还敲诈主人的钱，而他们的主人却不能像对付家里的仆人那样处置他们。因为他们是统治者，手里有权。所以我们这些为官者就更应该警惕手中的权力才是，否则，就会颠覆自己的仆人身份，就会走到百姓的对立面去。

（二）为官者是人民的公仆，还是人民的主人，是两种完全不同的角色定位。

中国共产党成立之后，的确涌现了一大批舍身为国、舍身为民的英雄，刘胡兰、赵一曼、董存瑞、黄继光等就是他们的代表，还涌现了一大批忧国忧民、为国为民的领导人，周恩来、胡耀邦、焦裕禄、任长霞等就是他们的代表。但毋庸讳言，我们党内的确有许多养尊处优、高高在上的官老爷。这些自称为人民领袖的人到地方巡视，所到之处，封路断行，五步一哨、十步一岗。2012年5月22日，《每周文摘》发表的《解密中南海调研政治》的文章说："吉林乾安则字村村民张志彪回忆说，领导一来，派出所和乡干部便把村里的所有道路都封上了，村里老百姓外出看医生也不行。"地级市的领导人本来就是与百姓生活在一起的地方官，可有些市委书记到下辖区指导工作时竟然接受区委书记的半路迎送。对我国这些领导人如此脱离群众的作派，百姓讥讽为："人民领袖怕人民。"西方国家的总统和总理，我们常称之为资产阶级政客，而他们有的却能够以一个普通百姓的姿态到市场买菜，对此，这些国家的百姓却不会感到惊奇。德国有一任柏林市长一次下班坐公交，由于专注看报纸，没有给身边的老人让座而受到舆论的抨击。此情彼景，着实值得我们中国共产党人深思。

更有甚者，有的一旦权在手，便放开手脚贪赃枉法。2013年上半年，广州市白云区就揪出了80多个贪官。其中作案金额最大的是张新华。张新华是广州市国营白云农工商联合公司总经理，他利用职权，贱卖国有企业土地，收受他人巨额贿赂人民币9000多万元、港币800多万元，还伙同他们侵吞国有资产合计人民币2.4亿元。

诚然，在我党的干部队伍也有安守公仆本份、密切联系群众的官员，杨善洲就是他们的代表。杨善洲，是一位曾担任云南省保山地委领导近20年的地厅级干部。他几十年如一日，清廉履职，忘我工作，一心为民。

1975年夏天，杨善洲家的房子因年久失修，每逢下雨便到处漏雨，他的妻子张玉珍专程跑去找已是县委书记的杨善洲。杨善洲听了，掏出身上仅有的30元钱交给妻子说："你把这点钱拿回去，买几个盆接漏雨，暂时艰苦一下。"1978年，保山地委组织部按省委组织部的通知，准备为已经是地委领导的杨善洲一家办理"农转非"手续，杨善洲给制止了。他说："我们全家都乐意和8亿农民同甘共苦建设农村。"

已身为地委书记的杨善洲仍保持着淳朴的农民本色。一年中安排一半时间下基层，和农民一起锄地栽秧，走家串户，体察农民的困苦。他从不接受吃请，而是吃饭自己掏钱，有时候还会掏腰包给特别困难的老百姓以力所能及的帮助。有一次，他下到一个公社，提出要找该社的书记，接待的干部见来者是个农民，便以书记到县里开会去了为由把他打发了。

1988年，刚退休的杨善洲回到家乡施甸县大亮山种树。办林场初期，资金十分困难，为了解决种苗，他与职工一道到县城的大街捡别人扔掉的果核。一次，杨善洲不小心撞到了一个小伙子的自行车，小伙子冲着他大发雷霆。当这小伙被街上的行人告知，他骂的是原地委书记时顿时傻了。他于是连忙道歉。杨善洲却说："是我不小心撞了你，对不起。"杨善洲扎根大亮山，一干就是22年，建成面积5、6万亩，价值3亿元的林场，并无偿献给了国家。杨善洲的一生，就是自觉履行公仆职责和精神的一生。他的高风亮节令人敬仰。

为官者把自己看作是人民的公仆，还是人民的主人，这是完全不同的自我定位。凡取前一种定位的，必能裨益社会，裨益人民，也必能得到人民的拥护和爱戴。而取后一种定位的则必定会站到人民的对立面，危害社会、危害人民，也必定会遭到人民的反对和唾弃。杨善洲和刘志军的不同结局就是明证。因此，为官者必须面对是做人民的公仆还是当人民的主人这个极其重要的问题。只做人民的公仆，不做人民的主人，这是为官者唯一的正确选择。

其实，是做人民的公仆还是当人民的主人，不仅关系到为官者自身的成败，也关系到他们所属的党的兴衰。2011年是苏共亡党和苏联解体20周年。苏共亡党、苏联解体的原因很多，但很重要的原因之一是苏共的干部严重背离了公仆的身份。他们以人民的主人自居，窃取各种特权，站到了群众的对立面，彻底失去了民心。历史的教训值得我们记取。

二、公仆，必须以百姓之心为心

老子说："圣人常无心，以百姓之心为心。"以百姓的利益为依归，这是中国古代版的全心全意为人民服务的思想。我觉得，这应该也是老子对身为公仆的为官者的殷切期望。那么，我们如何才能把它落到实处，落实到我们的行动上呢?

(一)为官者必须树立百姓至上的公仆观。

习近平总书记履职不久，就强调说：我们要虚心向群众学习。“向群众学习”对中国共产党人来说已是一句久违的话语。习总书记现在强调它可谓意味深长。

老子在《道德经》的第5章指出：

天地不仁，以万物为刍狗。圣人不仁，以百姓为刍狗。

这句话的意思是，天地之道没有好恶之念，把自然万物均视为祭坛上的祭品一样，没有高下贵贱之别。圣人也效法这天地之道，把百姓均视同祭坛上的祭品一样，没有高下贵贱之分，而是一律平等。

人生而平等，这是天赋人权。党的十八大也倡导自由、平等、公正、法治的价值观。但我党的一些官员却迷恋儒家的上尊下卑的思想，认为自己高人一等并视百姓为草芥。2011年的一天，安徽省桐城市范岗镇纪委书记李某富在市医院对医生杨辉毒打一个多小时，直把杨打到遍体鳞伤，肩胛骨骨折，肩锁骨脱位。李打人时还口出狂言:“我上面有人，我是纪委书记，我怕谁，打不死你?”李某富这样官员的所作所为，实在令人瞠目结舌，令人痛心疾首。他的心中哪有平等的观念、哪有丝毫的公仆精神。

老子在《道德经》的第49章指出:(对于百姓)圣人皆孩之。

这话的意思是，对于百姓，为官者应像抚育婴儿那样细心地予以呵护。

老子要求为官者不仅要平等对待老百姓，而且要把他们置于至高无上的地位，视他们为父母、为老师。于是，老子要求崇尚公仆精神的政府，应该是为百姓服务的工具，而不是对百姓施以权力威慑的机器，政府中的官员与百姓应该建立一种平等的、互敬的、互学的和谐关系。

李世民虽为帝王，但他把百姓看得很重。他曾说，历代帝王总觉得百姓离不开自己，但实际上是帝王离不开百姓。为了体验百姓的辛劳，他亲自下地锄草。有一次，京师附近闹蝗灾，唐太宗亲临视察。他把一只蝗虫抓在手上，对它说了这样一番话：人是靠谷物维持生命的，你把它吃了，那是害了百姓。纵使百姓有过错，责任也全在我身上。若你真的有灵性，就吃我的心好了，可千万别害百姓。说完，他便把那只蝗虫吞进了肚里。

然而，我们有的官员却高踞于群众之上，还动不动对他们施以权力的威慑。1975年笔者在广东某县某大队驻队。一天，公社党委书记突然来到这个队并召开了一个紧急的抢收抗风动员会。他说又一个台风后天将在本地区登陆，我们要抢在台风到来之前，全民行动把成熟的水稻抢割回来。以减少台风带来的损失。有个60岁出头的生产队长站起来说，台风天气一般都有三天以上的过程，现在把熟稻割下来，既无法脱粒更无地方晾干，禾稻割回来都堆放在晒场里淋雨，台风过后恐怕都变成谷芽了，因此，抢割比不抢割的损失可能更大。党委书记大发雷霆，指斥这个发言的队长妖言惑众，并当即宣布撤了他的队长职务。这队长嘟哝了一句："不听老人言，吃亏在眼前。"党委书记更是怒不可遏，即时宣布他为阶级敌人，与地富反坏右一起成了被专政对象。台风过后，风前抢收回来的稻禾果然全部发了芽，发了臭，成了垃圾。这件事给我留下了无法磨灭的记忆。一方面，我为这位有真知有经验又敢讲真话的生产队长的遭遇感到无奈。另一方面，我为这位党委书记的无知感到可悲，更为他手上那无所不能的权力威慑感到可怕。

执政前的共产党，需要群众的掩护和提供情报，需要他们供应粮食和衣物，需要他们给战场运送物资和抬担架。邓小平讲过，老一代革命家都知道，离开人民群众的支持和掩护，我们几乎一天也生存不下去。因此，共产党和红军能与群众一家亲，不仅能尊重他们，虚心听取他们的意见和建议，甚至能做到为保护他们而献出自己的生命。但自共产党坐了江山之后，一些党员干部把群众视为是自己治下的无知无识的卑微小民。向群众学习，对他们来说简直是句大笑话；而动辄进行恐吓则成了他们对付群众的常用的法器。

上世纪90年代，美国总统克林顿出访中国西安市，有一个初中女学生问他："请问总统，您是如何教育美国人民的?"克林顿哈哈大笑地回答："不是我教育美国人民，而是美国人民教育我。"这是一段十分值得我们的为官者很好地品味的对话。

一个为官者的公仆意识是否强烈，检验的标准只能是看他是否在思想上尊重群众，政治上代表群众，感情上贴近群众，行动上深入群众，工作上为了群众。离开了群众，就不能称得上是合格的人民公仆。我们的党，我们的为官者只有确立一种人人平等的观念，放弃权力的威慑，才谈得上向群众学习，才有可能发扬公仆的精神，做到以百姓之心为心。习总书记强调向群众学习，就是希望为官者们把群众重新装在心上、置于最高的位置上，敬重他们，改善与他们的关系。一个有良知的共产党人应该认真体察总书记这份良苦用心。

当前我国城管与摊贩的关系为何愈发激化，党群关系、官民关系为何越发紧张？这是前者的官僚和权力意识与后者的维权（作为社会主人的权利）意识碰撞的结果。化解的办法只能是：为官者必须把人民至上的公仆观重新树立起来，把鄙视群众换成敬重群众，把权力意识换成服务意识，把权力威慑换成权力服务，除此之外，别无他途。

毛泽东有一句名言叫做：严重的问题是教育农民。今天我觉得很有必要把它改一改：严重的问题是教育为官者自己。

（二）为官者必须一辈子为百姓做好事，不做坏事。

是否做到一辈子做好事而不做坏事，这是一个公仆是否称职的标志。

老子在《道德经》的第60章指出：治大国，若烹小鲜。

这句话的意思是，煎煮小鱼，火候过了会把它煎糊，翻动过多会令它烂在锅里。治理国家的道理如同烹小鱼一样，既不能给老百姓过多的干扰，更不能给他们以伤害，所以必须小心谨慎。

老子在《道德经》的第48章又指出：

取于天下，常以无事。及其有事，不足以取天下。

老子告诉我们，有的治国者，所以得到天下人的信任和爱戴，是因为他们只做有利于百姓而不做损害百姓的事情。如果他们反其道而行之，则必然会失去天下人的敬重和信任，并为之所唾弃。

老子以上述两段话要求为官者必须诚心诚意地为百姓办事，只做有利于他们的事，不做伤害他们的事，而且要善始善终，一辈子如此。

模范共产党员牛玉儒经常说："不要谋着做大官，要谋着做大事。要做人民拍手称快的事、好事、实事。生命一分钟，敬业六十秒。"

牛玉儒参加工作30多年，无论在什么岗位，做什么工作，都极端认真，极端负责。做到干一行，爱一行，钻一行，精一行，为官一任，造福一方。在担任包头市长期间，他千方百计解决职工下岗、企业改造等问题。当时包头市的下岗工人占了全内蒙古的一半，上访事件不断发生，牛玉儒深入到第一线，花了三年时间，通过招商引资，救活了一大批企业，从而使工人得以重新就业。2003年4月，已担任内蒙古自治区副主席的牛玉儒兼任了呼和浩特市市委书记，刚上任5天就碰到了非典，为了打赢这场战斗，牛玉儒搬到办公室住，直接指挥抗击非典，他冒着被传染的危险多次到医院慰问医生护士，探望病人。非典被击退了，牛玉儒也瘦了6斤。

凡是和牛玉儒接触过的人都说他身上永远保持着旺盛的工作热情，对朋友、百姓的挚诚情怀。从担任呼和浩特市委书记的第一天起，牛玉儒就对市委一班人说："执政为民不是一句空话，我们发展经济，最终目的就是为了提高老百姓的生活水平，让他们享受到经济建设的成果。"为了加快全市的经济增速，牛玉儒全心扑在工作上。他在呼和浩特工作了493天，其中住院去了90天，200多天在外出差招商引资，余下的时间就是下乡调研。他跑了5万公里，跑遍了呼市的各旗县区。

“干净”干事是牛玉儒的工作准则。2001年冬，他听说一个家庭困难的孩子面临辍学，便拿出1000元叫工作人员送去，并不准说出自己的名字。他的5个兄妹至今仍在老家，两个妹妹和妹夫都是下岗工人，妹妹曾多次找他帮助安排工作。他说：“这事我不能管，下岗是全国性的普遍问题，你们自己克服，我手中的权力是人民给的，不属于自己，我不能随意支配。”很快，呼和浩特的经济增速跃居于我国西部省会的首位，可牛玉儒却倒下去了。2004年8月14日，牛玉儒被病魔夺去生命，年仅51岁。牛玉儒无愧一个优秀公仆的称号。

在我党的干部队伍中也有一些先做好事后做坏事的人。广东省原政协主席陈绍基，他从事公安政法工作几十年，曾在打击犯罪，保护百姓的生命财产、改善社会治安方面做出了不少贡献。他开头对自己的要求也很严格。做公安厅长时，他住的是该厅科级干部标准的房子，春节他孩子收到的红包，他统一用一个竹篓装起来，节后进行清点，数额稍大一点的，全上交给公安厅纪委。可他当政法书记之后，便放纵了自己，贪赃枉法，堕落成被人民所唾弃的罪犯。

我们党内还有这样的官员，他们刚走进公务员队伍，便把为民做好事的宗旨抛之脑外，而明目张胆地“卡、拿、要”。广东某县，有个姓叶的小老板，为一张土地产权证到该县国土局跑了3年，请吃、送礼他都不止一次地做了，可土地证就是不给办。无奈之下，他想出来一个法子：一天，他把一瓶煤气扛进了国土局的办公大堂，大堂上的工作人员以为来者是要引爆煤气罐，于是鸡飞狗跳地乱成一团。这时公安人员来了，主管县长也来了。事情闹大之后，土地证才给办了下来。从这些公务员身上实在看不出一点以百姓之心为心的公仆形象。这也告诉我们对公务员进行公仆精神启蒙教育已到了刻不容缓的时候了。

（三）为官者必须树立正确的亲疏观。

老子在《道德经》的第13章指出：

故贵以身为天下，若可寄天下；爱以身为天下，若可托天下。

这句话的意思是，如果你能够像珍惜自身一样珍惜天下，众人就可以放心把天下交给你治理了。如果你能够像珍爱自己那样珍爱天下人，众人就可以放心把天下人托付给你照料了。

广东某市有个姓麦的市长，常对自己的部下说，如果你能把一个乡的人都当成是自己的父母兄弟姐妹，你就有资格当一个乡的乡长；如果你能把一个县的人都看作是自己的父母兄弟姐妹，你就有资格当一个县的领导。可以说这市长已经道出了老子这话的真谛。

上世纪八十年代，广东某村同时出了两位县委书记，而且他们的任地正好是两个邻县。甲书记在他的任地给自己的不少乡亲安排了工作，于是家乡的人都说他好。乙书记没有在他的任地上安排任何一个乡亲，也没有给家乡任何特殊利益。尽管任地百姓说他是个好书记，但他家乡的人对他却很不满，说他忘本、忘了根本。这既关乎到为官者的操守，也关乎如何理解和践行正确的亲疏观这一问题。

老子在《道德经》的第56章说：

故不可得（亲）而亲，亦不可得（疏）而疏；不可得（利）而利，亦不可得（害）而害；不可得（贵）而贵，亦不可得（贱）而贱。故为下下贵。

这话的意思是，面对亲人，有道的治国者不会给予特别的亲近与照顾；面对非亲非故的人，他们不会待之疏远与冷漠。面对利禄，他们不会孜孜以求；面对凶险，他们不会避而远之；面对高贵的人，他们不会奉承与献媚；面对卑贱的人，他们不会予以轻蔑与作践。有如此境界的人，便是天下人所推崇的至尊至贵的人了。

为了让为官者做到以百姓之心为心，老子不仅要求他们有爱民之心，还要求他们树立正确的亲疏观、利害观和贵贱观。模范共产党员孔繁森称得上是践行老子上述思想的典范。

孔繁森，山东省聊城人。他当过兵，任过聊城地委宣传部副部长，莘县县委副书记。1979年孔繁森第一次奉调赴藏工作时，亲属都在农村，母亲已年近八旬，妻子体弱多病，三个孩子最大的八岁，最小的只有两岁。家庭的困难可想而知。但他毅然告别了家乡和家人，在西藏一干就是三年。1988年，他又奉调到西藏工作，担任拉萨市副市长。1992年，他第二次赴藏工作期满，本可回到山东工作，与家人团聚，可他接到了担任西藏阿里地委书记的任命，这意味着他将要继续留在西藏工作，他的身份也由援藏的干部变为西藏的干部。面对党的需要，他愉快地赴任了。

阿里地处自治区的西北部，平均海拔4500米，被称为“世界屋脊的屋脊”。阿里的面积相当于两个山东省，而人口仅有六万。这里长年气温零度以下，最低达零下40多度，每年7至8级大风有140天以上，恶劣的自然环境，艰苦的生活条件没有让孔繁森却步。为了摸清阿里的情况，寻找带领群众脱贫致富的法子，他花了两年时间，行程8万多公里，走访了全地区106个乡中的98个，茫茫雪原到处都留下了他深深的足迹。1994年初，一场罕见的特大暴风雪席卷了阿里高原。孔繁森迎着这大风雪到县里指挥救灾。救灾途中，饿了就吃一口风干的牛肉，渴了就抓一把雪塞进嘴里。2月27日晚，孔繁森躺在一座牧民的帐蓬里，感到心跳加快，胸闷气短，天旋地转。他预感到高原反应的死神正向他逼近，于是挣扎着在笔记本上给公务员小梁写下这样的话："万一我发生不幸，千万别让我的老母亲、家属和孩子知道，请你每月以我的名义给家里写一封报平安的信。"……

1992年，孔繁森在羊日岗乡的地震废墟上，收养了三个藏族孤儿：十二岁的曲尼、七岁的曲印和五岁的贡桑。为了让孩子吃好、穿好、上好学，他化名到医院卖了三次血，共900毫升。然而，他自己吸的却是几毛钱一包的低档烟。1994年11月29日，孔繁森被一场车祸夺去了宝贵的生命。地委在清理他的遗物时发现，除了一个袖珍收音机外，再就是几件换洗的衣服，还有仅剩下的8块6角钱。这就是一个地委书记的全部家当。

"故不可得（亲）而亲，亦不可得（疏）而疏；不可得（利）而利，亦不可得（害）而害；不可得（贵）而贵，亦不可得（贱）而贱。"优秀的共产党员孔繁森做到了。体现在孔繁森身上的是一种无私无己的大爱精神，是公仆对人民的无私奉献精神。

三、公仆，必须肩负报国为民的使命

宋代学者张载说："为天地立心，为生民立命，为往圣继绝学，为万世开太平。"这正是老子要求公仆应肩负的使命。

（一）为了使命，公仆要有救民护物的大爱精神。

老子在《道德经》的第27章指出：

是以圣人常善救人，故无弃人；常善救物，故无弃物。是谓袭明。

这话的意思是，圣人以救人护物为自己的行为准则，不仅不会唾弃任何人，也不会糟蹋任何物。圣人之所为，体现的正是大道的光华与智慧。

老子在《道德经》的第67章指出：我恒有三宝，持而宝之：一曰慈……夫慈，故能勇。

这话是说，我（道）永久地拥有三件法宝，并无限地珍爱它。第一件叫慈……所谓慈，就是慈爱、慈悲、慈善。它能使人激发出庇护万民万物的惊人心志和力量。

宋朝的范仲淹从小就懂得立志。一天，他看到一位算命先生，劈头就问："你给算一算，我能不能当宰相？"这算命先生一辈子从未见过一个小孩口气如此之大，一开口就说要当宰相的，也着实吓了一跳。范仲淹见算命先生的异样反应也有些不好意思，便说："或者你给算一算，我能不能当医生？"算命先生问："你为何选择这两个志愿呢？"范仲淹回答："因为只有良相与良医可以救人。"算命先生为范仲淹的报国为民的博大心胸所感动，便说："你这颗心乃真正的宰相之心，所以，你将来一定可以当宰相的。"

这个范仲淹后来真的当了宰相。正是这个范仲淹统兵守边时不顾个人安危，身先士卒，屡屡击退外敌的入侵，使边疆防线固若金汤。他守边三年，西夏人畏服地说："小范老子腹中自有数万甲兵。"宋人也赞："军中有一范，西贼闻之惊破胆。"正是这个范仲淹，为强国富民提出了十项革新政治的建议，为宋仁宗所采纳。新政推行仅几个月，国家的政治局面便焕然一新。正是这个范仲淹，在新政被保守势力强烈反对而遭到废弃自己也被贬谪到地方之后，仍然做出了许多令人赞叹的政绩。正是这个范仲淹，为政清廉，生活十分节俭。虽官至将相，其"妻子衣食仅能自充。"每当遇到贫困者，他总是倾囊相助。他61岁任杭州知州时，子弟准备向皇上请求修造洛阳的"树园圃"，好让清贫的老人颐享晚年。范仲淹拒绝说："洛阳那么多花园，我到哪里都可以观赏，何必名分上属于自己的才觉得欢乐呢？"还是这个范仲淹，给后世留下了这样的光辉思想："先天下之忧而忧，后天下之乐而乐。"

这就告诉我们，救人护物的大爱精神，有助于公仆树立起报国为民的志向，推动他们去做一个合格、优秀的公仆。

（二）为了使命，公仆要有上善若水的美德。

老子在《道德经》的第8章说：

上善若水。水善利万物而不争，处众人之所恶，故几于道。

这话是说，上善的人具有如水一样的品格，水虽然一味地滋育了万物，却不要求得到任何的好处，只把自己栖息在人类所厌恶、所不愿意居住的地方。

水的美德，主要表现在：一是利他性，是一种专门利人，毫不利己的奉献精神，是只施恩泽而不求报偿的大道精神。二是不争性，水对万民万物有万千的功劳，但它不争名逐利，泰然安于低处。这是一种谦下退让的美德。

在清朝，有一个叫于成龙的人，山西人氏。他45岁时被委任为广西罗城县令。他家略有薄产，尚可维持一家的生计。亲人都劝他别去上任，因为他们担心于成龙到广西那样的烟瘴之地有去无回。但于成龙觉得这是报国为民的好机会，所以便毅然上任去。

他在罗城做了很多事情，而最重要的两项：一是肃清匪患，二是大力倡导勤俭之风。几年下来，罗城治安良好，农业有了很大发展，百姓生活也有了改善。

于成龙十分清廉正派，从不动用官银一分一文，几乎天天喝粥，菜也多是豆豉和青菜。有一次，于成龙的大儿子从山西老家来罗城探望父亲，于成龙很高兴，破天荒地买了一只鸭子，煮半只给儿子吃，另外半只腌起来留待过年。百姓得知于大公子来了，都四处相告，于是大家凑了一些钱送来，于成龙坚决不收百姓的钱。百姓见于成龙如此，十分感动，都伏在地上，泪流满面。于成龙也为百姓的真诚流下了眼泪。

之后，于成龙升迁很快，先后担任四川合州知州、武汉知府、福建按察使、直隶巡按、两江总督。但他不改初衷，始终廉洁自守，勤于政事。于成龙68岁那年，病死在两江总督任上。临终前，军队中的将军、都统，地方上的各级官员都来探视。他们见到于成龙的床边放着几件官服和冠带，连个柜子也没有；后堂上只有几斗米，几罐豆豉。这些官员见此情景都感动得痛哭失声。

于成龙不是为了生计而是为了报效国家、报效百姓而离家到广西当县令的。可见，他为官是出于报国为民的使命。于成龙45岁出仕，在无任何靠山的情况之下，不到二十年就升迁至两江总督。靠的是他对国家、对百姓的奉献，还有百姓的信任和拥戴。“三年清知府，十万白花银。”于成龙一生都担任要职，且官至封疆大吏，但还是一贫如洗。他终生只为奉献而不求索取，体现的正是毫不利己、专门利人的水的精神。于成龙的政绩官声，就是拿到今天来说，也是一个模范公仆。可见没有上善若水的美德的人，是当不成一个好公仆的，这正是于成龙留给我们的启示。

（三）为了使命，公仆要有舍身为民的担当。

纵观我国的历史，为官者要报国为民，还要有一种舍身为民的担当。

老子在《道德经》的第78章指出：

故圣人云：“受国之垢，是谓社稷主；受国之不祥，是谓天下王。”

这句话的意思是，古人说：勇于为国家忍辱负重的，才配做国家的领导人；勇于为国家承担凶险和危难的，才配做民众的领袖。

老子在《道德经》的第28章又说：

知其荣，守其辱。为天下谷，为天下谷。常德乃足，复归于朴。

它的意思是，世俗人都喜欢追求荣耀，心中有道的人为了真理、为了社会的发展、为了百姓的利益却能直面屈辱、凶险乃至死亡。这样的有道之人，如同江流所归的大海，为天下人所归心。他们如能使自己的真善之德日益深厚，就如同使自己回复到道的淳朴境界。

在“人民公社”、“大跃进”之后，广东与全国一样，农民的积极性和农业生产都一落千丈。就是富饶的珠江三角洲这样的鱼米之乡，也到处都是水肿病人，在饥饿中煎熬，在死亡线上挣扎。身为省委书记的赵紫阳可谓心急如焚。

1962年7月，他到清远县调查时，听到县委介绍该县洲心公社的新经验——“农业生产联系产量责任制”。为了弄清这“联产责任制”的内涵和成效，他在该公社的塘坦大队第一生产队一住就是三天。联产责任制就是“按田定产，固定到户，包田间管理，超产归户。”他觉得“洲心经验”好就好在既没有分田到户搞单干，又能调动百姓的生产积极性。通俗地说，就是既不冒犯“天规”，又能增收粮食。他于是决定在全省推广。

这年的8月，赵紫阳到北戴河参加中央工作会议，令他想不到的是，毛泽东不仅反对分田到户，也反对“包产到户”，并把它提升到农村两条道路斗争的高度来认识。怎么办？赶紧刹车还是继续前行？如果刹车，农民的积极性会进一步受到打击，农村饥饿的问题会越发严重，但可保自己的官位平安无事；如果不刹车，凶险就在前面等着他，因为“联产责任制”的实质也是包产到户。为了百姓不继续挨饿、水肿和死亡，他忘却了自身的荣辱与安危，以一种舍身为民的担当，毅然决定向前行。

正由于广东全面推广了联产责任制，从而使它的经济复苏走在全国各省的前列。正因为文革后他主政四川时也大力推广了“洲心经验”，从而使他获得了“要吃粮找紫阳”的美誉。赵紫阳之所以敢于顶住压力，为民请命，是因为他们心系祖国，情牵百姓；是因为他们知道，我们的根基在人民，血脉在人民，力量在人民。通过以上所述，我们可以知道，为官者要成为一个有报国为民使命感的真正公仆，就必须有一种舍身为民的担当。

官场的历史一再证明，没有高尚情操、崇高使命感的人是当不成好官的，是成不了好公仆的。范仲淹、陆游、王阳明、于成龙、胡耀邦、赵紫阳、万里、孔繁森、杨善洲、牛玉儒，就是有高尚情操和崇高使命感的人。

四、公仆，必须懂得功遂身退之道

功遂身退，就是功成身退。老子这一思想对于防止成功者、成功的政党向反面转化具有重大作用和意义。

（一）功遂身退，体现的是道的品格和精神。

老子在《道德经》的第9章指出：持而盈之，不如其已。揣而锐之，不可长保。金玉满堂，莫之能守。富贵而骄，自遗其咎。功遂身退，天之道也。

这话的意思是，端持满满的一盆水而不使它外溢，无论如何小心也是很难做得到的。为了使利器保持锋利的状态而不断捶击它，是很容易使之崩裂，甚至折断的。黄金美玉积聚得太多时，要想守住它是不容易做得到的。当一个人富贵之后，如果以富傲世，以富凌人，就必然要招致灾祸。因此，一个人功成名就之后，更应谦虚谨慎，提防骄横；更应收敛欲望，淡薄权位名利；更应自律自爱，力戒自贵自见。这样做遵循的正是道的品格和精神。

老子认为，万事万物的转化都有一个“度”，如果越过这个“度”，就会向它的反面转化。老子这一“不盈”或“戒盈”的思想告诉我们，做任何事情都不应过分、过度、过头，而应适可而止。“水满则溢，月满则亏”，万事万物在运动变化中都遵循“物极必反”的规律，一个人如果功成名就之后，不懂得谦虚谨慎，收敛欲望，自律自爱，就可能会走向反面。

清朝的奕譞是一位深谙功遂身退之道的王子。他是咸丰帝的弟弟，慈禧的妹夫，光绪帝的父亲。他曾与他的六哥奕訢联手，扳倒肃顺八大臣，从而使慈禧得以掌控清朝廷的实权，他的地位，除慈禧外无人能比。他却格外的恭谨敬慎。他把自己的正房起名为“谦思堂”，把自己的书房命名为“退省斋”，他还在子女的房中挂上自己写的治家格言：“财也大，产也大，后来子孙祸也大。若问此理是若何？子孙钱多胆也大，天样大事都不怕，不丧身家不肯罢。”

急流勇退不能等同于功遂身退。人人在功成名就之后都隐身退去，这既不现实，也无必要。一个功成名就的人如果不懂得功遂身退，不但会毁掉他已经成就了的功业，甚至会招来杀身之祸。韩信被废王爵时曾叫冤说：“狡兔死，走狗烹；飞鸟尽，良弓藏；敌国破，谋臣亡；天下已定，我固当烹。”其实，韩信早就野心毕露，刘邦在河南被项羽围困时，曾下令让他尽速派兵救援，但他却按兵不动，反而派人去面见刘邦，要求封他为假齐王，因为此时，他已攻占了齐地。刘邦为了顾全大局，只好答应说：“要封就封个真的，封个假的做什么？”后来韩信进入楚地，干脆自称楚王。他自以为有大功，应当得到报偿，应当割地封王。但不消灭这些割据者，天下就不能实现真正的统一，人民就不能过上真正的和平生活。从这个意义上说，韩信被杀是他自取的，是他不懂得功遂身退造成的。唐代的长孙无忌、清代的鳌拜，还有当代的林彪、薄熙来，都是不懂得功遂身退之道的典型，也都不可避免地落得身败名裂的下场。

如果一个国家的主要领导人不懂得功遂身退，那后果就更严重了。唐玄宗李隆基在开元、天宝年间，由于坚定地奉道而行，从而开创了唐以来从未有过的盛世。然而他没能善始善终，没能继续励精图治，而是居功自傲。他怠于政事，骄奢纵欲；他远君子，而亲小人；他饰非拒谏，喜欢阿谀奉承，结果酿成了八年的安史之乱，使大唐从此走上了不可逆转的衰亡之路。毛泽东于建国之后树立绝对权威，发动人民公社、大跃进、反右和文化大革命等一系列的运动，使国家处于危险之中。可见，为官者尤其是居上位者在“功遂”之后能否“身退”，不仅是个人的政治品德问题，更重要的是，它直接关乎到人民的福祉，国家的兴衰。

（二）不恋旧勋，再立新功，是“功遂身退”思想的精髓所在。

不恋旧勋，再立新功。这是老子“功遂身退”的精髓所在。因此，它是一种崇高的生命境界，更是一种积极的生存态度。

上世纪的八十年代，广东有一位很另类的县委书记，无论大会小会，他从不说加强党的领导、保证党的领导此类的话。但他非常强调党员和党员干部的模范带头，并身体力行起表率作用。1．他狠抓办事效率。他要求受理单位在收到申办单位的报告之后，原则上必须在15天内办结、答复、解决。他还宣布成立一个督办室，由自己兼任主任，亲自受理投诉。其实这个督办室既无编制，也无工作人员。奇怪的是在他五年多的任期里，竟没收到一单投诉。整个县委县政府机关就像一部高速运转的机器。群众对此非常满意。2．他让官民亲密无间地相处。他要求县委、县政府大院敞开大门，要求县领导敞开家门，他坚持步行上下班，以此方便百姓直接与县委、县政府领导接触。有一次，有个中年男子来到了这书记的家门口，开门的正是这书记自己。书记问来人找谁，这男子说出了这书记的名字却不认得他。书记于是问，你想让他给你办什么事。这男子说：“我给他做了十八年秘书，我是来问他要工资的。”这书记知道这男子是个神经病人，于是把民政局长叫来，并嘱咐在弄清此人的身份之后，尽量给予一些经济上的帮助。3．他要求政府主动为百姓做好事办实事。有一次，县办主任在理发店听到有人发泄不满：“我们打江山的受穷，他们坐江山的享福。”说话的是一位复员回乡的抗美援朝时的残废老兵。这书记得知后，即与政府商量，随即决定给所有援朝战争前的复员兵按月发给生活津贴。这复员兵说：“一句牢骚话引出来这样的好结果，这种感觉真好。”这位书记主政这个县的五年里，其经济总量以平均24%以上的速度增长，城乡居民储蓄翻了4倍多，社会也呈现一派和谐景象。这个县的干部群众至今仍很怀恋那个年代，说那时的党好、政府好。

这个县委书记说，共产党执政的合法性，来自百姓对它的信任和拥护，而不是来自对它本身的反复强调。我们这个党不能靠吃老本过日子。因此，对党的基层领导来说，说一千道一万，不如做出成绩让大家看。我想，这个县委书记的这番言行体现的，正是老子“功遂身退”中的再立新功的思想。

2012年初，中共中央政治局委员、广东省委书记汪洋指出：“我们必须破除人民幸福是党和政府恩赐的错误认识。”这一论断令人耳目一新，振聋发聩。

它对共产党是中国人民的救世主的认知是一种颠覆，而对只有人民才是历史的创造者的唯物史观，对老子所主张的民权至上的民本思想及公仆精神则是一种回归。“没有共产党就没有新中国”这首歌，是人民群众对中国共产党在建党和建国中所建下丰功伟绩的肯定与歌颂，但它毕竟不是一种科学的表述，因为“从来就没有什么救世主，也没有神仙皇帝”(引自“国际歌”)。我不是要否定这首歌，也不是反对去唱这首歌。但我主张中国共产党人，特别是为官者应以一种健康的心态去唱它。我们应该看到，有的共产党人被这首歌的歌声所陶醉，变得飘飘然起来。他们飘离了大地，飘离了人民大众，他们在不知不觉中把自己当成了救世主，当成了人民的大救星，当成了人民的主子和恩人，而忘掉了自己的公仆身份。他们因此高高在上，养尊处优，飞扬跋扈，玩忽职守、以权贪腐……所以，我们千万要记住，谦虚谨慎，淡薄名利，不恋旧勋，再立新功，才是我们今天的共产党人应有的认知和心态。

我深信，如果公务员们都能切实践行老子的公仆精神，他们头上之“弱势群体”的帽子就一定会被摘除。

康有为《大同书》中的国学渊源

刘世红

一

康有为是中国传统社会向现代文明转化过程的一个典型知识分子，既深受传统文化影响，又积极吸收西方先进的思想观念。《大同书》是康有为对中国传统文化继承和创新的产物和代表。从《大同书》内容和架构来看，传统文化影响至深，大量篇幅的描述都是与传统文化有关。

1.《大同书》借用了佛教基本教义的“苦谛说”描述“据乱世”社会的基本特征。

佛教的基本教义主要是“四谛”、“八正道”等。四谛，就是：苦、集、灭、道。八正道又叫八圣道，包括：正见、正思、正语、正业、正命、正精进、正念、正定，即要求人们按照佛教的教义来观察、思考、说话、行动和生活。“四谛”与“八正道”被称为释迦牟尼的根本教法。以“四谛”说为核心，通过“八正道’达到无欲境界，这种境界称为“涅磐”。实现”涅磐”的人就可以避免再生轮回而从凡间痛苦中解脱。

佛教认为现世社会是痛苦的，人生充满着苦，即“苦谛”。康有为《大同书》开篇即有“人世界观众苦”一题，很明显借鉴了佛教的世界观来描述人类社会：康有为认为中国当时处在“据乱世”阶段，“耳闻皆勃豀之声，目睹皆困苦之形”。[①]“盖全世界皆忧患之世而已，普天下人皆忧患之人而已，普天下众生皆戕杀之众生而已；苍苍者天，抟抟者地，不过一大沙场大牢狱而已。”[②]他将生而为人的世界分为6大苦：“人生之苦七”、“天灾之苦八”、“人道之苦五”、“人情之苦八”、“人所尊尚之苦五”等等。[③]

虽然使用了佛教的人生观，但康有为罗列的“据乱世”的“苦”与佛教的“苦”完全不同：

首先，起源不同。佛教认为人所有的“苦”起源于人本能的欲望（色、声、

---

①《大同书》康有为著，章锡琛、周振甫校点，古籍出版社1956年版，第1页。

②《大同书》，第2页。

③《大同书》，第8-10页。

香、味、触五欲)，是抽象的，是人对外界的反映，人具有主观能动性，只要消灭苦恼的根源——“五欲”，每个人都可以得到“解脱”而成佛，而这条解脱的途径就在于每个人自己。而康有为的“苦”是各种具体的社会现象，是现世社会强加给人的，人是被动接受这些“苦”。比如“人生之苦”有“投胎之苦”、“夭折之苦”、“废疾之苦”、“蛮野之苦”、“边地之苦”、“奴婢之苦”；“天灾之苦”有“水旱饥荒之苦”、“蝗虫之苦”、“火焚之苦”、“水灾之苦”、“火山之苦”、“地震山崩之苦”等自然灾害和“舟船覆沉”、“汽车碰撞”等人祸；“人道之苦”则包含人生常见的鳏寡、孤独、疾病、贫穷、出生低贱等社会现象；至于“人治之苦”全部都是“据乱世”阶段才有的，比如“刑狱”、“苛税”、“兵役”，等等。所有的这些“苦”皆非人生而有之，都是外部世界存在的，自然灾害无可避免，社会问题也无法解决，因为这是“据乱世”阶段客观存在的。在论述人生的痛苦时，他专门论述“富人”、“贵者”、“帝王”、“神圣仙佛”等之苦，以此说明即使是富贵者、帝王、神仙都是痛苦的，要想让所有人都摆脱痛苦，只有进入大同社会，按照他的设计去苦求欲，人类才能够得到快乐。在这里，康有为虽然借用了佛教的基本教义，但是出发点却大相径庭，他所倚赖的是中国传统的儒家“内圣外王”的思想，出发点如此，使用的方法也是如此。所以，在《大同书》中，他明确表示：“吾既生乱世，目击苦道，而思有以救之”。[①]

其次，解决方法不同。佛教对人生强调压抑甚至消灭欲望，是从内省的角度来求得解脱，从而脱离“苦海”。与佛教的人生态度不同的是，康有为在《大同书》中的世界观，是在承认人生充满各种痛苦的前提下，承认欲望是人类本性而非缺陷，他宣称：“人生而有欲，天之性哉！欲无可尽，则当节之，欲可近尽，则愿得之！”[②]所谓人生的各种欲望，都是人的正常要求，是人生的乐趣。随后他津津乐道地罗列了“生人之乐趣”凡十数种：“口之欲美饮食也，居之欲美宫室也，身之欲美衣服也，目之欲美色也，鼻之欲美香泽也，耳之欲美音声也，行之欲灵捷舟车也，用之欲使美机器也，知识之欲学问图书也，游观者之欲美园林山泽也，体之欲无疾病也，养生送死之欲无缺也，身之欲游戏登临，从容暇豫啸傲自由也，公事大政之欲预闻豫议也，身世之欲无牵累压制而超脱也……”[③]等等。他认为人生的目标并不是压抑自己的欲望，而是想办法满足欲望，追求快乐，消除痛苦。“有生之徒，皆以求乐免苦而已，无他道矣。”[④]据此他毫不厌烦地详细描述了6大类27种具体的“苦”。按照他

①《大同书》，第8页。
②《大同书》，第41页。
③《大同书》，第42页。
④《大同书》，第6页。

的设想，人类不需要压制欲望，只要实现他的大同梦想，人人都会满足愿望，去苦求乐。在大同“太平之世，人皆有乐而无忧”。[①]他的大同太平世界就是为实现这些欲望和乐趣而设计的。

由此看来，康氏的“苦”与佛教的“苦谛”是完全不同的。之所以产生歧意，根本原因是由于康氏所持的世界观与佛教世界观的迥异。佛教认为世界本来是“苦”，人生于世，就是来“受苦”，忍受世间各种磨难。康有为虽然借用了佛教的基本教义——“苦谛”，但他所依据的是典型的儒家思想，用儒家积极的世界观重新阐释佛教的教义。他按照儒家积极入世的态度看待“苦”，才能以积极的态度消灭“苦道”。这种思想和孔子所说的“食、色，性也!”一脉相承，展现出儒家思想包容博大的胸襟和正视现实并力图解决问题的勇气，是儒家积极入世态度的表现。儒家思想强调“仁”，以积极的态度看待人生。康有为按照儒家积极的入世态度，面对现世的人性和社会矛盾提出自己的解决方案，给人类开出消灭痛苦的良方——“行大同太平之道”。这种思想，与晚清“中体西用”的思潮一脉相承，显示出中国传统儒家文化已深入康有为思想的“骨髓”之中。

2.《大同书》对大同太平世的描述完全遵循着孔子“天下为公”的大同社会的设想。

康有为依据儒家思想的“公羊三世说”把人类社会的发展过程分为“据乱”、“升平”和“太平”三个阶段，从而奠定了《大同书》的基本架构和内容。在“绪言”中，康有为称赞孔子有先见之明，早就预计到人类社会发展的进程：(孔子)“故立三统三世之法，据乱之后，易以升平、太平，小康之后，进以大同。”[②](孔子)“今大道既隐，天下为家。各亲其亲，各子其子。货力为己。大人世及以为礼，城郭沟池以为固，礼义以为纪；以正君臣、以睦兄弟，以和夫妇，以设制度，以立田里，以贤勇智，以功为己。故谋用是作，而兵由此起，禹、汤、文、武、成王、周公由此其选也。此六君子者，未有不谨于礼者也。以著其义，以考其信。著有过，刑仁讲让，示民有常。如有不由此者，在执(势)者去，众以为殃。是谓小康。”【礼记·礼运】在这段话中，孔子谈到家庭、私有制、国家就是“小康”社会的基本特征。康有为则完全继承了孔子的这些观点，并据此认定中国还处于大同的初级阶段——“据乱世”，“欧美略近升平”，但还是“据乱世”的阶段。[③]

①《大同书》，第48页。
②《大同书》，第8页。
③《大同书》，第8页。

从《礼记·礼运》中的一段话中可以找到康有为大同思想的来源："大道之行也，与三代之英，丘未之逮也，而有志焉。大道之行也，天下为公。选贤与能，讲信修睦，故人不独亲其亲，不独子其子，使老有所终，壮有所用，幼有所长，矜寡孤独废疾者，皆有所养。男有分，女有归。货恶其弃于地也，不必藏于己；力恶其不出于身也，不必为己。是故谋闭而不兴，盗窃乱贼而不作，故外户而不闭，是谓大同。"【《礼记·礼运》】康有为对孔子描绘的大同世界心向往之，认为"大同之道，至平也，至公也，至仁也，治之至也，虽有善道，无以加此矣。"①

《大同书》中，康有为全盘接受孔子对大同社会的设想，以营造儒家大同社会为目标，力求实现人类全方位的理想生活：去"国界"、"级界"、"种界"、"形界"、"家界"、"产界"、"乱界"、"类界"、"苦界"等9界，在政治上取消国家，设置公政府进行日常事务管理、各级度政府行使自治，消灭家庭，解放妇女，男女平权；经济方面，无论农、工、商等都实行公有制；教育方面，从胎教开始直至大学阶段每个人的教育都由政府负责；社会保障和医疗方面，失业有"恤贫院"安排生活，生病有"医疾院"免费医治，60岁以上进入"养老院"免费养老，直至去世有"考终院"处理后世。对比《大同书》和孔子《礼记·礼运》中的描述，可以看出，康有为忠实地执行着孔子"天下为公"的大同理想。

除了对大同社会必经阶段和基本特征的描述外，在社会生活各个领域都是以儒家传统的"仁、义、礼、智、信、恕、忠、孝、悌"为道德规范。康有为特别推崇儒家的孝道，不喜欧美国家子女不报父母养育之恩的习俗："论孝报欧美不如中国，耶教不如孔教"，②"故人子而经父母之顾复、抚育、教学者，宜立孝以报其德，吾取中国也，吾从孔子也。"③

很明显，康有为的大同世界完全是按照孔子对大同社会的要求安排的，没有脱离孔子大同社会的基本特征。特别是大同社会的核心——消灭家庭和婚姻的"去家界为天民"的主张，都是来源于孔子的思想。儒家的人生观，以成就道德人格和救世事业为价值取向，内以修身，充实仁德，外以济民，治国平天下，这便是内圣外王之道。其人生态度是积极进取的，对社会现实有强烈的关切和历史使命感，以天下为己任，对同类和他人有不可自己的同情，己所不欲，勿施于人，己欲立而立人，达则兼济天下，穷则独善其身，亦不与浊俗同流合污，以成就自己的道德人生。从继承孔子大同思想的角度看，《大

①《大同书》，第8页。
②《大同书》，第178页。
③《大同书》，第179页。

同书》并不是康有为个人的空想，即使是空想，也是自孔子始，并非康有为个人的创想，他只是怀抱强烈的社会责任感并遵循孔子的理想在资本主义时代做了一个具体阐述而已。当然这些有创意的阐释吸收了当时许多新鲜的理论，比如天赋人权说、自由平等思想、空想社会主义等，赋予了《大同书》浓烈的时代特征。

3. **在《大同书》行文中，处处透露出对中国传统佛道世界的赞美和向往。**

由于儒、佛、道思想在我国传统文化中的广泛传播和重要作用，康有为也深受影响，三家的思想精义在《大同书》中浑然一体，成为其大同思想的主旋律。

康有为对于“平等”的阐述与佛家的“众生平等”思想有着不可分割的渊源，他创造的大同世界就是一个众生平等的世界。“平等”是佛教大力弘扬和提倡的一个重要理念，是佛教的世界观、人生观和价值观的重要内容。佛教的平等，是指一切现象均平齐等，无本性、本质，乃至高下、浅深的差别。佛教还特别突出宇宙间的一切生命的平等，不仅强调人与人、人与其他生物的平等，还强调人与佛的平等。康有为完全认同佛教的众生平等思想，他在《大同书》中宣称：“人皆天所生也。同为天之子，同此圆首方足之行，同在一种族之中，至平等也。”[①]人人平等的世界，才能达到“大仁”的儒家至高理想：“人类既平等之后，大仁盎盎矣。”[②]

不仅人类之间实现平等，就连人与动物、植物之间也要平等，这样才能真正实现众生平等：“盖天之生物，人物皆为同气，故众生皆为平等。”人与物之间实现平等，关键就在于不杀生，即戒杀。人杀动植物，主要原因是为了获得食物。康有为想象在大同之世人类创造出“有能代肉品之精华而大益相同者”，这样就可以不杀生，实现人与其他生物的平等。他赞叹佛教“首创戒杀，实为至仁”。[③]可见，他的戒杀以实现众生平等的思想很明显是源于佛教教义。

《大同书》中对大同世界最高阶段“升平世”的描写充满了玄妙的想象，人们在这一阶段的生活极具道家飘飘欲仙的状态，休闲、放松、舒适，没有竞争，遑论战争，简直就是佛教中的极乐世界。他幻想“大同之世，人无所思，安乐既极，惟思长生。而服食既精，忧虑绝无，盖人人皆为自然之出家，自然之学道者也。”因为人人生活无忧，入有“公所”居住，出有“舟车之乐”，衣服、饮食、医疗等等都有保障，即使是人类的思想，也可以寄托于神仙佛学也。[④]

---

①《大同书》，第44页。
②《大同书》，第287页。
③《大同书》，第296页。
④《大同书》，第300页。

《大同书》是19世纪末20世纪初传统知识分子走出国门、了解世界后，对复杂的世界形势所作的思考和回应，康有为以中国传统知识分子的眼光解读世界，因此他所描绘的大同世界别有一番中国特色，其中细节的描写完全是传统士大夫的中国式想象：在大同之世，“大小舟船皆电运，……其铺设伟丽，其大舟上并设林亭、鱼鸟、花木、歌舞、图书，备极娱乐，故人亦多舟居以泛宅浮家焉。”[①]又如，在太平世“人人皆色相端好，洁白如玉，香妙如兰，红润如桃，华美如花，光泽如镜，今世之美人尚不及太平世之丑人也。”[②]大同社会若能实现，就是他想象中的神仙道学佛学盛行的世界：“故大同之世，惟神仙与佛学二者大行。”[③]在《大同书》的刻画中，康有为的大同理想是成佛、成仙：“盖神仙者，大同之归宿也。”[④]人人成佛成仙。可见，神仙佛道世界就是他描述和向往的大同世界。这些描述，一方面反映出康有为深受佛道思想的熏陶，其思想里有很重的道家情结——渴望长生不老，渴望成仙；另一方面也折射出康有为受中国传统民间迷信思想影响之深，甚至有迷信神仙的倾向。民间草根文化，虽然很多方面是消极的、反科学的，但是却有着极强的影响力和生命力，即使博学如康有为者，也不能不受影响。

在描绘大同世界的蓝图时，虽然在大同太平世的政治结构、社会结构、生产制度和分配制度等问题上借用西方资本主义和空想社会主义的主张，但是他目的是想实现孔子“三统三世”的大同理想。在《大同书》中，处处都有对传统文化的赞美，很少看到他对西方自由平等思想的直接肯定。

虽然康有为在《大同书》提出了人人平等的思想，但是实际上在他的论述中经常都有阶级、阶层的划分，有种族歧视的偏见。特别是其种族歧视的论调，表面上是外表的偏见，更深层次反映的是对列强的顶礼膜拜和对弱小民族的蔑视，这些都是近百年受列强欺压近代中国人的典型“畏强凌弱”的心理反应，与鲁迅塑造的阿Q并无二质。

4. 借用西方民主制度和空想社会主义者对理想社会的描述，结合当时世界科学技术发展的先进成果，描绘儒家思想中的“大同太平”理想并赋予新的时代特色。

康有为作为一个大变动时代的传统知识分子代表，并不拒绝新知识、新观念的启迪，其知识结构十分庞杂，既有传统中学，又有明显西学色彩，这

①《大同书》，第295页。
②《大同书》，第299页。
③《大同书》，第301页。
④《大同书》，第300页。

一点在《大同书》表现尤为明显。中国近代民主思想的产生主要是受“西学”的刺激，但也有一部分重要的思想资源发掘自传统的“中学”。康有为从公羊学平滑过渡到君主立宪思想，儒学传统并没有对康有为接受民主思想构成障碍，而是起到了孕育和催生的作用，成为他描绘大同社会的参照和重要内容。

有学者认为《大同书》中提到的自由平等的思想主要来源于卢梭的“天赋人权论”，笔者以为主要来源应是佛教的“众生平等”思想，恰好与基督教的“自由平等博爱”相吻合而已。在《大同书》中，康有为根据其西学知识和长期各国游历的见闻，设计出一个糅合孔子大同三世说、佛道极乐世界、资产阶级自由平等思想、西方政治制度、空想社会主义学说在内的人类社会发展最高阶段。16年的全球游历虽然增长了许多见识，但是并不能动摇他对大同世界基本思想的根基，西方的基本政治制度、自由平等的思想只是完善其大同世界的重要补充。他引用西方议会制作为太平世的政治组织形式，但是他并未领会西方民主制的精髓。现代西方民主制关键乃是以制度约束人，不需要伟人政治或者贤人政治。在《大同书》中，他仍然以“仁”、“智”作为选拔政府官员的标准，明显就是深受儒家“人治”思想的影响。[①]

许多学者对《大同书》的性质有很大分歧，有学者认为《大同书》所设想的“大同世界”是典型的资本主义社会[②]；有学者认为《大同书》是一部反映“康有为资产阶级自由派改良主义的大同空想”[③]；有学者认为其“具有社会主义和民主主义的两重性质”[④]；再一种是“空想社会主义说”、“独特空想社会主义说”或“中国特色的空想社会主义说”[⑤]。这些看法各据一词，都有一定道理，从《大同书》中都可以找到充分的佐证。产生这些分歧，主要就是《大同书》思想来源多元化，内容又比较庞杂所导致的。其实无论是“资本主义社会说”、“社会主义和民主主义两重性说”还是“空想社会主义说”都只反映了《大同书》的部分内容，反映了该著的时代特征。这也从另一个角度说明康有为对国际政治形势、文化思想和社会运动的多样性十分关注，并且有一定的了解和认识。笔者以为，康有为的成书动机才是判断大同世界是何属性的主要依据，他的最高目标是想把世界改造成孔子所阐述的大同世界。欧美游历经年，看

①《大同书》，第260页。

②汤志钧《康有为与戊戌变法》，中华书局1984年版。

③李泽厚《康有为谭嗣同思想研究》，上海人民出版社1958年版。

④林克光《论大同书》，载《中国近代思想家研究论文选》，三联书店,1957年版。

⑤[美]萧公权《近代中国与新世界：康有为变法与大同思想研究》，江苏人民出版社，1997年版；马洪林《康有为评传》，南京大学出版社，1998年版；郑祖铤《〈大同书〉——中国空想社会主义诞生的标志》，载《求索》，1994年第5期第104-109页。

到了资本主义制度的优劣，接触并了解了空想社会主义学说，经过儒学大同思想的筛选和过滤，他认为有用的，或者是与大同世界相契合的，就融进他的大同升平世，成为大同世界的重要部分。

他借助西方声光电化的科技发展程度给大同世界的设计添加了许多科技内容：比如借助铁路、电线、电话、飞船等等科技发明，可以帮助进行政府管理，可以增进人与人之间的交往等等。如同我们对现代科学技术在改变人们生产生活方式、思维方式的巨大作用，这些现在来说简直不值一提，在当时看来却能给初次接触的中国知识分子巨大的震撼。我们都能体会“科技改变生活”这句话的分量，但是科技改变的不仅是生活，而且能创造出巨大的思想变革。

二

《大同书》以“大同三世说”为基本架构，以佛教众生平等为理论依据，以资本主义民主制度为基本内容，没有脱离中国传统思想的樊篱，是康有为“经世致用”思想的重要体现，具有明显“中体西用”的特征。

《大同书》成书过程很长，自1887年著《人类公理》，康氏几经修改，至1919年《大同书》单行本出版，前后长达30余年，全稿直至1935年才由他的弟子钱定安交由中华书局出版。学术界对康有为从《人类公理》到《大同书》最后成书有比较完整的论述，也基本认同《大同书》的基本架构和内容是康氏早期的创作。康有为早期曾授业于岭南大儒朱次琦，受到非常系统的儒学教育，朱次琦的学术思想、治学方法对康有为产生了巨大的影响。这一点从《大同书》的基本思想中有所反映。

康有为本人的个性特征也是《大同书》烙上“中体西用”印记的重要因素。梁启超对此有相当深刻的评价：“有为太有成见，启超太无成见。其应事也有然，其治学也亦有然。有为尝言：‘吾学三十岁已成，此后不复有进，亦不必求进。’”[①]可见，康有为是一个很有主见的人，具有非常强的独立思考能力；另一方面亦印证他早期所受传统文化熏陶程度之深。戊戌变法失败后康、梁师徒二人在海外环游，梁启超见到新鲜的文化和政治制度，思想受到强烈的冲击，甚至一度抛弃改良，趋向革命。与之形成鲜明对比的是，康有为思想变化却不大，他仍然坚持保皇，鼓吹君主立宪。

①梁启超《清代学术概论》第26页。

从政治思想来看，康有为确实是一个坚决主张君主制的保皇派，一直未曾动摇，其大同思想也变化不大。《大同书》中的政治理想与康有为一贯的政治态度是相吻合的。康有为并不是资产阶级的代表，在《大同书》中，他言辞激烈地反对私有制和自由竞争的资本主义经济制度。无论是对中国政治经济文化传统，还是欧美政治经济制度，该著反映出康有为一贯的有鉴别的吸收的态度。戊戌变法失败后16年康有为一直避居海外，曾三次环游世界，足迹遍及五大洲，虽然他推崇西方资本主义国家的自由平等理念和议会政治制度，但是他并不盲目崇洋，资本主义国家政治经济制度的利弊引起他的思考。在《大同书》中他对西方资本主义制度弊病毫不留情地揭露，对西方议会民主制的首肯，也很明显反映出康有为对中国传统和欧美制度有鉴别吸收的态度。他看到资本家和工人阶级之间的尖锐对立，“富者愈富，贫者愈贫”；他目睹资本家在竞争中唯利是图，损人利己，不择手段。对于这一现象，19世纪末20世纪初许多人都是赞同竞争和私有制，康有为却不以为然，他拿出大同理想对其进行批判。他认为：“夫以有家之私及私产之业，则必独人自为营业，此实乱世之无可如何者也。”私有制只是“据乱世”阶段才存在的现象，竞争亦如是：“近世论者，恶统一之静而贵竞争之嚣，以为竞争则进，不争则退，此诚宜于乱世之说，而最妨害于大同太平之道者也。夫以巧诈倾轧之坏心术如此，倾败之致忧患、困乏、疾病、死亡如此，骄谄之坏人品格如此，其祸至深矣，其欲致人人于安乐亦相反矣。然则主竞争之说者，知天而不知人，补救无术，其愚亦甚矣。嗟乎，此真乱世之义哉！虽然，不去人道有家之私及私产之业，欲弭竞争，何可得也？”所以，康有为认为，鼓吹私有制和自由竞争理论不过是资本主义弱肉强食的市场竞争规律在人们观念上的反映，决不是什么科学进步的理论，不仅严重败坏了社会道德，破坏了人和人之间的和谐关系，而且进一步加剧了贫富对立，加剧了阶级剥削和阶级压迫，只能促使社会动乱，决不能造成一个理想社会：“在富者则骄，在贫者则谄，骄极则颐指气使，谄极则舔痔吮痈，盖无所不至矣。故骄与谄，非所以养人性而成人格也。”①因此，康有为认为，资本主义虽然创造了现代大机器生产力，但并不能达到人类的普遍幸福，只有消灭私有制，才能消灭阶级矛盾和阶级斗争，建立人人平等的大同社会。只有大同社会，才能实现人类平等、富裕的理想。

总而言之，康有为的《大同书》主体思想来源于中国传统儒家思想，兼以佛道教义，西方资本主义民主制度是重要内容。《大同书》是一部中国传统

①《大同书》，第237页。

知识分子在纷繁复杂的乱世中力求实现世界太平、人类大同理想的典型之作，具有中国近代思想界所共有的“中体西用”的显著特征。人的思考一般是以现实社会为基础的，不会超出社会发展的水平，至多是站在时代的前列，康有为也不例外。以他思想的活跃和敏锐，不愧为当时先进知识分子的代表。

在当时经济发展、文化冲突、政治变革频繁、社会矛盾不断激化的风云乱象之中国，《大同书》寄托了康氏“修齐治平”的政治理想。在现实中实现不了的目标，著书聊以自慰，也算是有责任的近代儒家知识分子对社会和国家的另外一种关注方式。

民国初年的政治动荡也引起康有为的思考。尽管康氏始终坚持保皇，但他却他高度评价了辛亥革命的历史作用：“今共和告成矣，扫中国数千年专制之弊，不止革一朝之命，五族合轨，人心趋同矣。”民国成立后，旧秩序被推翻，新秩序还未建立，国内形势十分复杂。对此他同时提出共和未必能造福国家人民：“然或以为共和已得大功告成，国利民福即可自致，则未然也。吾所深虑却顾者，以共和虽美，民治虽正，而中国数千年未之行之，四万万人士未之知之，众瞽论日，冥行擿埴，吾虑其错行而颠坠也。”[①]深谙中国国情的康有为认为，民国初年政治动乱，关键在于学习西方时全法欧美而尽弃国粹，结果适得其反：“凡为国者必有以自立也。其自立之道，自其政治、教化、风俗深入其人民之心，化成其神思，融洽其肌肤，铸冶其群俗，久而固结，习而相忘，谓之国魂。国无大小久暂，苟舍此乎，国不能立。”中国和欧美国家国情不同，欧美选择资本主义政治经济制度，是与他们历史上形成的历史文化习俗相适应的，所以行之有效。中国全面学习欧美，只得皮毛，“凡欧美之长，皆我所不得焉，而于吾国数千年之政治、教化风俗之美，竭吾圣哲无量之心肝精英，而皆丧弃之。”此举无异于邯郸学步，“未得其国能，先失其固步也。”[②]虽然他的目的是推销保皇派的“虚君共和论”，但是他主张保留中国政治经济文化传统精华，反对盲目学习欧美，这种看法是非常有见地的，这与他在《大同书》中的观点一脉相承。

作者为广东省社会科学院旅游研究所助理研究员

①康有为《中华救国论》，《不忍》第1册，上海广智书局1913年2月出版。

②康有为《中国颠危误在全法欧美而尽弃国粹说》，《不忍》第6册，上海广智书局1913年7月出版。

孙中山与国学的当代价值

黄明同

“国学”，在当今极为人们关注；“国学热”在不断地升温，且不说易中天、于丹等人的讲坛和著作炒得沸沸扬扬，就在一些高校办的“国学班”，学费虽高达3～5万，而报名者甚众。姑勿论这里面有多少泡沫，有什么炒作，还是可以肯定地说，国学在当今再次受到人们关注，这是振兴中华的需要，构建社会主义和谐社会的需要，建设社会主义新文化的需要。今天以“国学当代价值”为主题的这次论坛，无疑是极有意义的。笔者建议，人们在注重国学当代价值之时，应关注孙中山。孙中山第一个提出“振兴中华”的伟大号召，并高度重视中华民族“固有的文化”对民族复兴的重大意义；明确提出“复我国粹”之后，还要“学欧美之所长”的文化理念；其建国纲领，借鉴西方，又注重中国国情，把中国人憧憬的大同社会作为最终的建设目标，把儒家的治国理念向实践层面转换。可以说，孙中山的继往开来，使中华文化从传统转向现代，因而他在中国文化与学术发展进程中的地位和作用，极须重视，并从中得到启迪。

孙中山注重国学，体现于他一生的言行之中，如下只简要归纳其主要的几点：

一、充分肯定“复我国粹”在民族振兴中的重大意义

在2006年孙中山诞辰140周年纪念大会上，胡锦涛主席的讲话，对孙中山的评价多了一条：“民族英雄”。为什么？我认为，孙中山领导民主革命，推翻了清王朝统治，在世界的东方建立了第一个民主共和国，其丰功伟绩，不仅打开了中国的历史闸门，而且竖起了亚洲民族解放的大旗，由此而掀起了民族解放的浪潮；孙中山“振兴中华”的首先提出，是对中华民族伟大复兴运动的震撼人心的呼唤：孙中山不愧为一位顶天立地的民族英雄。

如何进行民族复兴？孙中山首先进行革命，领导了10次武装起义，以及后来的“二次革命”、“北伐战争”，他愈挫愈奋。但他意识到，武力破坏之后，便是文化建设，包括心理建设、物质建设和社会建设，只有通过文化的建设

和发扬，才能有国家的强盛和民族的复兴。他说：

“大凡一个国家所以能够强盛的原故。起初的时候都是由于武力的发展，继之以种种文化的发扬，便能成功。”

孙中山晚年，特别重视民族文化在民族复兴中的重大意义。他于1924年在日本的《大亚洲主义》讲演中，明确提出“应该用我们固有的文化作基础”。“我们固有的文化”，便是“仁义道德”；而这个“基础”既是指大亚洲主义的基础，也是指中国新文化建设的基础，当然也就是民族复兴的基础。

所以，孙中山在1924年的“三民主义”讲演中，在谈到民族地位的恢复时，他大声疾呼：“我们今天要恢复民族的地位，便先要恢复民族的精神。”

孙中山讲的“民族精神”具体包括“固有的道德”和“固有的智能”即“知识”和“能力”。孙中山所说的“固有道德”，具体便是“忠孝”、“仁爱”、“信义”与“和平”。他看到，由于外来文化的“侵入”，“横行中国”，固有的道德被“排斥”，然而，“要维持民族和国家的长久地位，还有道德问题，有了很好的道德，国家才能长治久安”。故此他说：

“我们现在要恢复民族的地位，除了大家联合起来做成一个国族团体以外，就要把固有的旧道德先恢复起来。有了固有的道德，然后固有的民族地位才可以图恢复。”

“这种特别的好道德，便是我们民族的精神。我们以后对于这种精神不但是要保存，并且要发扬光大，然后我们民族的地位才可以恢复。”

孙中山认为，固有的道德恢复起来以外，“还有固有的智能也应该恢复起来”，“也应该唤醒”。在他看来，“固有的智能”便是“人生对国家的观念”，即“系统的政治哲学”：“格物、致知、诚意、正心、修身、齐家、治国、平天下”。孙中山自豪地说，这是外国所没有，而“中国所固有的”、“独有的宝贝”，是“很精密的知识和一贯的道理”。他以为，只有把这固有的智能恢复了，才可能实现民族地位的提升。他说：

“我们现在要能够齐家、治国，不受外国的压迫，从根本上便要从修身起，把中国固有知识一贯的道理先恢复起来，然后我们民族的精神和民族的地位才都可以恢复。”

综上所述，孙中山所说的“固有的道德、知识和能力”，概括说就是“国粹”，是中国几千年的优秀文化。当然，“国粹”也便是“国学”，胡适曾作过这样的界定：一切过去的历史文化，就是“国故学”，省称为“国学”。

孙中山深刻揭示了，国粹，即国学在民族振兴中的重大意义，其逻辑推理：

恢复民族固有的道德、知识和能力——恢复民族精神——民族地位提

高——民族振兴

当然，在孙中山看来，民族振兴必须首先要发挥国学的作用，但富于辩证思维的孙中山，没有因为重视民族文化而忽略向西方先进文化学习，他非常中肯地说：

恢复了我们固有的道德、知识和能力，在今日指之世，仍未能进中国于世界一等的地位，如我们祖宗之当时为世界之独强的。恢复我一切国粹之后，还要去学习欧美之所长，然后才可以和欧美并驾齐驱。

可见，孙中山在对待国学问题上，克服了自“五四”以来的两种片面性：一是，否定国学的存在价值，视国学为现代化阻力和包袱。孙中山尖锐批评，“一些醉心新文化的人”，“以为有了新文化，便可以不要旧道德”。二是，过分夸大国学价值在现代化中的地位与作用，以为有了国粹就不需要向外国学习。所以，重温孙中山当年言论，无疑有利于纠偏，人们可从中得到借鉴，以便把握当今的新文化建设中如何处理古今中外的关系。

二、确立中国人所憧憬的“大同社会”为最高的奋斗目标

人们不难发现，孙中山思考中国建设方略时，立意要走自己的路，强调世界上没有两片相同的叶子。他学习和借鉴西方，但决意突破欧美模式，而构想建设合乎中国国情的理想社会，即以建设大同社会为社会建设的最终目标，体现了他对中国文化的承传和弘扬。

孔子的大同理想，是中国人对和谐社会的最高追求。早在2000年前，孔子便提出：“大道之行也，天下为公。”《礼运·大同篇》中，记载了孔子对学生子游的一段话，勾画了大同社会的基本范式：天下为公，以人为本，公平公正，博爱无私，社会安宁。其核心是“公”与“平”二字。孔子关于大同理想的言论，一直成为孙中山阐述其理想社会的理论依据，据统计“博爱”、“大同”、“天下为公”等，在其遗墨中约有140多件，占其总题词的三分之一左右。晚年孙中山曾两次敬录《礼运·大同篇》全文。

孙中山把“三民主义”视为“大同主义”，他特别强调民权主义和民生主义与大同主义有等同关系，如在许多讲话中，他在“民权主义”与“大同主义”之间划上等号，明确地说：

“两千多年前的孔子、孟子便主张民权。孔子说：‘大道之行也，天下为公。’便是主张民权的大同世界。”

早在1912年10月，孙中山对上海中国社会党人的演说中，就曾提出社会

主义，即共产主义，等于大同主义的理念。他说：

“民生主义就是社会主义，又名共产主义，即是大同主义。”

“社会主义之国家，人民既不存尊卑贵贱之见，则尊卑贵贱之阶级，自无形而归于消灭。农以生之，工以成之，商以通之，士以治之，各尽各事，各执其业，幸福不平而自平，权利不等而自等，自此演进，不难致大同之世。”

孙中山对“大同”有两方面的诠释：一、“天下大同”，即国家消亡，人人共处于世界大家庭；二、“社会大同”，即一国之内，实行“民有”、“民享”、“民治”的高度和谐的社会。孙中山给大同社会勾画的具体图案：政治层面上——“天下是人民公有的天下，国家是人民公有的国家”，人人平等，“无尊卑贵贱之见”，“无贵族、平民之阶级”；经济层面上——人人“各尽其事，各执其业”，“各得其所”，“国家的利益大家可以均沾”，“全国男女，无论老少，都可以享乐”，“全国之人无一贫者，共享安乐之幸福”；道德思想层面上——人人具有极高的道德境界，“服务道德心发达”，“人人当以服务为目的”，“为国家，为人民，为社会，为世界来服务”，具备“为四万万人谋幸福”的“博爱”精神。

孙中山对国学中的大同理想不仅是承传，而且有所发挥和创新，即把中国古代的理念，演绎为现代的思想模式，使之更贴近时代，富于时代气息。他别出心裁地用其创立的三民主义来表述大同理想，即“民有、民治、民享”，即“国家是人民所共有，政治是人民所共管，利益是人民所共享”，“人民对于国家不只是共产，一切事权都是要共的”，这“就是孔子所希望的大同世界”。这样的“大同”，既没有离开孔子当年的基本范式，又令人耳目一新，极具时代精神，由此足见孙中山欲把民族的优秀文化由传统转向现代的一片苦心，他对国学的当代价值的展现，至今仍值得人们学习。

三、力图把儒家的治国理念转化为社会现实

孙中山认为，中国有一套特有的政治哲学，他看到儒家不仅有一整套修身齐家理论，还有极精密的治国理念与策略思想。其中以“均富”为基点，以社会“和”而“治”为归宿的治国理念，在绵延两千年的中国，一直被治国者所接受，并带来了中国的古代文明。

孙中山继承了儒家的治国理念，并努力把理念转化为现实，对“均富”理念的认可和贯彻，尤为突出。孙中山在其言论中，反复引用了孔子的“不患贫而患不均”，其经济纲领“平均地权”、“耕者有其田”与“节制资本”，便集中体现着“均富”二字。

儒家的“均富”理念，并不是“平均主义”，而是一种以协调社会矛盾为宗旨，以承认社会的等差为前提，对社会财富进行相对均衡分配的思想。孔子说，“不患贫而患不均，不患寡而患不安”，“均无贫，和无寡，安无倾”，告诫富人们：不要顾虑自己的财富太少，而应考虑财富分配的不均，不必耽心财富匮乏，而要耽心社会的安宁，因为财富分配均衡了，没有贫困，社会就不会存在倾覆的危险。孟子则进而提出，“制民之产”，强调“有恒产者有恒心，无恒产者无恒心”，“无恒产”的人生活无着，被迫走上犯罪道路，必造成社会的动乱。这种“均富”思想，汉代董仲舒又进一步发挥。他强调，社会财富的总量不变，“有所积重，则有所空虚”，社会出现“大富”和“大贫”之后，“大富则骄，大贫则忧”，“忧则为到盗，骄则为暴”，因而当权者必须以“使富者足以示贵而不至于骄，贫者足以养生而不至于忧”为“度”，“而调均之”。他这一主张被统治者所接受，由是儒家的“均富”成为一种治国理念。几千年来，封建统治者在社会矛盾激化之时，采取“减赋税”、“轻徭役”，以及抑制土地兼并，而平息一次次的动乱，使中国没有出现像西方那样的“黑暗的中世纪”，说到底是与儒家的“均富”国策密不可分。

近代孙中山，注重“均富”。他通过社会考察意识到，西方工业化之后，社会经济力迅速提高，社会财富日增，物质文明极度发展，然而，一方面是财富的增长，另一方面是贫困的增长，“富者日富，贫者日贫”，于是出现贫富的尖锐对立，甚至发生“阶级战争”。孙中山认定，必须“摘西方之善果，避西方之恶果”，提出“革命成功后”，“把全国的财富分得很均匀”。具体便是实施他的经济纲领“平均地权”和“节制资本”，反对土地和资本的私人垄断，而达到社会财产为全体人民所“共有”和“共享”，建设“利益均沾”的均平和谐的民生主义社会。

在《三民主义》讲演中，孙中山更明确提出，“社会之所以有进步，是由于社会大多数的经济利益相调和，不是由于社会大多数的经济利益有冲突”。他进而解释说，“社会大多数的经济利益相调和，就是为大多数谋利益。大多数有了利益，社会才有进步。社会大多数的经济利益之所以要调和的原因，就是因为要解决人类的生存问题。”他揭示了人类的一切冲突，无不根源于经济利益的冲突，因而，离开了经济利益的协调，建设大同社会将是一句空话。

孙中山要在中国建设一个避免社会革命的民生主义的“最新的国家”，就得从最根本处——财富的不均匀入手，“把社会上的财源弄到平均”“就是要全国人民都可以得安乐，都不受财产分配不均的痛苦”。在孙中山看来，社会建设，不仅要进行“均权”建设，还必须进行“均富”建设，才可望达到长治久安。

故他强调说：“政权上不专制，社会上的贫富，还要平均，才能相安无事，否则还免不了革命。”

孙中山的“均富”的经济纲领，是在承认私有制的前提下，限制富人对土地或资本，以及对社会财富的垄断，确保百姓的生计，做到既有财富的差异，又不允许大富和大贫的现象出现，从而使人们对社会财富的拥有处于一种相对均衡的状态。虽然孙中山的“均富”的经济建设纲领，在其生活的年代，历史未能为之提供实现的条件，但他毕竟把古代的“均富”的治国理念和策略思想，推上了社会实践的平台，在他逝后的近半个世纪和一个世纪，中国台湾的土改和中国大陆的多元经济模式的实施，无不说明当年孙中山所提出的“均富”的建国纲领的可行性与真理性。

综上所述，孙中山通过不断地对民族文化赋予时代内容，进行现代的诠释，使国学与时俱进，成为人们建构和谐社会的宝贵的精神资源而显示其当代价值。因而，人们可以从孙中山思想中窥见国学的当代价值，也可以从孙中山对国学的承传与弘扬中借鉴如何发掘国学的当代价值。这便是要关注孙中山的意义所在。

作者为广东省社会科学院研究员

传统官德的价值与现代干部的修身

孙海燕

一、传统官德的重大价值

在以儒家思想为主导的传统中国，自古以来有着就“敬德保民”、“为政以德”、“选贤与能”、“以民为本”、“以吏为师”的政治文化传统。“君仁莫不仁，君义莫不义”，“其身正，不令而行；其身不正，虽令不行”，“政者，正也。子帅以正，孰敢不正”，“举直错诸枉则民服，举枉错诸直则民不服”等儒家格言，都强调了官德在国家治理中的极端重要性。事实表明，“官德彰则民风淳，官德毁则世风降”，官员道德水平直接决定着权力的正邪走向，影响着社会风气和道德风尚，乃至决定着民心向背与国家兴亡。

传统官德包括爱国爱民、廉洁自律、勤政务实、视民如伤、举贤任能、赏罚分明、直言敢谏、从谏如流、艰苦朴素、率先垂范等具体内容，至今仍有着不可磨灭的价值，值得广大领导干部深入学习践行。从社会效果看，历史上那些具有勤政、爱民、清正、廉洁等德行的官员无不“为官一任，造福一方”，政绩卓著而流泽深远。唐代的韩愈在《潮州请置乡校牒》说：“孔子曰：‘道之以政，齐之以刑，民免而无耻。’不如以德礼为先，而辅以政刑也”。他一生固守着儒家这一“德治”理念，在发配潮州期间关心农桑、祭除鳄害、释放奴婢、大兴教育，使潮州地区一直延续中华古国的文脉，至今仍有“海滨邹鲁”之誉。宋代的包拯在肇庆任职三年，政绩颇丰，为人清廉刚正，被当地人尊称为“包青天”。大文学家苏轼于晚年被贬惠州，所谓“东坡居惠，勇于为义”，不仅展现出关心民瘼、积极用世的儒家情怀，同时展现出随遇而安、洒落自甘的佛道精神。清代大臣林则徐在广州查禁鸦片时期，撰有“海纳百川有容乃大，壁立千仞无欲则刚”的对联以砥砺自己的心胸志向。近代民主革命先行者孙中山则以“修身岂为名传世，作事惟思利及人”自勉，并提倡“天下为公、平等博爱”的精神情怀，告诫青年人要“立志做大事，不立志做大官”。这些先贤的思想境界与人格精神，共同凝结成博大精神的中华“国德”，是我们今日加强官员道德修养必须借鉴的宝贵精神财富。被誉为“党的好干部”、“人民好公仆”的焦裕禄，就是把传统官德和时代精神结合起来的典范。

2009年，时任国家副主席的习近平同志在兰考考察时，就号召广大领导干部从亲民爱民、艰苦奋斗、科学求实、迎难而上、无私奉献五个方面向焦裕禄同志学习。在当前的群众路线教育实践活动中，他更是提醒官员“把焦裕禄精神当镜子照照自己”。习总书记深刻认识到优秀传统文化对当今加强官员道德修养中的重要价值。他在中央党校的一次开学典礼上讲话说：“优秀传统文化书籍作为古今中外文化精华的传世之作，思考和表达了人类生存与发展的根本问题，其智慧光芒穿透历史，思想价值跨越时空，历久弥新，成为人类共有的精神财富。……要通过研读优秀传统文化书籍，吸收前人在修身处事、治国理政等方面的智慧和经验，养浩然之气，塑高尚人格，不断提高人文素养和精神境界。”他在正式任党的总书记和国家主席后，更是多次强调“中华优秀传统文化是中华民族的突出优势，是我们最深厚的文化软实力。”2013年底，他在山东曲阜考察了孔府之后，在孔子研究院的座谈会上强调：“我这次来曲阜就是要发出一个信息：要大力弘扬中国传统文化。”

二、干部带头：中山市全民修身活动的龙头

当今时代，干部的修身行动不仅是党和政府的组织行为和领导干部的个人行为，在社会上也具有重要的示范性、影响力和辐射力。近年来，中山市党委政府在全民修身行动中，大力开展领导干部“尚德养廉”行动，倡导“群众要幸福，干部先吃苦；全民齐修身，干部先带头”，深入并延续古人“以吏为师”的传统，强调要明民德，更要明官德，要求新时期干部以身作则，主动承担起教化一方的责任，以干部先修官德带动全民齐修身，以党风政风的转变带动民风的转变。在中山市《关于开展领导干部尚德行动的实施意见》中，干部尚德行动又被具体分解为尚德修身表率工程、德的素质提升工程、察德机制构建工程、律德体系建设工程、尚德理念培育工程等五项工程，以更加具体地引导领导干部“修身尚德”。同时，中山市纪委、市委组织部、市直属机关工委等大力推进干部尚德养廉行动，实施新提任领导干部尚德公开承诺制度，将德的考核贯穿于干部考核工作的各个环节。出台了《干部“德”的专项考察试行办法》、《中山市领导干部道德行为指南》等具体实施办法和细则。两年来，全市各级领导干部形成了勤政为民、廉洁自律的共识，带头倡导爱国、敬业、诚信、友善的道德规范，以自身的模范行为感染和影响广大群众，实现了以党风促政风、以政风带民风。

三、加强官德的策略建议

（一）由省委政府统一部署，各级领导干部实行“一把手”负责制，在全省大力推进“尚德养廉”行动，充分发挥领导干部修身表率作用。建议参照中山“五项工程”、“五修五廉五力”等经验，倡导领导干部在正人品、立官德、强党性、树形象上发挥带头示范作用，以为政者、管理者的修身带动全民的修身。坚持“虚功实做”、“知行合一”原则，提倡领导干部减少应酬，每天用半小时时间阅读传统文化经典著作，努力成为优秀传统文化的守护者和传承者，用其中的精髓指导工作实践；提倡官员写修身日志，多读传统的历史经典、文学经典、哲学经典、伦理经典，要有意识地将传统文化“学习—反思—实践”结合起来，提高个人的品位、境界、气度。

（二）加强官德建设必须进一步健全道德评价、激励和监督机制。要建立领导干部的道德评价、奖惩机制，形成一套测评领导干部的有效机制，使道德行为能够被量化，与之奖励、升迁挂起钩来。逐步建立道德警示制度和评议制度，定期开展道德评价活动，对道德操守不佳，群众意见大、反映强烈的干部，组织上应给予记过处分或者劝其辞职。建议在定量考核方面，将干部的政治品德、职业道德、社会公德、个人品德四个大项建立官德的考核目标，每个大项分解为若干要素，再将各个要素划分为若干个子项，采取百分制的方式，制订相应的权重计分标准，形成一个规范的、科学的考核体系。考核可通过专项民主测评、民意测验等方式进行，如让领导和本单位干部职工对照计分标准，经过无记名评判打分，组织汇总分析，形成比较准确、全面的一个数字化的认定考核和认识。

（三）完善任人唯贤的领导干部选拔机制，强化对领导干部的监督和制约。坚持把干部的德行放在首位，选拔任用政治坚定、真才实学、实绩突出、群众公认的干部，形成以德修身、以德服众、以德领才、以德润才、德才兼备的用人导向。认真执行党章和有关法律法规，建立健全决策权、执行权、监督权既相互制约又相互协调的权力结构，形成结构合理、配置科学、程序严密、制约有效的权力运行机制，最大程度地减少领导干部腐败渎职的机会。尊重和保障群众的选举权、知情权、参与权、监督权，不断拓宽监督渠道，提高监督效果。建议各级党委政府结合本地实际，借鉴中山市《干部“德”的专项考察试行办法》、《中山市领导干部道德行为指南》以及全国各地的先进作法，制定操作性强的认定机制，采取实地考核、问卷调查、明察暗访等形式，定期对各级各部门推进全民修身行动情况进行测评，真正反映出修身工作的成效和不足，保证各项措施得到良好的贯彻。

作者为广东省社会科学院哲学与宗教研究所
国学研究中心博士

【参考资料】

《关于开展全民修身行动的意见》(中山市委)

《全民修身 以文“化”人——访广东省中山市委书记薛晓峰》《党建》杂志2012年第2期

《十大行动开全国先河 精神家园促和谐善治》，2012年9月20日《南方日报》

官德修身　践行社会主义核心价值观

杨丽婷

官德，即领导干部的从政道德，是一种特殊的职业道德。官德是领导干部政治信仰、道德品行、思想作风、工作态度的综合反映，是为官者世界观、价值观、人生观的外在体现。胡锦涛同志把共产党人的官德内涵概括为“为民、务实、清廉”。“为民”是官德的核心；“务实”是官德的基础，“清廉”是官德的内在要求。习近平同志把官德标准明确界定为政治品德、职业道德、家庭美德和社会公德，并指出，“维护人民群众至高无上的利益”是官员最大的官德。中国传统上是一个崇尚德治的国家，诸多政治家、思想家的共识是：“惟治乱在庶官”（《尚书·说命》），“国家之败，由官邪也”（《左使·恒公二年》）。即官德直接关系到国家的治乱兴衰。今天，以德治国的治国方略要求领导干部必须具有高尚的道德情操，官德建设在培育践行社会主义核心价值观中占有特别突出的地位。

一、当代官德修身的重大意义

1. 官德事关党的生命

据不完全统计，约95%以上的各级领导干部是党员领导干部，其道德修养状况直接影响着党的形象，而党的形象又直接影响到党的前途和命运。对普通老百姓而言，周围党员干部是否立党为公、清正廉洁、诚信诚意为民谋福祉、甘当公仆是决定其民心所向的重要依据。而民心向背决定政权更替，这是社会历史发展的铁的规律。中国共产党历来重视“官德”建设。建国初期，毛泽东同志就指出，治国就是治吏，礼义廉耻，国之四维，四维不张，国将不国。江泽民同志也指出，领导干部必须讲学习、讲政治、讲正气，还必须讲修养、讲道德、讲廉耻。胡锦涛同志也强调，各级领导干部要常修为政之德，常思贪欲之害，常怀律己之心。党的诸多公仆形象在广大人民群众中塑造了良好的政党形象。焦裕禄为民务实清廉的光辉形象依旧栩栩如生，历久弥新；孔繁森“青山处处埋忠骨，一腔热血洒高原”的无私奉献精神令人肃然起敬，奉为楷模；杨善洲给后人留下的不仅是一片绿荫，更是共产党人大公无私、坚守信念、一生奉献的精神。当今，市场经济的双重效应给党提出了新的挑战和课题。现实生活中以“权力寻租”为代表的腐败现象为我们鸣起了警笛。党的十八大在论述深化干部人事制度改革时，强调“坚持德才兼备，以德为先”。新修订的干部任用条例，鲜明地将“以德为先”的原则写进总则。习近平总书记多次强调党员干部官德修身的重要性，“什么样的人该用，什么样的人重用，都要把德放在首位”，领导干部要做到“权为民所用”，就必须法德并举，既要依法用权，又要以德用权，归根到底用权要讲官德。总之，在全面深化改革时期，全面加强“官德”建设，是我们党永葆生机和活力的重大政治问题。

2. 官德是民德的向导

自古以来，官德隆，民德昌；官德毁，民德降。“官”是人民的表率，为“官”者“其身正，不令而行；其身不正，虽令不从”。(《论语·子路》)可见，官德影响民德，“官风”决定民风。孔子曾言，“君子之德风，小人之德草，草上之风，必偃。”(《论语·颜渊》)为政者的道德可比喻为风，老百姓的道德可比喻为草，风往哪边吹，草就往哪边倒。所以，一个社会的道德风尚如何，关键在于官德示范，上行下效是道德运行的通则，官德水准直接影响和决定民德水准。正所谓官德修，民德升。为官者必须以“君子检身，常若有过”(《元仓子·训道篇》)的态度，不断提高道德修养，时刻注意以德修身、以德立威、以德服众，在道德修养方面成为民众的表率。官德清廉，则政治清明，民心归附，社会和谐；官德丧失，则世风浇漓，民怨沸腾，乱象陡增。法国的路易斯·博洛尔曾指出过，在一个国家里，为政者的品质总是影响并成为该民族性格品质的模型。恶劣的政治道德可以像瘟疫一样传染给人民。所谓官风不正，民风难改。而若上能同甘苦，下则能共安危。如果领导者能率先垂范，保持廉洁，就能产生一种放大效应；反之“台上他讲，台下讲他”，以“声”作则必不成则。高尚的道德是旗帜，也是力量，能够产生强大的吸引力、凝聚力和感召力。对此，邓小平早在1979年3月就明确指出，“为了促进社会风气的进步，首先必须搞好党风，特别是要求党的各级领导同志以身作则。党是整个社会的表率，党的各级领导同志又是全党的表率。”在新的历史条件下，领导干部的官德修养，在群众面前具有示范和导向作用，直接关系到社会主义核心价值观和道德建设的成效。领导干部只有坚持以为民务实清廉的修养树立良好的形象，才能起到崇德尚文的社会效应，教化百姓，安定一方，赢得人民群众的支持和信赖，从而凝聚起强大的社会力量，促进经济社会全面协调可持续发展。

3. **官德是核心价值观的垂范**

首先，官德修身是培育践行社会主义核心价值观的重要诠释。中共中央办公厅印发的《关于培育和践行社会主义核心价值观的意见》指出，党员、干部要做培育和践行社会主义核心价值观的模范。党员、干部特别是领导干部要在培育和践行社会主义核心价值观方面带好头，以身作则、率先垂范，讲党性、重品行、作表率，为民、务实、清廉，以人格力量感召群众、引领风尚。官德修身使领导干部在工作中能做到以人为本、勤政为民、廉洁奉公、知荣明耻，这就是对社会主义核心价值观的最好展示。其次，官德修身是培育践行社会主义核心价值观的重要示范。中宣部2014年3月27日召开的组织推动培育和践行社会主义核心价值观电视电话会议指出，要认真贯彻中央精神，大力宣传普及，做好结合融入，弘扬中华优秀传统文化，加强道德教育实践，突出重点群体，不断把培育和践行社会主义核心价值观引入深入。然而，道德素质和文化修养的养成和传播不是一种简单的知识传播，而是一种“见诸行动”的道德示范和先进引领。没有具体的行动示范，广大民众很难充分理解和接受某种道德知识和伦理教诲，更不用说去自觉践行道德伦理了。在具有“以吏为师”文化传统的当代中国社会，为政者言传身教和德政示范对我们社会的信仰价值体系和道德规范仍然具有特殊重要的引领和典范作用。因此，提升官员干部的德行修养，发挥官德示范引领效应，形成以官风带民风，以民风促官风的良性循环，既是践行社会主义核心价值观的重要内容，也是引领广大人民群众践行社会主义核心价值观的重要抓手。

二、当代官德修身的经验借鉴

“身修，家齐，市治，一方平”的中山市践行

2011年中山市在全国试水全民修身行动践行社会主义核心价值观，并启动了为期5年的干部尚德养廉行动，要求全市各级领导干部成为全民修身行动的先锋和表率，号召“群众要幸福，干部先吃苦；全民齐修身，干部先带头”，达到“身修，家齐，市治，一方平”的目标。经过3年多的实践，中山市以官德修身为引领自上而下推动全民修身，在吸取中华优秀传统文化和现代文明精髓，促进公民个体的完善，培育现代公民意识方面取得了重要成效，为我们培育和践行社会主义核心价值观提供了重要的“中山市经验”。

1. **内化于心，通过官德的濡染力提高践行核心价值观的自觉性和主动性**

中山市的全民修身旨在明德新民止于至善。而明德为先，首重官德。中山以教育培育明官德，通过官德的濡染力形成价值导向，养成道德自觉，形成道德垂范，构建了富有中山特色的德政文化。如，把“讲党性、重品行、作表率”的干部尚德行动作为党校必修课，引导各级领导干部以社会主义核心价值观为引领，加强党性锤炼，坚持执政为民理念，把人民福祉放在执政首位，形成党员修党性、官员修官德的自觉意识。各机关设立了修身讲堂、修身学堂、修身国学讲座等，定期开展各类“尚德养廉”研修活动，组织编写了《尚德养廉——领导干部修身行动指导读本》、《清风峻节——中山廉洁故事读本》等一批具有中山特色、公开发行的尚德养廉书籍，形成浓厚的重德、崇德、厚德、行德的氛围风尚，使领导干部自觉地修身垂范、尚德养廉。同时，在各类领导干部的培训活动中强调职业伦理的培训，提升公职人员的职业道德素养，使之带头倡导爱国、敬业、诚信、友善的道德规范。借助市、省、国家级报纸、杂志、电台、电视、新媒体等多种途径大力宣传“尚德养廉”的重要性以及中山领导干部修身表率的典型事迹，在全社会形成舆论导向和评价标准，促进领导干部良心和荣誉感的生成，将“尚德养廉践行社会主义核心价值观”的理念内化为个人的伦理信念。

2. **外践于行，通过官德的践行力加强践行核心价值观的规范性和实践性**

为了探索促进领导干部官德的建设的长效机制，严防官德修身成为政绩工程、穿堂风，中山大力推动官德践行的制度化和规范化。如实施“一把手工程”，专门成立了市干部尚德养廉行动领导工作组，各级部门分头牵动实施领导干部尚德行动和养廉行动。制定《关于开展领导干部尚德行动的实施意见》，实施尚德修身表率工程、品德素质提升工程、察德机制构建工程、律德体系建设工程、尚德理念培育工程。制定《关于开展领导干部养廉行动的实施意见》，施行五年规划，从2011年起依次为启动年、普及年、巩固年、深化年、规范年，每年确定主题目标，“十二五”之后作为常态性工作长期坚持。制定官德裁量制度，出台《中山市全民修身行动测评体系》，把对官德的考核细化到“带头参与公益、捐助等活动，志愿服务平均每月不少于6小时”等。出台《干部“德”的专项考察试行办法》，坚持把干部的德行放在首要位置，将德的考核贯穿于干部考核工作的各个环节，把“干部尚德养廉行动”的测评结果作为评优评先、干部晋升的重要依据。制定《中山市领导干部道德行为指南》，对领导干部锤炼政治品质、提升个人品德、遵守社会公德、践行职业道德、弘扬家庭美德提出具体要求。实施新提任干部尚德公开承诺制度，鼓励社会、媒体、民众参与监督，依托新媒体拓展社会监督的新形式。

3. 虚功实做，通过官德的倡行力把核心价值观落实到经济发展实践和社会治理中

中山市把政府政策、政府行为以及示范群体所折射的价值体系与宣传系统所倡导的价值导向统一起来，以全民修身这一特定项目设计为抓手，把培育和弘扬文化精神和价值观的内在规律转化为可以具体操作和实施的项目。如中山各级党委积极搭建服务平台，优化人文生态，重点部署了十大配套行动，除干部尚德养廉行动外，还有公民意识培育行动、城市精神光大行动、优良品德倡导行动、公共文明实践行动、传统文化弘扬行动、幸福能力提升行动、新老中山人融合行动、阳光少年自强行动、和美环境营造行动等，把政府引导与民间驱动相结合、把全民参与和干部带头相结合，把核心价值观的培育践行融入广大人民群众的日常生活中。在各级党政部门的重视引导下，中山各部门、镇区按照“一系统一主题、一镇区一特色、一阶段一重点、一行业一标杆”的总体要求，结合实际开展了主题突出、形式新颖的修身行动，引导市民修“习”正行、企业修“诚”立信、学生修“志”自强、干部修“德”养廉，使主流价值观深入到社会各阶层各角落，成为社会生活实践的一部分。并且，将全民修身行动融入建设文化强市、文明城市，开展“三打两建”，创新社会管理等重点工作的全过程，让市民在日常工作生活中不断受到熏陶和感染，并充分享受到全民修身带来的实惠，努力达到“身修、家齐、市治、一方平”的善治目标。

三、加强官德引领，推进全民修身践行核心价值观的对策建议

1. 建立官德长效机制，加强内省自律，完善制度规约

建立一套集“尚德、育德、行德、察德、律德”于一体、内省自律和制度规约相结合的官德培育践行机制，使官德修身长效化。一方面，继续加强培养领导干部的个体私德修养、职业道德修养和政治道德修养。以教育、培训和舆论引导等方式培育领导干部自我制约、自我监督的慎独精神，算好“利益帐”、“法纪帐”和“良心帐”，使之能够在外在约束疏漏之时，在无人察觉的“隐”、“微”之处，自觉约束自己的不良动机，加强官德修养，展现公仆亮节，以德立威，以德服众，成为民众的道德表率。建议要特别重视对领导干部的职业伦理培训，使领导干部从内心确立一种良好的行政伦理准则，提升职业道德素养和形象。

另一方面，建立标准化制度化的德行考核规约机制。一是把官德要求纳

入制度建设轨道。建议参照中山经验制定详细的官德裁量制度，明确细化官德的考核准则，科学合理地量化、标准化官员的道德要求；施行领导干部官德公开承诺制度，并将之纳入干部考核、评优升迁的衡量标准；建立官员失德的有效问责及公开机制，努力从“权力问责”转向“制度问责”。二是健全依法行使公共权力的有效制约和监督机制。通过严密的监督机制——组织监督、群众监督、舆论监督等，增强透明度，使官员思想品德、政治作为、经济状况处于合法合理、行之有效的监督之下，防微杜渐，彻底摧毁腐败滋生的温床。如，进一步完善财产申报制度，推动官员财产申报制度的实质性进展。同时，强化媒体作为社会“守望者”的功能，深化舆论监督，加大政务公开、信息公开；尊重公民的监督权，处理公共事务切实实行民主协商，鼓励公众对国家事务及与公共利益相关的社会事务表达意见、建议，斩断权力寻租的链条，使权力处于全社会的监督之下。

2. 转变修身引导方式，退出越位点，补上缺位点

通过自上而下的方式，以行政手段为主导，法治手段为辅，通过官德的垂范引导推动全民修身，是培育践行核心价值观的重要实践参照。然而，价值观的认同、接受、传播、践行不是“木桶装水”，也不是“白纸绘画”，而是主体对作为接受客体的价值观的审视、解读、评价和选择，是一种不断发问、追问的反思性选择过程。因此，全民修身培育践行核心价值观必须在国民认同和接受上下功夫，并努力将其转化为广大群众的日常行为和社会心理。这是培育和践行社会主义核心价值观的根本目的，也是培育和践行社会主义核心价值观成功的根本标志。所以，从政府工作的视角出发，以全民修身践行社会主义核心价值观，充分发挥民德的主体地位以及社会效应是工作的重心所在。

这要求政府加大职能转变力度，切实从“越位点”退出，把“缺位点”补上。具体而说，一方面，政府要做好角色转变，把自上而下的引导修身转化为自下而上的自觉修身，充分发挥民德修身的社会效益。要提升广大人民群众的主体意识，确立民德的主体地位。把修身践行核心价值观的主角逐渐让位给企业、学校、民间团体、社区组织、家庭等，使广大人民群众从被动的“被建设者”、“被教导者”转变为主动的“建设者”和“行动者”，使修身践行核心价值观成为广大人民群众的自觉诉求和日常实践。要借助企业的资本力量，善用社会团体、社会组织的集结能力，发挥学校教育的智力支撑，依托家庭教养的濡染教化，形成修身践行核心价值观的长效化日常化机制。另一方面，政府要做好服务工作，培育修身践行核心价值观的和美环境。要把行政驱动转化为法治和监督引导，建章立制，巩固成果。进一步做好各项制度、机制保障工作，推进普惠型公共文化服务体系建设，探索多元的激励、表彰和监督机制。

3. 把好主流舆论导向，传递正能量，化解负情绪

核心价值观的践行，既要倡导奉献，放大榜样力量；也要敢于说不，防范破窗效应。在一些领域和一些人当中，价值判断没有了界限、丧失了底线，甚至以假乱真、以丑为美、以耻为荣。这要求政府要始终掌好价值导向的"舵"，促进正能量的发挥与负能量的降解，形成良好的社会舆论导向。激浊才能扬清，抑恶才能扬善，对那些伤风败俗的丑恶行为，对那些激起公愤的缺德现象，不能听之任之，藏之匿之，应该挺身而出敢于亮剑。让造假者受到惩罚，让讹诈者付出代价，让是非不分者受到教育，才能澄清模糊认识、捍卫道德底线，引导人们自觉修身，做核心价值观的践行者，做社会文明进步的推动者。

尤其要做好自媒体时代的核心价值观宣传和舆论引导工作。一方面，要加强信息的整合与净化，营造良好的新媒体环境。以社会主义核心价值观为标准，坚决打击和摒弃那些违法、低俗，甚至反动的媒体信息，实现自媒体环境的净化；要以社会主义核心价值观为统领，系统梳理各类有效信息资源，实现自媒体环境的有效整合。另一方面，要强化政府职能的疏导，构建多主体联动的导引机制。激发公民个体的责任意识与自我提升愿望，借由自媒体的便捷、个性、快速传播方式，提升公民个体的道德品质素养和科学文化素质，抵御不实传播，加强自我净化，强化公民个体对社会主流价值观念、社会主义核心价值体系的认知和认同，并将知转化为行，积极培育和践行社会主义核心价值观。

【参考书目】

[1]《党的十八大文件汇编》，北京：党建读物出版社，2012；
[2]《中共中央关于全面深化改革若干重大问题的决定》，北京：人民出版社，2013；
[3]《关于培育和践行社会主义核心价值观的意见》，北京：中共中央办公厅，2013，12。
[4]习近平："用权讲官德 交往有原则"，《求是》，2004，第19期。
[7]任仲文编：《深刻领会习近平总书记重要讲话精神——人民日报重要文章选》，北京：人民日报出版社，2013，10。

[9]柯可:《中华国学：广东文化强省的理论与对策》(上册)，广州：广东经济出版社，2011。

[10]龚亮、王燕琦:“不断把培育和践行社会主义核心价值观引向深入——推动培育和践行社会主义核心价值观电视电话会议发言摘登”，北京:《光明日报》，2014年03月28日第04版。

作者为广东省社会科学院哲学与宗教研究所
国学研究中心博士

全民国德修身与社会建设的创新路径

荆　琳

社会治理体系的现代化、公民个体素质的提升与社会主流价值观的树立与自觉践行息息相关。当前，我国正处于关键的社会转型期，以社会主义核心价值观为内核的先进文化是保证社会顺利转型、促进社会和谐的精神指针。中山市从2011年9月始开展的“全民修身行动”正是自觉践行社会主义核心价值观，创新社会管理、培育高素质现代公民模式的有效探索。这一行动高度契合了新形势下践行社会主义核心价值观的发展要求，推进了社会建设现代化、民主化的历史进程，具有重要的样本和示范意义。

一、中山国德修身行动与社会建设的创新经验

社会主义核心价值观的自觉践行与社会建设的推进发展是全民文化修身行动的一体两面。中山文化全民修身行动，能为广大群众普遍接受、真正认同、自觉践行，关键在其将实践精神和创新意识有机结合。一方面，核心价值在一系列具体的社会建设行动中凝聚形成共识，另一方面，社会建设则因核心价值观的统领不偏离主导航向，始终要以国家、社会和全体老百姓的利益为中心。纵观四年的全民文化修身行动，中山在践行社会主义核心价值观的具体实践中实现了行动理念、行动路径和阵地、行动机制的创新性发展，有效地推动了社会建设的科学化、民主化和现代化。

1. **行动理念创新**。践行社会主义核心价值观关键在于从理论认知上升为自觉行动，在社会中培育、在行动中践行，真正做到落地生根。然而，大道至简，知易行难。中山率先开展的全民文化修身行动成功地把社会主义核心价值“三个倡导”体现的价值目标、价值取向和价值准则贯穿于文化修身的十大行动中，巧妙的把核心价值观化于道德实践的具体活动中，落实于社会经济建设和社会治理的现代化进程中。这一行动把文化修身作为主题，覆盖了所有中山户籍和外来人口，集中开展的十大修身行动，则涵盖了文化民生改善、社会诚信建设、社会结构治理、社会矛盾缓解以及公民素质提升等诸多社会建设内容，文化修身成为创新发展方式、明确社会经济发展原则，推进

社会整体系统总体提升的重要转换器。从中，我们可以发现，中山全民文化修身这一行动倡议的首要创新在于它不急于把社会主义核心价值观念的直接贯彻落实作为目标，而是采取迂回策略，把先进的文化价值原则贯穿渗透于老百姓的日常社会活动中，力图在长期的社会涵化下，在人们长期的切身实践中形成价值上的共识和行为认同，即“构建具有广泛认同的共同精神家园，找到精神追求上和价值观念上的‘最大公约数’，逐步实现城市融合，构建全域中山”。

2. **行动路径和阵地建设创新**。中山全民修身行动以全民参与、共建共享为行动原则，广泛团结社会力量、充分凝聚民智民力，普通老百姓既是言传身教的被教育者，也成为教育者。作为重要舆论宣传阵地的“修身学堂”通过身边人讲身边事的宣讲宗旨，倾听群众的利益诉求和价值愿望，找准人们思想的共鸣处与交汇点，树立可亲、可敬、可信、可学的道德楷模，有效地提升了广大群众道德弘扬的自觉性，也进一步确立了广大普通群众的社会主体地位。如今，“修身学堂”遍布中山各镇、区、学校、企事业单位，已经成为推动社会主义核心价值体系大众化、通俗化的主要阵地和有效载体。在修身行动中，自发形成的民间社会组织农民义工队较好地发挥了联系村民与村组织的桥梁功能，通过调解家庭矛盾、处理邻里纠纷、慰问患病老人等，逐渐成为维系乡情、融洽社区的纽带。这种以农民义工队为代表的社工+志愿者模式，不仅显示出政府创造条件推动社会自治、鼓励第三方社会力量自主解决社会问题的态度与决心，还进一步彰显“人人为我，我为人人”的互帮互助的主流思想观念，对社会其他成员具有潜移默化的感染作用。如今，农民义工队这一成熟模式已推广至全镇9 个社区，吸纳义工达2000 多人，更多的社会志愿者团体应运而生，成为了推动全民文化修身行动中不可或缺的社会力量。

3. **机制建设创新**。机制建设是保证修身行动规范运转、常态发展、实现跃升的重要条件。中山开展全民修身行动除了在行动理念和行动内容上实现创新，也在四年修身实践的变化发展中加强了经验总结、问题分析和运作机制建设，形成了完整、动态、发展的行动系统。“五个一”的运作机制，结合了修身行动主体的广泛性与特色性，结合了修身内容的本土性与开放性，结合了修身形式的主流性与多样性。这一具有系统创新性的运作机制保证了修身阵地的广泛性和常态性，保证了修身内容的鲜明化和特色化，保证了修身行动的持续性和有效性。“实践指导、虚功实做、考评激励”的保障机制则进一步保证了修身行动的方向和原则，保证了社会建设与主流价值的有效互动，保证了修身行动的社会成果。

二、中山国德修身与社会建设创新的启示

中山市的"国学修身行动"把社会民主建设、社会道德建设和全体公民的素质提升有机紧密地结合起来，把培育和践行社会主义核心价值观贯穿到社会治理和公民素质培育中，从小事做起，从问题入手，在实践中感知，在行动中领悟。

1. **尊重传统，返本开新，构建适应本地社会发展实际的建设方略和举措**。中山全民修身行动以中国传统和本地文化为起点，不照搬现成模式，善于从地方优秀传统中汲取资源，注重培育和创建优秀文化传承的社会环境，创造性地将中国的儒家传统与现代价值贯通互鉴，将现代道德规范注入本地富有特色的文化传统、社会习俗中，让核心文化价值富有特色的地域色彩，让社会价值准则变得可亲可近，具有浓烈的日常生活气息。在中山，无论是有百年历史的小榄菊花会，还是已经坚持数十载已颇具影响的"慈善万人行"等新民俗活动，都成为传播弘扬社会主义核心价值观的有效载体，也成为培育公民主体意识、提高社会责任意识，全体市民共建精神家园促进社会认同的重要途径。

2. **转换思维，因势利导，不断适应社会结构转型和变革发展的主流趋势**。面对社会结构的复杂化和社会群体利益的多元化，面对来自不同群体和阶层多元甚至是彼此矛盾的价值取向，全民修身行动不因循守旧，把握社会发展的最新动态，顺应社会结构与形态从同质性、单一性向异质性和多样性的转变，顺应社会建设主体从政府主导向政府、社会和个人多方格局转型的发展趋势，积极引入新思维、新方法和新力量。其中全民文化修身行动中"一行业一标杆"的运作机制将抽象的核心价值转化为各行各业的具体的行为规范和职业操守，充分发挥行业道德楷模对不同职业群体的示范表率作用，反映了对待社会主体的特定职责和治理边界的理性认识。另外，私营部门组织社区党支部、农民义工队的出现也都是社会治理结构优化的集中体现，是政府权力、政府职能转型的具体表征。实践证明，把社会主义核心价值融入社会多元治理中，不仅重塑了社会治理理念，优化了社会治理模式，也进一步提升社会自治能力。

3. **长期坚持，稳步推进，努力在修身行动中涵养核心价值，在核心价值的引领下形成社会建设合力**。中山把全民文化修身行动不仅仅视为一项单一的文化实践活动，而是上升为践行社会主义核心价值观的长期战略任务。在

行动实践中，及时发现、总结和推广新鲜经验，积极探索主流文化价值与社会互动的有效形式和长效机制，不断推动社会治理体系的现代化。在社会重构背景下，继续推进文化建设与社会建设相衔接、相融合，一方面，发挥文化在社会建设和发展中的思想引领和价值导向作用，注重将社会主义核心价值观的根本立场、观点和方法贯穿于完善消解社会矛盾、缓解社会冲突、排解社会纠纷、化解社会风险的实践行动中，引导公众以理性合法的形式表达利益要求、解决利益矛盾，妥善处理不同利益主体之间的利益关系，创造有利于和谐社会形成的各种社会条件，形成发展合力；另一方面，始终坚持惠民利民，推进全民修身的长效化，将全民修身与修路、种树、治水、以文化人等重点工作结合起来，真正让全民修身时时可见、处处可闻，让群众在日常工作、生活中不断受到熏陶和感染并充分享受到全民修身带来的实惠。

作者为广东省社会科学院哲学与宗教研究所硕士

国学教育中遗失的“一封家书”

廖锦文　唐德鑫

1919年5月，胡适先生在《新潮》杂志针对国故、国粹研究等问题，提出“整理国故”的主张，并将之提升到“新思潮的意义的高度”，作为对待处理传统学术思想的态度方针，由此在学术界引起了一场规模较大的“整理国故运动”。这是近代关于国学教育与国学传承的一次重大思想嬗变。上世纪90年代以来，随着古典“四大名著”等传统文学分别搬上电视屏幕，国学的断层与传承、国学的整理与教育，在社会上不断引起重视，近20年来，出现了“蒋庆读经”、“孟母堂”、“蒙正教育”等新型私塾、“中华吟诵”等复兴古典国学的新风。在学界，关于国学教育的文章，也如雨后春笋，而本文的写作，则从另一个新的角度，来探讨绝大多数人忽略的几点问题，以期有所启迪，裨益大众。

一、大传统与小传统

1956年，美国人类学家罗伯特·雷德菲尔德（Robert Redfield）在出版的《农民社会与文化》中提出的一种二元分析的框架，用以说明在复杂社会中存在的两个不同文化层次传统：即大传统与小传统。大传统是指以城市为中心，社会中少数上层人士、知识分子所代表的文化；小传统是指在农村中多数农民所代表的文化。后来，著名学者余英时在《中国文化的大传统与小传统》中说道：“大体来说，大传统或精英文化是属于上层知识阶级的，而小传统或通俗文化则属于没有受过正式教育的一般人民。由于人类学家和历史学家所根据的经验都是农村社会，这两种传统或文化也隐涵着城市与乡村之分。大传统的成长和发展必须靠寺庙，因此比较集中于城市地区；小传统以农民为主体，基本上是在农村中传衍的。”这里，余英时论及两大特征，即大传统所代表的，是以城市为主的精英文化，而小传统所代表的，是以农村为主的世俗文化。在此基础上，笔者提出了国学教育的大传统与小传统之分。

诚如我们所知，在传统的封建文化教育史上，一方面是以国家教育系统为主的，其根本目的是为国家输送人才，培训官僚体系，稳定王朝统治意义的，一般以私塾为教育方式，以科举为遴选方式，而教材上，则以《大学》、《中庸》、

《论语》、《孟子》、《诗经》、《尚书》、《礼记》、《周易》、《春秋》等“十三经”为核心。另一方面是以家族型教育系统为辅的，其根本目的在于为家族培养在道德人格等方面，较为完备的优良后裔，一般以内部家庭为主，以答问和现实观察为主要形式，而教材上，则以“家书”为核心，著名的，有如历史上出现的《颜氏家训》、《朱子家训》、《女论语》、《康熙教子庭训格言》、《曾国藩家书》等，此外，尚有散篇如曹操的《诸儿令》、诸葛亮的《诫子书》、马援的《诫兄子严敦书》、文天祥的《狱中家书》等。前者，我们不妨称之为国学教育的“大传统”，后者，我们不妨称之为国学教育的“小传统”。

在大传统的格局下，“功利性”是其最明显的特征，即宋儒张载所谓的“为天地立心、为生民立命、为往圣继绝学、为万世开太平”的儒学理想，而封建王朝在宣传“内圣外王”、“道德完人”教育的同时，更多的是，考虑培育王朝的忠实维护者，政令执行者和政务管理者。作为“小传统”，“道德性”是其显著的目的，灌输的是最基本的道德伦理、宗族观念、慎终追远、敬天爱人等思想，培养的是家族的领导者，以“家书”“家教”作为最基本的形式，并严格要求将这种思想代代相传，在这个承袭的过程中，形成“家风”。

从长远的历史看，作为“上层建筑”意义的大传统，对于国学教育的作用是有限的，在古代，从童生到秀才，从秀才再到贡生、进士，再最终踏上仕途，对于整个社会的比例是极低的。而作为言传身教，道德伦理意义的小传统，对于整个社会，却是真正发挥过重大影响的。在小传统中，其针对性明显，家族性浓烈，故内容谨慎、客观，其教理教义教规，更具有时代的普适性，特别是在道德伦理方面、知识启蒙方面，都有着良好的影响和作用，是奠定人格基础、思想品德、家国观念和规范社会为人处事的重要教材。而这方面，随着现代社会生活方式的改变，传统“家学”、“家书”、“家风”不复存在，而学界也多缺乏认知和关注，这是当今国学教育的“软肋”所在。小传统作为国学教育的重要人文环境和思想氛围，这点有必要值得我们重新重视与思考。

二、家族·家教·家书

在中国古代，书塾是启蒙教育的基点，但是追溯书塾的起源，我们发现，它同样是一些文人学士将自身的家学传统不断延伸的过程，是故，启蒙教育的实质还是一种家学教育体系，只不过这种家学教育体系有着更为广泛的社会性和普适性而已。

《弟子规》、《三字经》、《千字文》、《千家诗》、《百家姓》、《幼学琼林》、《龙文鞭影》、《笠翁对韵》等等，如今对绝大多数的家庭而言，这些已经变得那么的疏远和陌生，更遑论《大学》、《中庸》、《论语》、《孟子》和《诗》、《书》、《礼》、《易》、《春秋》了。在古代，这些启蒙学教材，曾经悄无声息地影响了中国上千年的历史，塑造了中国人为人处世的社会道德理念，奠定了中国人关于“人伦彝宪”的伦理观念和对于“世道人心”的人文基础价值观等，如今，我们一纸批文就将这些斥之为“封建糟粕”，这未免太过于轻薄而引人堪忧。过去，“家谱”和“祠堂”是维系一个家族的根所在，如今也慢慢的退出历史的舞台而被人淡忘，而“祠堂”除了“慎终追远”，祭祀列祖列宗，往往还承载着另外一个使命：“家学”传承的地带。

这里举几个例子，来观察古代优秀的家族文化基因：湖南湘乡曾国藩曾氏仕宦家族；广东新会梁启超梁氏学术家族；江苏无锡荣毅仁荣氏资本家族……历史上，这些大家族群星璀璨，经久不衰，成为彰显中华民族大人文、大气象之脊梁所在。

我们不禁要问，前人曰“富不过三代”，“君子之泽，五世而斩”，缘何这些家族能够超出这个历史的周期率和盛衰效应？这不得不提到他们优秀的家族文化基因——家学体系。

《曾国藩家书》，这是一本知名度非常广的曾氏家书，如今已广受赞誉，并成为影响近代中国人文教育的成功典范之一，被许多家族乃至社会团体所接受吸纳。在曾氏的家学体系中，修“心”、修“身”、修“行”是其训诫后代的核心理念，修“心”就是要子弟们做到“慎独”、“不忮不求”、“孝友”、“仁”、“敬”、“谦”、“恕”等；修“身”就是要子弟们劳逸适度，惩忿窒欲，眠食有恒，耕作时习，通过种种保养和修炼以获得健康的体魄；修“行”，就是要求子弟们言谈举止朴实，待人谦敬、宽容，为人不能清高、刻薄，生活上也要去奢侈之风。这三大理念奠定了曾氏家族的人文基础，熏化了整个家族的人文气息，支撑了曾氏家族的蓬勃壮大。将一个家族的命运提升为家国荣辱的命运共同体，这是一个大家族家学体系的最高境界。

曾国藩所代表的曾氏家族虽然是一个仕宦家族，但是他的后代中却极少有步入仕途的。曾国藩五兄弟绵延至今已到第八代，这五房里出过的有成就者大约240多位：光禄大夫、建威将军曾纪官、曾广銮；清末翰林曾广钧、资政大夫曾广江；刑部员外郎曾广镕；女诗人曾广珊（曾与陈寅恪唱和，女儿俞大因是曾昭抡夫人，儿子俞大维）；教育家曾约农、曾宝荪；翻译家曾宝菡；高教部副部长、化学家曾昭抡；教授曾昭枚；考古学家、博物馆学家曾昭燏；湖南广播电台工程师曾昭棉；湖南大学电机系主任、教授曾昭权；北平交通博物馆主任曾昭亿；原农业部办公厅主任、园艺学家曾宪朴；全国妇联副主席曾宪植；3位中国人民大学教授曾宪楷、曾宪柱、曾宪森；轻工部造纸研究所研究员曾宪棒；出版家曾宪元；画家曾厚熙（宪杰）；导演曾宪涤（代表作《乔太守乱点鸳鸯谱》）等。

说到近代，这里提及“红色资本家”荣毅仁荣氏家族，在荣毅仁先生担任前国家副主席的时候就曾说过，他一生所遵循的座右铭是：“发上等愿，结中等缘，享下等福；择高处立，就平处坐，向宽处行。”这两句话，其实是他的父亲荣德生为无锡荣家梅园撰写的一副楹联，荣德生以此来表明自己的人生态度。从父亲的嘱托和期盼中，荣毅仁发现了人生的真谛，因此便子承父志，把这副对联当成自己的座右铭。“发上等愿”和“择高处立”，这是他父亲训诫子弟要胸怀远大的理想和抱负；“结中等缘”和“就平处坐”，就是要脚踏实地积极稳妥；“享下等福”和“向宽处行”，就是要在生活上严格要求自己，在做事时留有余地。

这种精神，撑起了一个“红顶商人”，更是撑起了一个资本家族。尽管，这是一个大资本家族，但是，对于荣毅仁而言，他的人生依然恪守着其父亲为之留下的人生格言，尽管他如今条件优越，但是荣毅仁的生活却近乎寒酸。1998年，荣毅仁退休后与夫人杨鉴清在北京一间四合院中居住。他们的睡床由一张单人木床与双人木床拼成，双人床是荣智健结婚时用的。椅子是上世纪50年代常见的、刷着清漆的木头椅子。他们的日常膳食以家常菜为主，基本是三菜一汤，好东西一般留在请客时吃。荣毅仁爱吃蹄膀，但一只蹄膀要吃好几顿。

这不得不让人感叹和钦佩。事实上，我们观察过，像华人首富李嘉诚、台湾首富王永庆等，他们的日常生活都非常简单、质朴。这种勤劳、坚毅、简朴的生活精神，实质上更是维系中华民族几千年团结奋进而赖以发展壮大的伟大民族精神！

三、家书：国学教育的优良传统

从上文中我们知道，家书，是承载这些大家族“家学体系”的核心，是一个大家族训诫后代为人处世的大准则，是一个大家族社会人文大理念、世道世风大观念、以及整个价值坐标体系的集中体现。特别是那些文化世家、学术世家，更是将之视为重中之重。如今，《朱子家训》、《颜氏家训》、《陆游家训》、《郑板桥家书》、《曾氏治家格言》等等，这些传统的某个家族的“内部刊物”，在历史上早已是遍地开花，并被历朝历代作为普世教育理念广泛推行。

从一定程度上讲，家书是维系中国传统文化的一条绳索，从中我们可以窥探每一个时代发展的人文背景和思想脉络，家书也是我们剖析古代家教思想体系中道德构成的基本要素。

我们研究这些大家族的家书发现，从总的来说，他们所提倡和所践行的都是围绕着儒、释、道为主的三教文明而展开的，里面的内容都是三教中，或积极向上，催人奋发的道德向引；或是训诫子弟澹泊明志，宁静致远的精神内涵；又或是爱己爱人，济世匡邦的经纶致用；总之，无论是“礼义廉耻”、“温良恭俭”，还是提倡“仁智礼信”等，其最终导向都是以儒济世，以道立身，以佛修心的大道路。比如，明代进士庞尚鹏在《庞氏家训》中说：“学贵变化气质，岂为猎章句、干利禄哉?”明显反对强行走仕宦的路线；明代大儒高攀龙在《家训》中说得很直率：“吾人立天地间，只思量做得一个人，是第一义，余事都没要紧。做人的道理，不必多言，只看‘小学’(这里指传统文字学、音韵学、训诂学等)便是，依此作去，岂有差失。”清初学者孙奇逢说得更加明了：“子弟中得一贤人，胜得数贵人也。”清末花隐老人甘树椿在《甘氏家训》中说：“我家自祖父以来，专以耕读为业，不干预地方公事。愿我子弟笃守家风，专务本业，奋志读书。”即便是耕田务农也要“奋志读书”。足见这些大家族之家学体系中所要构建的是何等境界之教育，这是《易经》所说的真正的“化成天下”。

以“家书”为核心而构建起来的古代家教体系，实质上是一整套完整的组织制度式的自我教育体系和终身教育体系，而这点恰恰是现代社会所渐行渐远的。宋代司马光《家训》记载：唐代河东节度使柳公绰在教育儿子的时候，每天像老师给学生布置功课和检查作业一样严肃认真，一直坚持二十余年。宋代宰相赵鼎在《家训笔录》中明确规定：“子孙所为不肖，败坏家风，仰主家者集诸位子弟堂前训饬，俾其改过，甚者影堂前庭训，再犯再庭训。”即使到了元代，曾经创有十世同居佳话的郑氏家族，仍然保持着在每天早晨举行全家聚会和每月朔望进行祭祀聚会的习俗，在聚会中宣讲家训，并通过在祠堂设立奖罚牌对全体家庭人员的操守行为进行督查和奖惩。延至明代，山西副使王演畴的家族仍然坚持在每月决朔望两会中，召集家众举办以宣讲《孝经》、《小学》和《大学》为主要内容的家训活动，其规格和气氛与现代学校教育模式毫无二致。到了清代，监察御史蒋伊的家族仍然坚持朔望两会的习俗，并在《蒋氏家训》中明文规定：子孙如果“有败类不率教者，父兄诫谕之。谕而不从，则公集家庙责之。责之而犹不改，甘为不肖，则告庙换之，终身不齿。”

如今，关于国学教育的议题被重新提到议程，这对于国学传播有着极其重大的意义。然而在这个过程中，我们在把目光聚焦在大传统的同时，更需要关注作为“家学”、“家书”、“家风”的小传统的研究，并开发诸如《朱子家训》、《颜氏家训》、《陆游家训》、《郑板桥家书》、《曾氏治家格言》等重要小传统著作，在这个过程中，家庭依然是能否在家庭中形成良好的国学教育氛围的核心因素，我们要师古而不泥古，在参考、继承、扬弃、创新宗教文化的基础上，真正推广良好的国学教育。

廖锦文为肇庆市文宝斋翡翠博物馆馆长
唐德鑫为肇庆市文宝斋翡翠博物馆学术部主任

后 记

中共中央办公厅、国务院办公厅今年一月印发的《关于实施中华优秀传统文化传承发展工程的意见》中指出，“中华文化源远流长、灿烂辉煌。在5000多年文明发展中孕育的中华优秀传统文化，积淀着中华民族最深沉的精神追求，代表着中华民族独特的精神标识，是中华民族生生不息、发展壮大的丰厚滋养，是中国特色社会主义植根的文化沃土，是当代中国发展的突出优势，对延续和发展中华文明、促进人类文明进步，发挥着重要作用。”“中华优秀传统文化蕴含着丰富的道德理念和规范，如天下兴亡、匹夫有责的担当意识，精忠报国、振兴中华的爱国情怀，崇德向善、见贤思齐的社会风尚，孝悌忠信、礼义廉耻的荣辱观念，体现着评判是非曲直的价值标准，潜移默化地影响着中国人的行为方式。传承发展中华优秀传统文化，就要大力弘扬自强不息、敬业乐群、扶危济困、见义勇为、孝老爱亲等中华传统美德。”这无疑是我们开展国学与中华美德教育的指针。

这本论文集中的文章，大都是广东省文化传播学会、广东华文国学研究院、广东中华文化学院、广东省社会科学院国学中心等为筹办“首届广东国学教育论坛”提交的。闻讯而积极投稿的学者、领导、中小学教师很多，热情高涨，无不对大力弘扬国学教育寄予厚望。正是在广东国学教育促进会筹备成立期间，“首届广东国学教育论坛”的多家筹办单位，就已在社会各界的支持下，于广州、云浮新兴等地先期举办了一系列国学研讨会，如“广东禅文化与国学教育研讨会”、“传承国学·创新国学·发展国学研讨会”和“全球化与国学教育现代化研讨会”等，均取得很好的社会反响。

收载在本书的文章，主要是在上述会议活动中，本省教育界、社科界、企业界的作者提交的，此外还增加了五山小学牵头的国学教育实践研究报告，摘录了几篇网文，填补了某方面的欠缺，但一时无法联系到作者，特此致歉，并拟在今后联系到作者后寄书致谢。诚挚希望读者读完此书能提出宝贵的意见，以便今后予以改进。

编者

2017年5月4日